日本商業史

商業・流通の発展プロセスをとらえる

廣田　誠・山田雄久・木山　実
長廣利崇・藤岡里圭 ── 著

有斐閣

はしがき

　産業構造の転換にともない，商業を含む第三次産業の重要性は高まり続けている。これにともない，実務に携わる人々はもとより，大学で学ぶ学生もまた，商業への関心を高めている。そのため，日本を対象とするものに限っても，商業の現状を解明し，将来への展望を示す多くの優れた著作が刊行されている。しかしながら，現状をより深く理解し，また将来への展望をより確かにするためには，今日の状況に至るまでの歩み，すなわち歴史についての理解が重要であることは，多くの人が認めるところであろう。

　もちろん日本商業史に関しては，近年に限っても優れた著作の刊行が相次いでいるが，いわゆる初学者の入り口となりうる，手軽に日本商業の歴史を学べる書籍は，必ずしも多数刊行されているとはいえないだろう。本書はこうした状況に一石を投じ，学習者の選択の幅を広げるため企画された。その対象とした読者はまず，大学の学部で商業や経済・経営の現状を学ぶ学生ということになるが，日本の商業について，現状にとどまらず歴史にも関心を抱く社会人の方々にも，その手引きとなることを想定している。

　このように読者を想定した本書は，読者が一人で通読できるよう配慮して，最新の研究成果を盛り込みながらも，記述は平明で簡潔であることを心掛け，また理解を容易にするため図表を活用している。さらに，読者の関心が主として現状にあると考えられることから，中世以前については他書に譲り，記述を近世（江戸期）から開始し，近代（明治期以降）に多くの頁を割り当てている。また通読する際の気分転換になるように，あるいは本文中では扱いにくいが興味深い話題を紹介するため，各章に「コラム」を配した。一方，各章の終わりには参考文献の一覧を掲げ，そこで取り上げたテーマについてさらに詳しく学びたい人にも配慮している。

　このように本書は，学習者の独習にも使用できるものとして作成したが，各大学において講義やゼミのテキストとして使用され，良き指導者の解説が適宜加えられれば，本書の理解もいっそう深まるものと思われる。

　　2017年8月

　　　　　　　　　　　　　　　　　　　　　　著者を代表して　廣田　誠

執筆者紹介

廣田　誠（ひろた　まこと）　　　　　　　　　　　　【プロローグ，第3部】
　　1986年，大阪大学大学院経済学研究科博士後期課程経済学専攻退学
　　現　在，大阪大学大学院経済学研究科教授（専攻：近代日本経済史・商業史）
　　主　著：
　　『近代日本の日用品小売市場』清文堂出版，2007年。
　　『近代日本の交通と流通・市場』（編）清文堂出版，2011年。
　　『日本の流通・サービス産業──歴史と現状』大阪大学出版会，2013年。

山田　雄久（やまだ　たけひさ）　　　　　　　　　　　　　　　【第1部】
　　1992年，大阪大学大学院経済学研究科前期課程修了
　　現　在，近畿大学経営学部教授（専攻：経営史・商業史）
　　主　著：
　　『香蘭社130年史』株式会社香蘭社，2008年。
　　「ものづくりと技術──連続」（共著）宮本又郎・粕谷誠編著『経営史・江戸の経験
　　　──1600〜1882　講座・日本経営史1』ミネルヴァ書房，2009年，所収。
　　"Framing Processes for an Institutional Change of a Japan's Porcelain Pro-
　　　duction Area,"（共著）in Cristina Boari, Tom Elfring, and Xavier F. Moli-
　　　na-Morales eds., *Entrepreneurship and Cluster Dynamics*, Routledge, 2016.

木山　実（きやま　みのる）　　　　　　　　　　　　　　　　　【第2部】
　　1997年，同志社大学大学院商学研究科博士後期課程中途退学
　　現　在，関西学院大学商学部教授（専攻：日本経営史）
　　主　著：
　　『近代日本と三井物産──総合商社の起源』ミネルヴァ書房，2009年。
　　「伊達忠七と草創期三井物産の海外展開」阪田安雄編著『国際ビジネスマンの誕生
　　　──日米経済関係の開拓者』東京堂出版，2009年，所収
　　『総合商社の歴史』（共編著）関西学院大学出版会，2011年。

長廣　利崇（ながひろ　としたか）　　　　　　　　　　　　　　【第4部】
　　2004年，大阪大学大学院経済学研究科博士後期課程修了
　　現　在，和歌山大学経済学部准教授（専攻：近現代日本経済史・経営史）

主　著：

『戦間期日本石炭鉱業の再編と産業組織——カルテルの歴史分析』日本経済評論社, 2009 年。

「戦間期三井物産の外国石炭取引——台湾炭取引を中心に」安藤精一・髙嶋雅明・天野雅敏編『近世近代の歴史と社会』清文堂出版, 2009 年, 所収。

『高等商業学校の経営史——学校と企業・国家』有斐閣, 2017 年。

藤岡　里圭（ふじおか　りか）　　　　　　　　　　　【第 5 部, エピローグ】
　2000 年, 大阪市立大学大学院経営学研究科博士後期課程単位取得退学
　現　在, 関西大学商学部教授（専攻：流通システム論）
　主　著：

『百貨店の生成過程』有斐閣, 2006 年

Comparative Responses to Globalization: Experiences of British and Japanese Enterprises, （共編著）Palgrave Macmillan, 2013.

Global Luxury: Organizational Change and Emerging Markets since the 1970s, （共編著）Palgrave Macmillan, 2018.

目　次

はしがき　i
執筆者紹介　ii

プロローグ　商業を歴史的にとらえる　　1
1　本書のねらい　1
2　本書の構成　2
3　長期の歴史を学ぶ意義　3

第1部　商業・流通の先駆け──近世期　5

第1章　江戸期商人の活躍と取引，商慣行　7
1　商人の台頭　7
(1) 幕藩制下の貿易と商業
　初期特権商人の活躍（7）　糸割符仲間と長崎貿易（8）　鎖国制下のアジア間貿易（9）　藩貿易の展開と商業発展（11）
(2) 近世大坂市場の発展：17世紀
　商業都市大坂の建設（12）　大坂廻米市場の発展（13）　江戸持ち下り商いの拡大（14）

2　商人の成長　17
(1) 江戸市場の発展：18世紀
　江戸十組問屋の成立（17）　長崎会所貿易と箱館産物会所（18）　江戸地廻り経済の発展（19）
(2) 幕末期の商業発展：19世紀
　地方商業の展開（20）　江戸新興問屋の活躍（22）　問屋仲間再興令と明治維新（23）

第2章　商人と商業組織　25
1　近世の株仲間と商業発展　25
(1) 株仲間の役割と機能
　株仲間の設置（25）　田沼期の株仲間政策（26）
(2) 幕府の商業政策と市場形成
　享保改革の意義（27）　天保改革と株仲間停止令（28）

2　藩専売制下の流通システム　29
(1) 国産奨励政策と藩札発行
　国産奨励と流通統制（29）　藩専売制による流通ルート整備（31）

（2）　江戸向け専売仕法の導入
　　　　諸藩の天保改革と問屋仲間再興令（32）　姫路藩の木綿専売（33）　佐賀藩の陶器専売（34）
　3　商家の経営組織　35
　　（1）　経営管理と帳簿組織
　　　　近世商人の奉公人組織（35）　分家・別家制度と共同事業（36）　和式帳簿体系と商業組織（37）
　　（2）　商家の家訓と店舗組織
　　　　商家の経営理念（39）　近江商人の店舗組織（39）　大商家の店舗組織（41）

第3章　信用制度，交易，交通，インフラの成立と商業 …………… 44
　1　近世の金融システム　44
　　（1）　両替商の金融機能
　　　　近世信用制度の成立（44）　両替商による為替取組（45）　三井両替店の御金蔵為替（46）
　　（2）　大坂両替商による為替金融
　　　　江戸為替システムの成立（47）　大名貸金融と銀目手形（47）
　2　農村市場と貨幣・流通政策　49
　　（1）　農村市場の発展
　　　　都市近郊農村の商業発展（49）　都市近郊農村における産業発展（51）　地方領国の貨幣政策（52）
　　（2）　国産会所仕法と地方商社
　　　　兵庫開港と幕府の流通統制（54）　地方商社と諸藩の流通政策（55）
　3　海上交通の発達と廻船商人　57
　　（1）　海上輸送ルートの整備
　　　　日本海海運の発展（57）　北前船商人の買積船経営（58）
　　（2）　地方廻船の活躍
　　　　地方廻船商人の成長（60）　行商・旅商による地方販売（61）

第2部　商業・流通の生成──近代前期　65

第4章　新時代の幕開け ………………………………………… 68
　1　海外貿易の開始　68
　　　条約の締結（68）　幕末開港後の貿易（70）　開港後の金貨流出（73）　外国商人の居留地封じ込め（73）
　2　社会インフラの整備　75
　　　国産会所仕法（75）　近代的金融機構の整備（78）　国立銀行条例改正と銀行の簇生（79）　通信網と鉄道の整備（81）
　3　流通機構の変革　84
　　　新政府の商業政策（84）　米の取引所（86）

目次　v

第5章 近代的商業経営の成立 … 90

1 転換期の大商家——三井家を中心に 90
御用商売の重要性（90） 維新期の三井（91） 三井銀行の開業（92） 三井物産の開業（93） 三池炭鉱の落札（95）

2 貿易商社の設立 98
商権回復運動（98） 貿易商社の設立（99） 貿易金融の整備（101）

3 近代的商業システムの整備 102
商法会議所（102） 同業組合（103） 問屋組織の再編（104） 商業学校の創設——慶應義塾と商法講習所（107） 物流網の整備——海運と鉄道（108） 新たな小売業態——勧工場（110）

第6章 近代商業の発展と貿易の拡大 … 113

1 近代商業の発展 113
実業界への課税（113） 明治期の商業経営（115）

2 教育機関の拡充 117
ビジネスエリート供給源としての高等教育機関（117） 中等教育機関としての商業学校（118） 女子への商業教育（121） 丁稚制度の残存（122）

3 都市化と新たな商業の出現 123
呉服商の百貨店化（123） 三越の改革（124）

4 明治期後半から大正期の貿易 127
日清戦争後の貿易拡大（127） 大戦景気の到来（129） 大戦後の商社破綻（130）

第3部 商業・流通の発展——近代後期 133

第7章 近代日用品市場の成立と展開 … 135
はじめに 135

1 小売市場の形成と展開 135
小売市場とは（135） 公設市場開設以前の日用品小売（136） 公設市場政策の起源（138） 公設市場の開設と反動恐慌後の性格転換（139） 公設市場の普及にみる都市間の格差（142） 私設小売市場（142）

2 中央卸売市場法の成立と中央卸売市場 143
市場公設論の形成と国法市場法の策定過程（143） 卸売市場近代化政策の背景（146） 中央卸売市場法の制定（148） 中央卸売市場法の特質（149）

第8章 新たな小売業態の発展と中小小売商 … 152
はじめに 152

1 百貨店の「大衆化」 152
第一次世界大戦と百貨店（152） ターミナル・デパートの台頭（153） 地下鉄と百貨店（157） 無料配達と無料送迎（158） 出張販売（159） 売場面積の

　　　　拡張と支店の開設（160）　　問屋との関係（162）
　2　反百貨店運動　163
　　　　反百貨店運動のはじまり（163）　　重要物産同業組合と百貨店（163）　　百貨店法の制定（165）
　3　中小小売業者の共同組織　168
　　　　ボランタリー・チェーン（168）　　商店会と専門店会（171）　　消費組合（173）

第9章　生産の量的・質的拡大に対する商業者の反応　177
はじめに　177
　1　消費財製造業者の流通への介入　177
　　　　トヨタ自動車（178）　　志まやたび（179）　　タイガー魔法瓶（180）　　ロート製薬（183）
　2　消費財卸売商業の変革　185
　　　　見本市成立以前における消費財の取引方法（185）　　東京市の見本市（186）　　大阪市の見本市（187）　　酒類流通（190）

第4部　戦時・戦後復興期の商業——1937〜55年　193

第10章　戦時配給統制とヤミ市の相克　195
　1　日中戦争と公定価格制度の導入　195
　　　　戦時統制の開始（195）　　物価の高騰と9・18禁止令の成立（196）　　ヤミ取引の発生（198）
　2　太平洋戦争と生活水準の悪化　199
　　　　太平洋戦争期の経済状況（199）　　生活必需品の配給統制と生活水準の悪化（200）
　3　戦後復興期とヤミ市の展開　203
　　　　戦後復興期の経済（203）　　配給統制（204）　　ヤミ市（204）

第11章　戦時配給組織化と商業機能の喪失　209
　1　戦時配給組織の形成　209
　2　鉄鋼の配給統制　210
　　　　日中戦争期（210）　　太平洋戦争期（211）　　戦後復興期（213）
　3　石　　炭　215
　　　　日中戦争期（215）　　太平洋戦争期（216）　　戦後復興期（217）
　4　繊　　維　218
　　　　日中戦争期（218）　　太平洋戦争期（221）
　5　食　料　品　223
　　　　米穀（223）　　市場の再編（224）

第12章　戦争と商業経営者の存亡　227

1 貿易と商社　227
　　日中戦争と外貨の獲得（227）　　日中戦争期の商社（229）　　交易団体の設立（230）
　　太平洋戦争期の商社（231）　　管理貿易（233）　　民間貿易（233）

2 戦争と百貨店　234
　　日中戦争期（234）　　太平洋戦争期（235）

3 小売業者　236
　　日中戦争と商業者（236）　　「小売業整備要綱」以前（238）　　小売業整備（239）
　　経済復興期の小売業者（240）　　経済復興期の問屋（241）

4 消費生活協同組合　242

第5部　商業の現代的展開——1950〜89年　245

第13章　高度成長と大規模小売業の多様化　247

1 戦後復興から高度成長へ　247

2 百貨店の戦後復興と高度成長期の発展　248
　　百貨店の戦後復興（248）　　高度成長期の量的拡大（249）

3 スーパーの生成　252
　　セルフサービスの導入（252）　　スーパーの誕生（253）

4 スーパーの発展　254
　　標準化の推進（254）　　SSDSの誕生（256）　　多店舗展開による規模の拡大（257）

5 小売業態の多様化　261
　　ショッピングセンターの出現（261）　　テナント業種の多様化（262）　　食品スーパーの成長（263）　　コンビニエンスストアの発展（264）

第14章　流通政策と中小小売業の展開　267

1 流通近代化政策の展開　267
　　戦後復興期の中小小売商（267）　　流通近代化（268）

2 第二次百貨店法の展開と優越的地位の乱用　269
　　第二次百貨店法の展開（269）　　優越的地位の乱用（270）

3 大規模小売店舗法と中小小売商　271
　　大規模小売店舗法の成立（271）　　大規模小売店舗の出店をめぐる紛争（272）

4 日本型流通システムの変容　274
　　日本型流通システムとその変化（274）　　競争構造の変化（275）

5 中小小売商のポジショニングの変化　277
　　小売商業者の所得階層の変化（277）　　流通システム化の要請（278）　　地域商業としての中小小売業（280）

第 15 章　メーカー主導型流通システムの構築とその展開　………　283

1　消費財メーカーの発展とマーケティング　283
　　大衆消費社会の誕生（283）　　マーケティングの試み（284）
2　大規模小売業の発展と卸売業の役割　285
　　百貨店の発展とアパレル卸（285）　　アパレル卸による売場管理（286）　　百貨店の発展と家庭用品卸（288）　　スーパーの発展と食品卸（289）
3　流通系列化──メーカーによる流通再編成　290
　　流通系列化の確立（290）　　流通系列化の事例──松下電器産業と資生堂（291）　　コンフリクトの発生（292）　　流通系列化をめぐる小売業の動き（294）
4　価格決定権をめぐる争い　295
5　小売主導型流通システムの萌芽　297

エピローグ　商業の歴史をさかのぼれば　………　301

1　商業の役割と経済の発展　301
2　店舗型小売業の意義　304
3　日本商業史研究の今後の課題　306

事項索引　309
人名索引　318

コラム一覧

1　鴻池善右衛門家　16
2　近江商人の近代商業経営　40
3　廻船問屋廣海家の商業経営　62
4　幕末維新期に海を渡った日本人　83
5　商法制定以前の無限責任回避策　97
6　明治期日本人の食事事情　120
7　「郊外生活」と小売市場　147
8　百貨店と食堂　161
9　東京文具共益会と見本市　187
10　配給と切符制度　202
11　ス　フ　223
12　戦時下の高等商業教育の再編　243

13　スーパーマーケットの伝道師たち　260
14　お客様相談窓口　281
15　小売業界の再編　298

本書のコピー，スキャン，デジタル化等の無断複製は著作権法上での例外を除き禁じられています。本書を代行業者等の第三者に依頼してスキャンやデジタル化することは，たとえ個人や家庭内での利用でも著作権法違反です。

プロローグ

商業を歴史的にとらえる

1 本書のねらい

　現在，日本の商業，とりわけ小売商業は大きな転換点を迎えているといえよう。近代以降の日本における小売商業の歩みを振り返ると，時代の推移とともに大規模小売業者（百貨店，スーパー，専門店チェーン，コンビニエンスストアなど）の比重が高まり，それにともない流通の主導権が問屋（卸売商）から製造業者を経て小売業者へ移り，商業集積の立地は都心部から郊外へ移って再び都心部へ戻る，といった動きがみられたが，そこでは一貫して固定店舗商業が重要な役割を果たし続けてきた。
　ところが近年，情報通信と物流の分野におけるさまざまな革新の結果，通信販売や生産者による直接販売の比重が急速に高まっている。その結果，これまで一般的であった固定店舗による小売商業の前途が懸念されるという，近代以降で初めての状況にわれわれは直面しているのである。
　もちろんこのような変化によって商業や流通そのものの重要性が低下するとは思われず，むしろ新たな手段を得て重要性を高めるものと予測される。またその中で，店舗商業も一定の役割を担い続けることであろう。しかしこのような大変動に直面する現在，商業や流通の現状を的確に理解し，そこから将来を展望するためには，歴史的（長期的）視点からの考察が必要となるのではないだろうか。
　今日の日本において，商業は単に身近な産業分野というだけではなく，その経済活動に占める比重もまたきわめて大きい。そのためわれわれは，商業の現状に関する限り比較的容易に豊富な情報を得られる。しかしひとたび，いかにして日本の商業が今日のような状態に達したかを知りたいと考えた時，それは

意外に困難な作業であることが判明するだろう。筆者らはそうした状況に一石を投ずるべく，今回この『日本商業史』の刊行を企画した。もちろんこれまでにも日本商業史を対象とする優れた概説書は多数刊行されてきたが，それを今日の研究水準から再検討し，新たな研究成果を加えるとともに，新たな世代の読者にとって親しみやすくまた理解しやすいものとして提供することが，本書のねらいである。

2 本書の構成

以下に，本書の内容を要約して述べよう。

まず，それまでの時代に比べ商業活動がはるかに活発化し，またそれが近代以降における商業発展の基礎となった近世期を対象とする第1部では，第1章で初期特権商人の活躍と鎖国体制下の貿易政策，大坂および江戸における市場の発展，そして幕末期における商業の発展を取り上げる。続く第2章では株仲間を中心とする幕府の商業政策と大名領主による専売制，および有力商家の経営管理について説明する。さらに第3章では，近世の貨幣・金融システムとそれが商業の発展に与えた影響を概観するとともに，海上輸送ルートの整備と廻船商人の活躍にふれる。

以上のような内容を持つ第1部に対し，第2部以降は近現代の日本における商業の発展を扱う。まず明治〜大正初年を対象とする第2部では，第4章で幕末期における海外貿易の開始と，それに対応して展開されたさまざまな施策について述べる。続く第5章では近代的商業経営の成立を三井家の事例を中心に述べ，また貿易における商社設立と金融の整備にふれ，さらには近代的商業システムの整備（商法会議所，同業組合，問屋組織の再編，商業学校の創設，物流網の整備，勧工場）に関しても説明する。最後に第6章では，商業者の養成に関する問題と，都市化に対応した新たな商業の形態である百貨店の出現，そして明治期後半から大正期における貿易の発展について述べる。

次いで両大戦間期を対象とする第3部では，まず第7章で日用必需品を扱う商業分野について，大正中期以降小売段階の主な担い手となった小売市場と，卸売段階における近代化の中核となった中央卸売市場の成立と展開について説明する。次いで第8章では，経営方針の大衆化によりめざましく勢力を拡大し

た百貨店と，これに対抗する小売業者の動き，さらに百貨店に対抗するため開発されたボランタリー・チェーン，商店街，専門店会，消費組合といった新たな小売の形態について述べる。最後に第9章では，製造業者と問屋（卸売商）が消費財取引の量的拡大と多様化にいかに対応したかを，消費財製造業者による流通への介入事例，東西の大都市における見本市・商品市の成立と展開，そして酒類業界における商品取引方法の変遷を語ることで説明する。

一方，戦時・戦後復興期を対象とする第4部では，まず第10章で公定価格制度の導入，戦時下における生活必需品の配給統制と生活水準の悪化，戦後復興期における配給統制の動向とヤミ市の展開について述べる。続く第11章では，戦時期および戦後復興期における配給組織の動向を，鉄鋼，石炭，繊維，食料品と取扱品目別に概観する。最後に第12章では戦時期と復興期における商業経営の存亡を，貿易商社，百貨店，小売業者，消費生活協同組合と業態別に概観する。

戦後の高度成長期以降を対象とする第5部では，まず第13章で百貨店の復興と発展，スーパーの生成と発展，小売業態の多様化（ショッピングセンター，食品スーパー，コンビニエンスストア）と，高度成長がもたらした大規模小売業の発展と多様化について述べる。続く第14章では，大規模小売業の発展に対応するため展開された第二次百貨店法と大規模小売店舗法に代表される流通政策の動向と，およびそれが中小小売業に及ぼした影響について述べる。さらに第15章では，高度大衆消費社会の形成にともなう現象として，百貨店やスーパーといった大規模小売業の発展が卸売業の役割にもたらした変化，松下電器産業と資生堂を事例とするメーカーによる流通再編成（流通系列化）の動き，価格決定権をめぐるメーカーと流通業者の争い，そして小売主導型流通システムの萌芽と，一連の重要な事柄について説明する。

3 長期の歴史を学ぶ意義

このように本書は近世・近代・現代の日本における商業の歴史的展開を対象とし，その対象期間は4世紀を超える。各章の執筆を担当した5名の間で可能な限り統一を図るよう努力したが，なにぶん限られた紙幅でこのような長期間を扱うことから，時期によって取り上げるトピックやアプローチにかなりの違

いが認められる点はお許し願いたい。相対的に長い期間を扱い，また近代以降とは経済体制が大きく異なる近世を対象とする第1部と，近世から近代への移行期にあたる明治期を扱う第2部，そして戦中・戦後期という特異かつ明治維新期に匹敵する大転換期を扱う第4部については，商業そのものにとどまらず，商業に密接な関係を持つ貨幣金融制度の推移や運輸・通信手段の整備，商業教育の発展などについても述べ，また国内商業にとどまらず貿易の分野にも踏み込んでいる。これに対し第3部と第5部は，国内の，とりわけ小売商業に関する叙述が中心となっているが，それはこれらの時期において国内商業に「革命」とも称される大きな変動が生じたことによるものである。

　本書を通じ，幅広い読者が，近世以降の日本における商業の発展について理解を深め，さらには今日における商業の問題を考える上でそうした知識を活用されることを，著者一同深く願っている。

第1部

商業・流通の先駆け
──近世期

　日本の商業活動は商人が誕生する古代・中世の時代を経て，貨幣経済が発展する戦国期にその端著をみることができる。信長・秀吉の時代には城下町の建設に始まり，商業を振興する政策が進められ，彼らの政策を受け継いだ徳川家康の時代に入り，商業は本格的に発展することとなった。そこで第1部では，商業活動が日本の社会・経済に大きな影響を及ぼした近世＝江戸期の発展過程に着目し，江戸期における商業発展の歴史的意義について明らかにしたい。

　17世紀に徳川幕府が誕生したことで，従来からの上方（京都・大坂）に加えて，徳川家が新たに建設した江戸が，全国的商品流通の拠点として重要な役割を果たした。また19世紀半ば以降明治維新を迎える頃には，都市部を中心に日本全国の地方都市，さらには農村部において，商人による活動が広くみられるようになった。徳川幕府による経済的な基盤整備が進んだことにより，商人はビジネスを展開する上で必要な取引上のルールを作り出すことに成功し，大名による領国支配の諸政策に基づき，これら商人の地域での経済活動を発展させる上での諸条件を整えた。このような観点から，第1章では幕藩制下において商人の活動を支えた商慣行について検討を加え，近代商業へとつながる歴史的視座を提供したい。

　19世紀以降，欧米の経済制度をモデルとして，日本独自の近代的商業システムを作り上げることとなる商人の経済活動にスポットをあてながら，第2章では近世期の問屋商人が取引を円滑に進めるべく生み出した諸制度について取り上げる。戦国期の混乱をくぐりぬけ，江戸期に入って都市部を中心に市場経済の形成がみられ始めると，都市部の問屋商人が新たに同業者組織となる株仲間を形成し，全国各地をつなぐ流通ネットワークを形成した。また都市の商人層が中心となって作り上げた取引組織を基礎として，大名は支配下の領国内でいわゆる「藩

専売制」に基づいた流通統制策を打ち出し，江戸や大坂などの集散地と地方をつなぐ新たな流通経済システムを構築した。幕府や大名による支配の下で，商人は自らの経済力を背景として，いっそう高度なビジネスシステムを維持・発展させることに成功したのである。幕末期の開港による経済的危機を迎えた後も，商人たちは欧米の経済制度から積極的に学び，新しい時代に対応した商業組織を生み出していった。

　近世後期に江戸市場が成長するのと並行して，北海道や東北などの遠隔地における商品取引を可能にするための流通ネットワークが構築された。その担い手となった商人の代表例として，京都に拠点を置き，大坂や江戸に店舗を構えた近江商人の活動が注目される。これら近江商人による北海道開発の動きを受けて，近世の日本で沿岸海運を中心に事業を拡大した北前船などの廻船商人，そして農村部における商業と金融の発展を導いた商人の活動について第3章で紹介し，近世日本の商業がいかなる制度の下で近代商業へと変貌を遂げつつあったのかについて考察を加えたい。

第1章

江戸期商人の活躍と取引，商慣行

1　商人の台頭

(1) 幕藩制下の貿易と商業

▶ 初期特権商人の活躍

　近世の日本は，徳川幕府が全国の大名を支配し，諸大名が各地で領主的支配を行う幕藩制の時代であった。領国諸大名は領内の農民から年貢として米を徴収し，それらを財政的基礎として封建的支配を行った（脇田［1977］）。戦国期にはすでに京都や地方都市を中心として，中国の銭貨を用いて商人が経済活動を盛んに行っていたが，織田信長による楽市・楽座の時代に入ると，商業活動を前提とした領国経済が次第に機能するようになった。徳川幕府の政策下では，大名が商人や職人を城下町に集め，商工業の保護，発展を進めた。

　このようにして17世紀以降，領民の生活が次第に安定するようになり，農村部での経済活動に支えられ，日本の人口は増加を続けた。石高制と呼ばれる年貢米の徴収制度が発達すると，領国大名は稲作の発展を基礎とした農業政策を展開し，徴収した年貢米を大坂などの主要港湾都市へと運んで売り捌いた。大名の保護を受けて特権商人は勢力を拡大し，領内で必要とする物資を各地から調達するとともに，領国大名の経済活動を支え続けた。

　城下町の商人は，領国大名の財政を維持するために資金を提供したほか，領内で作られた特産品を領外，さらに江戸や大坂などの都市部へと運び，それらの集散地で商品を売り捌いた後，売却で得た資金を領内へ還流させるという役割を果たした。特権商人の経済活動を前提としながら，徳川期における大名財政の維持が可能となり，次第に上方・江戸と全国各地を結ぶ流通ネットワークが作り上げられた。初期の幕府による商業政策では，江戸や大坂などの商業取

引を重視する一方，豊臣秀吉の時代以来実施してきた検地に基づく石高制の維持・発展を可能にするための経済制度を作り出すことが急務となった。幕府は全国各地での「初期豪商」による年貢米取引，長崎を中心とする貿易活動を認め，金銀貨の発行と普及を通じて，商業活動の基礎となる貨幣制度を順次整えたのである。

　戦国期より領国大名と密接な関わりを持ちながら成長してきた問丸は上方を中心に商家として経済活動を担い，京都や大坂で活動した商人たちは商取引を専門的に取り扱う業者となる問屋へと成長し，卸売業務を中心とする商業活動に乗り出した。京都や堺，平野などの商業都市を拠点に貿易活動を推進した初期豪商も，大坂に拠点を移した。このようにして大坂は，問屋商人の集まる「天下の台所」，すなわち江戸期日本における商業の中心地として機能することとなった。

▶ 糸割符仲間と長崎貿易

　16世紀に始まった大航海時代には，戦国期にあった日本でもヨーロッパやアジアの商人との取引が盛んに行われたが，鎖国政策のとられた17世紀以降も，幕藩制の下で日本での貿易取扱量は拡大を続けた。その結果，信長や秀吉の商業政策により，ヨーロッパや中国・朝鮮方面から各種の製造技術が導入され，さらに徳川期には新分野での産業発展がみられた。南蛮貿易の時代を経て，徳川家康は特権商人を中心とした外国貿易を奨励し，ひいては国内における商業発展を可能にしたものと考えられる。アジアを経由して日本へと来航したポルトガルとスペインの貿易商は，アジアの各地で購入したさまざまな物資（中国の生糸や薬種など）を日本に持ち込み，平戸や長崎で売却した後，幕府に取引を認められた京都や大坂の貿易商人がこれらを高値で売り捌き，安定的な収益を確保した。

　高級織物である絹織物を江戸方面へ供給した京都の織元は，原料となる生糸を貿易商人から入手して生産活動を行った。京都や大坂の呉服商はこれらの絹織物を各地で販売して事業の拡大に成功した。ポルトガルの貿易船が持ち込んだ生糸は糸割符商人によって一手に扱われ，17世紀には糸割符仲間の商人が定めた糸価に基づき，日本各地で生糸の取引が進められた。これらの対価として日本からは銀を支払い，長崎での生糸貿易を通じて，京都の西陣を中心とし

た絹織物業の発展が図られたのである。幕府の管理下で登場した糸割符仲間は，もっぱらポルトガル船がもたらす生糸の安定的購入を目的として1604（慶長9）年に結成された。その後，中国商人による生糸の取扱量が次第に増加するようになり，平戸に商館を設置したオランダの貿易商が積極的に中国産生糸を日本へ運んだため，糸割符仲間に加盟する貿易商人が急増した。

　発足当初，糸割符商人は京都・堺・長崎の3都市の貿易商人のみに許され，後に江戸と大坂の商人にも認可された。鎖国制の強化とともに，幕府はこれら五カ所商人にオランダがもたらした生糸の取引を認めたのであり，京都の織物業者は長崎から供給される生糸を安定的に確保しながら絹織物生産に従事することができた。これら京都の高級呉服は公家や江戸・大坂の武士，町人によって需要され，さらに全国各地の武士や商人が購入する貴重品として普及した。地方での織物需要拡大の動きを受けて，西陣の織物技術はその後，加賀や桐生などの織物生産地帯へ波及することとなり，18世紀には輸入生糸から国産生糸へと原料の転換を図りつつ，日本における繊維産業の発展を導いた。

　長崎貿易については，1655（明暦元）年の糸割符制度廃止を受け，貿易商人による相対取引が中心となったが，長崎ではオランダ船に続いて中国船の来航数が急増したことも影響し，17世紀後半に生糸の取扱量は拡大の一途をたどった。オランダや中国の商人に生糸の代価となる銀を支払った結果，生糸輸入量の増加にともなってアジア・ヨーロッパ方面へ大量の銀が流出した。17世紀には国内における銀山での産出量が増大したため，幕府は生糸輸入量を拡大することができた。しかし，次第に国内での流通貨幣として銀の需要が高まり，幕府の銀輸出に対するスタンスが急変した。定高仕法による銀輸出量の割り当て，続いて新井白石の提言による正徳新例発布など，幕府は強力に銀輸出防止策を打ち出したのである。幕府は同時に銅の輸出拡大策を講じ，18世紀以降，日本の海外向け銀輸出は減少に転じた。

▶ 鎖国制下のアジア間貿易

　鎖国制の下で，幕府は生糸・薬種などの貿易奨励策を続け，銀不足による貿易制限などの問題に対処しつつ，長崎貿易による利益確保をめざした。糸割符仲間に関しては五カ所商人に加え，博多などの他地域で活躍する商人が生糸取引に参加する体制へと移行した。糸割符制度に代わる長崎会所貿易の制度化，

対馬藩・薩摩藩による貿易ルート開発に基づく奨励策によって，幕府は長崎貿易の維持・拡充を図ったといえる。18世紀後半には国産生糸の普及がみられ始め，幕府は生糸に代わって陶磁器などの各種輸出品の取扱量を拡大し，長崎で活動する中国商人との貿易活動に対して肯定的な態度を示した。

　17世紀以降，幕府の管理下で貿易に携わった特権商人の取引としては，南蛮貿易の時代よりキリシタン大名などの西国大名，そして朱印船貿易家をはじめとする諸大名と深い関係を取り結んだ京都・大坂・堺・長崎・博多の御用商人の活動によって実施されたとみることができる。朱印船貿易に積極的であった角倉・茶屋・末吉・船本・木屋・末次・西・荒木・平野・橋本の10商人は各々4回以上にわたって海外へと朱印船を派遣し，東南アジア方面で貿易活動を盛んに実施しながら海外での現地取引に取り組んだ。中国で生産された絹織物をはじめ，東南アジアで買い入れた各種製品を日本に持ち込み，朱印船貿易の活動を展開した。

　大航海時代にアジアの海域での活動で成功した諸家は，中国船から直接買い付けた生糸を京都に供給し，平戸・長崎での生糸貿易を補完する重要な役割を果たした。また，これらの諸家は代価となる銀を日本で大量に確保し，日本の工芸品や銅などの金属製品をアジア，ヨーロッパ方面へと移出した。このようなキリシタン大名や貿易商人による海外での積極的な活動に対し，幕府は次第に警戒感を強め，ついに鎖国令を発して朱印船の自由な貿易活動を禁止する政策へ転換した。以上の動きの背景として，中国大陸では明から清への政権交代が生じ，中国人商人による私貿易が活発化しつつあり，アジア海域での密貿易が独自に展開し始め，長崎に来航した中国人商人が日本の鎖国制下で相互補完的な役割を担った。

　17世紀後半には，中国人商人の鄭芝龍（ていしりゅう）が福建省や台湾を中心に貿易活動を開始した後，福建商人が多数来航して長崎を貿易拠点に活動を開始した。幕府の政策下で長崎には新たに唐人屋敷が設置され，長崎に定住した中国人商人が長崎貿易の直接的担い手として活躍した。長崎での貿易活動を受けて，18世紀には各種輸入品が大坂の唐薬種問屋や唐反物問屋などで数多く取引され，大坂や京都では長崎から持ち込まれた貿易品が多数取り扱われた。幕府の鎖国政策の中で，長崎での貿易活動は引き続き活況を呈し，都市部での商業発展を導く原動力として機能したと考えられる。

▶ 藩貿易の展開と商業発展

　輸入品を取り扱う問屋商人が大坂を中心に登場したのを受けて，幕府管理下の長崎貿易のみならず，対馬藩による日朝貿易，そして薩摩藩による琉球貿易での取扱量が次第に増加した。中国方面から流入する生糸などの各種商品を日本まで輸入する体制が整うことで，生糸や砂糖，薬種などの貴重な物資が中国方面から日本まで移送される時代に入った。長崎貿易では十分確保できなかった各種舶来品が朝鮮・琉球ルートを通じて日本へと流入し，大坂・江戸の問屋商人によって数多く取り扱われた。

　対馬藩の日朝貿易については，ポルトガル船来航禁止令が発令された1639（寛永16）年に徳川幕府より「薬種・糸・反物」の輸入を朝鮮国との間で実施するように対馬藩に対して指示がなされ，長崎貿易を補完するための貿易活動を恒常的に実施する体制を整えた。貴重な薬種として朝鮮国で栽培された薬用人参が主な商品となり，さらに中国から朝鮮へと数多くもたらされた中国産の生糸・絹織物を大量に輸入した。中国産絹製品は，対馬藩にとっても一定の利益を確保できる重要商品であり，17世紀後半には，長崎の生糸取扱量に匹敵する規模にまで対馬藩が生糸を輸入するに至った。対馬藩は朝鮮国に対して銀貨による支払いを続けたが，元禄改鋳以降，朝鮮国は悪鋳銀貨受け取りを拒否した。

　こうして18世紀初頭に減少を余儀なくされた生糸輸入については，その後，荻原重秀による特鋳銀貨「人参代往古銀」の発行によって回復に向かい，引き続き対馬藩は朝鮮ルートを通じて良質の中国産生糸を輸入し続けた（田代[2007]）。

　琉球国への支配を強めた薩摩藩では，琉球商人を通じて中国から生糸・薬種などの輸入品や砂糖を仕入れ，大坂の薩摩藩蔵屋敷より各地商人へ大量の物資を移送した。大坂では17世紀初頭より薩摩屋仁兵衛が薩摩国産物取締を務め，薩摩国問屋が大坂の代表的商人として活動を展開した。琉球貿易では薩摩藩の物資が地元商人を経て，大坂で活動する薩摩国問屋へ運ばれる流通ルートが確立されたのである。安永期に薩摩問屋は定問屋7軒，小問屋30軒が存在し続け，琉球貿易によって薩摩問屋が中国からの輸入品を大坂に集荷する体制が維持された。

　新井白石の貿易制限令以降，琉球ルートを通じた生糸輸入量が減少したのに

対して，取扱商品を中国産の薬種や唐物類にシフトしながら俵物などの海産物を大量に輸出し，長崎貿易の活性化が図られた。19世紀に入って，薩摩藩は長崎会所を通じた中国産薬種・雑貨類の販売にも乗り出し，薩摩藩の貿易活動がいっそう強化された。

(2) 近世大坂市場の発展：17世紀
▶ 商業都市大坂の建設

豊臣秀吉の時代に建設が着手された近世都市の大坂では，初期豪商などが中心となって堀川の掘削や市の設置，屋敷地の整備などを推進する形で，多数の商人が軒を連ねる街区を形成した。大坂夏の陣の後，徳川幕府は船場の開発を続行し，慶長期に東横堀川，西横堀川を整備して商家の蔵へと移送した商品を保管するための人工運河の建設に成功した。西日本各地から大坂へ移り住んだ商人たちは大坂の各所に集住し，有力商人となる安井道頓や薩摩屋仁兵衛などが私費を投じて道頓堀や薩摩堀などの運河を開削するなど，大坂に集まる商品の取引で必要となる社会資本を商人自らの手で整えた点は特筆に値する。このように近世初期の都市行政に商人層が関わった大坂は，各地の商品が集まる「天下の台所」と称され，幕藩権力による市場創出を主導する経済活動地域として機能した。

大坂では各地より運ばれた各種商品を活発に取引し，それら商品を専門的に取り扱う商人が市場を形成することにより，堺や尼崎，平野などの伝統的商業地域に代わる西日本の中心的なマーケットとなった。大坂商人が諸大名の蔵元や掛屋として活躍するようになり，17世紀以降年貢米を大坂へ運び入れる体制が整えられると，京都に代わって大坂が年貢米市場を中心とした商業地域として重要な役割を果たしたのである。他方で，地方の城下町には大名財政と深く結びついた特権商人が多数集まり，大名領国内の特産品を大坂や江戸の市場へと持ち込む商売を始め，大坂廻米が本格化する寛文期以降になると，自前のビジネスで成功を収め，初期豪商と並ぶ都市商業の担い手として成長した新興商人が多数登場した。日本の主たる食料源として江戸時代に主要な地位を占めた年貢米についてみると，地方での市場価格に比べて大坂市場での販売価格が相対的に高かったことも影響し，近世初期より地方大名や城下町の特権商人が大坂での年貢米販売をめざすようになり，彼らは沿岸海運による年貢米の輸送

図 1-1 大坂登米高の推移

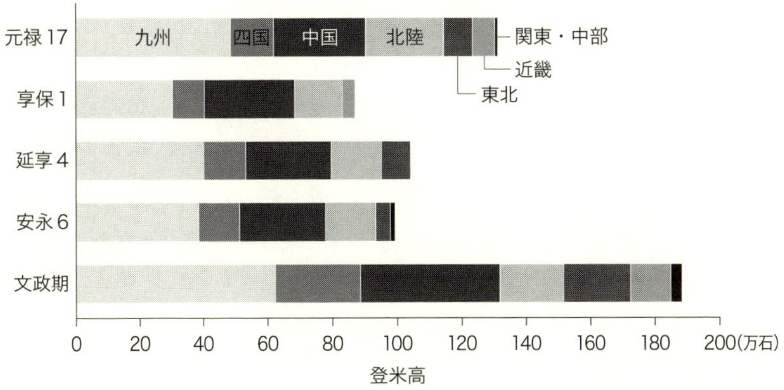

（出所）宮本 [1988]，145 頁より作成。

へと積極的に乗り出した。

▶ 大坂廻米市場の発展

1672（寛文 12）年の河村瑞賢（かわむらずいけん）による西廻り航路整備にともない，日本海地域の領国大名は年貢米を大坂へ積極的に運搬し，年貢米の備蓄を目的として大坂市中の運河近くに設置した蔵屋敷で取引が完了するまで保管した。蔵米については，主に米切手と呼ばれる商品の手形で取引されるようになり，京都から大坂に活動拠点を移し，自らの屋敷地に米市を開設した淀屋常安による米穀取引を契機として本格的に大坂で米穀取引が開始された後，寛文期以降，大坂へと集まる年貢米の廻米量は飛躍的に増大した。

元禄期には北国米の廻着量が増加しており，大坂登米高の推移を示した**図 1-1** にみられるように，大坂市場で 100 万石を超える大量の年貢米が恒常的に取引される時代が到来し，大坂が日本の年貢米取引，そして大名貸金融の中心市場として発展を遂げた。18 世紀には米価の下落傾向も影響して，大坂への登米高は一時減少したものの，その後も 100 万石に及ぶ年貢米が大坂に運ばれた。一方で，地方の商人が独自に廻船を用いて大坂の商人に販売する納屋米の取扱量が拡大したため，近世の大坂市場は日本における米市場の中核的存在であり続けた。

海運を通じて大坂へと運ばれた年貢米を大量に備蓄する蔵屋敷は，堂島米会

第 1 章　江戸期商人の活躍と取引，商慣行　13

所の位置する中之島周辺に多数設けられ，それにともない販売代銀の送金業務を担当する両替商が成長した。大坂の両替商を代表する十人両替の多くは当初より諸藩の掛屋を兼務し，掛屋が蔵米の販売代銀を立て替えるとともに，大名貸の形で江戸藩邸の必要資金を諸藩へと貸与した。町人蔵元の業務としては諸藩の蔵米を米仲買商に売却する仕事が中心で，仲買商は入手した米切手を用いて売買することにより，米切手の証券化が進んだ。また，蔵元を務めた両替商は当初自分の裁量で年貢米を売却したが，次第に大名の指示に従って年貢米の販売に従事するようになり，もっぱら大名による扶持米や口銭収入によって収益を確保する両替商が主流になった。両替商経営は大名財政と密接に関わる形で強化されたのであり，江戸期に大坂が日本の金融センターとして成長する上で，両替商による蔵元・掛屋業務は必要不可欠の条件となった。

▶ 江戸持ち下り商いの拡大

　大坂に集められた諸藩の年貢米は大坂市中で消費されるだけでなく，京都や大坂の周辺地域に加えて江戸をはじめとする全国の城下町に運ばれており，江戸期には年貢米が各地で重要商品として流通し，消費される経済システムが構築された。17世紀後半以降，大坂から江戸，そして関東方面へ米穀，油，呉服などの日用品や，砂糖・薬種などの各種特産品が多数もたらされたことで，江戸を中心とする東日本地域への物資供給地として大坂市場が不可欠の役割を果たしたといえる。畿内で製造した木綿や菜種油，酒などを大坂問屋が江戸方面へ移送し，その他の各種必需品についても大坂商人が江戸に廻送するシステムが形成された。18世紀前半の大坂市場における商品移出入を示した**表 1–1**では，菜種油や綿実油，胡麻油，油粕などの油製品が移出品価額として大きな比重を占めた。さらに，縞木綿や白木綿などの綿製品，醬油や酒などの醸造品が大坂からの主要な移出品となっており，江戸への下り荷が移出品の中心的な位置を占めていた。大坂は全国各地から集まる商品作物の加工地としての役割を同時に果たしていたことが表1–1の内容からも理解できよう。

　このような動きの中で，大坂では日用品や特産品を専門的に取り扱う専業問屋が数多く登場し，各地から集まる商品を取り扱う荷受問屋，そして問屋からこれら商品を買い受ける仲買商人が活躍した。全国から大坂に移送した各種商

表1-1 大坂の商品移出入表(1714年)

順位	大坂移入品 品目	数量	価額(貫)	大坂移出品 品目	数量	価額(貫)
1	米	282,792 石	40,813	菜種油	33,272 石	26,005
2	菜種	151,225 石	28,048	縞木綿	698,747 反	7,066
3	材木	―	25,751	長崎下り銅	5,000,000 斤	6,587
4	干鰯	―	17,760	白木綿	739,938 反	6,264
5	白木綿	2,061,473 反	15,749	綿実油	7,900 石	6,116
6	紙	148,464 丸	14,464	古手	409,838	6,004
7	鉄	1,878,168 貫	11,803	繰綿	108,640 貫	4,209
8	掛木	31,092,394 貫	9,125	醤油	32,206 石	3,898
9	銅	5,429,220 斤	7,171	万鉄道具	―	3,750
10	木綿	1,722,781 斤	6,704	油粕	1,596,560 貫	3,267
11	煙草	3,631,562 斤	6,495	万塗物道具	―	2,839
12	砂糖	1,992,192 斤	5,614	小間物	―	2,838
13	大豆	49,930 石	5,320	胡麻油	2,055 石	2,088
14	塩	358,436 石	5,230	焼物	―	1,574
15	小麦	39,977 石	4,586	酒	5,909 石	1,200
16	塩魚	―	4,156	雪駄	597,480 足	1,174
17	胡麻	17,143 石	4,129	鍋	250,429	966
18	綿実	2,187,493 貫	3,919	傘	234,250 本	650
19	生魚	―	3,475	万荒物	―	568
20	毛綿絽	116,647 貫	3,430	釜	124,222	535
21	布	310,558 反	3,401	革足袋	59,544 足	506
22	絹	35,573 疋	3,012	木綿	192,580 斤	502
23	焼物	―	2,875	万木地指物	―	496
24	畳表	1,102,907 枚	2,866	櫓	19,602 挺	478
25	縞木綿	236,923 反	2,831	長崎下り万商物	―	395
26	苧	145,875 貫	2,815	戸	52,928	317
27	唐薬種	―	2,787	革羽織	3,189	312
28	炭	767,814 俵	2,503	蝋燭	―	309
29	鰹節	―	2,178	菓子	―	307
30	京織物	―	2,065	素麺	―	211
	その他		35,486	その他		4,368
	総計		286,561	総計		95,799

(出所)宮本[1973],124頁;大石[1975],143-167頁より作成。

品を安定的に取引する上で,問屋商人はなくてはならない存在となった。18世紀に入ると,大坂では海産物をはじめとする重要物資を大坂に供給した松前問屋,琉球貿易を通じて輸入した唐物を大坂に持ち込んだ薩摩問屋などの国問屋の役割が次第に限定的となる一方で,大坂から江戸方面への物資供給を重要視した徳川幕府は,江戸向けの下り荷を取り扱うための流通ルートを確保する

コラム1　鴻池善右衛門家

　鴻池は，江戸期の大坂を代表する商家であった。始祖とされる山中新六は1571年に生まれ，摂津国伊丹鴻池村で育った経験に基づいて酒造業から出発し，清酒醸造に乗り出した。1619年に大坂で店舗を構え，1625年から江戸積の酒輸送を開始したが，新六の八男である善右衛門正成が大坂店を継ぎ，酒販売に加えて諸藩の米を取り扱う蔵元・掛屋となった。1670年には複式簿記構造を持つ「算用帳」の作成を開始し，1674年に今橋の両替店を開き，江戸為替や大名貸を盛んに実施した。

　3代善右衛門宗利の時代には両替業，大名貸に事業の重点を移し，特に西日本諸藩の大名貸で収益を上げ，岡山・広島・徳島・高知の4藩で大名貸の半分以上の比率を占めた。また宗利は蓄積された資産をもとにして鴻池新田を開発し，小作料収入や綿作栽培にも力を入れた。鴻池は兄弟を分家として独立させるとともに，優秀な奉公人を別家として独立させた。有力両替商として活躍した中原庄兵衛家や，町人学者を出した草間伊助家は鴻池の別家として特筆される商家である。

　幕末には兵庫商社や大阪通商会社・為替会社の設立などで貢献し，10代善右衛門幸富は1870年に広岡久右衛門・長田作兵衛とともに貿易商社となる尽力組を結成した。11代善右衛門幸方は1889年創設の日本生命初代社長となり，1897年には鴻池銀行が第十三国立銀行を継承して誕生した。

とともに，江戸市場の発展を促進するための商品流通システムを作り上げた。

　17世紀後半に江戸向けの商品取引を実施して成功した新興商人には，摂津の酒を江戸で販売し，後に両替商へと事業を拡張して成功した鴻池家や，江戸で高級呉服の小売を実施して多くの顧客から信用を得た三井家，あるいは幕府の信用貨幣である銅銭の原料となる銅の量産に成功した住友家などの豪商がみられる。いずれも江戸期を代表する商家として発展を遂げ，優秀な番頭を多数抱えることで事業を拡大し，多角化を推し進めた。これらの商家は京都・大坂・江戸に仕入と販売の活動拠点を設置しており，都市部での活動を積極的に展開することで多店舗展開による販路拡大に成功したといえる。また，17世紀以降，事業を開始して江戸に出店を構えた京都・大坂の商人として，呉服業などの各種持ち下り商いを積極的に展開した近江商人や伊勢商人などが注目さ

れる。江戸は近世日本の一大消費地として発展を遂げつつあり、京都や大坂に本店を置く商人の中には卸売業や小売業で創意工夫をこらし、消費地の顧客が求める商品を提供する形で、大店として事業の拡大に乗り出す商人が多数みられた。

2 商人の成長

(1) 江戸市場の発展：18世紀
▶ 江戸十組問屋の成立

　大坂から江戸方面へ運ぶ諸物資の移送には菱垣廻船と呼ばれる大型の木造船が用いられた。1627（寛永4）年に大坂で菱垣廻船問屋が成立し、上方に集められた木綿や油、酒、醬油などの生活物資を菱垣廻船が大量に積み込み、江戸方面へ定期的にそれらを廻漕し始めた。また、摂津の伊丹、灘地域で作られた酒類は、菱垣廻船の積み荷とは別に伝法船の樽廻船で移送を開始するようになり、酒造仲間が樽廻船を運営する形で1658（万治元）年に樽廻船問屋が成立した。樽廻船は江戸積を目的とした酒だけでなく、酢や醬油、塗物、紙、木綿、繰綿、金物、畳表などの荒荷を積み合わせることで、江戸向け定期航路であった菱垣廻船よりも手早く江戸問屋に商品を回送できた。菱垣廻船による問屋の仕入荷物輸送と並んで、樽廻船による運賃積の廻船輸送が17世紀の大坂でいち早く誕生したのである。大坂では廻船問屋に加えて新たに誕生した専業問屋が江戸の荷受問屋へ商品を販売する恒常的な商品取引を拡大したため、海上輸送のリスクについては江戸積を担う問屋商人が独自に管理する方策を模索した。

　廻船問屋による海難上の問題を解決するため、江戸では1694（元禄7）年に江戸十組問屋を結成し、菱垣廻船による海難事故の際の補償や江戸入津に際しての検査実施などを担当した。十組とは、塗物店組・内店組・通町組・表店組・薬種店組・河岸組・綿店組・紙店組・釘店組・酒店組であり、専業問屋の集合体として各組が共同で活動を展開した。同時に大坂でも江戸積問屋が結成され、これらの問屋は後に大坂二十四組問屋と称して江戸十組問屋とともに菱垣廻船を両組の勢力下に組み込んだ。さらに酒店組は樽廻船への一方積となり、1730（享保15）年に十組問屋より分離独立して江戸下り酒問屋が脱退することとなった。酒荷は腐敗しやすい商品であったため、より迅速に江戸へ商品を輸

送する必要性が高まり，酒荷を中心とした商品の海上輸送を優先したことがその要因であった（速水・宮本［1988］，313頁）。

　樽廻船で酒以外の商品を輸送する際には，菱垣廻船よりも安い運賃で江戸までの移送を引き受けた。菱垣廻船と樽廻船は江戸向け輸送手段として競合関係に陥ったため，樽廻船への積み合いを菱垣廻船が認める積荷協定が結ばれた。18世紀以降関東での特産物生産が拡大したことも影響し，19世紀以降大坂から江戸への下り荷が減少したことを受けて，菱垣廻船の輸送にはさまざまな課題が生じた。江戸十組問屋による菱垣廻船の再興策が進められたが，結果的に菱垣廻船の減少傾向に歯止めをかけることがかなわないまま，幕末期には樽廻船が菱垣廻船を兼ねることになり，あわせて樽廻船の大型化が図られた。

▶ 長崎会所貿易と箱館産物会所

　江戸市場の発展を間接的に支えたものとして，17世紀以降糸割符仲間が推進した長崎貿易のさらなる発展が指摘できる。1685（貞享2）年に復活した糸割符制を経て，新たに長崎で導入した御定高仕法では，銅の輸出量を拡大することで，長崎会所による貿易体制を維持した。長崎会所貿易では運上金の形で貿易の利益の一部が徳川幕府の収入となるため，荻原重秀は財政再建策の一環として，長崎における管理貿易の強化に力を入れた。当初の貿易定額としては中国船が6000貫目，オランダ船3000貫目であったが，1743（寛保3）年には中国船20艘・銀2000貫目，オランダ船2艘・銀550貫目に制限し，定額として貿易量に制限が加えられたが，実際には定高の増額が図られる形で貿易総額として一定の水準が維持された。

　中国では貨幣需要の高まりにともない銅貨増鋳を図るべく，日本から銅を積極的に輸入し，加えて俵物などの海産物を輸入した。1668（寛文8）年の銀輸出禁止令をはじめとする幕府の輸出制限策を受けて，1678（延宝6）年には大坂の住友吉左衛門や堺・京都・長崎の銅商人16名に銅貿易の独占が認められた。1701（元禄14）年には大坂に銅座を設け，銅の集荷や棹銅の生産，輸出に関する業務の管理を任せて，銅座の支配下で銅屋仲間が銅貿易を推進したが，18世紀中頃には長崎への廻銅量が大幅に減少した。同時に長崎でのオランダ東インド会社による貿易活動が停滞し，長崎会所貿易では中国船による貿易が重要な位置を占めるようになった。18世紀後半には中国からの最大の輸入品

であった生糸の国産化に成功したため、長崎経由の生糸輸入量が次第に減少し、海産物や雑貨を輸出する貿易を拡大することにより、俵物を主力商品とする長崎貿易が新たな展開をみせた。

俵物とは煎海鼠・干鮑・鱶鰭の3品を指すが、昆布や鯣・干鰯・鰹節・干海老・所天草などの海産物も広い意味での俵物として取り扱われたため、これらは諸色として俵物3品とは区別される形で中国方面へ輸出された。幕府は1744（延享元）年に俵物の集荷作業を俵物一手請負商人に限定し、大坂と長崎に俵物会所を設置した。1785（天明5）年には幕府が長崎会所による俵物の直仕入体制を整え、大坂と長崎に俵物役所を設置しており、下関や江戸の指定問屋を傘下に置いた。

長崎での俵物輸出の拡大を受けて、幕末期には北海道漁業が本格的に発展を遂げ、海産物を大坂方面で売り捌く北海産荷受問屋が登場した。19世紀に入り、徳川幕府は箱館産物会所を通じて北海道産の特産物を下関・兵庫・大坂・江戸に廻送する物資輸送体制を整えた（田島［2014］）。日本海海運における西廻り航路が上方から江戸へと至る商品流通ルートと結びつき、江戸市場の発展を促進する形へと変化したのである。徳川幕府の流通統制が江戸や大坂の都市商人の活動を包摂し、大坂を経由して江戸市場にまで物資が運ばれる輸送ルートを構築することで、北海道や東北・北陸地方と太平洋沿岸部を結ぶ物流システムの強化が図られた。

▶ 江戸地廻り経済の発展

18世紀以降、上方から持ち込んだ呉服などの各種商品を専業的に取り扱う江戸の仕入問屋が次々と登場し、大坂方面から移送する商品に加えて、関東地方で仕入れた物資を集荷・販売する活動を開始した。関東各地の農村部では、大坂から運ばれた繰綿などの原料を用いて織物生産を行う農民が増加する一方、それらの織物を集荷して販売する商人の活動ルートが開かれた。関東木綿を買い付ける大坂などの呉服商との間で農村部の商人が直接取引を開始し、江戸の仕入問屋や各地の城下町商人に織物を販売する活動へと事業を拡張した。

木綿生産については、大坂の周辺地域に加えて東海地方の三河や尾州における織物生産が拡大し、18世紀には江戸の仕入問屋が全国の産地から織物類を買い付け、東日本地域での販路拡張に成功した。関東農村の商人は、織物に加

えて醬油や穀物、酒などの商品を積極的に取り扱い、「江戸地廻り経済圏」と呼ばれる地域商業の発展を導いた。高級呉服として江戸を中心に取引された絹織物についてみると、京都西陣の高度な生産技術が18世紀に地方の他産地へと伝播するようになり、とりわけ上州・武州における絹織物生産が拡大した。このように京都・大坂・江戸で活躍した呉服商が地方の絹織物を多数取り扱うことで、全国の呉服商へと各種呉服類を販売することができたのである。

　関東地方での商品生産が発展を遂げると、江戸の仕入問屋や、地方大名の下で活動した城下町在住の特権商人のほか、農村部を中心に特産物の買付けや販売に従事する在郷商人が活躍し始めた。江戸地廻り経済をめぐる商品生産と在郷商人の活動が、東日本における商業発展を可能にしたものと考えられる。江戸では上方から仕入れた商品に加えて、関東市場から集荷した幅広い生活物資を豊富に取り揃えるようになり、大坂と並ぶ一大商業都市として江戸の商品市場が急成長を遂げた。農村部における在郷商人の成長については、18世紀中頃以降、西日本をはじめとする全国の農村部で広くみられた事例が数多く確認されており、地方商業の発展が江戸や大坂を中心とする流通ネットワークを構築する上での原動力となった。

(2) 幕末期の商業発展：19世紀
▶ 地方商業の展開

　徳川幕府の株仲間奨励策を受けて、問屋や仲買による流通機能の発展が期待されるようになり、19世紀には江戸の株仲間設置が認められた。大坂西町奉行の阿部正蔵が作成した提言書では、諸藩の流通政策が大坂市場を経由せずに特産品を江戸までダイレクトに運ぶ状況を作り出した点を指摘している。大坂や江戸に運ばれる各地特産物の種類や数量は増加の一途をたどり、人口増加がみられた19世紀には、全国各地で商品流通の発展と市場形成が進んだ。

　1804〜1829年の大坂では、綿製品や塩・炭・紙などの生活物資の廻着量が増加し、地方から大坂へ運ばれる特産物の量的拡大がみられた。綿製品を中心に、江戸市場を経由して地方の特産品が大量に大坂市場へ流入したことがうかがえる。しかし1840年の調査では、多くの商品で大坂への廻着量が軒並み減少しており、大坂を経由せずに特産品が各地へ運ばれる流通ルートが開かれた様子が見て取れる（安岡［1970］、62頁）。海運業の発展にともない、地方から

図1-2 近世後期の地域間流通構造

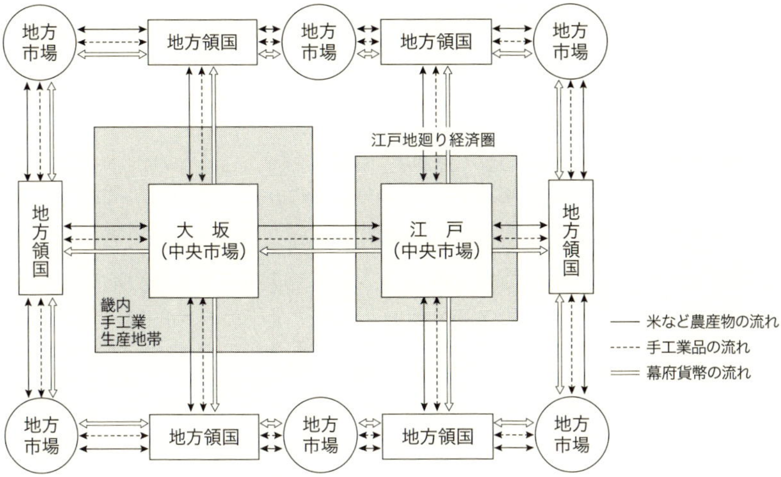

```
地方          地方          地方
市場 ⇔ 地方領国 ⇔ 市場 ⇔ 地方領国 ⇔ 市場 ⇔ 地方領国
                                         ⇕
                    江戸地廻り経済圏
                                         
地方                                      地方
領国 ⇔   大 坂    ⇒    江 戸    ⇔        領国
       （中央市場）    （中央市場）

     畿内
     手工業
     生産地帯                            ── 米など農産物の流れ
                                        ---- 手工業品の流れ
                                        ══ 幕府貨幣の流れ

地方          地方          地方
市場 ⇔ 地方領国 ⇔ 市場 ⇔ 地方領国 ⇔ 市場 ⇔ 地方領国
```

（出所）速水・宮本[1988]，285頁。

江戸まで各地の特産物を運ぶルートの形成が進み，大坂商人の資金力に依存しない地方商人の商取引が拡大して，独自に各地から集荷した商品を取り扱う地域商業の発展が導かれたと考えられよう。

大坂市場では18世紀後半以降，北前船商人による日本海地域での特産品取引が活発化し，日本海沿岸で買い付けた商品を北前船に積み込み，大坂の荷受問屋まで商品を持ち込んで販売活動を行う買積船経営による船持ち商人の商業活動が盛んに行われた。日本海地域では，北海道から運ばれるニシン魚肥や東北地方で生産される米穀などの食料品，北陸地方で生産される各種特産品の移出が拡大し，北前船商人が日本海沿岸の地方商人から買い付けて移送した後，大坂の問屋商人に販売するルートが形成された（中西[2009]）。19世紀に大坂商人は問屋業から仲買業へと事業の中心を次第に変化させながら，江戸の仕入問屋と同じく自己資金で購入した商品を他の大坂の仲買商に売却することで，多大の利益を獲得する商人も現れた。19世紀の江戸と大坂では，同一商品の価格差が縮小傾向にあって，地方から江戸まで直接商品が運ばれるようになった。地域間流通構造を示した図1-2にみられるように，地方商人が直接地方市場で商品を売却するようになり，大坂を経由して江戸へ商品を運ぶ流通上のメリットが次第に縮小したものと考えられる。これらの動きは，開港以降の銀

相場下落の影響を受けて大坂市場で混乱が生じた幕末期以降，いっそう顕著となった。

▶ 江戸新興問屋の活躍

　19世紀以降，江戸市中の人口増加にともなって，大坂を経由せずに江戸の問屋商人へ直接商品を販売する動きが活発化した。江戸に集まる商品を地方商人へと販売する取引ルートが開かれ，地方から江戸へ直接商品を送り，江戸の仕入問屋がそれらの商品を各地で販売する新しいタイプの商人が活躍した。江戸に在住する武士や町人への供給を主たる目的とする江戸の問屋商人の中には，京都や大坂をはじめ，全国の地方都市へ商品を販売する仕入商人が現われ，さらに江戸に集まる木綿などの日用品を関東や東北の商人に売却する新興問屋が登場した。近江商人をはじめとして，諸国を行商し商品の売り込みを図る江戸の新興問屋が台頭し，関東木綿や京都・大坂から運んだ呉服類を江戸からさらに関東一円，東北地方などの東日本全域に販売する活動を展開したのである（林［2000］）。19世紀以降，人口増加や所得上昇が進んだ東日本地域の農村部に各種商品を運ぶことで，現地の商人に対する売り込みに成功し，積極的に販路を拡張した。

　以上のような江戸での動きは諸藩の特産品販売にも影響を与え，地方特産物を集荷する新興問屋が江戸を経由せずに直接消費地の問屋商人へ販売するルートを生み出した。地方商業の発展は消費地の商業活動を主導する問屋商人の影響下で導かれたと考えられ，幕末期にみられた江戸での仕入問屋の活動が，大坂をはじめとして，地方城下町の商人や特産物市場の動きにも影響を与えた。開港後に横浜での貿易活動が本格化すると，生糸や茶などの輸出商品を取り扱う地方の商人や製造業者が直接横浜の売込商に売却する動きもみられるようになり，江戸市場を経由せずに開港地の貿易商人へ商品を販売する新たな流通ルートが開かれた。特産品を取り扱う地方の買次商は，江戸の仕入問屋を経由せずに直接消費地の商人や開港地の貿易商人へ商品を売却して利益を上げ，生産地と消費地の商人が取引関係を結ぶ商業活動がみられ始めた。

　地方の特産品を取り扱う北前船商人などの廻船商人は大坂や江戸へ商品を廻送する一方，地方の城下町や市場で商品を購入し，それらを都市部で売却するという廻船経営のメリットを享受できた。大坂や江戸の荷受問屋や仕入問屋に

対する販売に加えて，地方の消費地に商品を販売する商人間の継続的な取引関係が生まれたことで，消費地の需要に対応した商品の安定的供給が可能となった。江戸や大坂に集まる各種商品の仕入を地方商人が自らの判断で行い，彼らの出身地で売却する動きも同時に生じ，地方市場での販路開拓を促進する市場システムの形成がみられた。

▶ 問屋仲間再興令と明治維新

　天保改革による株仲間解散の後，商業活動が不安定な状態に立ち至った結果，幕府は1851（嘉永4）年に問屋仲間の再興令を発した。流通政策強化を目的に，江戸や京都・大坂だけでなく，各地の商人による仲間結成の動きが再び活発化し，とりわけ江戸では新たな商人を株仲間のメンバーとして加えることによって流通統制を強める体制が整えられた。例えば関東木綿を取り扱う江戸の木綿問屋仲間では，旧来の下り荷木綿を取り扱う古組と，19世紀以降に生産量が急増した関東木綿を取り扱う仮組が並存していたが，幕府は株仲間に未加入の商人を中心とした株仲間を組織して，江戸での流通統制を強化しようと試みた。嘉永期の問屋仲間再興を通じて，幕府は江戸地廻り経済で成功した新興商人の活動を公認し，かつ新興の問屋商人による新たな流通ルートを活用しながら商業活動の拡大を企図した状況がうかがえる。

　江戸を中心とする市場政策の展開は，江戸での新興問屋の成長を可能にし，京都・大坂方面から運ばれる下り荷を主として取り扱う旧来の問屋商人だけでなく，各地で作られた特産物を積極的に集荷し江戸で販売する新しいタイプの仕入問屋を登場させる上で重要な意味を有していた。嘉永期の問屋仲間再興に続き，開港後の貿易品の集荷販売を集中して担う貿易商人の登場が特産物生産に深く関与し，江戸・大坂で活躍する問屋商人と地方商人との取引関係も一層緊密化した。藩専売制を通じた領国大名の流通統制が19世紀以降に強化され，特産物を取り扱う江戸・大坂の問屋商人の役割が高まった結果，江戸・大坂向けの特産物を集荷販売する諸藩の地方商社が明治維新期に誕生し，海外貿易を担う商社の各種事業を継承して活躍する商人も登場した。

　藩専売制では，大坂や江戸の荷受問屋として蔵元・掛屋となる両替商が中心的な役割を果たした。彼らは入札販売などの制度を通じて都市部の問屋・仲買商に対して特産物の優先的な売却を実施し，藩札発行などの方法を通じて地方

の商人や製造業者に対して資金貸与を行った。19世紀以降，東日本地域での特産物販売の比重が高まるにつれ，江戸の問屋商人と地方商人との取引関係はより強固なものとなり，地方商社が江戸や横浜で独自に営業活動を展開する上で，消費地の問屋商人との継続的な取引関係は重要な意味を持ち続けた。

参考文献

阿部武司［2006］『近代大阪経済史』大阪大学出版会．
天野雅敏［1986］『阿波藍経済史研究──近代移行期の産業と経済発展』吉川弘文館．
石井孝編［1978］『幕末維新期の研究』吉川弘文館．
大石慎三郎［1975］『日本近世社会の市場構造』岩波書店．
武野要子［1979］『藩貿易史の研究』ミネルヴァ書房．
田島佳也［2014］『近世北海道漁業と海産物流通』清文堂出版．
田代和生［2007］『日朝交易と対馬藩』創文社．
谷本雅之［1998］『日本における在来的経済発展と織物業──市場形成と家族経済』名古屋大学出版会．
中西聡［2009］『海の富豪の資本主義──北前船と日本の産業化』名古屋大学出版会．
長谷川彰［1993］『近世特産物流通史論──龍野醬油と幕藩制市場』柏書房．
林玲子［1967］『江戸問屋仲間の研究──幕藩体制下の都市商業資本』御茶の水書房．
林玲子［2000］『近世の市場構造と流通』吉川弘文館．
林玲子・天野雅敏編［1999］『東と西の醬油史』吉川弘文館．
速水融・宮本又郎［1988］『日本経済史1　経済社会の成立 17-18世紀』岩波書店．
宮本又郎［1988］『近世日本の市場経済──大坂米市場分析』有斐閣．
宮本又次［1951］『日本近世問屋制の研究──近世問屋制の形成』刀江書院．
宮本又次［1973］『大阪の商業と金融』毎日放送．
安岡重明［1970］『日本資本制の成立過程』ミネルヴァ書房．
脇田修［1977］『近世封建制成立史論──織豊政権の分析2』東京大学出版会．

第2章

商人と商業組織

1　近世の株仲間と商業発展

(1) 株仲間の役割と機能
▶ 株仲間の設置

　信長・秀吉の時代には、楽市・楽座政策に基づき、既存の中世的土豪商人や座商人の特権的取引に制限を加えるとともに、戦国大名が一元的な支配に対応した商業機構を領国内に作り出したため、商人による活動に統制が加えられた。17世紀に入り、幕府は座や仲間による申合せを規制しようとする動きをたびたび示しており、当時の商人が仲間を作り、商品市場をコントロールしようとしていた状況がうかがえる。しかし、市場取引が活発化するにしたがって、商品の売買にともなう取引上のルールが必要とされるようになり、問屋や仲買が一定の規定を申し合わせて問題が発生した時の方法をあらかじめ提示しておくことで、安定的に商業活動を行うことが可能な状態となった。1670（寛文10）年以降、商人の申合せを定める行為に対する取締りはなくなり、問屋株を設置して幕府の統制下に置き、仲間以外の営業を認めない方針を立てた。同年に大坂東町奉行所の石丸定次は大坂の三所綿市問屋、そして綿屋仲間・綿買次問屋・京口油問屋・江戸口油問屋の仲間を認め、さらに両替商の筆頭として十人両替を認めた。

　17世紀後半以降大坂商人の間で株仲間を設置する動きが高まり、江戸でも18世紀に入って仲間公認の動きが始まった。享保改革では、幕府による価格維持政策を有効に機能させるため、商品ごとの仲間組合の結成を命じ、1726（享保11）年には生活必需品である水油・魚油・繰綿・真綿・酒・炭・薪・木綿・醬油・塩・米・味噌・生蠟・下蠟燭・紙の15品に及ぶ問屋の組合結成を

通じて奢侈品や新製品の取締りを行った。大坂での株仲間結成の動きに続いて江戸でも次々と商品ごとに問屋仲間の結成が進み、田沼期以降、幕府は株仲間公認を条件に冥加金を徴収する商業政策を展開したのである。

　大坂や江戸では冥加金を収めて株仲間を設立しようとする動きが進み、同じ商品を扱う商人でも販路や業態によって別々の仲間が結成された。例えば大坂の肥料商を例にみると、西国筋や北国筋の商品を取り扱う「古組」、そして松前物を取り扱う「松前関東組」など、商品の内容によって細かく株仲間が設定されることで、それぞれの商品特性に応じつつ円滑な取引がなされた。さらに株仲間の内部では伊勢講や住吉講、戎講などの小集団が誕生し、それぞれの仲間ごとに取引に関する決議や仲裁が行われた。唐紅毛砂糖荒物株仲間では、砂糖を取り扱うグループを堺筋組と称し、戎講・大黒講・三社講などの小集団に分かれて活動を行った。大坂の株仲間に続いて、京都では和糸・地方絹・江州布などの主力商品をはじめ、酒・油・黒砂糖・小道具類・真鍮箔・紅花・醬油など、多岐にわたる商品の問屋仲間が結成された。

▶ 田沼期の株仲間政策

　田沼期の大坂では129種類に及ぶ株仲間が記録に残されており、大坂市中だけでなく、畿内各所や播州にも14種の株仲間が公認された。大坂周辺の農村部で生産されていた菜種油も、株仲間が結成された代表的商品の1つであり、株仲間として幕府が流通統制を加えながら、新たな商品流通の担い手となった在郷商人による仲間結成、そして彼らによる商業活動を広く認める商業政策を展開した。大坂や江戸と密接な関係を有する地方での商業活動を統制するための施策として幕府がそれらの地域にも株仲間を認め、日用品を取り扱う地方商人や在郷商人の商業活動を幕府が積極的に奨励することによって、大坂や江戸の株仲間を牽制することが可能になった。

　株仲間には定行司・年行司・月行司のほか、年寄・取締・肝煎・勘定方、そして年番・組頭などの役員が設定され、彼らは公儀に対する事務処理にあたったほか、株仲間の会計をつかさどり、仲間内部での紛争の解決にあたるなど、株仲間の役割に専念した。株仲間の内部では競争を許さず、単独行為を禁じて団結を保ち、新規加入を制限して市場を支配するという独占機能の維持をめざした。問屋仲間は荷主の不法行為や仲買の不払いを防ぎ、仲買仲間は問屋の不

法を退けるなど，株仲間メンバーの利害を代表して共同し，対処する役割を担ったのである。株仲間には「不埒」を戒める精神があり，消費者を苦しめる値段を「不埒」とし，価格を安くして同業者の客を横取りすることも「不埒」とみなすことで公正な価格を守ることを理想に掲げた。公儀は公共的な使命を与えられており，物価安定を目的とする株仲間の活動に協力し，独占価格を認めない方針をとった。

株仲間は取引上さまざまな協定を取り結び，商品流通の円滑化を図る上での各種機能を果たした。商品の検査や度量衡の統一，市立や値組の方法などの規定を定め，格付・符牒・包装の協定や歩引き・歩戻し率の申合せなど，取引の基準や方法を細かく定めながら商業活動の取引ルールを維持する役割を担ったのである。運送上の協定も定められ，江戸と大坂との間で商品の荷物を送る際，出荷の調節や供給量の加減などを行うべく，積留めや積初め・積止り・積明きなど協同して一致した行動をとるようメンバーに働きかけた。さらに株仲間は奉公人などの取締りに厳しく対処し，不届きのため暇を出された者は仲間内では雇わないルールも作られた。これは以前の雇用主の了解を得なければ奉公人を雇用できないシステムであり，株仲間内部での紛争を回避するための方法として実施された。

しかし18世紀後半に台頭した地方商人は，大坂の株仲間が定めた取引上のルールには必ずしも従わなくなり，そのため大坂や江戸を中心とした株仲間組織の統率力は次第に低下した。さらに天保改革では株仲間の解散が命じられたため，大坂商人がリードしてきた取引上のルールに混乱を来し，三都を中心とする商況の不振もみられ始めた。そのため嘉永期には，再度問屋仲間の再興令が出された。また地方商人や都市近郊の在郷商人による株仲間を新たに公認することで，幕府や大名が商品流通における取引秩序の維持に努め，以前からの株仲間による調整機能を容認した結果であったと考えられる。

（2）幕府の商業政策と市場形成
▶ 享保改革の意義

幕府は17世紀後半以降，慢性的な財政難に陥ったため，その対策として金銀貨の改鋳をはじめとする財政立て直しのための商業政策を次々と展開し，株仲間公認などの商人に対する本格的な流通統制策を試みた。新井白石が発案し

た正徳改鋳は経済活動の安定化を図る政策として実施されたが、商品流通に見合った貨幣量の供給が難しくなり、デフレーションの影響で金融逼迫が生じ、各地での商業活動が低迷する事態をも引き起こした（新保［1978］、54頁）。

　続く享保改革では、年貢増徴による財政再建をめざしたが、米価の下落が大きな問題として浮上し、1724（享保9）年に物価引き下げ令を出して酒・酢・醤油・味噌などの価格を米価に準じて引き下げ、さらに竹・木・炭・薪・塩・油・織物などの商品価格、そして職人賃金の引き下げを行った。米価上昇を実現するべく幕府は1730（享保15）年に堂島米市場の帳合米取引を公認したほか、江戸での米の延売買を許可するなど活発な米取引を可能にした。米価下落を食い止めようとした幕府の商業政策には限界がみられ始めたこともあって、大坂商人を中心とした株仲間結成による市場統制や都市商業の活性化が図られた。大坂商人の活動を取り込む形で幕府は商業政策を立案し、都市部を中心とする商業組織の整備を進める方針を打ち出した。

　大坂での相次ぐ株仲間結成を受けて、田沼期には幕府が大坂や京都の株仲間を公認することで冥加金を上納させる方式を導入し、商人が構築した流通機構の追認と強化を進める動きをみせた。これらの商業政策は、旧来の流通ルートを認めつつも、問屋以外の仲買商人の取引方法にも認可を与えることにより、従来の取引組織を変えうる新たな商業組織の形成を可能にする機会を商人にもたらした。米や青物、水産物などの日用消費財はもちろんのこと、幕府の統制下にあった菜種油の流通機構でも在方油稼ぎによる新たな取引経路を生み出すなど、大坂市場での商品取引量を維持するための施策を展開した。農村地域での商品流通を活発化させる上で、田沼期の株仲間公認が有効に作用したことは想像に難くない。18世紀以降に地方や農村部でみられた商業発展を幕府が積極的に評価し、特産物や日用品の流通機構を整備しつつ幕府の税収を確保する商業政策を展開したのである。

▶ 天保改革と株仲間停止令

　19世紀に入り、天保改革を進めた幕府が1841（天保12）年に江戸十組問屋株を停止して冥加金の上納を免じ、翌年にはすべての問屋・仲買仲間を停止する政策を実行した。株仲間による流通機構の整備に基づいて物価の安定を実現する一方で、物価上昇を阻害する要因として株仲間の公認を問題視するに至っ

たためである。しかし結果的に，株仲間解散は流通システムの混乱をもたらす要因となった。そのため老中水野忠邦の改革案はまもなくして否定されるに至り，幕府は1851（嘉永4）年には問屋組合再興令を出し，商品流通の円滑化を進めるための施策を採用した。問屋仲間の再興にあたっては，新規のメンバーによる参加を認めて仲間体制の強化を図った。同時に，新たに株仲間の結成を出願する商人が各地に登場した。

とりわけ19世紀に農村部でみられた商品流通の発展により，旧来とは異なる商人仲間の結成が実現し，嘉永期の仲間再興令では新旧に及ぶ複数の仲間が並存しながら流通システムの強化が図られた。仲間結成にあたっては，古組・本組・仮組として各々認可を与え，冥加金の上納を免除することで商人による株仲間の再興を促したのである。1857（安政4）年には冥加金の再上納を命じて株仲間の復活をめざし，幕府による流通統制の強化を企図したが，大坂における株仲間の独占的な地位はすでに失われ，堂島米仲買に鑑札を下付することで大坂での米穀流通の統制を試みたものの，幕府による流通統制は次第に消極的なものとならざるを得なかった。

幕府の商業政策は，あくまで市中における物価の安定と商品供給ルートの確保を目的としたものであった。株仲間公認を通じて幕府は商人による取引ルールを把握し，農村部を中心とした市場発展を導く結果をもたらした。既存の株仲間組織を再編し，実態に応じた市場制度を生み出したことで，商業活動のさらなる発展と商人による自由な活動が可能となった。問屋仲間による新たな市場制度の創出は株仲間の機能を高める上でも有効に作用したが，幕府による流通統制が市場構造の変化を調整するだけの影響力を十分に有していたわけではなく，明治維新による市場取引制度の整備を通じて，これらの課題を解決するための諸条件が整えられたと考えられる。

2 藩専売制下の流通システム

(1) 国産奨励政策と藩札発行

▶ 国産奨励と流通統制

地方で領国を統治する大名は，徴収した年貢米を大坂や江戸などの市場に持ち込んで貨幣に交換する必要があった。また諸藩では次第に困窮する大名財政

の解決策として，領内で生産する特産物（国産）を市場に供給することで，金銀貨を獲得する流通政策が採用された。諸藩は年貢米や納屋米などの米穀とともに，領国より調達した各種特産品を大坂の蔵屋敷に持ち込み，これら商品を独占的に販売するための専売仕法を独自に実施したのである。長州藩では1631（寛永8）年に請紙制が行われ，米や銀を支給して紙を集荷し販売する仕法が実施された。加賀藩では1639（寛永16）年頃から，領内の塩を米や銀で買い取り，市場で販売する専売仕法を開始している。その後も各地の諸大名が，国産の特産物を専売仕法によって独占的に販売する流通政策を展開した。

　さらに18世紀以降，大名財政の赤字が次第に表面化すると，地方の特産物である「国産」の生産を奨励してそれらを一手に買い取り，大坂や江戸などの幕府直轄地へ廻送した後で，それら商品を販売する専売仕法へと乗り出す領国大名が相次いで現れた。とりわけ，大坂や江戸で高く評価される特産品の生産を奨励することで量産体制を整え，それらの商品を諸藩が独占的に集荷した後，大坂や江戸の市場で優先的に取引を行う立場を保持することで，商品の代価となる金銀貨を藩が獲得するという流通統制策が積極的に施行された。

　阿波藩では1733（享保18）年に藍の専売制度を導入し，熊本藩では1744（延享元）年に櫨方御役所を設置してそれらの一手買い上げを行い，製品の出荷を独占した。18世紀日本の代表的経済学者の1人であった太宰春台は，享保期に著わした『経済録拾遺』で専売仕法の利益について指摘し，財政赤字を縮小するための重要な方策として，広く領国大名が実施した国産専売仕法に着目している。諸藩は江戸や大坂，京都で国産の販売に取り組み，藩財政を支える金銀貨の増殖を図るべきであると春台は主張した。藩専売・会所経営の推移を示した図2-1に見られるように，数多くの諸藩が18世紀後半以降，藩専売制を通じた国産奨励へと乗り出し，とりわけ専売仕法を通じた藩札の発行によって領内の生産者に対する生産資金の投下を進め，国産奨励を行う方式を採用した。こうした諸藩の政策によって領内の流通システムが新たに構築され，大藩だけでなく地方の小藩においても積極的に国産奨励が実施された。

　以上のような諸藩の動きは，国産奨励による領内での商品生産拡大を意味すると同時に，大坂の商工業機能に必ずしも依存しない形で各藩による独自の市場創造や商品開発を容易にする可能性を示したものと考えられる。18世紀後半に書かれた佐賀藩士による『御仕組八箇条』では，「大坂御廻米相止られ御

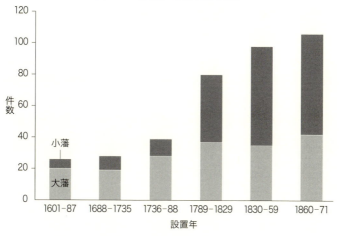

図2-1 藩専売・会所経営の推移

(出所) 新保・斎藤[1989]、180頁より作成。

国許において御買セ成され、御上下御為よろしくなされようハ御座有まじくやのこと」と述べるなど、大坂市場への依存を取り止めるよう藩当局に進言していた。国産品中心の「自給自足」による経済思想が浸透するにしたがい、領国内での商品生産がいっそう活発となり、同時に農村部における商品流通の担い手となった在方商人が、さらに地方での市場取引へ積極的に関与する形で、都市と農村を結ぶ新たな流通のネットワークが形成された。

▶ **藩専売制による流通ルート整備**

19世紀に入ると、大名が各々の領国内で国産の専売仕法を展開するようになり、西国大名はもとより北陸・東北地方の大名に至るまで、大坂・江戸市場に向けた特産物の生産奨励に力を注いだ。木綿や生糸などの衣料材料に加えて、米・塩・砂糖・蜜柑・煙草などの食料品や嗜好品、紙・蠟・畳表・傘などの日用生活用品、そして藍玉や石材、石炭などの素材原料などの多種多様な特産物が大坂・江戸市場に次々と運ばれた。

専売仕法の商品に関しては、御用商人が領内の生産地で集荷して産物会所に持ち込み、大坂・江戸まで廻送したほか、藩の産物会所が直接生産者から商品を買い集めた後に大坂・江戸で一手に販売するケースがみられた。地方商人の

販売活動が盛んな地域では，商人が買い集めた商品をまとめて藩が取り扱い，大坂や江戸の蔵元に対して地方商人が直接商品を輸送し販売するケースも存在し，都市部の取引で蔵物と納屋物の両者を取り扱うことにより，多様な方法を通じて専売仕法の商品を大坂・江戸で安定的に集荷し，販売するシステムを採用した。また，藩の直営によって専売仕法を実施する事例も存在した。例えば，松江藩は1816（文化13）年に人参の栽培・精製事業を開始し，熊本藩は1842（天保13）年以降，櫨方役所で櫨蠟の生産と移出のすべてを実施する方式を採用した。領国大名は積極的に専売仕法の生産工程へと介入して安定的に都市部へ商品を供給することで，大坂や江戸の蔵元の信用を得ようと努力したのである。

　天保改革では，諸藩による専売仕法の弱体化を意図して大坂や江戸の株仲間に解散を命じ，徳川幕府が主導しながら旧来からの流通システムを踏襲するスタンスを続けた。藩の専売仕法が蔵物の商品価格を高めており，大坂・江戸での商品販売価格の引き下げを図るべきであるとの認識が幕府では広がっていた。当時，大坂西町奉行の与力であった内山彦次郎が1842年に提出した「諸色取締方之儀ニ付奉伺候書付」では，諸藩の専売仕法による弊害を問題視し，大坂以外の地域に諸国の特産物を売り込み，大坂の問屋商人が取り扱ってきた商品を諸藩が直接販売して，利益を獲得している状況が指摘されていた。物価上昇の原因を諸藩の専売仕法に従う問屋商人の対応に求めた内山の意見書は，必ずしも正鵠を得た見解であったとは言い難いが，商人による市場取引を幕府がコントロールできず，専売仕法による流通経路の開拓を通じて地方での商品取引が活発化しつつあった状況が確認できよう。

(2) 江戸向け専売仕法の導入
▶ 諸藩の天保改革と問屋仲間再興令

　天保期以降，大坂市場の停滞がみられた一方で，江戸市場では藩専売制を通じた市場の拡大が顕著となった。嘉永期の問屋仲間再興によって商人による取引組織の整備が進み，地方と三都を結ぶ流通機構が再編されたが，株仲間再興後，問屋商人による商品集荷システムが機能するようになり，より有望なビジネスチャンスを求めて，新たに江戸市場へ特産物を販売する方式を採用する領国大名が登場し，明治期以降の近代的流通システムにつながる取引ルートの整

備が進められた。

　大坂市場が蔵屋敷方式による年貢米販売と密接に関係していたのに対して、江戸市場は西日本の諸藩にとって未開拓の地であり、新たな市場取引の組織を形成する上での重要な方策としてとらえられた。そこで諸藩の財政難に基づく江戸送金問題とも関連し、大坂の問屋商人を通じて特産物を江戸に販売する事業そのものを諸藩が手掛けることにより、領内の特産物を積極的に東日本地域へ移送する動きが加速した。諸藩の天保改革では、とりわけ深刻な財政赤字を解消するための制度的改革が進められ、深刻化する財政問題を解決する上で、藩の専売仕法が有効な方法として位置づけられた。19世紀に藩が江戸向け販売をもとに専売仕法の改革を進めた事例として、以下姫路藩の木綿専売と佐賀藩の陶器専売について紹介しよう。

▶ 姫路藩の木綿専売

　18世紀以降、大坂へと流入する諸国木綿の代表格であった姫路木綿は、畿内における綿織物と並ぶ品質を維持していた。生産は白木綿を中心に農閑余業の形で行われ、織元から預かった原料や織機を用いて農家が紡織作業を担い、「播州木綿」の銘柄で、農村部を中心に問屋制家内工業に基づいて生産量の拡大に成功した。農村部の綿織物は在地仲買商を通じて姫路城下の木綿問屋へ集荷された後、大坂木綿問屋に販売された。しかし、1810（文化7）年には姫路木綿の江戸向け出荷が開始され、大坂市場を経由しない方法で直接江戸方面に商品を移出する姫路藩の専売体制が整えられた。

　1821（文政4）年に姫路藩は江戸の産物会所を設置しており、姫路藩が公認した30名の江戸積問屋が木綿の集荷を担当した。江戸向けに仕立てられた白木綿を江戸まで直送した後、産物会所が江戸木綿問屋に対する販売を仲介し、木綿1反につき銀4厘程度の口銭を取得する方式を導入した。領内の国産会所は、木綿の集荷に際して販売見込価格の7割程度を姫路藩の藩札で農家に対して前払いを行い、農村部に生産資金を供給することで姫路藩の木綿直積体制を整え、同時に奥羽地方方面への流通ルートを構築した。江戸向け木綿専売を開始した姫路藩は、大坂の木綿問屋を経由せずに東日本の市場拡大に取り組んだのであり、姫路藩15万石で発展を遂げた姫路木綿の産出高は、江戸市場での販売を通じて米10万石相当の金額にまで及んだといわれている（速水・宮本

［1988］，264-267 頁）。

▶ 佐賀藩の陶器専売

　佐賀藩では 17 世紀以降，「伊万里焼」として長崎貿易を通じてヨーロッパへ多数の色絵磁器を輸出し，鍋島家の御用窯として有田皿山で集中的に高級陶磁器の生産を推進した。伊万里津まで来航する廻船商人を相手に，有田周辺で生産した陶磁器を伊万里商人が売却し，大坂の陶器問屋を通じて日本全国へと販売する流通組織を形成した。18 世紀中頃には，佐賀藩が大坂の蔵屋敷へ有田焼を移送し販売する伊万里焼の専売仕法導入を試み，19 世紀には見為替仕法と呼ばれる大坂向け陶器専売仕法を開始し，大坂陶器問屋への有田焼販売に注力した。このようにして佐賀藩は，大坂両替商からの借銀に依存しながら財政赤字問題に対処する方策を打ち出し，陶器専売仕法を通じた藩財政の立て直しを図った（前山・大橋［2002］）。

　天保期には大坂陶器問屋を通じた有田焼の一手販売に移行したが，株仲間解散の影響を受けて大坂での陶器専売仕法は十分に機能しなかった。嘉永期の問屋仲間再興令を受けて，長崎貿易の発展により台頭した有田商人が中心となり，大坂市場での一手販売を手掛けるとともに，移出港である伊万里津に加えて生産地帯の有田皿山に国産会所となる調印元を設置した。有田焼の集荷を伊万里・有田両地域の商人が担当することによって，佐賀藩は大坂市場に向けた有田焼の集荷体制を整え，安政期には鴻池庄兵衛が大坂陶器蔵元となり，佐賀藩の陶器専売仕法を資金面で支え続けた。

　一方で江戸向け販売においては，紀州箕島の廻船商人が江戸の陶器問屋へ有田焼を移送し，「紀州国産」として有田焼を大量に販売する流通ルートを開発した。紀州廻船が江戸市場で大量に有田焼を売却していた状況に着目し，江戸向け販売を一手に取り扱う陶器専売仕法を佐賀藩が導入することで，販売利益の獲得に成功した。伊万里商人の犬塚駒吉を江戸蔵元に任命し，佐賀藩が伊万里焼を江戸市場で本格的に販売する専売仕法を開始した。

　廻船商人に有田焼を売却した伊万里商人が江戸市場で直接販売に従事することにより，紀州国産として紀州廻船商人の手で江戸の陶器問屋に売却された有田焼は，名実ともに佐賀藩の特産品として江戸市場で評価された。佐賀藩による江戸での陶器専売が軌道に乗ると，諸侯への献上品として知られていた有田

焼の販路は，さらに江戸市場から東日本全域へと拡大した。江戸向け販売に加えて，佐賀藩は長崎貿易への依存度を高める方針を打ち出し，「異国向陶器仕組」として欧米向け輸出品の開発に力を入れ，上海・香港向け石炭輸出の専売事業と並び，陶器専売が幕末期における佐賀藩の重要な資金源となった。1867（慶応3）年には，佐賀藩が幕府や薩摩藩とともにパリ万国博覧会へ参加し，佐賀藩が出品した有田焼は欧米の商社から絶賛された。

3　商家の経営組織

(1) 経営管理と帳簿組織
▶ 近世商人の奉公人組織

　江戸期商家は一般的に個人企業の形をとったが，資本結合に基づく共同事業を展開する商家が登場し，大商家として発展するケースが数多く存在した。その代表的事例として，大坂の鴻池家や京都の三井家などが挙げられる。合名会社や合資会社の原初的形態とみなされる両家の事例から，商家の経営組織について概観しよう。

　商家の基幹的労働力としては丁稚奉公から勤め上げる奉公人制度により，幼少期から長期にわたり奉公を重ねた後，奉公人は手代，そして番頭と呼ばれる役職へと昇進して店の業務を管理・運営した。丁稚の年期については奉公人請状が作成され，10年などとするケースが多かった。商家では都市近郊の農村出身者や，町人の子弟などを採用し，商家主人の家事手伝いや商用の手伝いなどの見習いから始まり，丁稚の衣食住や教育，病気の治療などの一切を引き受けた。そのため，丁稚は原則として無給であり，17，8歳に元服して手代に昇進した後，一人前の奉公人として取り扱われた。手代奉公を経て番頭になると，支配人として手代以下を掌握したほか，別宅に居住して通い番頭として勤務することを許された。大商家では番頭が終身勤務となり，代々商家に使える者も少なくなかったようである（竹中・川上［1965］210-215頁）。

　大坂や江戸などの各地に出店した近江商人の商家では「在所登り制度」という雇用慣行を採用し，入店後の年数に応じて一定期間休暇を与えて帰郷を許した。入店後7〜8年後に「初登り」を，その後数年ごとに「二度登り」「三度登り」を経験し，次々と昇進する奉行人の人事管理制度が定められた。近江商人

表 2-1　鴻池家分家一覧

当　主	家督相続	分　家
初代善右衛門正成 (1608-1693)		善兵衛（兄） 又右衛門（兄） 新右衛門（兄）
二代善右衛門之宗 (1643-1696)	1663（寛文 3）年	四郎右衛門 山中新七（養子）
三代善右衛門宗利 (1667-1736)	1695（元禄 8）年	なし
四代善右衛門宗貞 (1698-1745)	1705（宝永 2）年	新六 又四郎
五代善右衛門宗益 (1717-1764)	1723（享保 8）年	善八 （善三郎の祖）
六代善右衛門幸行 (1744-1795)	1756（宝暦 6）年	善左衛門 （善作の祖）

（出所）　安岡［1998］，93-94 頁。

は近江出身者をもっぱら雇用する制度を踏襲し，奉公時の業務成績をもとに昇進後の勤務内容が決まる業績評価を行い，商家の事業活動を維持した。近江の日野商人正野家では，毎年奉公人に給金を支払い，昇進のたびに給金が増加する給与制度を採用しており，番頭になると高額の給金を支払った。近江商人は明治大正期に入っても江戸期までの雇用形態を継続するケースが多く，近代的な店舗組織を備えると同時に，近江出身者を多数雇用して引き続き別家制度を維持した（上村［2014］，91 頁）。

▶ 分家・別家制度と共同事業

　大坂の代表的両替商であった鴻池善右衛門家では，事業を拡大するにしたがって本家から分家が独立し，暖簾分けの形で別事業を独自に展開するケースが多かった。また享保期以降，鴻池家では本家や有力分家・別家を中心に大名貸の業務を遂行するようになり，弱小分家・別家の参加による共同事業を強力に遂行する形へと移行した。鴻池家の分家を示した表 2-1 にみられるように，17 世紀を中心に設けられた分家は 18 世紀以降次第に認められなくなり，1723（享保 8）年制定の鴻池家における家憲では，分家が本家の発展を助ける存在であることが明記された。年季奉公を勤め上げて奉公人が独立する場合，暖簾分

けして別家となり，早くに別家として独立した鴻池庄兵衛・鴻池市兵衛・鴻池伊助などの有力両替商が独自に大名貸などの金融事業を展開する一方，享保期以降に誕生した別家では本家や有力別家の持分資本家として事業に参加し，収益を得る経営を主体としていた。1750年頃，鴻池家では別家を作らなくなり，別家の子弟が本家の奉公人となって働くなど，本家を中心とした同族企業として，鴻池家は近世後期にファミリービジネスの強化を図った。

　一方，越後屋三井家でも同族による合議制をもとに経営が行われた。1703（元禄16）年には使用人による経営体制を整え，支配人の筆頭者が名代役となって業務の遂行にあたり，呉服店系統を一本化して本店一巻と呼ばれる管理部門組織を設置した。三井家の全事業を統括するべく，1710（宝永7）年には大元方と呼ばれる中央管理部門を設置し，奉公人を一族の出資者に加えない方針を立てるとともに，総領家・本家五家・連家五家の11家のみが三井家の事業に出資する資格を有する一元的な体制を整えた（安岡［1998］）。

　これら封鎖的所有による独自の経営を堅持した三井家では，明治までに18家の別家創設を行った。別家の多くは本家が推挙した養子による相続の形を取り，適当な相続人がいない場合，別家の相続人として有能な奉公人を養子に迎えた。大商家は本家と分家・別家を頂点とする奉公人組織を形成することで，組織的な人事管理を行うことが可能になるとともに，先祖伝来の家産を維持・発展させることを目的とする商家経営では，次第に保守的な要素を強く帯びる経営へと性格を変化させていった。

▶ **和式帳簿体系と商業組織**

　商家の活動内容は帳簿に逐次記録されることで諸勘定が行われた。帳簿の種類としては，事業全体を統括する大福帳のほか，買帳・売帳・金銀出入帳・判取帳・注文帳・荷物渡帳などの売買に関する帳簿があり，仕入先や顧客との取引内容が詳細に記録された。これらの帳簿の形式は商家によって異なっており，事業内容や店舗組織に応じて独自の記帳方法が定められていた。商家では日々の取引や金銭貸借について記録することが一般的であり，さらに大商家では，期間内のすべての取引を取りまとめた上で，資産・負債の財産勘定や，損失・利益などの損益勘定の両面について計算し，和式帳簿による複式簿記構造を有する帳合法を導入した。

鴻池家では，十人両替として登用された1670（寛文10）年に決算帳簿となる「算用帳」を創出し，大名貸や町人貸，商品在庫や現金項目を示した「預ヶ銀・有銀」をはじめ，鴻池家からの出資金などを示した「内負方」，鴻池家の営業費を示した「内払方」などに基づき，貸借関係と損益勘定を計上することによって，同家による資金勘定の推移を逐次報告した。同家では毎年「算用帳」を作成して期末純資産を算出し，帳簿組織による財務管理を行いながら，当期純益の計上を行ったのである。

　寛文期以降，大名貸による利息収入をもとに事業を拡大した鴻池家では，諸藩の蔵元・掛屋業務と資金貸付に関する交渉内容について詳細に書き記した「掛合控」を継続的に作成することで，大名に対する大名貸の経緯を明らかにする公式文書として記録し，長期にわたる大名貸金融の推移を正確に把握するための資料として活用した。あわせて鴻池家では新田開発に関わる帳簿を別途作成し，不動産経営に関する事業内容に関しては算用帳と別勘定の形で処理するなど，両替商として店舗組織を整備しつつ事業継承を可能にするための制度を確立した。

　三井家では1627（寛永4）年に小間物店を開業して以来，江戸での事業を本格的に開始し，三井高利が1673（延宝元）年に越後屋呉服店を開業し，続いて1683（天和3）年に江戸両替店を設置した。このようにして江戸での事業を拡大した三井家は，大元方を設置した1710年頃に帳合法を定め，各店で半季ごとに「勘定目録」が作成された後，「大元方勘定目録」として総決算の勘定を記録した。本店は各店に対して，元建と呼ばれる資本金の出資を行うとともに，繰替金として運転資金の貸付による資本投下を行い，各店の事業発展を導きながら1870年代まで大元方の資産勘定は増加の一途をたどった。

　三井家では本業となる呉服店に加えて両替店での経営で事業を拡大し，各期の損益勘定を厳格に行うことで収益拡大に成功しており，三井家は大名貸を避けて為替取組へと特化しながら，京両替店ならびに大坂両替店・江戸両替店との連携による事業収入確保に努めた。このようにして三井大元方の資産残高については，呉服店の商業活動から両替商の金融活動へと大きく比重が変化し，18世紀後半以降には幕府・大名への貸付金残高も次第に増加した。実際，大元方の営業財産は1770年代以降低迷を続け，呉服店における経営不振を両替店の利益でカバーする状態が幕末期まで続いた。

(2) 商家の家訓と店舗組織

▶ 商家の経営理念

　江戸期の商家では，勤勉を重んじるとともに始末第一として合理的な経営が理念として掲げられた。江戸初期から商家の家訓は存在し，博多の豪商であった島井宗室は 1610（慶長 15）年に「遺訓十七カ条」を制定し，質素を旨とする商人の心構えを具体的に記載するなどして後世への戒めを説いた。18 世紀には多くの商家で家訓が制定されるようになり，さまざまな奢侈や無用を回避して浪費を慎むべきことが，諸家の家訓や店則で強調された。とりわけ利潤を生み出すために資本を有効に活用することが重要であると考えられ，京都で発生した石門心学では，家訓に記載されていた質素倹約による経済的合理主義が，商業道徳の基本であると説いていた。商家の家訓では，家業を重んじ，創業者の労苦に感謝すると同時に，新規の営業を慎んで投機的な事業を戒めた。「新儀停止」「祖法墨守」などの守旧的な考え方が色濃く存在し，それらの特徴は店員への心得や処世訓を示した店則・店制などでも顕著にみられた。

　大商家として発展を遂げた三井家では，高利の長子となる高平が 1722（享保 7）年に「宗竺遺書」を作成した。1673（延宝元）年，三井高利が江戸へ進出して以来，「一家一本，身上一致」の原則を遺言として与え，家産と家業を分割せずに一族で所有させ経営させる方針を代々の家訓として受け継がせた。三井家が守るべき規範や心得，同族組織や大元方の役割について明記し，三井家存続のための規定を数多く示す代表的家憲として，「宗竺遺書」は明治期まで存続した。

　三井の越後屋では諸国商人売や店前商などの薄利多売方式で売上を伸ばし，販売面での革新を進めるとともに，店員には商売に精進すべく遊里への出入りや勝負ごとを禁じるなど「使用人心得」を定めて堅実な経営を心掛けた。さらに高平の長子である高房は，「町人考見録」を著して大名貸による商人の破産を取り上げ，子孫に対して大名貸の危険性を強く説き，家業永続を第一義に考える三井家の理念を示した。

▶ 近江商人の店舗組織

　このようにして，商家では家訓とは別に商家の相続面での規定を記した家憲，店の管理や営業上の心得をまとめた店訓，店の運営や業務内容について定めた

コラム2　近江商人の近代商業経営

　江戸期以降，近江商人は隣接地である京都や大阪を拠点に，江戸方面や北海道・東北・関東から九州・中国地方に販路を拡張して各地に消費物資を供給し，幕末期には近代化の動きを受けてビジネスチャンスを見出した。江戸で両替店を営んだ小野善助家では，1869（明治2）年に三井などと共同で東京貿易商社を設立し，通商司政策の下で東京通商会社・東京為替会社の運営を担当した。また，幕末期の小野組では顧問の古河市兵衛が中心となって江戸・東京の糸店を運営し，開港後は東北・関東地方で購入した生糸を，横浜や兵庫で外国商人に販売する事業に進出した。1872（明治5）年には小野善右衛門家が小野会社銀行の設立願書を提出し，為替方の廃止を経て三井小野組合銀行を発足させるなど，大阪の五代友厚から指導を受けて家政改革を進めた。このようななかで小野組は，為替方取扱高の3分の1に相当する担保提出に窮したため1874（明治7）年に破産へと追い込まれ，1884（明治17）年には旧来の小野組の事業を継承する小野商会が誕生した。

　一方，近江商人伊藤忠兵衛は兄長兵衛とともに近江麻布類の持下り商いを1858（安政5）年に開業することで，近畿地方をはじめ九州地方での販路拡張に成功した。1872年には麻布や美濃結城，関東木綿を取り扱う呉服太物商「紅忠」として大阪を拠点に事業を拡大し，利益三分主義に基づいた店員の勤労意欲向上に努め，関東機業地での仕入活動に成功しながら多店舗経営を軌道に乗せた。1885（明治18）年には伊藤外海組を設立して神戸を拠点に貿易活動を開始しており，綿糸取引にも着手して総合商社となる「丸紅」や「伊藤忠」の基礎を築いた。

店則を作成し，商家の組織的な運営を実現するための経営理念を代々踏襲した。幕末における近江商人小林吟右衛門家の店制を定めた「示合之条目」では，顧客に対する態度や礼儀，対応のほか，丁稚や手代の役割や規定について書き記すなど，商家の店舗組織のあるべき姿が店員に示されたほか，同じく近江商人外村宇兵衛家の「店改規」「奥改規」「本宅改規」では，本店と出店との出資関係や利子の上納に関する規定が記された。明治期の商家では，家訓や店則を定めて商人としての意識や心構えを踏襲しつつ，西洋の自由主義的な考えに基づく個人主義的な思想によって道徳的な倫理観を形成する動きもみられた。

近世の近江商人は北海道の開発を手掛けただけでなく，東北や関東の農村部へ向けて行商を展開し，各地に店舗を設置した。大商家として成長した事例としては，近江国日野の中井源左衛門家が1734（享保19）年に関東での合薬行商を開始し，行商から店舗商業へと事業を拡充して，奥羽から九州まで商圏を伸ばした。同家は全国に20を超える現地店舗を設置して各種事業を行い，地元の商家との合本組織による店舗経営を展開することで共同事業体を設立し，別家との関係に基づく支店や枝店を設置した。これらの各店舗では，複式決算構造に基づく帳合法を用いた帳簿を作成し，共同事業として着実に事業を拡大したのであり，東北地方では大田原店や仙台店が複数の支店を統括するなど，地元の商家との共同出資に基づく合資会社的な企業形態を取っていた（江頭［1965］）。

　1741（寛保元）年以降，近江商人の西川家は松前藩の場所請負に参画し，現地の商人とともに海産物の買付けに加えて漁業請負の経営へと進出するなど，近江商人の共同事業による積極的な経営で成功を収めた。また，大坂の稲西商店は稲本利右衛門と西村重郎兵衛が共同出資を行い，パートナーシップに基づく経営を展開した。1830（文政13）年に店名を稲西屋庄兵衛と称して以降，支配人が経営を担当するとともに，出資者は損益の分配に預かるという合名会社の形態をとり，近代以降も株式会社として事業を継続した。

▶ **大商家の店舗組織**

　近江商人の中には，東北地方に進出後，一族で各種事業を実施した小野組などの革新的商家が存在した。17世紀に盛岡の南部藩域へ進出した小野一族では，小野善助家と小野権右衛門家が京都に本店を構えて事業を拡充し，井筒屋と称して上方方面へ東北地方の商品を運び，酒造業や味噌・醤油の製造販売を手掛けた。さらに絞油業や砂金業などの製造業を開始して盛岡藩・八戸藩の御用達商人となり，両替商の経営にも着手した。小野善助家は江戸店で金銀御為替御用達となる一方で，京都の本店と大坂店との間で生糸取引と両替業務を兼務する多角的事業体となり，明治期には三井組と同じく明治政府の為替方として公金為替を取り扱い，三井家と並ぶ京都の豪商として各種事業を継続した（宮本［1970］）。

　江戸期に製造業の経営発展をみせた商家として大坂の住友家が挙げられる。

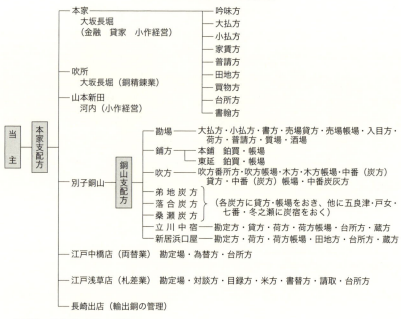

図 2-2 幕末期住友家の経営組織

（出所）畠山［1988］，29 頁。

　南蛮銅と呼ばれる銅吹業を開始した蘇我理右衛門を業祖とし，長男理兵衛（住友友以）が住友家の家業を継承した 17 世紀前半以降，泉屋を屋号とする銅の採掘・精錬・販売事業を開始した。京都から大坂に活動拠点を移した住友友以は大坂の内淡路町や鰻谷などに銅吹所を設置して銅山経営に乗り出し，住友吉左衛門を名乗った友信が，東北地方の阿仁銅山や吉岡銅山の開発を手掛けた。友信の子である友芳は 1691（元禄 4）年に別子銅山の永代家業権を獲得して銅輸出を開始し，銅座による支配を受けて住友家の銅吹業は急速に発展した。
　友芳の時代には大坂鰻谷の本店を中心として，別子銅山の経営，江戸中橋店・浅草米店における両替業のほか，長崎店での銅輸出を本格的に拡充し，住友家は多角的事業体の店舗組織を形成した。1770（明和 7）年には大坂本店手代として 23 名，別子銅山手代として 40 名など，住友家全体で 104 名の店員が雇用されていた。また，1849（嘉永 2）年の別子銅山では，勘場や鋪方・吹方・炭方・立川中宿・新居浜口屋の部門ごとに手代 45 名・仲間小者 81 名が配

置されるなど，大商家としての組織を有していた。幕末期住友家の経営組織を示した**図2-2**によれば，当主の下に本家支配方を置き，本店の営業とは独立する形で，吹所や山本新田・別子銅山・江戸中橋店・江戸浅草店・長崎出店などの運営が行われていた。これら各部門における帳簿組織の整備，そして専門経営者による事業の遂行が住友家における多角的事業の発展を導いたといえる。

参 考 文 献

上村雅洋［2000］『近江商人の経営史』清文堂出版。
上村雅洋［2014］『近江日野商人の経営史——近江から関東へ』清文堂出版。
江頭恒治［1965］『近江商人 中井家の研究』雄山閣。
大阪府史編纂専門委員会編［1987］『大阪府史 第6巻 近世編2』大阪府。
小倉栄一郎［1991］『近江商人の経営管理』中央経済社。
新保博［1978］『近世の物価と経済発展——前工業化社会への数量的接近』東洋経済新報社。
新保博・斎藤修編［1989］『日本経済史2 近代成長の胎動』岩波書店。
竹中靖一・川上雅［1965］『日本商業史』ミネルヴァ書房。
畠山秀樹［1988］『住友財閥成立史の研究』同文舘出版。
速水融・宮本又郎編［1988］『日本経済史1 経済社会の成立 17-18世紀』岩波書店。
藤田貞一郎［1966］『近世経済思想の研究——「国益」思想と幕藩体制』吉川弘文館。
前山博・大橋康二［2002］『伊万里市史 陶磁器編 古伊万里』伊万里市。
宮本又次［1941］『近世商人意識の研究 日本商業史の研究その2——家訓及店則と日本商人道』有斐閣。
宮本又次［1970］『小野組の研究』全4巻，新生社。
宮本又次編［1973］『大阪の商業と金融』毎日放送。
安岡重明［1959］『日本封建経済政策史論——経済統制と幕藩体制』有斐閣。
安岡重明［1998］『財閥形成史の研究 増補版』ミネルヴァ書房。
安岡重明・天野雅敏編［1995］『日本経営史1 近世的経営の展開』岩波書店。
安岡重明・藤田貞一郎・石川健次郎編［1992］『近江商人の経営遺産——その再評価』同文舘出版。

第3章 信用制度，交易，交通，インフラの成立と商業

1 近世の金融システム

(1) 両替商の金融機能

▶ 近世信用制度の成立

　江戸期の商人は，都市部を中心に金属貨幣である金・銀・銭の三貨を利用することで，他地域の商人との間で各種商品の売買活動に従事した。このため，大坂・江戸市場が発展した17〜18世紀には，商業活動で必要となる貨幣の需要が急速に高まり，とりわけ金銀貨による取引が商人によって日常的に行われた。戦国時代までは中国からの輸入銭を一般的に使用し，国内では輸入銭をもとに作られた私鋳銭を数多く用いて，貨幣需要に見合う銭貨の供給がなされた。しかし16世紀に国内の金山や銀山が開発されるに及び，国内で産出する金銀を用いて幕府が金貨や銀貨を独占的に鋳造する貨幣制度が確立した。西日本では銀遣い，東日本では金遣いによる貨幣流通圏の形成が進み，金貨と銀貨が日本の基軸通貨として広く用いられる時代へと突入した。

　基軸通貨である金銀貨を補完する小額貨幣として，当初は中国銭が頻繁に用いられていたが，幕府は旧来の中国銭を廃止して1636（寛永13）年に寛永通宝の鋳造を開始し，銭貨の統一を成し遂げた。これによって商人のみならず，市部で経済活動を営む町民や農民が銭貨を頻繁に用いる時代が到来し，商品流通において必要な貨幣が両替商を通じて取り扱われるとともに，商品代価として貨幣が一般庶民の支払手段として用いられたのである。

　貨幣の発行では幕府が鋳造権を掌握することで，貨幣改鋳による通貨発行量の調節が可能となり，貨幣金融政策が実施された。しかし金貨と銀貨の交換レートに関しては市中の為替市場で決定されたため，江戸と大坂で銀相場と金相

場がそれぞれ建てられ，その結果，時代の経済状況に応じて為替相場が変動する金融市場が成立した。幕府は貨幣流通量の不足などに対応して金貨の改鋳をたびたび行うようになり，次第に金貨を中心とした金本位制ともいえる統一的貨幣制度を幕末期に整備する動きもみられた。このようななかで金銀貨の両替や金属貨幣に基づく貸付，送金業務などの為替取組が金融業者である両替商の信用を通じて実施され，両替商相互の間で手形が発行される円滑な金融システムが形成された。

▶ 両替商による為替取組

これら貨幣経済の発達によって，都市部の商業では問屋を中心とした卸売業に加えて，仲買や小売などの各種商人による商取引が活発化し，商人間の取引では現金による商品の売買だけでなく，両替商が発行する手形を用いて信用取引が行われた。商取引では，現金による決済をすぐさま行うわけでなく，延売りなどの販売業者による信用取引が中心であった。代金の決済時には販売先から手形を受け取ることで現金での取引を回避でき，代金の支払い期日までに両替商を通じて支払いを完了した。問屋商人の活動が盛んな大坂では，手形を利用した取引が実施され，商品代金の決済で用いる「為替手形」をはじめ，両替店の預金者に対して発行する「預り手形」，そして両替店に預金を行う商人が自ら振り出す「振手形」などが取り扱われた。手形での商取引は江戸期以前から商人の間でみられたが，遠隔地取引を主たる事業とする問丸や初期豪商が商人間で手形を用いることによって両替商相互の信用に基づく手形決済が始まり，三都（大坂・京都・江戸）でみられた両替商による商業金融が全国に広がった。

大坂の両替商には，本両替のほかにも銭両替や南両替などの脇両替が多数存在し，幕末の株仲間再興時には本両替179，南両替544，銭両替617を数え，合計1340に上る両替商が大坂で金融業を営んでいた。両替商は預金や貸付などの業務に基づいて金融取引を行う商人に対して手形を発行し，代金を回収するまでの運転資金を貸与することで問屋商人の事業拡大を可能にした。当初多く用いられたのは預り手形であったが，両替商相互の信用をもとに手形が広く普及するようになり，遠隔地商人に代価を支払う場合，手形の受取人を明記する振手形や為替手形を発行し，商人間の信用に基づく現地での支払いに利用した。為替手形を発行するためには，取引のある両替商との間で安心して手形の

やりとりを行うことが前提条件となるため，両替商仲間では手形の取扱方法に関する規約を作成し，手形による貸借の決済を行う上での金融業者間の取引慣行を定めた。手形による詐欺行為を防止するべく両替商は株仲間を結成し，トラブル発生時における罰則の強化や手形の信用力強化を図った。

▶ 三井両替店の御金蔵為替

江戸と大坂を結ぶ商人間の代金決済では，上方から江戸方面に下り荷が移送されて以来，両替商による手形の発行が不可欠の方法となった。幕府は商人間の手形取引を円滑なものとするために公金為替＝江戸・大坂間の送金を重要業務と位置づけ，大坂と江戸で取引されている金銀為替市場の円滑化と安定化を図った。西日本の直轄地における貢租収入を現金化した上で，江戸への送金を実施するべく，江戸から大坂方面への為替送金によって相殺する為替手形取組を実施し，為替手形取引のネットワークを形成した。

幕府が大坂御金蔵に蓄えた金銀を大坂の両替商を通じて送金する際には，大坂の問屋商人が，江戸の問屋商人に販売商品の売掛金を支払うよう指示した「逆為替」を購入し，江戸の両替商にその逆為替を送ることにより，幕府に御金蔵の金銀を支払う為替取引のシステムが形成された。幕府が巨額に上る公金を送金為替に投入することによって，江戸期の為替手形は商人の商取引において不可欠な決済方法として普及したのである。幕府が御金蔵為替と呼ばれる為替仕法を本両替の為替十人組に対して公認し，その一角を占める三井両替店が御金蔵為替を本格的に取り扱うようになったため，両替店が呉服店と並ぶ三井家の重要事業となった。西陣買物店の三軒組となった越後屋は，大丸屋下村家や恵比須屋島田家とともに京都の西陣織屋に対する直買特権を持ち，三都での呉服販売を担う存在となる一方，京都の御為替組を担う大商家に成長した。

1691（元禄4）年に大坂御金蔵銀御為替の引受けを開始した三井家は，同時に上方から江戸への為替送金を開始し，京・大坂両替店と江戸両替店との間で為替取組を行い，莫大な利益を上げた。大名による江戸送金為替が三井両替店の重要な業務となり，上方・江戸間の為替取組が活発化した18世紀後半には，公金為替とともに送金為替が御為替組の主要な金融業務として位置づけられた。

(2) 大坂両替商による為替金融

▶ 江戸為替システムの成立

　大坂では江戸向けに販売した商品の代金を常々回収する立場にあったため，大坂商人は商品の販売相手先となる江戸商人を支払人とする為替手形（代金取立手形）を振り出し，大坂での商品購入時の支払いなどにそれらの為替手形を用いるようになった。江戸での販売代金の回収で為替手形が有効な手段となり，大坂の両替商が取引上信用力のある大坂商人の手形を取り扱うことで，領国大名が大坂廻米の販売代金を江戸に送金する場合には，江戸商人を支払人とする為替手形を利用して現金を獲得することができた。

　領国大名の送金業務については掛屋を務める両替商が担当し，巨額の資金が大坂から江戸藩邸まで送金された。このため，これら江戸為替は御屋敷為替と呼ばれるに至り，大坂両替商による主要な金融業務となった。17世紀中頃に蔵米売払代の江戸送金を開始した大坂の鴻池善右衛門家では，江戸での酒代金を大坂に送金する場合，蔵米の売払代との相殺によって江戸為替を実施した。江戸での酒販売で蓄財した資金をもとに，鴻池家は天王寺屋五兵衛の指導を受けながら領国大名の掛屋業務を開始し，江戸為替による両替商金融を同家の中心的事業として位置づけた。

　1679（延宝7）年発行の『懐中難波雀』には，大坂の有力両替商が掛屋を兼務する様子が記されており，銀掛屋のある藩が41家，蔵元が掛屋を行う蔵元取が17家，蔵屋敷役人が取り扱う屋敷納が6家存在していたことが記録から判明する。大坂両替商が発行した手形をもとに江戸での販売代金を回収した後，江戸の両替商は大名屋敷と取り組んだ送金為替で現金を支払うことができた。このように大坂廻米の販売業務に関与した蔵元・掛屋は，大名の江戸送金業務を担当することで，蔵米売払代の回収が完了する前に江戸送金を実施するなど，大名貸と呼ばれる諸藩への貸付業務を本格的に開始した。

▶ 大名貸金融と銀目手形

　廻米体制の整備により，市中に米俵を載せた引き舟が出入りできる諸藩の蔵屋敷が設置された大坂では，蔵元が大名の年貢米販売を引き受け，領国大名の大坂登米を軸とした財政政策が展開した。寛文年間には佐賀藩や萩藩の蔵屋敷で入札売却制が採用され始め，蔵元は蔵米の入札方式による売却を通じて口銭

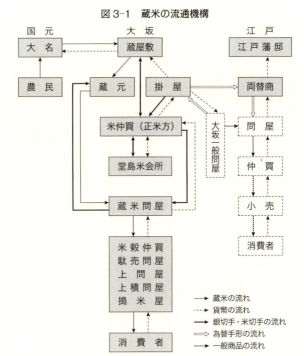

図3-1 蔵米の流通機構

(注) 点線でかこった部分は，蔵米の販売代金の決済を通じて，蔵米流通に間接的に関連する取引を示した。
(出所) 宮本[1988]，165頁。

収入を得るようになり，蔵元が売却した代銀が蔵屋敷に納められた後，江戸送金を実施するべく諸大名は大坂の両替商を掛屋に任命した。堂島米会所では米切手の売買が本格的に開始されるとともに，正米取引に加えて帳合米取引を実施することで，享保期以降，米価変動によるリスクを回避する米市場取引が盛んに実施された。

蔵米の流通機構を示した図3-1にみられるように，掛屋は，蔵米の代金を江戸へ送金する金融業務を担当しており，掛屋を担当する両替商が諸藩の登米全体を把握した上で，月々の江戸仕送りとなる貸付業務を遂行した。大坂への登米廻着時の売払代銀をすべて合算し，年度末に送金分を清算する大名貸金融の決済システムが誕生したのである。掛屋の江戸送金は下り荷で発生した大坂商人への支払勘定と組み合わせることで，両替商の金融事業として遂行するこ

とができた。江戸期には諸藩の蔵屋敷に所属した蔵元による米切手発行とあわせて，掛屋による江戸への送金業務が江戸為替の金融システムを維持，発展させる上で必要不可欠の条件となった。

　近世の手形流通に関して，三都の状況を比較検討しておこう。大坂では両替商の信用に基づいて手形を用いた商業取引がなされたが，京都では手形と正金がほぼ同比率であり，江戸ではもっぱら正金を用いて手形と交換するとともに，為替手形を受け取った場合には振出人に対して支払いの確認を行った上で使用するなど，為替手形の利用に際して江戸の商人は慎重な態度を示した。また，兵庫では大坂と同じく手形利用が盛んで，現金での取引をあわせて行い，手形と現金とを組み合わせて商業取引での支払勘定を行った。問屋商人と仲買商，小売商との間では現金取引，または延売買での支払い方法がとられ，取引慣行上，代金の前貸金を設定する場合も少なくなかった。大坂を中心とした西日本の諸都市では，銀目手形の流通が盛んにみられた。秤量貨幣となる銀貨では，現金よりも手形での流通が便利なことも影響して，両替商が各種手形を積極的に発行した。

2　農村市場と貨幣・流通政策

(1) 農村市場の発展

▶ 都市近郊農村の商業発展

　17世紀に始まる三都（大坂・京都・江戸）の経済発展によって，都市部での商品需要が急速に拡大し，都市近郊の農村部では蔬菜類や商品作物などの生産が本格化した。都市部人口の増加にともなって，近郊農村では百姓が商品作物の生産に乗り出すとともに，自給米作に加えて貨幣収入が期待できる商業的農業の比重を拡大しながら貨幣による代価を獲得した。

　商品流通が盛んとなった大坂では，日常生活物資に関わる各種手工業が発達を続け，大坂の江戸向け移出商品として重要な位置を占めた菜種油や，綿織物の原料となる菜種や綿花の生産が，西日本各地の農村部で盛んに実施された。畿内では摂津・河内・和泉・播磨地域で絞油業が盛んとなり，大坂の問屋商人へ販売する菜種油や綿花の販売に従事する地主や商人が農村部に登場した。大坂の近郊農村では，「非領国」地域と呼ばれる領国大名の支配が十分に及ばな

いエリアが広がり，そのような都市近郊の農村で商業活動を同時に実施する農民が成長を遂げつつあった。また，摂津農村では酒造生産地帯が拡大し，江戸で消費される酒類の生産量の増加を可能にした。

17世紀末より酒造業や絞油業が始まった西摂の灘目農村についてみてみよう。摂津地方では，綿作や菜種作・米作などの商業的農業がいち早く開始され，年貢の貨幣代納化が進んだ18世紀には，貨幣経済の進展に裏打ちされた地域金融の展開が農村部で広範にみられるようになった。また自立的小農民である百姓が商人からの資金調達に基づいて菜種作を実施し，農家経営の拡大を実現するための方策として，自ら商品作物の販売活動を展開した。大坂の近郊農村では，農民層が在方の絞油屋に菜種を販売することを強く要求する「国訴」がしばしばみられ，絞油屋だけでなく他の商人にも村の代表的商品作物である菜種を販売することで，農民層が農村地帯における商品流通を主導する役割を果たそうと試みたことがうかがえる。幕府は大坂種物問屋への菜種販売，そして大坂油問屋・絞油屋による江戸向け菜種油の流通網を確保しようと考えたが，大坂近郊農村における絞油業の発展にともなって，幕府は在方油稼株による菜種の購入独占を認めたため，農民層による反発が生じた。

1828（文政11）年には楢原謙十郎が執筆した「大坂表油売買元方之儀取調候趣申上候書付」が提出された。1832（天保3）年の仕法改正では，菜種油の流通機構を示した図3-2にみられるように，大坂に加えて堺と兵庫に菜種・綿実問屋（種物問屋）を設置し，在方の絞油屋はあらかじめ定められた出油高以上の生産分について地元での油小売を行い，大坂油仲買を経由せずに農民への直販に取り組んだ。同時に灘目の江戸直積を再度許可して，大坂油市場の再興と江戸市場の新規開拓に向けた菜種流通システムの再編が企画された。幕末期の畿内農村を中心とした菜種製品の原料となる商品作物とそれら加工品の流通網が形成され，19世紀には幕府の公認下で，近郊農村における商人層の活動と農民による商業的農業，そして農村部の工業発展が導かれたのである。このような都市近郊の商業的農業が農村部における商業活動や江戸市場と結びついた在方の流通機構の再編を促すこととなり，19世紀以降農村部を中心とする商業発展が全国各地で広範にみられるようになった。

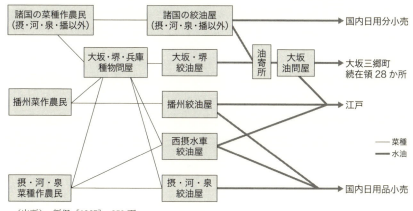

図3-2　天保3年「油方仕法」における種物・灯油の流通機構

(出所)　新保［1967］，353頁。

▶ **都市近郊農村における産業発展**

　次に，都市近郊農村の商業発展を導いた商品生産に関連して，都市向け消費財の代表的商品となった酒や醬油などの醸造業についてみてみよう。大坂近郊農村の1つである摂津池田郷では，17世紀に江戸向けの酒造りがスタートし，摂津の在郷町であった伊丹・西宮でも酒造業が本格的に発達を遂げた。18世紀に入ると大坂の廻船商人が灘目農村で生産した酒類を大量に買い集めて，江戸方面へ移送する販売ルートを形成した。18世紀に入ると北在郷と呼ばれる摂津農村で活躍した酒造家が新たに加わり，天保期に至るまで摂津地方での酒造業は発展し続けた。江戸市場向けの主力商品となった酒類を大坂の近郊農村で本格的に製造する体制が整えられると，都市部において農村加工品を販売する在郷商人が次第に活躍するようになり，農村部における各種事業が軌道に乗り始めた。

　畿内農村での商業活動に加え，17世紀後半に江戸方面での販売活動を本格的に開始した近江商人の活動を受けて，18世紀以降，関東地廻り経済圏での商業発展が導かれた点も注目できる。全国の農村地帯への持下り商いで成功を収めた近江商人は，例えば呉服業や売薬業など「他国稼」商人として活動を展開し，とりわけ日野商人は18世紀後半から酒造業や醬油醸造業など，在方の農村工業部門へ積極的に進出して事業の多角化に乗り出した（上村［2014］，164

頁)。日野商人であった吉村儀兵衛家では，近江本店を中心とした商業活動に加えて，常陸・下野・下総の農村に進出して酒造業を開始し，あわせて質屋業を兼業しながら関東農村における商業活動に従事した。

　酒造業と並ぶ農村部の代表的特産物として，醬油醸造業が挙げられる。17世紀に地元の播州農村を中心として醬油の販売を開始した龍野醬油産地では，18世紀中頃以降，都市の醬油荷受問屋への出荷を開始し，都市向けの特産品となった龍野醬油の販路は，消費地価格の相対的な下落を受けて拡大傾向を続けた。龍野醬油などの地方特産物の製造業者は，地売りによる農村部での販路拡張だけでなく，都市部の需要拡大に応じた大規模経営にも積極的に取り組み，農村部における商工業発展を導いた（長谷川［1993］）。一方で関東地方の醬油醸造業においては，積極的に醬油販売を展開したヤマサ醬油が，旧来からの江戸市場での売り込みだけでなく，幕末期に安価な加工原料を農村部から大量に調達することで醬油の地売りに成功しており，関東の農村部でも地方農産品の流通発展に基づく醬油醸造業の展開がみられた（井奥［2006］）。

　以上のような都市向け特産物の流通に加えて，三都の近郊農村では次第に蔬菜類の生産が軌道に乗り，都市向け食料品を中心とした流通システムが生み出された。大坂の天満青物市場には大根や瓜，くわいなどの農産物が周辺地域から集められ，18世紀以降，農村部では米作とともに畑作を拡充しながら農業生産力の上昇が進められた。都市部近郊で生産された商品は陸運による移送や河川交通による輸送を通じて都市部に供給されたため，大坂周辺農村では町奉行による河川普請の実施，農産物価格の統制が加えられた。農村部では農家の生産活動で必要とされる肥料や農具などを安定的に確保でき，農家や在郷商人による農産物販売ルートが着々と整備されるに至り，天満の青物市場に加えて農家が独自に百姓市を各地に設置するなど，幕府の流通統制を受けにくい民間レベルでの市場形成をめざす動きもみられた。

▶ 地方領国の貨幣政策

　地方領国では，城下町を中心として商人が貨幣を利用しながら経済活動を積極的に展開した。地方の両替商は商業の発展にともなって，自らも為替手形を発行して商人間での資金融通を実施し，あわせて領国大名が城下の両替商から資金を借り受けるなど，地方商業の活発な動きを受けながら地方での資金需要

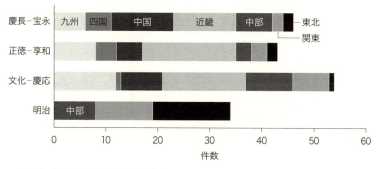

図3-3 藩札の発行状況

（出所）作道［1961］，34頁より作成。

が高まった。17世紀前半には藩札と呼ばれた信用通貨の発行が始まり，享保期には地方の貨幣需要拡大に応じて幕府による札遣い解除令が出されたため，以後諸藩による体系的な藩札発行が可能となった。

藩札の発行状況を示した図3-3によれば，17世紀に近畿や九州・中国・四国などの西国大名が藩札を発行する事例が確認でき，18世紀に経済発展が顕著であった近畿や九州での発行件数が増加したほか，19世紀に入り中部・関東・東北地方の諸藩が藩札を数多く発行した。明治期には東北や関東の諸藩が多数の藩札を発行した状況も見て取れる。19世紀以降，商業の発展がめざましかった東日本では，諸藩が財源確保の目的から専売制の導入や藩札の発行に着手し，農村部を中心に藩札を用いた経済活動が活発化したものと考えられる。幕末維新期には専売制を通じた藩の財源確保，さらには藩札による国産品の代価支払いを目的とした政策が行われ，農村部における特産物生産と都市部における販売活動が広く展開した。地方領国の藩札は，札元となる有力商人の資金に基づいて信用通貨として発行されることが多く，藩財政の悪化にともなって藩札の引き換えにも停滞が生じるようになり，信用力が低下する藩札も多くみられた。基本的に藩札は領国内での流通に限られ，それらの藩札には通用期限や発行高の制限が加えられた。

地方の農村部では米を交換手段として用いることが多かったが，寛永通宝の大量発行以降，中国銭に代わる銭貨として広く普及したため，農村部でも次第に貨幣を用いる機会が増加した。一方で基軸通貨としては，江戸を中心とする

東日本地域では金貨が，大坂を中心とした西日本では銀貨がそれぞれ用いられた。これらの高額貨幣とともに銭貨を積極的に利用することで，都市部に加えて地方農村でも小額貨幣を用いた商業活動を展開することが可能となり，地域内で流通する金属貨幣として，金貨と銭貨あるいは銀貨と銭貨が相補完する貨幣経済システムが形成された。田沼意次が発行した計数銀貨である南鐐二朱銀などの貨幣も鋳造されたが，農村部においては当初十分に金銀貨が流通しない状況であったことから，地方では貨幣需要の拡大にともなって，藩札の発行に続き「匁銭」などの銭匁遣いが西日本各地において普及した（藤本［2014］）。

農村部では銭遣いが一般化しただけでなく，銭1匁＝銭貨60枚・80枚という実在枚数を設定することで，西日本の地方農村における貨幣の流通単位として用いられた。このような地方領国における銭貨流通の進展にともない，大名が発行した藩札には時期に応じてバリエーションが生まれ，農村部の貨幣不足を充足する上で，多種類の金銀銭札が領国内で同時に流通した。当初より藩札は高額貨幣となる金銀貨を代替する信用通貨としての役割を担ったが，さらに銭貨が金銀貨を補完する機能を高めながら，銭貨と藩札の両者が農村部で流通する基軸通貨として機能し，とりわけ九州諸藩では各藩独自の匁銭を採用しながら銭札の発行に乗り出した。小額貨幣の銭貨や藩札が農村部で広く普及することで，地方農村を中心とした商業活動が安定的に実施できるようになり，これら領国大名による貨幣政策を通じて，地方商業の発展を支える社会経済面でのインフラの整備が進められた。

(2) 国産会所仕法と地方商社
▶ 兵庫開港と幕府の流通統制

以上で述べたような藩札の発行は，藩専売制における国産会所仕法（国産会所方式とも呼ばれる）で実施された領国内での資金貸与として行われることが多かった。すなわち領国大名が大坂や江戸の都市部へ移送する特産物の代価を農民や商工業者に支払う場合，大坂や江戸の両替商が藩の掛屋として藩札などの信用貨幣を供給することで，困窮化する藩の財政再建に用いる財源として金銀貨を藩庫に納める事例も少なからず存在した。

大坂や江戸の両替商は，藩の蔵元として大量に運ばれる地方の特産物を取り扱い，安定的に特産物の販売手数料を獲得した。藩の蔵米に代わる有望な市場

向け商品として各種特産物を取り扱うことで，都市両替商も藩専売制の一翼を担った。これら日本の各地でみられた諸藩の国産会所仕法を幕府の流通政策として取り込み，1867（慶応3）年に幕府は兵庫開港の勅許を求めて，国内最初の貿易商社となる兵庫商社の設立を画策した。幕府は独自の兌換券となる兵庫商社金札を発行して円滑な貿易金融業務を遂行するとともに，商社の経営形態として民間企業の体裁をとりながらも，実質的には幕府が大坂商人の資金を動員して商社を運営し，かつ貿易活動に必要となる資金を兵庫商社から大坂商人や地方商人に貸与することを目論んだ。幕府は都市両替商を中心とした金融インフラを確立するべく，諸藩の国産会所による各種事業を一本化する上での布石として実施したのである。

兵庫商社が外国貿易に関わる為替金融を提供することで，居留地貿易を推進する売込商への資金供給を可能にするとともに，全国の領国経済でみられた国産会所仕法とリンクする形で，藩専売制を継承する新たな国内流通網の構築を幕府が企図したものと考えられる。幕末期の国内流通が，藩専売制に基づく国産会所仕法に大きく依拠していたことから，幕府が地方商業の金融機能を継承することで，従来の藩専売制システムから脱却するための重要なステップとなった。

兵庫商社の政策的理念はその後，明治維新期の通商会社・為替会社の経営で深化され，国立銀行条例制定に向けた動きを導く上での重要な指針を提供した。兵庫商社の設立では万延遣欧使節で渡米した幕臣小栗上野介のほか，勘定奉行4名の連署により建議が行われ，鴻池屋や加島屋ほか有力大坂商人を中心とする20名の役員が発起人として名を連ねた。しかしながら，兵庫商社の役員メンバーとなった大坂商人は海外貿易に対して必ずしも積極的な姿勢を示さず，国内流通システムとして存続した藩専売制の政策を踏襲し続けた。大坂や江戸の両替商金融を再編する近代的ビジネスの先駆けとして，幕府による兵庫商社設立の意義を見出すことができよう。

▶ 地方商社と諸藩の流通政策

幕府による商社設立を通じた幕末期の貿易奨励策は，その後まもなくして大政奉還という重大な決断を下した幕府権力の失墜を受けて頓挫した。兵庫商社設立による会社制度の採用は，その後両替商の為替金融に代わる貿易金融を試

みた，明治新政府による通商会社・為替会社の流通政策として受け継がれた。さらに維新期の国産会所仕法は諸藩の殖産興業政策にも影響を与え，国内各地における地方商社設立の動きを誘発した。

　大名が設置した国産会所は，大坂・江戸などの都市部における特産物販売を目的とした機関であった。維新期には，江戸（東京）や大阪の蔵元を通じた領国内の特産物を一手に販売する地方商社としての役割を担い，国内市場への特産物供給に加えて，横浜や神戸などの居留地を拠点に活動を行った外国商人へ各種商品を販売する地方商社を新設することで，大坂や江戸の両替商を後ろ盾とする藩専売制に基づく地方商社の販売活動が展開した。兵庫商社に続き，新政府が東京・大阪など主要都市の通商会社設立を通じて流通機構を整備したため，藩専売制を強化するべく領国大名も地方商社の設立に乗り出し，都市部での販売に直結する各種商品の生産奨励ならびに生産者に対する資金供給を実施した。

　地方商社の系譜としては，幕末期に長崎や横浜で貿易活動を展開した土佐藩の土佐商会や佐賀藩の佐嘉商会など，維新の時代に対応した藩専売制の新しい形を生み出すと同時に，諸藩が貿易振興にあわせて国内流通を推進する地方商社を領内に設立し，藩専売制を踏襲する新たな流通ルートを模索した。維新期以降，諸藩は東京や大阪の問屋商人から資金提供を受けて独自の販売ルートを確保し，東京と大阪の蔵元を通じた都市部での販売強化策を推進したのである。維新期以降も領国大名が中心となって，地方商社による特産物販売を継続しながら領内での藩札流通が可能となるための通貨体制を維持し，特産地と三都を結ぶ商品流通ルートの整備と強化をめざす施策が実行に移された。

　先述の佐嘉商会設立の動きを受けて，維新期を迎えた佐賀藩では長崎貿易の振興に基づいて国内流通の機構整備を進めた。1868（明治元）年，有田貿易商人の田代屋が上海に支店を設置した際には，その主力商品であった有田焼の販売を推進するための機関として，有田の皿山代官所が管轄する皿山陶器商会を新たに設置した。長崎に加えて神戸・横浜への商品廻送を実施することで，居留地貿易を担う外国商人への販売量を拡大するとともに，大阪・京都の蔵元を通じて兵庫・西宮・堺・伏見での有田焼の販売をあわせて実施することに成功し，領内の有田と伊万里に「商舎」を設置した（木原［2009］）。佐賀藩による流通統制を受けて，大阪の鴻池庄兵衛家などの両替商を通じた資金提供をもと

に，国内での特産物販売と海外貿易推進策をリンクさせた地方商社による有田焼生産者への支援策として実施された。

3 海上交通の発達と廻船商人

(1) 海上輸送ルートの整備
▶ 日本海海運の発展

17世紀以降，「天下の台所」と呼ばれた大坂を中心に，日本の沿岸部の諸港を結ぶ海上輸送網が発達を遂げたのは，1672（寛文12）年の河村瑞賢による西廻り航路の開発と整備をその端緒とする。第1章でみたように，大坂から江戸へと連なる流通ルートをもとに大量の下り荷を移送した17世紀には，上方・江戸間の重要な物資輸送ルートとなる太平洋沿岸航路が，国内流通の大動脈と化し，幕府が国内沿岸航路の交通網を制度的に維持する体制を整えた。大坂商人が江戸向けの商品輸送を安定的に実施する上で，廻船問屋を通じた商品取引は不可欠の役割を果たし，あわせて荷受問屋に大量の商品を持ち込んだ廻船商人が，明治期まで日本の物流を支える存在となった。17世紀以降，大坂の菱垣廻船をはじめ，樽廻船などの上方廻船による運賃積経営を通じて，問屋商人の安定的な江戸積輸送が可能となり，上方で作られた酒や木綿，呉服などの工業製品，さらには菜種油や醬油，米，塩などの日用生活必需品が江戸方面へ大量に運ばれた。

18世紀には，西廻り航路による日本海海運，瀬戸内海運の発展を受けて，瀬戸内や北陸・山陰の廻船が多数日本海沿岸を航行するようになり，1000石に及ぶ大型船については畿内廻船と瀬戸内廻船，そして500石以下の中型船については，日本海沿岸地域の廻船が多数を占めた。大坂への廻米体制が整備されると，幕府は遠隔地から御城米を海上輸送する方式として民間の廻船を雇用して塩飽廻船などの専用廻船を利用し，以後安定的に商品廻送を実施した。1721（享保6）年に幕府が，御城米積廻船を江戸商人の筑前屋作右衛門に請け負わせており，上方・瀬戸内廻船に加えて，山陰・北陸・東北などの地方廻船が西廻り航路の輸送主体として機能した。当初，日本海沿岸の廻船は日本海沿岸地域の交易で活躍したローカル船であったと考えられ，それら中小廻船は「北国船」と呼ばれる在来の廻船経営に基づき，地方廻船として着実に成長を

遂げた。

　18世紀に入って近江商人が北海道開発を進める動きをみせ，北海道沿岸部で積極的に場所請負の経営を行った。彼らは北海道で集荷した海産物を西廻り航路経由で大坂や兵庫まで手船で運び，大坂の荷受問屋へ販売した。これら北海産商品の輸送を担う北前船については当初大坂や兵庫の廻船問屋が所有するケースが目立ったが，次第に北前船の雇用船頭を務めた東北・北陸出身の商人が独自に北前船経営を担う形態へと移行した。山陰地方の浜田外ノ浦（現在の島根県）に来航する廻船について書き留めた「諸国御客船帳」によれば，1839（天保10）～1858（安政5）年に寄港した廻船1448艘のうち北陸出身の廻船が629例記載されており，19世紀に北前船をはじめとする北陸の廻船商人が日本海地域で多数活躍していた状況が確認できる（柚木［1977］）。西廻り航路は18世紀以降，北海道と大坂とを結ぶ重要な商品輸送ルートとなり，ニシン〆粕や胴ニシン・笹目・身欠などのニシン魚肥，そして昆布，鮭などの海産物が大量に輸送されたのち，大坂の魚市場などでそれらの北海産商品が大量に取引された。

▶ 北前船商人の買積船経営

　多くの北前船は年間に大坂と北海道の松前との間を1往復し，松前と赤間関（下関）を含めて2往復する場合があった。上り荷（大坂向け商品）と下り荷（松前向け商品）を取引面での収益額で比較した場合，北海道から大坂まで運ばれる上り荷の商品が重要な位置を占めた。北前船は買積船として経営されるケースが多く，あわせて運賃積による輸送を請け負う形がみられた。北前船主が廻船の荷主となって積荷の売買を実施したが，雇船頭の場合には積荷の売買に関わる権限を委譲される形も多くみられ，北前船商人として積荷を売買するために十分な商才を備える船頭が必要とされた。このように北前船は，船主＝商人＝海運業者の3つの機能を船主や船頭があわせて行う「自己荷物の自己輸送形態」の経営を通じて，莫大な利益を獲得する買積船経営に成功した。

　北前船商人の高収益率については，幕末期の大家七平家でみられた廻船経営の事例などから明らかにされている。1年目の利益で造船費をまかなえるだけの利益を獲得したことが確認でき，買積船経営で毎年1000両に及ぶ収益をはじき出していた。北前船の特徴としては，寄港地で酒・紙・煙草・米・木綿・

表 3-1　廣海家による米穀買入（1872 年）

月日	仕入元	銘柄	取引数量	代金（両）	利益（両）
5.7	小松船	蔵米	150 俵	182	6
5.22	山本	小柴田米	866 俵	1,179	32
	山本	柴田米他	703 俵	1,054	△82
	山本	切替米	941 俵	1,217	1
	山本	越後米	40 俵	52	6
5.29	神通丸	南部大豆	243 叺	433	15
6.7	福神丸	南部大豆他	781 叺	1,162	2
未詳	名文車	柴田古米他	31 俵	59.5	△3
9.6	天神丸	南部大豆	508 叺	669.75	27
未詳	金栄車	切替米	11 俵	17	△1
7.28	名文車	柴田古米他	95 俵	185	△8
未詳	柳五郎車	柴田古米	25 俵	49	△1
10.19	松尾丸	南部大豆	464 叺	759.75	△32
10.31	米惣	秋田白米	5 俵	8.75	0
11.2	神栄丸	豊前古米	12 俵	15.94	0
未詳	和田村	熊取米	366 石	1,384	136

（出所）　石井・中西［2006］，259 頁。

砂糖・塩・筵などの各種商品を買い求めて箱館・松前まで廻船で運び，現地で売り捌くことで海産物の買入資金を調達した（牧野［1989］）。北前船は大坂だけでなく，近郊の堺や貝塚などの諸港へも商品を移送していた。貝塚の廻船問屋であった廣海家では，維新期の米穀取引を示した表 3-1 に見られるように，北前船が移送した東北地方の米穀や九州米を貝塚で荷受し，それらの多くを自ら買い入れる形で泉州地方の米穀商へと販売していた。あわせて廣海家は 1870 年代以降，北前船から仕入れた干鰯やニシンなどの魚肥の取扱量を拡大して多額の収益を獲得した。このようにして北前船商人は，明治期以降も汽船などの導入を図りながら北海産商品を大量に取り扱い，畿内農村部での販売活動に大きな影響を与えた。

　北前船主による買積船経営では，明治期に至るまで安定的に収益を維持し続け，北前船商人が地元に近代企業を設立するなど，日本海地域の経済的発展に貢献した。江戸・大坂間で繰り広げられた菱垣廻船・樽廻船による運賃積経営に続いて，日本海海運の発展をもたらした北前船による買積船経営は，西廻り航路における新規ビジネスとして成功を収め，18 世紀以降全国各地で登場した廻船経営をリードする存在となった。大型船を採用した北前船に加えて，瀬

戸内海運などでみられた中小廻船による買積船経営が拡大したことで，19世紀以降も国内沿岸部の海上輸送が商品流通の中心的役割を担い続けた。

(2) 地方廻船の活躍
▶ 地方廻船商人の成長

18世紀以降，北前船商人の経営で確認された買積船による販売活動を実施する廻船商人が，日本の全国各地で次々と登場した。各地方の港で買い付けた諸商品を積み込み，他地域の廻船問屋まで移送するとともに，農村部の顧客にまで販売する「旅商」として販売活動を展開する商人も現れた。上方商品の江戸積によって成長した菱垣廻船の輸送に代わって，18世紀後半以降，江戸市場を中心とする地方廻船の輸送網が新たに形成され，大坂の問屋商人を経由しないルートで江戸の問屋商人に直接商品を運ぶケースが目立ち始めた。

全国各地の廻船商人が買積船経営に基づく販売活動を本格的に開始することにより，北前船商人の経営でみられたような大型船による廻漕業務だけでなく，中小廻船による津々浦々への商品輸送を通じて，地方と都市を結ぶ流通ルートが開かれた。尾州廻船をはじめとする地方の中小廻船が江戸での米穀販売で利益を得るなど，商品流通の多様化が進んで新たなビジネスチャンスが到来したと考えられ，19世紀に大坂や江戸の荷受問屋へ各種商品を持ち込んだ中小廻船の事例が，近年の研究において数多く確認されている。菱垣廻船・樽廻船などの大型船に加え，北前船や尾州廻船，紀州廻船などの地方を拠点に活動する中小廻船が国内の沿岸海運を担うことで，18世紀以降大坂と江戸の二大都市を中心とする流通ネットワークを形成したこと，日本海海運・瀬戸内海運などの西廻り航路とともに，北海道から東北地方を経て，江戸方面とを結ぶ東廻り航路が19世紀以降急速に発展し，江戸・関東を中心とする地域市場の発展に寄与した事実などが指摘されている。

従来の研究では東廻り航路は航海技術上大型船の往来が難しく，石巻以南の米穀輸送が廻船の主な業務であったと理解されてきた。しかし常陸国那珂の平塚八太夫家の事例にみられるように，天保期以降，箱館から石巻を経て銚子・江戸・浦賀に至る東廻り航路での買積船経営を通じて利益を上げる「奥筋廻船」と呼ばれる地方廻船が登場した。蝦夷地探検が進行するなかで，同家は箱館に出店を設置して海産物などの北海産商品を数多く仕入れ，冬季には関東か

ら関西,九州地方にまで廻船で移動した後,雑貨などを各地の港で買い付けて各種商品を取り扱う買積船経営に成功した(歴史学研究会・日本史研究会［2005］,113頁)。魚肥や海産物などの北海産商品が西廻り航路を通じて大坂方面へ運ばれると同時に,江戸方面で北海道の海産物を販売する中小廻船が登場した。東廻り航路を通じて,問屋商人が江戸市場でそれら北海産商品を売り捌く新たな流通ルートが開かれたのである。19世紀以降,江戸は大坂と並ぶ商品の集散地となり,維新期には各種消費財を廻船商人が大量に移送する流通センターとして,東京市場がさらなる成長を遂げた。

▶ 行商・旅商による地方販売

　地方廻船は諸藩の専売制による流通統制を受けながらも,幕末期に大阪や江戸の問屋商人へ商品を売却することで,都市部の消費財を取り扱う地方特産物取引業者の一翼を担った。全国各地で買積船経営を行った地方廻船の中でも,特定の商品に特化して取引に成功する廻船商人もいた。佐賀藩の陶器専売では,幕末期に佐賀藩が皿山会所を通じた商品の集荷と江戸・大坂蔵元での販売を実施すると同時に,伊万里津へ来航した紀州廻船の箕島商人や筑前廻船の芦屋商人が,江戸や大坂の陶器問屋まで大量の有田焼を運び,江戸・大坂蔵元の差配下で陶器仲買商人に対する入札販売を実施したことが確認されている(前山・大橋［2002］)。

　佐賀藩の専売制は国産会所方式による特産品の集荷を原則とし,地方で国産品を販売する廻船商人の活動を容認する一方で,商品流通の活発化を目的として江戸・大坂市場の流通統制を進める試みでもあった。筑前芦屋の廻船商人は,下関の廻船問屋を経由して北前船商人に有田焼を販売し,さらに直接関東などの農村部にも販路を広げて陶磁器販売を手掛けた。このように地方での販売活動に従事する「旅商」は,廻船などの買積船によるビジネスを拡張しつつ,地方と農村部を結ぶ中継的商業へと積極的に関与したものと思われる。

　地方廻船の活動を通じて,商人は特産物の販売で着実に利益を獲得し,大坂や江戸の問屋商人に加えて各地商人との取引をもとに販路開拓を進めることに成功した。廻船商人を通じた販売活動については,富山売薬における各地農村地域での行商販売でも指摘されている。富山の売薬商は北前船などの地方廻船を利用して商品を全国各地の船問屋へ運び,現地での行商活動を展開した。ま

コラム3　廻船問屋廣海家の商業経営

　18世紀後半以降，地方の問屋商人による卸売業務に加えて，小売商人による農村部での販売活動が地域商業の発展に寄与した。全国の諸港で買積船経営に基づく販売活動を展開した廻船商人が，地方の問屋商人に特産物を販売することで，各種商品が農村部に運ばれる流通ルートが，幕末維新期以降全国的に形成された。

　1835（天保6）年に和泉国貝塚で廻船問屋を開業した廣海家では，北前船による買積船経営とともに貝塚での米穀取引に従事し，次第に干鰯取引を拡大して1860年代には魚肥が廣海家の中心的な取引商品となった。北海産魚肥であるニシンが重要取扱商品として位置づけられ，貝塚港へ来航する北前船商人から商品を買い付けた廣海家は泉南地域の農村部へニシン魚肥の売り込みをかけ，1871（明治4）年に東店と呼ばれる干鰯店を新たに開店した。

　北海産魚肥の利用は農業の生産性を高める上で重要な役割を果たし，廣海家は干鰯店を中心に在方農家へ肥料を販売すると同時に，泉南地域の貝塚や岸和田などで活躍する肥料商に対して，ニシン魚肥を販売した。廣海家は問屋から仲買，そして小売へと商業経営の範囲を広げながら大坂近郊の地方商人として活躍し，幕末維新期における泉州地方の地域商業をリードしたと考えられる。廻船商人の買積船輸送に加えて，地方農村の小売商業が幕末期に商品流通のネットワークを構築した事例として注目される。

た，薩摩などの地方農村部で販売する富山の売薬商は，北前船などの廻船商人の運賃積を通じて薬種を各地の船問屋まで廻送し，顧客に対する販売活動を実施した。薩摩地方での行商を担当した富山売薬商は，北前船商人から仕入れた昆布を販売するとともに，現地での販売許可を受けるため北海産の昆布を各地領主層へ献上するなど，廻船商人による商品輸送に依拠する形で，各地での行商活動に従事することができた（植村［1959］，136頁）。

参考文献
井奥成彦［2006］『19世紀日本の商品生産と流通──農業・農産加工業の発展と地域市場』日本経済評論社。
石井寛治・中西聡編［2006］『産業化と商家経営──米穀肥料商廣海家の近世・近代』名古屋大学出版会。
上村雅洋［1994］『近世日本海運史の研究』吉川弘文館。

上村雅洋［2014］『近江日野商人の経営史――近江から関東へ』清文堂出版。
植村元覚［1959］『行商圏と領域経済――富山売薬業史の研究』ミネルヴァ書房。
近江商人郷土館丁吟史研究会編［1984］『変革期の商人資本――近江商人丁吟の研究』吉川弘文館。
賀川隆行［1985］『近世三井経営史の研究』吉川弘文館。
木原溥幸［2009］『佐賀藩と明治維新』九州大学出版会。
小林茂・脇田修［1973］『大阪の生産と交通』毎日放送。
作道洋太郎［1961］『日本貨幣金融史の研究――封建社会の信用通貨に関する基礎的研究』未來社。
新保博［1967］『封建的小農民の分解過程――近世西摂津菜種作地帯を中心に』新生社。
新保博［1968］『日本近代信用制度成立史論』有斐閣。
長谷川彰［1993］『近世特産物流通史論――龍野醬油と幕藩制市場』柏書房。
藤本隆士［2014］『近世匁銭の研究』吉川弘文館。
前山博・大橋康二［2002］『伊万里市史 陶磁器編 古伊万里』伊万里市。
牧野隆信［1989］『北前船の研究』法政大学出版局。
宮本又郎［1988］『近世日本の市場経済――大坂米市場分析』有斐閣。
宮本又郎・粕谷誠編著［2009］『経営史・江戸の経験――1600〜1882 講座・日本経営史1』ミネルヴァ書房。
柚木学編［1977］『諸国御客船帳――近世海運史料 上・下巻』清文堂出版。
柚木学［1979］『近世海運史の研究』法政大学出版局。
歴史学研究会・日本史研究会編［2005］『日本史講座 第7巻 近世の解体』東京大学出版会。

第 2 部

商業・流通の生成
——近代前期

　人口の多い都市には必ず繁華街があり，商業が盛んに行われているということは誰しも経験的に知っているだろう。日本の総人口は 1872（明治 5）年に 3300 万人余りであったのが，1907 年の 4880 万人余りを経て，1920（大正 9）年には 5600 万人足らずとなり，約半世紀の間に実に約 1.7 倍の増加をみた（関山 [1942]，230-231 頁）。この総人口の増加にともなって，都市化も急速に進行した。

　次頁の表は明治・大正期の人口上位 30 都市を時期別にみたものだが，産業革命開始前夜の時期である 1878（明治 11）年では，東京・大阪・京都という江戸時代以来 "三都" と称されてきた都市が上位に入っていることに加えて，日本海側の金沢，富山，福井，松江，鳥取，秋田などの都市が軒並みランキング入りしていることに気づくだろう。これらの都市は，第 1 部でも説明のあった，江戸時代中期以降に発展した日本海側の北前船と呼ばれる海運と大きく関わっていた。北前船海運は大阪 - 瀬戸内 - 日本海側沿岸 - 北海道を結ぶルートに位置する都市に富をもたらし，そこに人口を呼び込んでいた。この状況は明治に入ってもすぐには崩れず，このようなランキングになって表れたといえる。

　それが明治期後半に向かって，県庁所在地であったり，重要港湾を抱えていたり，軍港や師団，あるいは帝国大学や（旧制）高等学校が置かれたりしたような都市は概ね人口を増やしていく。綿工業を中心とした産業革命を経た 1903 年には，東京，大阪，京都，横浜，名古屋，神戸という，のちに "六大都市" と総称される諸都市が上位に入っており，逆に 1878 年のときにランキング入りしていた日本海側の都市が，順位を落としたりランク外に脱落しているのが確認できよう。1900 年までの 2 度にわたる鉄道建設ブームのために，国内交通は水運から鉄道へ劇的に変化していたが，その鉄道は日本海側よりも太平洋側および

表　明治・大正期における人口上位 30 都市

順位	1878(明治11)年		1903(明治36)年		1920(大正9)年	
	都市	人口	都市	人口	都市	人口
1	東京	671,335	東京	1,818,655	東京	2,173,201
2	大阪	291,565	大阪	995,945	大阪	1,252,983
3	京都	232,683	京都	380,563	神戸	608,644
4	名古屋	113,562	横浜	326,035	京都	591,323
5	金沢	107,878	名古屋	288,639	名古屋	429,997
6	広島	76,707	神戸	285,002	横浜	422,938
7	横浜	72,049	長崎	153,293	長崎	176,534
8	和歌山	62,090	広島	121,196	広島	160,510
9	富山	58,386	仙台	100,231	函館	144,746
10	仙台	55,035	金沢	99,657	呉	130,362
11	堺	45,718	函館	85,313	金沢	129,265
12	福岡	45,480	岡山	81,025	仙台	118,984
13	熊本	44,607	小樽	79,361	小樽	108,113
14	神戸	44,095	福岡	71,047	鹿児島	103,180
15	福井	41,547	和歌山	68,527	札幌	102,580
16	松江	36,521	佐世保	68,344	八幡	100,235
17	新潟	35,623	呉	66,006	福岡	95,381
18	鳥取	34,651	徳島	63,710	岡山	94,585
19	弘前	33,362	熊本	59,717	新潟	92,130
20	岡山	33,280	新潟	59,576	横須賀	89,879
21	長崎	32,607	鹿児島	59,001	佐世保	87,022
22	鹿児島	32,067	富山	56,275	堺	84,999
23	函館	31,186	札幌	55,304	和歌山	83,500
24	秋田	30,976	堺	54,040	静岡	74,093
25	高松	30,248	敦賀	50,155	下関	72,300
26	盛岡	29,457	静岡	48,744	門司	72,111
27	高知	29,052	下関	46,285	熊本	70,388
28	松山	28,054	甲府	44,188	徳島	68,457
29	米沢	27,651	那覇	43,132	大牟田	64,317
30	彦根	27,538	前橋	41,714	岐阜	62,713

（注）　1878 年の横浜には神奈川を含み，神戸には兵庫を含む。また 1903 年，1920 年には植民地の都市は含まない。
（出所）　1878 年は関山 [1942]，189-197 頁。1903 年と 1920 年は東洋経済新報社編 [1927]，642-645 頁。

山陽側で盛んに建設されたから，横浜，神戸という港湾都市，名古屋，広島，岡山というような官営東海道線，私鉄の山陽鉄道の沿線都市が上位に入っている。江戸時代に富をもたらした北前船海運は，在来型の帆船（和船）中心であったため，明治半ば以降には衰退していき，日本海側の都市は総じて順位を下げたとい

える（大門［2000］，320-324 頁）。また佐世保，呉という軍港都市が 16位，17 位に入っている。

　第一次世界大戦勃発後の大戦景気が一段落して大不況に陥った 1920（大正 9）年になると，東京・大阪という二大都市が他を圧倒し，3 位以下の神戸，京都，名古屋，横浜の 4 都市がダンゴ状態ではあるが，東京，大阪と合わさって 7 位以下の都市と大きく差を付け，"六大都市"としての地位を確固たるものにしていることがわかる。また八幡や大牟田という官営八幡製鉄所や三池炭鉱という大規模炭鉱を擁するような，いわば"企業城下町"もランクインしていることも目を引くところであろう。

　急速な都市化の中で，この表で上位に入ったような大都市では西洋文明の影響を受けながら，革新的な商業活動の展開がみられた。現代社会の基盤が形成され始めるのは，第一次世界大戦と第二次世界大戦の間，すなわち戦間期であるといわれることが多いが，明治時代というのはその前半には江戸時代の要素を残しつつ，後半には戦間期に形成される現代社会形成のための準備期間といってよい時代である。この第 2 部では江戸時代の旧来的なものがどのように改められ，文明開化の中で人々がどのように新しい時代を築いていったのかをみていくことにしよう。

（参考文献）
関山直太郎［1942］『日本人口史』四海書房。
大門正克［2000］「農村社会と都市社会」石井寛治・原朗・武田晴人編『日本経済史 2 産業革命期』東京大学出版会，所収。
東洋経済新報社編［1927］『明治大正国勢総覧』東洋経済新報社。

第4章

新時代の幕開け

1 海外貿易の開始

▶ 条約の締結

　1853（嘉永6）年，日本に開国を求めてアメリカのペリー率いる黒船の艦隊が浦賀沖に来航したが，幕府上層部はオランダからの親書等でこのペリー来航を事前に察知していたといわれる。ペリーは艦隊を江戸湾深くまで進めるなどの示威行動をとったが，幕府からの退去要請に応じ，翌年に再び来航すると告げ，いったんは琉球を経て香港に赴き，翌54年早々に実際，再び来航したのであった。アメリカの強硬な態度に押されて，幕府は同年，日米和親条約を結んだ。前年のペリー来航時，当初江戸市中はパニックに陥ったものの，アメリカの艦隊見たさに殺到した群衆もおり，また54年の来航時などは，小船を繰り出してペリー艦隊に近づこうとする人々も多く，庶民もなかなか好奇心旺盛だったようだ（石井 [1972]，57頁；佐藤 [1994]，16頁）。

　さてその日米和親条約であるが，条約ではアメリカ船舶の下田・箱館への寄港が許され，薪水・食料・石炭などが供給されること，また漂流民の保護などは定められたものの，明確な通商規定は定められなかった。あくまで日本との貿易を望むアメリカは，通商条約の締結を強く求め，総領事として日本に赴任したタウンゼント・ハリスが，当時，世界的に覇権を握っていたイギリスがきわめて侵略的であるので，はるかに友好的・平和的なアメリカと先に通商条約を結んだほうがよいと幕府に迫った。説得と交渉が重ねられた結果，1858（安政5）年，ついに日米修好通商条約が結ばれた。そして，これに続いて日本は同年中にオランダ，ロシア，イギリス，フランスとも通商条約を結んだので，これらを安政五カ国条約と呼ぶこともある。

ところで，世界に先駆けて18世紀後半に産業革命を成し遂げ，1840（天保11）年に中国（清国）に対していわゆる"アヘン戦争"をしかけるなど，強大な経済力と軍事力をバックにアジアに押し寄せてきたイギリスは，日本との交渉という点において，なぜアメリカの後塵を拝したのであろうか。イギリスは日本よりもはるかに広大な中国市場により大きな関心を寄せていたといわれているが，日本に使節を派遣する計画は持っていた。だが，その軍事力の強大さゆえに，クリミア戦争（1853-56年）やアロー戦争（1856-60年）などの戦争に立て続けに関与していたため重要な時機を逃し，とても日本に使節を派遣できる状態ではなかった（石井［1972］，127-128, 246頁）。アメリカはこのような間隙をぬって，日本との交渉で先行することになったのであった。

　日本にとっては覇権国イギリスよりも先に"平和主義"のアメリカと条約締結したことの意義はきわめて大きい。当時はどこかの国と条約を締結すると，その次に条約締結の交渉をする際にも，先行して結ばれていた条約がモデルとなる慣習があった。その意味でも，アメリカとの通商条約交渉は，「安政五カ国条約」全体を左右する重要な意義を持ったのである。

　よく知られているように，日米修好通商条約では，日本側に関税自主決定権がなく，さらに日本がアメリカに領事裁判権や最恵国待遇を認めるなど，片務的な不平等条約であったが，条約交渉の過程で幕府はアメリカの要求をすべて受け入れたわけではなく，拒否を貫いたものもあった。通商条約では，神奈川（横浜），箱館，新潟，長崎，兵庫（神戸）を開港，また江戸と大坂を開市し，これらの都市で交易がなされることが決められたが，アメリカは三都のひとつ，京都での通商も要求していた。しかし京都は天皇が暮らす，いわば尊皇攘夷のメッカである。孝明天皇が開港に反対していたという事情もあって，京都を開市することになれば尊皇攘夷派の反発を招きかねず，幕府は京都の開市に強硬に反対したのであった。これに関連して，通商条約には後に欧米列強の商人（資本）による日本国内への経済的進出を阻止する重要な条項が盛り込まれた。それは日本側が，来日外国人に日本国内を自由に旅行する権利を頑として認めなかったということである。

　アメリカの総領事ハリスとの条約交渉の中で，幕府側は外国人に国内旅行の権利を認めるぐらいならば戦争をもいとわないとする態度を貫いた。上記の通り，京都の開市を拒否したのと同様に，ここでも幕府は尊皇攘夷派の反発を警

戒したといってよいだろう。外国人に日本国内を自由に旅行する権利を与えれば，攘夷派とのトラブルを誘発することが懸念された。もしそうなれば日本側は外国から賠償を迫られかねず，さらに外国からさまざまな要求が起こることが予想された。そのような事態を幕府側は憂慮したのであろう（石井・関口編 [1982]，281 頁）。日本側の強硬な態度にアメリカ側も驚いたようで，アメリカ側はこの国内旅行の権利要求を取り下げ，代わりに他の条項で日本側の譲歩を引き出すことで落ち着いた。

　このような経緯から日米間の通商条約では，アメリカ人には日本国内を自由に旅行する権利は認められず，アメリカ人はこの通商条約によって滞在が認められた「居留地」の 10 里四方の範囲内での「遊歩」が認められるのみで，外交官など特殊な地位にある者を除いて，一般の来日アメリカ人はその範囲を越えて日本国内に入り込むことは許されなかった。そして，最初に日本と通商条約を結んだアメリカがこの条項を許容したことで，日米条約に続く通商条約でも概ねこの条項が盛り込まれ，幕末の開港では外国人の日本国内の旅行は禁じられることになった。

▶ 幕末開港後の貿易

　1858（安政 5）年の安政五カ国条約によって，貿易は翌 59 年 7 月から開始されることとなった。59 年には，まず神奈川（横浜），長崎，箱館の 3 港が開かれることとなり，この 3 港には外国人に滞在（居留）が許される居留地が設けられることになり，貿易取引は居留地の範囲内のみで許された。箱館は外国人に住まわせるべきまとまった土地が得にくく，横浜のような明確な居留地は築かれず，日本人と外国人が混在して住まう，いわば"雑居"の状態が固定化していった（大山 [1967]，66 頁）。条約で定められた開港場としては，他に新潟と兵庫（神戸）があったが，条約調印後にアメリカ側から新潟は開港場として適当でないから開港を延期すべしとの要請があり，また戊辰戦争が終結をみなかったこともあって，新潟開港は 68（明治元）年 11 月までずれ込んだ上に，同地では外国人居留地は定められず，外国人は市中に雑居することとなった。兵庫（神戸）は京都に近いということで攘夷派の反発もあり，その開港は 68 年 1 月（慶応 3 年 12 月）まで延期された。

　また江戸と大坂は外国人に一時的な滞在（逗留）を認める開市として開かれ

表 4-1　幕末開港後の貿易動向

	年次	全国・A 千ドル	横浜・B 千ドル	(B/A) %	横浜主要品目（対B百分比） 1位		2位		3位	
輸出	1860	4,714	3,954	(83.9)	生糸	65.6	茶	7.8	油	5.5
	61	3,787	2,683	(70.9)	生糸	68.3	茶	16.7	銅	3.6
	62	7,918	6,305	(79.6)	生糸	86.0	茶	9.0	銅	1.2
	63	12,208	10,554	(86.5)	生糸	83.6	原綿	8.9	茶	5.1
	64	10,572	8,997	(85.1)	生糸	68.5	原綿	19.9	茶	5.2
	65	18,490	17,468	(94.5)	生糸	83.7	茶	10.2	蚕種	3.8
輸入	1860	1,659	946	(57.0)	綿織物	52.8	毛織物	39.5	薬品	1.9
	61	2,365	1,494	(63.2)	綿織物	46.0	毛織物	26.7	綿糸	4.9
	62	4,215	3,074	(72.9)	金属	38.7	綿織物	19.4	毛織物	17.9
	63	6,199	3,701	(59.7)	毛織物	28.3	金属	21.5	綿織物	15.9
	64	8,102	5,554	(68.5)	綿織物	30.9	毛織物	29.2	綿糸	13.6
	65	15,144	13,153	(86.9)	毛織物	43.8	綿織物	35.8	綿糸	6.6

（出所）石井［1991］，94頁。

ることになっていたが，江戸も大坂も外国の商船が入港することは禁止され，さらに実際の開市も兵庫と同じ1868年1月まで延期されることになった。幕府が倒れて明治期に入った頃には開港と開市の区別もあいまいになって，江戸改め東京，および大阪は開市が延期されたのち，ようやく東京の築地と大阪の川口に居留地が設けられたのであった（大山［1967］）。

よって明治期に先立つ幕末期の貿易は，横浜・長崎・箱館で行われたことになるが，表4-1の通りこの3港のうちでは，輸出で7〜9割，輸入でも約6〜9割弱という圧倒的な比重を横浜が占めていた。

その横浜には，開港に合わせて外国人が乗り込んできたが，その貿易額を国別でみると，日本と最初に通商条約を結んだアメリカではなく，当時，最大の経済力を誇ったイギリスとの貿易額が最も大きかった（表4-2）。

横浜に来航して店舗を構えたイギリス系の商人（商館）としては，ジャーディン＝マセソン商会やデント商会が特に大きな経済力を誇った。これらはいずれもイギリスが清国で獲得した植民地香港に拠点を置く商社であった。また同じくイギリス系のグラバー商会は，ジャーディン＝マセソン商会の長崎の代理店を務めた（トーマス・グラバーの邸宅は現在でも長崎の代表的な観光地である）。

一方，日本商人は，江戸のような大都市に拠点を置く都市商人は横浜進出には概して消極的であった。開港当初はまだ貿易が儲かるものなのか見込みも立

表 4-2 船舶国籍別による貿易額
(単位：%)

年度	イギリス	アメリカ	オランダ	フランス	合計（千ドル）
1860	55.32	31.69	12.15	0.84	4,900
61	64.25	21.47	13.17	1.11	4,161
63	80.73	6.73	7.08	1.65	13,798
64	92.53	1.38	4.91	1.01	14,441
65	85.93	1.53	4.24	8.16	30,380

（出所）　三和・原編［2007］，48 頁。

たなかったため，そのような雰囲気の中で横浜に進出した商人といえば，特に大きな資力はないが，貿易でひと山当ててやろうという気概を持った冒険的商人が中心であった。このようななか，幕府は三井のような大商人を説得して横浜に出店を促し，三井も決して積極的にではなかったが，幕府の要請を受けて横浜に進出し，金融業務や貿易に従事した。

　先に見た表 4-1 には，幕末の横浜での貿易で取り扱われた主要品目も示されているが，日本（横浜）からの輸出品では生糸が圧倒的な比率を占め，これに茶が次ぐような形になっている。輸入品では，綿織物・綿糸など，欧米での産業革命のシンボルともいいうる綿製品が高い比重を占め，毛織物の輸入も多かった。

　この時期は，のちに重要な開港場となる兵庫（神戸）がいまだ開かれていなかったということには注意が必要であるが，この横浜への圧倒的な貿易取引の集中と輸出品としての生糸のシェアの高さは，横浜が江戸時代後半期に上州（現・群馬県）などの北関東地方で蚕糸業が盛んになったことなどを受けて，江戸「地廻り」経済圏が大きな経済的発展をみせた関東一円を後背地に持っていたからこそであるといってよい。

　生糸などの産品は開港以前はその主要産地であった上州などから江戸の問屋に出荷されていたが，開港後は江戸の問屋を通さず，直接，横浜に出荷する動きがみられるようになった。幕府は，江戸の問屋を保護するためにも，このような横浜に直接出荷しようとする動きを規制しようと，1860（万延元）年に生糸や呉服，雑穀，水油，蠟の五品はいったん江戸の問屋に出荷するように命じる，いわゆる五品江戸廻送令を発した。だが，このような幕府による統制策もほとんど効果はなく，商人社会においても幕府の支配力が弱体化していたことを物語っている。

▶ 開港後の金貨流出

　幕末貿易の影響としては，開港後 1 年以内のことではあるが，金貨が大量に流出したことも特筆することができる。日米修好通商条約で幕府は国内の貨幣と外国の貨幣の間の同種同量交換と日本貨幣の自由な輸出を認めていた。同種同量交換とは，同重量の外国金貨と日本金貨，外国銀貨と日本銀貨の交換を認めるものである。また当時の地金の金銀交換比率は日本国内では「金：銀＝1：5」，国外では「金：銀＝1：15」で，日本国内では相対的に銀の価値が高かった。

　この内外の金銀比価の差を同種同量交換の原則にからめて，外国商人は日本に持ち込んだ洋銀 1 ドル銀貨 4 枚（4 ドル）をその同種同量にあたる日本の一分銀 12 枚（銀 12 分）に交換する。日本国内の比価でこれは一両小判 3 枚（金 3 両）と交換できる。この金 3 両を上海や香港など海外に持ち出すと，海外での金銀比価で 1 ドル銀貨 12 枚（12 ドル）に交換できた。外国人たちは日本に持ち込んだ銀貨 4 ドル分を日本で金貨に換え，それを海外に持ち出して 12 ドルに，つまり 3 倍にできたのであった。このような交換が盛んに行われ，日本からは大量の金貨が海外に流出した。

　幕府が開港の翌年 1860（万延元）年に金の含有量を減らした万延小判・一分判を発行して国内金銀比価を国際水準と同一にしたことで金貨の流出には歯止めがかかったが，この間，少なからざる金貨が持ち出された。どれほどの金貨が日本から流出したのかについては確かな数字は不明であるが，多いものでは 100 万両，少ないところでは 10 万両以下ぐらいではないかなど，さまざまな見解が出されてきた。最近では 10 万両前後ではないかという説に落ち着いているが，この幕末の金貨の改鋳政策で，従来，流通していた天保小判 1 枚は 3 枚強に交換されたため，天保小判を保有していた者は手持ちの資産が一挙に増えたことになる。これにより幕末の物価騰貴が助長されることになったのである（石井［1993］，92-98 頁；岩橋［2002］，459 頁）。

▶ 外国商人の居留地封じ込め

　上述の通り外国人は通商条約の規定上，日本国内を自由に旅行できなかった。これは当然のことながら商用で来日した外国商人にも適用された。そのため彼らは例えば日本の重要な輸出品である生糸を，その産地である上州や信州に直

第 4 章　新時代の幕開け

接買付けに行こうと思っても，条約の規定上，産地に行くことは禁じられていた。そこでジャーディン＝マセソン商会のような大手の外国商人の中には，日本商人に産地での商品買付けのための資金を貸し付け，彼らを産地に赴かせて商品を仕入れさせるという行動に出る者が現れるようになった。だが，外国商人から融資を受けた日本商人が立て続けにその融資を焦げ付かせて返済不能に陥るケースが続出し，外国商人による日本商人への産地直接買付けのための融資という行為自体が後退していくことになった（石井 [1984], 46 頁）。そこで，明治時代にかけて次のような貿易のスタイルが定着していくことになる。

まず日本からの輸出については，生糸や茶のような商品を日本商人が横浜のような居留地に持ち込み，居留地の外国商館に売り込むのである。それらの商品を買い取った外国商館は，商品を自ら手配して商船に積み込み海外に輸出した。外国商館に商品を売り込む日本商人は，売込商とか売込商人，あるいは売込問屋と呼ばれた。

一方，日本への輸入については，外国商人が海外から持ち込んだ綿糸・綿織物のような商品を日本商人が外国商館から買い取り，その日本商人がそれらの商品をさらに日本国内に流通させた。この場合，外国商館から商品を買い取った日本商人は，商品を引き取ったことから，引取商と呼ばれた。

売込商が外国商館に輸出品を売り込み，また引取商が外国商館から輸入品を買い取るという，このような貿易のスタイルを「居留地貿易」と呼ぶ。あるいは，いずれの場合も外国商館が関係することから，「商館貿易」と呼ぶ場合もある。

開港期に横浜に進出した日本商人は，三井のように幕府から勧められて横浜に出店したものを除けば，概して資本力に乏しい冒険的商人であった。外国商人からの融資が後退するなか，これらの冒険的商人を支えたものとして注目されるのが，三井のような旧来型の都市商人からの融資，あるいは近世期に関東と上方の間で大いに発達した為替の仕組みである。東西間の為替取引は，横浜に輸入された外国製綿糸を上方地方に送り，また宇治茶のような，当時，日本を代表する製茶が神戸未開港の段階において，横浜にまで出荷されるという東西双方向の取引をスムーズなものにすることに貢献し，そのような金融的支援が，資本力の乏しい日本商人の活動を支えたとされる。

ところで，安政五カ国条約の締結と同じ年（1858 年）に清国が列強との締結

を余儀なくされた天津条約では，外国人に清国内を旅行する権利が認められていた。安政五カ国条約では，外国人に日本国内の旅行権は認められなかったが，もし認められていたならば，ジャーディン＝マセソン商会のような大商人は，わざわざ日本商人に産地直接買付けの資金などを貸し与える必要もなく，自ら産地に赴くことができたはずである（石井 [1984]，41頁）。よって幕末開港を定めた通商条約で日本側が列強に対し，外国人の日本国内を旅行する権利を与えなかったことは，外国商人が日本国内で自由に経済活動をすることを阻止し，日本商人の活動を活発化させたわけであり，外国商人の活動を居留地という範囲に押しとどめるには，きわめて大きな意味を持ったのであった。

2　社会インフラの整備

▶ 国産会所仕法

　1867（慶応3）年12月の「王政復古の大号令」によって京都に成立した維新政府は，課題山積の状態で船出した。成立したばかりの維新政府は三都をはじめとする旧徳川領などに支配権を有すのみで，1871（明治4）年の廃藩置県まではいまだ全国に支配権の及ぶ政権ではなかった。

　財源の乏しかった新政府は，当初，三井・小野・鴻池などの大商人に御用金の拠出を求めたり，太政官札と呼ばれる不換紙幣を4800両発行して財源とした。新政府にとっては，できれば兌換紙幣を発行したいところであるが，兌換紙幣発行に必要な金貨や銀貨という貴金属の貨幣（正貨）を潤沢に保有していない以上，不換紙幣を発行せざるを得なかったのである。

　1868（明治元）年には勧業や収税などを担当する商法司が維新政府内に設置され，またこの商法司の下，維新政府の支配の及ぶ地域では，それぞれの地域の商人を糾合して商法会所が設けられ，太政官札はこの商法会所を通じて商人らに貸し付けられた。のちに日本財界の指導者と称されることになる渋沢栄一も，この時期には，新政府の軍門に下った徳川家に与えられた静岡藩に家臣として赴き，藩財政をつかさどるなか静岡商法会所の事業にも関与していた（島田 [2011]，30頁）。

　商法会所を通じて資金を貸し付け，産業振興を図ろうとする政策は，福井藩の財政担当者であった由利公正(ゆりきみまさ)の献策を容れたものであった。由利は福井藩時

代にも領内でいわゆる藩札を発行し，それを物産総会所と称する機関を通じて貸し与え，産業振興を図って一定の成果を上げていた。その経験を新政府でも活かそうとしたわけであるが，太政官札は不換紙幣であり，また成立したばかりの新政府に対する世人の信任も確たるものではなかったため，新政府の期待に反して，京都・大阪・江戸の周辺でわずかに流通しただけであった。ちなみに，福井藩が江戸時代にとっていたという上記のような勧業政策は，福井藩のみに限られたわけではなく，多くの藩でみられた現象であった。福井藩ではこのような政策を推進する機関を物産総会所と称したが，多くの藩では国産会所とか物産会所と称されることが多かった。そのため，第3章でも述べた通りこのような勧業政策を国産会所仕法などと呼ぶ場合もある。

　しかし商法司の設置から1年も経たないうちに由利公正は退任し，同時期の1869（明治2）年には外国貿易をも管轄する通商司が新政府に設けられ，商法司は廃止されて，この通商司に商法司の勧業業務も吸収された。

　新政府の拠点が1869年には京都から東京に移されると，通商司も東京に移ったが，三都（東京・大阪・京都）と開港場には通商司の支署が置かれ，さらにそのもとで三都および横浜・神戸・新潟・大津・敦賀の8都市に為替会社と通商会社が設けられた。この為替会社と通商会社の仕組みも，前段階としての商法会所と同様に，江戸時代に各藩で広くとられていた藩の勧業政策である国産会所仕法を，新政府という大きな枠組みに拡大して適用したものといわれている（新保［1968］，7頁）。

　為替会社には為替札（金券・銀券・銭券・洋銀券）の発行が許され，また通商会社は為替会社から為替札の融通を受け，各都市の市中商社および上記8都市以外の地方商社にも前貸しを通じてそれらを傘下に置き，地方から東京や大阪などの中央市場に輸送されてくる商品を新政府の管理の下に統制しようとした。このようにして通商会社に輸送されてきた商品のうち，特に開港場の外国人に売却されたものについては，規則上その商品の生産者や売込商に対しては為替札をもって支払い，外国人から受領した販売代金たる正金銀は為替会社の下に蓄積させるものとされた。このような方策によって新政府は，貴金属貨幣である正貨を蓄積し，また資金を貸し付けて生産振興を図ることで勧業政策の推進をも目論んだのであった（図4-1参照）。

　為替会社・通商会社は，三都に店舗を構える三井・小野・鴻池などの大商人

図 4-1　為替会社・通商会社と地方商社の関係

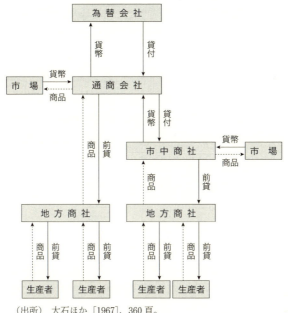

（出所）　大石ほか［1967］，360頁。

および各都市の富商を強制的に糾合し，出資させて設けたものであった。各地の為替会社と通商会社の両方に重複して出資している商人も多い。だがこれらの商人たちは，決して喜んで出資要請に応じたわけではなかった。東京に設けられた通商会社は東京商社と称されたが，そこへの出資をしぶる商人たちを集めて新政府の役人が出資を強く促し，もし応じない場合は蝦夷地送りにすると脅してまで，出資および会社の業務への協力を求めたというエピソードが残されている。まさに商人たちは，しぶしぶ要請に応えていたということになろう（菅野［1931］，138頁）。このような為替会社・通商会社に糾合された商人たちの消極性・非協力的姿勢のためもあって，為替会社・通商会社を通じた政策はさしたる成果を上げることはなく，為替会社・通商会社は，わずか2年ほどで通商司の管轄を離れ，各地の地方庁に移管されることになり，横浜の為替会社がのちに第二国立銀行として発展的に改組されたのを例外として，各地の両会社は解散を余儀なくされたのであった。

▶ 近代的金融機構の整備

　このように為替会社・通商会社の制度は，明治政府の期待通りの成果を上げられなかったため，近代的金融機構や正貨兌換制度の構築という課題は，依然残されたままであった。1871（明治4）年には新貨条例が布告され，そこで貨幣の単位を円とし，円以下は円の100分の1を銭，銭の10分の1を厘とすることが定められ，円を基本とする幣制の統一が図られた。

　また新政府の成立以後に乱発しすぎた不換紙幣を整理し，兌換制度を構築して通貨の価値を安定化させることも喫緊の課題であった。政府はアメリカの銀行制度を視察して帰国した伊藤博文の献策を容れて，アメリカのナショナル・バンク制度に範をとって，翌72年に国立銀行条例を公布した。当時，日本の開港場では，他のアジア地域同様に，もっぱらメキシカン・ダラーなどの銀貨で取引がなされていた。新貨条例で貨幣の単位を円と定めたのも，中国（清）で洋銀を銀円・銀元と呼んでいたことに由来するといわれるぐらいである（高村［1996］，193頁）。そのため日本が兌換制度をとる場合，銀兌換制がとられても不思議ではなかったが，伊藤博文は欧米諸国が金本位制を採用しつつあったことを踏まえ，日本もあえて金兌換制をとるべきだと主張した。そこで国立銀行条例では，金兌換制が盛り込まれることになったが，明治政府の国庫に保有された正貨は相変わらず潤沢ではなかったため，やはり三井や小野などの大商人の資力や名声に期待せざるを得なかった。

　国立銀行条例では，新たに銀行設立を希望する者は，資本金の6割を太政官札・民部省札・新紙幣で出資し，これを大蔵省に渡してそれと交換で公債を受け取る。この時点でまず市場に氾濫していた不換紙幣の回収が期待された。そして，この公債をさらに大蔵省に預け置いて同額の銀行紙幣を受け取る。この銀行紙幣はデザインこそ統一されているものの，各銀行が発行する形になっており，銀行紙幣には各銀行の印鑑が押されることになっていた。国立銀行制度は金兌換制に基づくものであったから，銀行紙幣の所有者が発行元の銀行に申し出れば，金貨と交換することができる。よって各国立銀行は金貨との交換を希望する者が現れた時のために，金貨（兌換準備金）を準備して保有しておく必要があるわけだが，国立銀行条例では，兌換準備金の準備率は資本金の4割と定められていた（玉置［1994］，25頁）。

　このように国立銀行の設立条件は，一般の商人たちにとってはきわめて厳し

いものであり，条例の公布後これに応じて国立銀行の設立を希望するものは，わずか5グループにすぎなかった。すなわち，大蔵省からの強い勧めを受けて合同で国立銀行設立に至った三井・小野両組による第一，横浜の日本人貿易商たちがかつて設けていた横浜為替会社が発展的に改組されてできた第二，大阪の豪商鴻池にその他の商人も出資する形で組織された第三，新潟の大地主たちが出資しあってできた第四，大阪で事業活動していた旧薩摩藩出身者たちが出資してできた第五である。

この第一から第五というのは設立認可順に大蔵省が与えた番号であり，正式な名称は「第一国立銀行」といった具合になる。このように政府の期待に反してわずか5つのグループしか名乗りでず，また大阪商人たちによる第三は開業にすら至らなかったため，結局4つの国立銀行が開業したのみであった。

なお国立銀行条例では，国立銀行に出資する全株主の有限責任が認められており，この条例に沿って設けられた国立銀行は日本で最初の株式会社としても非常に画期的なものであった。また国立銀行という名称は，アメリカのナショナル・バンクを「国の法律に沿って設けられた銀行」という意味で訳出したもので，国が出資して経営しているわけではないから本来は「国法銀行」とでも訳すべきところである。

▶ 国立銀行条例改正と銀行の簇生

明治政府は，近代的金融機構の構築以外にもさまざまな課題に直面していた。その課題のひとつとして，維新後も特に役人として勤務しているわけでもない士族にまで給与（家禄）を支払い続けているという無益な支出を解消する必要があった。新政府が成立してから1875（明治8）年までの財政支出では，この家禄支給が実に3割弱を占めていた（三和・原編［2007］，52頁：表1・47）。そこで1875年には，その翌年に秩禄処分を断行することが決定された。これは家禄の支払いが翌年をもって終了することを意味した。76年には総額1億7400万円もの金禄公債が発行され，士族および公家や旧大名層を含む華族にこの公債証書が交付された。これはいわば退職金に当たるもので，華士族各人のそれまでの年収の5～14年分ぐらいの額面の公債が交付されたが，旧大名のような上層士族には総じて手厚く交付された一方，下級士族にはきわめてわずかな額での交付であった。交付を受けた者は，公債より毎年得られる利子を収入にす

ることもできたが，旧大名のように大きな額が交付されなかった士族層は，その公債を他人に売却して資金を得るほか道はなかった。もちろん士族の中でも一部の者は明治政府や地方庁の役人として採用されたが，そのような幸運に恵まれない者は新たに職を探さねばならなかった。明治政府としては，金禄公債を交付された士族たちを救済するため，手ごろな公債の運用先を提供する必要があった。そこで浮上したのが，国立銀行条例の改正であった。

すでに述べた通り1872年公布の国立銀行条例での国立銀行の設立条件はきわめて厳しいものであったがゆえに，これに応じて銀行開業に至ったのは，わずか4行のみであった。そこで76年には，この設立基準を変更した改正国立銀行条例が公布された。同条例では，金兌換制の構築という目標をひとまず棚上げにし，資本金の8割は金禄公債を含む公債を準備すればよく，兌換準備は，それまでは資本金の4割を金貨で準備しなくてはならなかったのが，改正後は2割を不換紙幣である政府紙幣で準備すればよいということになった。これは設立基準の大幅な緩和であり，金禄公債を交付された士族層に国立銀行の株主となる道を開くものであった。

この改正国立銀行条例の公布を受けて，日本の各地では士族層をはじめ，商人層までもが誘発される形で国立銀行を設立する動きが活発化し，1879年の京都の第百五十三国立銀行設立認可をもって政府が想定した国立銀行すべての資本金額を超えたとして，国立銀行の設立認可は打ち切られ，これ以後，政府は国立銀行の設立を許可しないこととなった。もともと4行であった国立銀行が，わずか3年ほどの間に153行にまで増えるという驚異的な増加である。上述の通り，国立銀行は株式会社でもあったから，条例改正後のこのような動きは，まさに日本初の株式会社設立ブームともいえる様相を呈したのであった。

多数の国立銀行の出現に応じて，国立銀行の中には一般庶民向けの少額の貯蓄業務を開始するところも現れた。明治初期においては政府高官や旧大名，さらに大商家などの富裕層は別にして，一般庶民が貯蓄をするという行為は，まだほとんどみられなかった。庶民に貯蓄を促すための制度といえば，むしろ郵便貯金（郵貯）が先行した。1873年には大蔵省の駅逓寮の管轄下で郵便事業を政府事業とする旨の布告が出されたが，同時に郵貯の制度化が進められ，75年から駅逓寮および東京府下の郵便局で郵貯の取扱いが開始された。だが取扱い開始当初は郵貯の貯金額は伸び悩んだという（郵政省貯金局編［1957］，7-8頁）。

一方,国立銀行のほうでは,1877年に山梨の第十国立銀行が5銭以上の貯蓄受入れを開始し,同年中には大阪の第三十三国立銀行も少額貯蓄業務に参入した。それ以後,他の国立銀行でも貯蓄業務に参入するところが続いた(玉置 [1994],85頁)。

また改正国立銀行条例が出されたのと同じ年の1876年には,最初の私立銀行である三井銀行が開業している。私立銀行は国立銀行条例に則って設けられたものではないことから,紙幣発行権はなく有限責任制も認められていないものであった。しかし,上記の国立銀行が153行で打ち止めとなった後は,国立銀行の設立が認可されなくなったため,79年以降はこの私立銀行での開業を希望する者が後をたたなくなった。さらに同じ時期,私立銀行にも及ばないような零細規模の金融会社,いわゆる銀行類似会社も次々と設立された。

▶ **通信網と鉄道の整備**

明治政府は,近代的諸制度の中で,商業を支える通信網や鉄道というような社会インフラの整備にもいち早く着手している。前島 密(ひそか)の建議で郵便制度が発足したのは1871(明治4)年であるが,電信はそれよりも早く69年にすでに東京-横浜間で架設され,公用のみならず民間にも開放された(石井 [1994],100頁)。電信事業は軍事的な通信の必要性から官営とされ,1874年には青森-東京-長崎間がいち早く結ばれている。1871年にはすでに上海-長崎間で海底電線により電信が開通していたから,海外との通信手段もきわめて早い段階から築かれていたことになる。

電信は官営として次々と架設されていったが,商業活動でも使用されていった。だが料金は郵便よりもかなり高額であったため,商人たちは独自の暗号を使って,少ない文字数で商品相場などの情報をやりとりできるように工夫した。

1874年に開業した先収会社は,後に日本を代表する貿易商社となる三井物産の前身といってよい商社であるが,開港場での貿易事業だけでなく国内での商取引も活発に展開した。その際,架設されたばかりの電信を巧みに使って,米相場などの情報をやりとりした。同社で東京本店頭取として経営を担当した益田孝は,青森県に米の買付けのために派遣した部下と,場合によっては1日に数回,電信でやりとりをすることもあったが,益田は業務日誌に「其迅速可驚(おどろくべし)」と記して,その速報性に驚嘆している(安岡・木山 [1996],272頁)。

日本での鉄道業は，まず東京の新橋-横浜間で1872（明治5）年に官営鉄道として開業した。そもそも欧米列強が海外に植民地を建設する際，鉄道は単なる輸送手段にとどまらず，政治的にもきわめて大きな意味を持っていた。やや後のことになるが，欧米列強が清国と不平等条約を結ぶ際には，たいてい鉄道敷設権に関する条項が含まれていた。また，日本が昭和初期に満州国という傀儡国家をつくるに至る過程でも，日露戦争後に南満州鉄道という会社を設けて，その鉄道を通じて満州支配を進めていった事実をみるとき，鉄道の持つ意義がきわめて大きなものであることが推察できるだろう。

　明治政府が成立する以前の旧幕府時代，幕府はアメリカの公使館書記官ポートマンに江戸-横浜間の鉄道建設免許を与えていた。明治新政府は，このポートマンへの免許の撤回・回収に成功するが，イギリス駐日公使パークスの支援等もあって，明治政府による官営方式によって新橋-横浜間の開業に至った。だがイギリスは，温かい支援の裏で，日本での鉄道敷設権を獲得しようとしていた節もあって，その真意はよくわからない（野田ほか編［1986］，16頁）。

　明治政府は新橋-横浜間に続いて，関西地方でも1874年に大阪-神戸間で官営事業（官業）として鉄道を開通させ，77年にはさらに大阪から京都までが鉄路で結ばれた。さらに北海道においても，小樽と内陸の炭鉱地である幌内を結ぶ幌内鉄道を官業として，その建設にいち早く着手した。しかし当時の政府は財源不足に悩まされていたため，自ら官業として鉄道を建設・経営できる余力は乏しく，これ以後はもっぱら民間の資本による鉄道経営がなされていった。

　明治期最大の私設鉄道となる日本鉄道会社は，上述の秩禄処分でむしろ豊かになった華族層の出資に依拠する形で1881年に設立された。私設鉄道とはいえ，政府がこの会社に鉄道用の敷地を供与し，また8％の配当を保証するなど，手厚い保護を与えたこともあって日本鉄道は大きな利益を上げた。日本鉄道はいくつかの路線を持ったが，85年の品川線開通で群馬県の上毛地方が官設鉄道ともつながり，上毛地方を代表する産物である生糸や繭が，容易に開港場の横浜に出荷できるようになった。品川線開通までは，上毛地方から横浜まで輸送日数4日を要していたのが，品川線の開通で2日に短縮され，輸送費も4円から2円へと半減した（原田［1991］，30頁）。そのことからも，鉄道が商業の世界に与えた影響というのは計り知れないものがあったといわなければならない。

コラム4　幕末維新期に海を渡った日本人

　幕府は1866(慶応2)年に日本人の「修学および商用」目的での海外渡航を許可した。1633(寛永10)年以降に出された，一連の，いわゆる鎖国令によって一般の日本人に禁じられていた海外渡航は，これによって解禁となったのであるが，この解禁措置は日本人に海外渡航を促そうという意図のもとになされたものではなかった。幕府はイギリス駐日公使パークスの要請を受けて，むしろいやいやながらに解禁したのである。だが渡航が解禁されたからといって，日本人が堰を切って海外に渡航するということはなかった。

　限られた数とはいえ幕末維新期に海外渡航した者としては，幕府や明治新政府，あるいは藩によって選ばれて派遣された官費留学生がいたが，彼らはいわばエリート層であり，その多くが明治期の政財界の指導者になっている。これらエリート層以外で，一般の民衆で渡航したのはどのような人たちだったのであろうか。幕府や新政府が旅券を発行する際に記された渡航理由をみると，「米人ウエンリートに被雇」「英士官ゴーブル小仕に被雇」というようなものが散見される。すなわち，官費留学生以外では，日本の開港場に居留する外国人に雇われた召使いがその主人に雇われた状態で外国に渡航するというケースが多かったのである。他に珍しいところでは，外国人に雇われて海外で興行する手品師や軽業師も散見される。幕末維新期に非エリート層で渡航した者は，召使いや下僕というような弱い立場の者がほとんどで，貿易を志す商人が渡航した例はほとんどなかったといってよかった。明治政府が海外の万国博に積極的に参加する政策をとったことから，万博への派遣団に随行する商人も現れるようになってくるが，そのようななか，幕末にアメリカに渡航した佐藤百太郎は異彩を放っている。彼は下総(現・千葉県)佐倉藩順天堂の医師佐藤尚中の子であって貧しい家の出身ではないが，アメリカで商店に勤めながら夜学に通った後いったん帰国した。彼は日本滞在中に「米国商法実習生」を募集し，その募集に応じた5名の若者を引率して1875年に再び渡米する。彼に連れられて渡米した5名のうち，森村豊はニューヨークで新設の森村組の陶磁器・雑貨類販売員として，新井領一郎もニューヨークで同伸会社の生糸販売員として，また伊達忠七は三井物産に入ってその渡航経験を活かし，それぞれ活躍したのであった(阪田［2002］，阪田編［2009］)。

3 流通機構の変革

▶ 新政府の商業政策

　明治新政府は成立して早々に「商法大意」を発し，江戸時代に広範にみられた株仲間体制や問屋株の仕組みを否定した。しかしそれは仲間制度を禁ずるものではなく，旧来の仲間はもちろん，新たに開業して仲間への加入を望む者たちをも政府の下で新たに統制しようとするものであった。先に「商法大意」発布と同じ1868年に，新政府が勧業や収税などを担当する商法司という役所を設置し，さらにこの下に商法会所が設けられたことを述べたが，新政府はこの商法会所の監督の下で新たに商人たちを統制しようとした。商法司の本司は当初京都に置かれたが，大阪，次いで東京にも支署が置かれ，京都・大阪・東京それぞれに設けられた商法会所の下で新旧の営業者を管轄しようとした。

　東京商法会所は，京都の商法会所でも元締に任命されていた三井・下村（大丸）のほか，島田・小野，さらに鹿島や三谷といった近世来の両替商や問屋商人が元締頭取に任命された。商法会所組織化の動きと並行して，1868年11月の東京開市時に築地鉄砲洲に外国人居留地開設に対応して三井八郎右衛門を惣頭取とする外国掛商社（貿易商社）が，一応は商法会所と別個のものとして設けられた。この商社の成立に合わせて定められた「商社規則」では，この商社が廃藩前夜の諸藩から東京へ積み送られる蔵物を取り扱うことが明記されていた。これはこの商社が単に外国貿易の統制のみならず，従来の江戸で地方領国から積み送られた商品を荷受けして売却する問屋たちの機能をも継承しようとするものであったとみることができる。69年3月には商法司が廃され，ほぼ同時期に外国貿易を管轄し，さらに商法司の勧商業務をも継承する通商司が置かれ，この監督下に通商・為替会社が設けられることになった。この動きに対応する形で，先に組織された東京商法会所は同年4月に廃され，新旧の問屋ないしは商人らを管轄しようとする組織は，後にできた貿易商社に引き継がれることになり，それも同年7月には東京通商会社と改組・改称されることになった。京都，大阪の商法会所もほぼ同時に通商会社に改組された。通商会社はこれら三都以外にも横浜，神戸など計8都市において，紙幣発行や貸付業務を担当する為替会社とともに設けられたが，東京，京都，大阪の通商会社は全国8

都市の通商会社の中でも特に通商大元会社とされた。そして三都にあった問屋は，米商社・油商社・木綿商社・紙商社・唐物商社というように「商社」の名称に改められ，それぞれの通商大元会社の傘下に置かれることになった。また三都の通商大元会社は三都以外の通商会社をも統括し，全国で管轄地域を三分するものとされた。特に三都の問屋についていうと，それぞれの通商会社＝通商大元会社は江戸時代から存在した諸問屋仲間の連合の上部に組織されるものであり，この通商会社は取引所としての性格と諸問屋に対する監督機関としての性格を持つものとされた。

　東京の通商会社は，その重役である頭取・頭取並・肝煎らは，主なる取扱商品ごとのまとまりである一番組から九番組に組織された。例えば一番組は繰綿・糸・書物，二番組は質・砂糖，三番組は茶・紙・薪炭を扱うものというように組分けされた。そして各組に所属している問屋商人は，それぞれいくつかの問屋仲間に属していた。東京通商会社はまもなく東京開商会社，さらに1870年末には東京商社と改称されるに至る。だがこの東京商社は経営に行き詰まり，72年末頃に大蔵省から負債整理が勧告され改革が促された。これ以後，米油相場会所の運営を中心業務としたが，経営状態は好転せず，75年に解散し三井組の救済を受け，あらためて東京米商会所として再発足した（岩崎［1972］，587-636頁）。

　京都の通商会社は発足後まもなくして物産引立所，さらに物産引立総会社と改称し，その傘下に旧来の仲間組織の性質を残した状態の市中商社が置かれた。市中商社を盛んに設けるよう勧められた結果，第一呉服商社，第三諸糸商社を嚆矢とし，120余りもの市中商社が組織されたという。だが71年9月に京都では突如，市中商社の解放令という形をとって株仲間の解放措置がとられ，物産引立総会社は製紙・製陶・製糸などを営む一事業会社へと変転し，傘下の市中商社も75年には71にまで減少した。

　大阪の通商会社でもその傘下で市中商社が置かれた。通商司の勧めを受けて大阪で最初に市中商社として発足したのは，江戸期から続く松前問屋が組織した北海産物商社であった。この北海産物商社に続き，雑喉場生魚商社，木綿商社東京組など70余りの商社が続々と組織されたという。しかし大阪でも京都にやや遅れて1872年4月には株仲間解放令が発せられ，上述した大阪の松前問屋・薩摩問屋・土佐問屋・諸国問屋や，それらからなる市中商社などもいっ

たんは解散させられた。ただし解散したといっても、旧来の荷受問屋を経るような商品流通のあり方が急遽崩壊することはなく、翌76年には大阪の荷受問屋を網羅して諸国荷受問屋組合結成の動きが出てくる。だがこれも78年から80年頃にかけて分裂し、荷受問屋一番組（松前），同二番組（薩摩），同三番組（土佐），諸国組の4組となった。その後、これら4組に分かれた問屋もさらに細かく、例えば一番組は肥物商や米穀商、二番組の多くは黒砂糖商に、というふうに分化していく（宮本 [1971]，283，329頁）。

このような新政府による商人統制策はめまぐるしく変化し、その実態は三都で比較してみても異なるものであった。

▶ 米の取引所

日本での先物取引は、江戸時代における大坂・堂島米会所での先物取引が世界的にみても高度に整備されたものとして知られており、江戸時代の大坂経済隆盛の一例としてしばしば引き合いに出されることが多い。だが維新後の大阪経済は銀目停止などの影響で大混乱に陥り、堂島の米会所もその影響を免れず、先物ではない現物取引も立ち会いが成立しない事態まで生じていた。

磯野小右衛門、武富辰吉らの商人は維新後、諸藩の大阪廻米が区々ばらばらになって米穀が払底し、米価が騰貴していることなどを憂い、1870（明治3）年には米商の窮状を救って米価の平準化を図り、米穀受給を調整・円滑化させようと蔵米・納屋米の区別なく米取引を行う「大坂現米売買会社」設立の許可を政府に願い出ている。政府は磯野らに対しあらためて大阪府に願い出るよう指示したが、大阪府は磯野、武富らの出願に対し、相場取引を行うことを許し、大坂現米売買会社ではなく「堂島正米会所」（通称「堂島米会所」）の設立を決定し布達した。

磯野、武富らが出願した「大坂現米売買会社」は彼らの計画そのままの形では成立しなかったが、政府の一機関として1871年4月から限月米取引を開始した。政府の一機関というのは官営としてという意味ではなく、政府・大蔵省の指示を受けた大阪府が磯野、武富らを頭取に任命し、彼らに米会所の業務運営を一任しつつ給与も支払われたという意味である。江戸時代の堂島米会所が問屋・仲買株仲間によって構成されたのとは異なり、米会所の米仲買人は開業直後の71年6月には600人を数えた。米会所はまた73年には油会所を合併し、

堂島米油相庭会所(そうば)と改称している（津川 [1990], 19-40 頁, 56 頁）。

一方，東京では上述の通り通商会社の流れを汲む開商会社，東京商社において先物取引がなされていた。兜(かぶと)町に立地した開商会社での先物取引は，1869年 11 月に新政府の命令でいったん休業したが，東京府の認可を受けて 71 年に取引を再開した。これとは別に蠣殻(かきがら)町にも中外商行社が設けられ，これも東京府の認可を受け，そこでも 74 年から先物取引が開始された（吉田 [1879], 14 丁目）。

このように東京の場合は通商会社の後身ともいうべき東京商社の中にまず米会所が設けられたが，大阪の場合は大阪の通商会社とは無関係に市場が整備されており，そのところに大きな違いがある（津川 [1990], 32 頁）。

ところが 1874 年の大阪・堂島の相庭会所での取引による米価高騰の激しさに対し，政府はその原因は会所における「思惑的空取引」であると牽制を入れ，同年 12 月には従来各地で行われてきた米・油の先物取引を禁止した。その上で，米穀の相場取引を行うに際しては 74 年に公布されたばかりの株式取引所条例に準拠するよう命じた。政府が株式取引所条例に準拠させたのは，このときまだ米穀取引に関する独自の法令が整備されていなかったからである。

次いで 1876 年には，米穀の現物取引と先物である定期取引の両方を認める米商会所条例が制定され，東京，大阪での米の取引所の他にも各地に米商会所が順次設けられていった。78 年時点では**表 4-3** のような米商会所が設けられるに至っている。ちなみに東京の 2 つの米会所は 83 年に合併して東京米商会所となった（東京穀物商品取引所 [2003], 30 頁）。

1878 年には株式取引所条例が公布されたが，これは 74 年の時とは逆に，この株式取引所条例が米商会所条例に準拠させられたのであった。このように，先物を含んだ米穀取引は株式取引と関連づけられたのだが，それは政府がこれらを同一視ないしは混同したためともいわれている。87 年には米穀と株式の両方を規定する取引所条例（いわゆるブールス条例。ブールスはフランス語で取引所という意味）が発布されたが，同条例についても取引所は株式会社組織であるべきか，あるいは会員組織であるべきかについて議論が入り乱れ，結局は株式組織と会員組織のいずれでもよいとする取引所法が 93 年に公布されたのであった（野田 [1980], 30-33, 240 頁）。

表4-3　1878（明治11）年時点での米商会所

米商会所設置場所	資本金額	頭取	副頭取
兜町（東京）	4万円	三井次郎右衛門	竹中邦香
蠣殻町（東京）	5万円	米倉一平	石原近昌
近江（滋賀）	3万円	河村真秀	中村伊助
堂島（大阪）	7.5万円	磯野小右衛門	
赤間関［下関］（山口）	3万円	徳永源衛	
桑名（三重）	3万円	柳本通徳	西村徳右衛門
新潟（新潟）	3万円	本間新作	堀　治作
兵庫（兵庫）	3万円	北風正造	神田兵右衛門
金沢（石川）	3万円	松岡忠平	近田太平
松山（愛媛）	3万円	栗田与三	藤岡勘三郎
名古屋（愛知）	3万円	墨　卯助	祖父江源次郎
岡山（岡山）	3万円	大橋正香	河原九郎
七条（京都）	3万円	能川　登	高橋甚兵衛
徳島（高知）	3万円	中村楯雄	柿内郁次郎

（注）　阿波徳島は1876年に高知県に編入されたが，79年に分離した。
（出所）　吉田［1879］，18-19丁目。

📖 参考文献

石井寛治・関口尚志編［1982］『世界市場と幕末開港』東京大学出版会。
石井寛治［1984］『近代日本とイギリス資本——ジャーディン＝マセソン商会を中心に』東京大学出版会。
石井寛治［1991］『日本経済史〔第2版〕』東京大学出版会。
石井寛治［1993］『開国と維新　大系　日本の歴史〈12〉』小学館。
石井寛治［1994］『情報・通信の社会史——近代日本の情報化と市場化』有斐閣。
石井孝［1972］『日本開国史』吉川弘文館。
岩崎宏之［1972］「明治維新期の東京における商人資本の動向——東京商社を中心にして」西山松之助編『江戸町人の研究』（第1巻）吉川弘文館，所収。
岩橋勝［2002］「近世の貨幣・信用」桜井英治・中西聡編『流通経済史　新体系日本史12』山川出版社，所収。
大石慎三郎・津田秀夫・逆井孝仁・山本博文［1967］『日本経済史論』御茶の水書房。
大山梓［1967］『旧条約下に於ける開市開港の研究——日本に於ける外国人居留地』鳳書房。
菅野和太郎［1931］『日本会社企業発生史の研究』岩波書店。
阪田安雄［2002］「太平洋を跨ぐ北アメリカへの移住」ハルミ・ベフ編『日系アメリカ人の歩みと現在』人文書院，所収。
阪田安雄編［2009］『国際ビジネスマンの誕生——日米経済関係の開拓者』東京堂出版。
佐藤誠朗［1994］『幕末維新の民衆世界』岩波書店。
島田昌和［2011］『渋沢栄一——社会企業家の先駆者』岩波書店。

新保博［1968］『日本近代信用制度成立史論』有斐閣。
高村直助［1996］「殖産興業」井上光貞・永原慶二・児玉幸多・大久保利謙編『日本歴史大系 13 明治国家の成立』山川出版社，所収。
玉置紀夫［1994］『日本金融史――安政の開国から高度成長前夜まで』有斐閣。
津川正幸［1990］『大阪堂島米商会所の研究』晃洋書房。
東京穀物商品取引所［2003］『東京米穀取引所史』東京穀物商品取引所。
野田正穂［1980］『日本証券市場成立史――明治期の鉄道と株式会社金融』有斐閣。
野田正穂・原田勝正・青木栄一・老川慶喜編［1986］『日本の鉄道――成立と展開』日本経済評論社。
原田勝正［1991］『日本の鉄道』吉川弘文館。
宮本又次［1971］『近世商業経営の研究』（復刻版）清文堂出版。
三和良一・原朗編［2007］『近現代日本経済史要覧』東京大学出版会。
安岡重明・木山実［1996］「益田孝『備忘録』（写本）」『三井文庫論叢』第 30 号。
郵政省貯金局編［1957］『郵便為替貯金事業八十年史』郵貯研究会。
吉田五十穂［1879］『米商必携』吉田五十穂。

第 5 章

近代的商業経営の成立

1 転換期の大商家──三井家を中心に

▶ 御用商売の重要性

　明治新政府が成立したばかりの頃には政府自身が財源に乏しく，また新政府に対する信認も厚くなかった。成立直後の新政府が発行した紙幣である太政官札が，期待に反してほとんど流通しなかったのはこのことの証しといえようが，そのような時期に新政府は三井・鴻池・下村（大丸）のような江戸時代から名声を博した大商家の資金力や信用力に依存しようとした。逆に三井のような商家にとっては，そこで政府との接点を得て新しい時代にのし上がるチャンスを得たともいえる。

　日本の経済界は1886（明治19）年頃以降いわゆる企業勃興期を迎え，工業化の時代に入っていくことになるが，それ以前の明治時代前半期にはまだ民間部門での経済活動は規模も小さく，経済の主体は政府の比重が圧倒的に大きかった。電信，郵便，あるいは一部の鉄道事業などは政府自らが営む官業のスタイルをとったが，政府も財源が潤沢ではなかったから，あらゆる新事業を官業で行うわけにもいかず，適宜民間の商人・実業家を抜擢して彼らに事業を任せるということが多かった。海運業の部門で政府から巨額の補助を得て巨大化していった岩崎弥太郎（三菱）などは，その典型例である。他にも政府から仕事（御用商売）をもらおうとして，精力的に政府との接触を試みる者が多く出現してくることになる。江戸時代から幕府あるいは藩のような政治権力に事業を任されるような商人は，御用達とか御用商人などと呼ばれてきたが，明治期に入ってもそれは変わらなかったのである。

　本節では御用商売に従事することによって，維新期の危機を乗り越えて近代

最大の財閥に成長していく三井家を事例に，同家がどのようにしてのし上がっていったのかをみていくことにしよう。

▶ 維新期の三井

三井家の事業は 17 世紀後半にまず呉服商として，次いで金融業務にも進出し，これらを二大事業としていた。江戸時代の三井は，三都（江戸・京都・大坂）に店を構え，幕府の御用達として，近世日本を代表する大商家であったが，幕末に倒幕の気運が高まったときには幕府との関わりを維持しながら倒幕派の薩摩藩にも資金援助を行うなど，いわば二股をかける形で維新期の荒波を乗り越えていった（三井文庫編［1980］, 3-8 頁）。

維新後，財源不足に悩む新政府は三井をはじめとする豪商に資金を拠出させるなどして，彼らの名声と信用力を利用しようとした。特に江戸時代以来の長い歴史を有する三井に対する新政府の期待は大きかった。それは前章でも述べたような商法会所，為替会社・通商会社に三井が必ず関与させられていたことからも推察できよう。しかし政府や世間の三井に対する見方とは裏腹に，維新期の三井は呉服業・両替業の不振によって純資産をほとんど食いつぶし，財務状態はかなり悪化していた（粕谷［2002］，第 1 章）。

明治に入って近代的な金融機構の整備が急がれるなか，政府は当時三井に劣らぬ勢いをみせた豪商小野家に三井家と協力させて共同で銀行を設立させようとした。だが上記のような三井を放置してその呉服商売が破綻すれば，その災厄は金融業にも及びかねない。これを懸念した政府，特に金融業に関係する大蔵省の高官であった井上馨などが介入する形で，三井家は世間に対して呉服商売を切り離す体裁をとった。

表向き呉服店を分離した後，同家は政府の介入を受けながら金融業を主業としていくことになり，1873（明治 6）年には上記の小野家と共同で第一国立銀行を創設した。前年に公布された国立銀行条例に依拠して設けられた最初の銀行であったが，実は三井も小野も共同ではなく単独での銀行開業を望んでいた。だが政府・大蔵省からの強い指導があったため，やむを得ず共同での開業となったのである。ところが翌 74 年に小野家が突然，経営破綻するという一大事が起こり，経済界は大混乱に陥ってしまう。

三井と小野は政府からの指示で第一国立銀行を設立させられただけではなく，

各府県と政府・大蔵省（東京）との送金や府県内での貸付業務などに従事する府県為替方という業務を任されていた。政府は三井と小野の他に，同じく豪商であった島田家にもこの業務を任せていたが，その際これら豪商には政府公金を預かり金として管理させることになるため，いずれの商家からも預かり金額の3分の1の抵当を政府にあらかじめ差し出させることになっていた。ところが1874年10月になって政府は急遽この抵当を預かり金の3分の1ではなく，預かり金と同額差し入れるよう命令した（抵当増額令）。

政府がこのような増額令を突然発した理由については，府県為替方業務を任されていた小野などの公金取扱いが放漫であったため政府がお灸を据えたとか，あるいは当時，政府と清国との間での台湾出兵の事後交渉が決裂しそうな雰囲気の中で，日清開戦を意識した政府が戦費調達の意味合いから増額令を出したなど諸説がある。ともかく，この増額令に三井，小野，島田などは急遽対応する必要に迫られることになり，それぞれ金策に奔走した。だが小野と島田は抵当を差し入れることができずに閉店に追い込まれてしまう。三井はなんとか横浜駐在のイギリス系銀行オリエンタル・バンクに交渉して融資を受けることができ，抵当差し入れに成功した。三井に対しては，政府高官の井上馨などが抵当増額令の出される前に情報を漏らしていた可能性があるとされる（石井[1993]，359頁；石井[1999]，第2章；安岡[1990]，29頁）。

▶ 三井銀行の開業

抵当増額令の難局を乗り切った三井は，小野が瓦解したのちの第一国立銀行の株式の過半を掌握したものの，その経営権は総監役（のち頭取）に就任した元大蔵省役人の渋沢栄一やその関係者に徐々に譲渡した。そして1876年に日本初の私立銀行である三井銀行を開業させ，念願の三井単独による銀行経営に乗り出す一方，政府はこの三井銀行に官金出納業務を任せ，金融政策の中心に据えていった（山口[1989]，第7章）。

三井はこの三井銀行を主業としていく過程で，米穀などの商品流通に携わる必要性が生じた。三井は府県為替方の業務に関連していくつかの府県で金融や出納業務に従事しており，それは1874年に設けられた三井組国産方（みついぐみこくさんかた）という組織と，全国各地に設けられたその支店によって担われるようになっていた。この動きは明治政府が当時推し進めていた地租改正という税制の大改変と密接に

関係している。従来は年貢米として物納であったものが，前年に政府から出された地租改正条例に基づき各府県では金納による納税に切り替えられていき，そこで各地の農民は米穀を換金する必要が生じた。また政府は米価維持や正貨（金銀貨）獲得の目的から自ら市場の米穀を買い付け，その海外輸出を模索し始めていた。政府の方針に応じて三井組国産方は76年3月に輸出掛（ゆしゅつがかり）という部署を設け，政府が買い入れた米穀などの産品をイギリスに輸出する業務に従事し始めた。当時，大蔵卿の地位にあった大隈重信が，三井組の番頭三野村利左衛門（みのむらりざえもん）に「当てになる者を相手にしなければ困る，信用の出来る者に政府の用をやらせなければ何も出来ん，三井が商売をやってくれまいか」と語ったという逸話は，三井が金融政策や税制改革などの施策でいかに政府から頼りにされていたかを示している（長井［1989］，117頁）。

　一方，三井組国産方が活動を始めたのと同じ1874年に，全く別のところで先収会社という商事会社が創業していた。この会社は先にも名前の出てきた井上馨が政府を辞したのちに設けた会社で，井上を兄貴分として慕っていた大蔵省官吏の益田孝も井上を追って下野し，この先収会社の東京店に勤務していた。同社は米取引や陸軍への銃などの納入に従事し，業績は良好であった。しかし76年に入ると井上馨が政府に復帰する話が持ち上がり，この先収会社は解散することになった。だが東京店を取り仕切っていた益田孝らの才能が埋没するのを惜しんだ大蔵卿の大隈重信と三井組の三野村利左衛門は益田を説得して三井で商事会社を経営するよう説得し，これを受けて同年に三井物産会社が開業した。三井銀行も三井物産も開業日は同じ76年7月1日とされた。

▶ 三井物産の開業

　政府がまず三井物産に期待したのは，特に地租改正事業を進めるのに必要とされる，国内での米穀買付け業務である。三井物産は前身としての先収会社時代に従事したラシャ（毛織物）や武器類を欧米から輸入して陸軍に納入する業務や，あるいは先収会社トップの位置にあった井上馨の郷里である山口県から輸送されてくる米穀の販売業務も一部継承した。井上は政府に復帰した後も相変わらず益田孝を背後から支え続けたから，三井物産は大きな恩恵を被ることになった。例えば井上と同じ長州出身で井上と昵懇（じっこん）の仲にあった伊藤博文はこの時，工部卿の地位にあった。当時工部省は福岡県の官営三池炭鉱を管轄して

第5章　近代的商業経営の成立　93

おり，この三池炭鉱の石炭販売業務を伊藤は三井物産に任せた。三井物産は後にはこの三池炭販売業務から巨額の利益を得ることになる。

　創業期の三井物産は一部民間との取引もあったが，政府から任されての売買業務（御用商売）を中心に大きな利益を得ていた。政府は三井物産に米穀や石炭の売買業務などを委託したのみならず，海外への支店設置をも求めた。それには次節で述べる商権回復運動の一環としての意味合いがあった。三井物産は政府からの強い要請を受けて創業翌年の1877年から79年にかけて，当時の世界貿易の中心都市ともいうべき上海，パリ，ニューヨーク，ロンドンへ立て続けに支店を設けた。

　上海支店については，すでに述べた通り開業直後の三井物産に工部省所管の三池炭鉱の石炭販売が任されたが，政府は正貨獲得を目的として，その販売先を清国にまで拡大することを目論んだことが開設の契機となった。政府は明治初期から紙幣を乱発したために紙幣価値が低落していた。紙幣価値を回復させるためには市場にあふれた紙幣を政府が税などの形で回収するとともに，国庫に正貨を備蓄していく必要があった。そこで政府は官営事業である三池炭鉱の石炭をはじめとする日本産品を清国に売り込むことを目論んだのであった。

　一方，欧米方面についても政府から三井物産へ出店要請があったが，こちらは政府が三井物産に海外荷為替の資金を融資し，その業務を委託したことが支店開設に向けての大きな契機となった。1878年開催のパリ万国博覧会への参加を決定した明治政府は，出品業務を三井物産に委託するとともにパリへの出店を要請した。三井物産の益田孝はパリでの支店維持の困難を訴え，政府から何らかの保護が付与されるよう請願した。これに対して政府は官営富岡製糸所で生産される生糸の一手販売権，ならびに海外荷為替のための資金を年額30万円まで無利子で三井物産に融資し，それらの業務によって得られる利益をパリ支店の維持に当てるよう指示した。政府にとっては三井物産に紙幣を融資し，海外では現地通貨（正貨）で回収できるというメリットがあったためであるが，これを受けて三井物産は，一時的に海外荷為替業務に従事することになった。ニューヨーク支店開設についてもこの海外荷為替業務と関連しており，同店は79年に発足した。

　ロンドン支店については，三井物産開業の翌年1877年にヨーロッパのビジネスの中心地であるイギリス・ロンドンに，益田孝の旧知の友であるアメリカ

人ロバート・W・アルウィンが派遣されて，彼に代理店を開設させていた。アルウィンはロンドンで日本向けのラシャや武器類の買付け，あるいは日本から送られてきた明治政府の米穀を販売する業務に従事した。このアルウィンの代理店を継承する形で，日本人駐在員を支配人として正式に79年にロンドン支店の開設に至ったのだが，この支店開設の背後にも明治政府からの要請があった。

このように三井物産は，開業後約3年のうちに立て続けに海外主要市場に支店を展開したが，それはいずれも明治政府の意向を色濃く反映したものであった。だが上海支店を除けばそれらの支店の業績は芳しいものではなく，ニューヨーク，パリの支店はいずれも1880年代には閉鎖されてしまう（後に再開される）。しかし閉鎖されることなくそのまま継続された上海，ロンドン両支店は，明治中期に大きく進展する日本の工業化を陰で支えていくことになる。

日本の工業化を先導したのは綿糸紡績業であるが，三井物産ロンドン支店は当時最新鋭のイギリス製紡績機械を日本にもたらし，また上海支店は綿糸の原料となる清国産綿花を日本にもたらした。そうして日本で生産された綿糸や綿織物という綿製品は上海支店などを通じてアジア市場に輸出される。三井物産は明治政府から任される業務に安住するだけではなく，近代的な綿工業を日本国内で勃興させる組織者として行動したのである。ロンドン，上海の両支店は明治期における三井物産のヨーロッパ，アジア市場での活動の中心拠点となり，明治後期に三井物産が総合商社としての体裁をとっていくことに大きな意義を有した（木山［2009］）。

▶ 三池炭鉱の落札

三井物産は社名に三井を冠しているが，1876年の開業当初は三井家と無関係とされた。よって三井家は同社に出資することはなく，三井物産は三井銀行から融資を受けるだけであった。それは1872年に呉服店を三井家から分離させたのと同様の理由からである。76年の時点では国内商業および貿易業に従事するものとされた三井物産の経営が軌道に乗るという保証はなく，それゆえ三井物産が破綻した場合，その災いが三井家の主業としての三井銀行に及ぶことが懸念されたのである。

三井物産は大蔵省の期待に応えて，開業後すぐに国内での米穀買付けや輸出

に従事し、また業務内容が重複する上述の三井組国産方を開業後4カ月余り後に合併した。さらに開業直後から、工部省から官営三池炭鉱の石炭取扱業務を任されている。これはそれ以後の三井物産のみならず、三井家事業全体に重要な意味合いを持つことになる。

三井物産にとっては開業当初、米穀取扱業務から上がる利益が特に大きかったが、石炭取扱業務からの利益も徐々に増加した。明治時代半ばの1888 (明治21) 年に官営三池炭鉱が民間に払い下げられることになった際、三井物産にとってはこのドル箱ともいえる三池炭鉱が他人の手に渡ってはこの炭鉱関連の利益がすべて無になりかねず、それゆえ三井銀行からも巨額資金を借り入れながらこの三池炭鉱の落札に必死になった。三井以外では三菱が同炭鉱の落札を企てたが、三井の入札額が455万5000円、三菱のそれが455万2700円と、わずか2300円の差で三井側が落札に成功した。三池炭鉱が官営であった頃、そこから上がる年間収益が約20万円という時代の落札額が455万円超なのだから、三井がいかに巨費を投じてこの炭鉱を落札したかがわかるであろう。また三菱との入札額の差が2300円というのも人々の注目を集めた。

三池炭鉱を落札した三井では、1892年設立の三井鉱山という会社がこの炭鉱を含めて三井が所有していた他の鉱山をもまとめて鉱山経営に従事することになるが、以後も三池炭鉱は三井にとって重要な鉱山であり続けた。また同じ1892年には従来、表向き三井家とは無関係であるように装われていた三井物産と三越呉服店が、三井家の事業に組み込まれることになった。これには1891年から予定されていた商法施行を見越しての動き、すなわち、商法の施行によって三井物産や三越呉服店を三井同族家が有限責任的に所有できる見込みがたったことが直接的には影響していたが（実際には会社法関連の施行は93年にずれ込んだ）、間接的には三越呉服店の業績向上、さらには87年前後から御用商売の減少によって運用資産の欠乏に悩んだ三井物産における経営改革の必要性なども影響していた（三井文庫編［1980］、435, 505-521頁；三井八郎右衛門高棟伝編纂委員会編［1988］、181-182頁）。

三井家事業として回収された後の三井物産は、三井銀行、三井鉱山と並ぶ三大会社として、戦前期三井財閥の中核的企業となっていく。

コラム 5　商法制定以前の無限責任回避策

　日本で商法が公布されたのは 1890（明治 23）年である。そこでは株式会社に関しては全社員（全出資者）の有限責任も明記され，翌 91 年 1 月からの施行が予定されていた。しかし，これは慣行を無視して西洋に追随するものとして政府部内，法学界，財界などから反発が出て施行は延期された。そして 93 年 7 月には商法のうち会社，手形及び小切手，破産の部分が一部修正されてようやく施行された。これをもって国立銀行や日本銀行のような政府が個別に認めた会社以外の株式会社についても免許主義ながら有限責任が認められることになった（高村［1996］，172-174 頁）。逆にいうとこれ以前には政府の認定を受けない場合，全出資者の有限責任は成立していなかったのである。だがある程度の規模に達した商人たちの中には，法律で有限責任が認定されていなくても無限責任を回避しようと努めていたと思われる事例が存在する。

　例えば三井家では，1872 年に三越家という架空の家を設定し，これに従来三井家が従事してきた呉服商売を譲渡するという形をとって呉服商売を分離した。本章で述べたように維新期の三井は江戸時代から続く祖業である呉服業が極度の不振に陥っていたが，三越家という架空の家を設定して世間に対してはこの三越家が呉服業を営んでいるように振る舞い，その呉服業で起こりうる災いが本業になりつつあった金融業（銀行業）に及ばぬように努めたのである。

　この事例よりさらにさかのぼった時期のものとして，1813（文化 10）年には近江商人の稲本利右衛門と西村重兵衛が共同で稲西屋勝太郎（稲西商店）という架空人（店名前）を設定——それぞれの頭文字を一文字ずつとって屋号とした——して大坂で呉服店を営んでいる事例があるし，1838（天保 9）年には同じく近江商人の藤野嘉兵衛ほか 3 家が共同で近江屋惣兵衛という架空人による店名前（商標）を設けて，蝦夷地エトロフ島の開発事業に従事した例がある（安岡［1998］，18 頁）。後者の近江屋のほうは 1844（弘化元）年まで営業を続けたが，稲西屋のほうはその後も長らく営業していた。また明治期の事例としては，1869（明治 2）年には福沢諭吉の弟子，早矢仕有的らが丸家善八という架空人を設定して，丸善なる舶来品輸入商を開業した例がある（丸善株式会社［1980］，36 頁）。

　このような架空の家や人を設定し，それが営業しているように振る舞ったからとて三越や稲西屋，丸善は実際には経営破綻したわけでもないし，仮にその事業

が破綻したとしても，架空の人物によって経営されていたという理由だけで債権者たちもあっさりと債権放棄に応じたとも思えないが，近代法成立以前の時期に巨額な資金を要する商売に従事する人々が，このような行動をとっていたという事実，あるいは法に拠らずとも店名前を擬人化していたという事実はきわめて興味深い。

2 貿易商社の設立

▶ **商権回復運動**

幕末の開港で横浜などの開港場には外国人が乗り込んできて貿易が始められたが，日本商人は居留地で外国商人（外商）の来航を座して待つのみであった。開港当初はまだ日本人の海外渡航が許されていなかったためである。幕府が千歳丸や健順丸という船を清国の上海に差し向けて通商を試みた例があったが，それも失敗に終わっている。幕府が日本人の「修学および商用」目的での海外渡航を許可するのは1866（慶応2）年である。日本から幕末維新期に商用で海外渡航した者としては，67年に15歳で渡米した佐藤百太郎，68年に佐賀藩が有田焼や高島の石炭など藩内産物を販売するために藩営の佐賀商会上海支店を設置した際（日清間で通商条約が未締結だったので，上海ではオランダ領事の助けを受けた），上海に派遣された販売主任の手塚吾平らが知られるところであるが，これらは限られた事例にすぎない（閻［2009］，第2章；阪田［1996］，96頁；大宅［1921］，180–185頁）。

居留地での日本商人は海外からやってきた外国商人を介してのみ取引をすることができた。そのような貿易のスタイルは前章で述べたように居留地貿易と呼ばれているが，逆に外国商人は条約の規定上居留地に押しとどめられた。とはいえ，このような居留地貿易というやり方は貿易ノウハウの蓄積を有し，また海外の市場情報にも明るい外国商人のほうが，日本商人よりも圧倒的に有利な地位に立つことになった。そこでは外国商人が商品を買い叩いたり，一方的に契約を破談にするような横暴がみられた。居留地での外国商人による横暴な振る舞いは明治期に入ってもとどまることはなく，政府内でもこのような事情を憂い，明治初年に各地に設けられた通商会社に命じて清国の上海に出店させ

ようという案も出されるほどであった（木山［2009］，24頁）。

　江戸時代のいわゆる鎖国体制の中でも長崎への来航と居留が許されていた清国人は，幕末の安政五カ国条約後による開港後は，欧米商人に雇われた形で日本の居留地に来航していたが，1871（明治4）年の日清修好条規締結による清国への開港により，多数の清国商人が日本の居留地に来航することになった。日本商人よりも資金力と組織力でまさる清国商人たちは日本で有利に商売を展開した。日本商人は欧米商人のみならず清国商人からも圧迫を受けることになったのであった。

　外国商人が日本の開港場で有利な地位にあった原因は，日本商人に外国語能力や貿易ノウハウの知識が欠如していたからであろう。また日本人で海外に自ら出て行って貿易に従事しようとする者がほぼ皆無であった状況を受け，1874年の日本の外国貿易での日本商人の取扱比率は輸出で0.6％，輸入で0.3％，輸出入合計で0.4％。77年でも輸出で3.6％，輸入で1.6％，輸出入合計で2.5％であった。この数字が示す通り，貿易のほとんどは外国商人によって担われていたのである（山崎［1987］，159頁）。

　このような居留地での弊害，さらに貿易での日本商人取扱比率の低さという状況の中で外国商人から貿易上の主導権を奪回しようとする，いわゆる商権回復運動が明治前期からにわかに起こってくる。それはまず日本人による貿易商社設立という形で現れた。この場合，商権回復という目的に合致する貿易とは，日本人が自ら海外に赴いて支店を設置し，そこに日本人が駐在して日本と海外市場との間で外国商人には依存せずに日本人自らが貿易活動を進めることであった。

▶ 貿易商社の設立

　商権回復運動の中で，最初に海外支店を設置した貿易商社は大倉組商会である。**表5-1**には前節で述べた三井物産以外の日本商社で，海外支店を設けた主要なものを列挙したが，同表が示す通り大倉組商会をはじめ起立工商会社，広業商会，貿易商会などは，政府要人とのコネクションに支えられて設けられたものである。またこの時期に日本人によって設けられた貿易商社は，ほとんどが東京や横浜に拠点（本店）を置いていた。1868年に開港した神戸にも海外支店を持つ商社があってしかるべきだが，和歌山出身の濱田篤三郎が81年に

第5章　近代的商業経営の成立　　99

表 5-1 明治前期に設けられた主な貿易商社（三井物産以外）

社名（創業年）	初期段階での海外支店設置状況や活動の概略
大倉組商会 （1873 年）	1874 年ロンドン支店，76 年朝鮮・釜山支店，83 年上海支店設置。大倉喜八郎が持つ政府要人との縁故を活かし，軍関係などのさまざまな商品の輸出入に従事。大正期に大倉商事と改称後も営業継続。
起立工商会社 （1874 年）	政府が 1873 年開催のオーストリア・ウィーン博覧会の出展業務を松尾儀助らに委託したのを契機に設立。ニューヨークとパリに支店を設け，主に日本の美術工芸品輸出に従事するも 1891 年頃には経営停止。
広業商会 （1876 年）	北海道の開拓使役人との縁故を活かし，昆布などの北海道産品の対清国輸出を目的に設立。多くの国内店舗と上海，香港に支店を設置して 79 年には清国商人の取扱額を凌駕するも，80 年代後半には経営破綻。
森村組 （1876 年）	森村市左衛門が日本の雑貨類をニューヨークに送り，そこで森村の異母弟である森村豊が販売。1904（明治 37）年に陶磁器生産に進出し日本陶器合名（現ノリタケ）設立。商社部門は森村商事として現在も営業。
貿易商会 （1880 年）	福沢諭吉門下生らが設立。ニューヨーク，ロンドン，ウラジオストック等に支店を設置し，生糸など多様な商品の輸出入に従事。政府内の後ろ盾であった大隈重信失脚後に業績悪化。明治中期に他社に吸収された。
同伸会社 （1880 年）	群馬県の製糸業者らが設立。ニューヨークで新井領一郎が生糸を販売。日本側とニューヨークの新井の間で紛議を生じ，1893 年に新井は新設の横浜生糸合名に関わり同伸会社を退社。新井を失った同伸会社は 1909 年解散。
高田商会 （1881 年）	横浜のドイツ商館勤務の番頭高田慎蔵が 1881 年に自分名義で開業。ロンドンに支店を置き，主に機械類を日本に輸入。明治大正期は機械商社として名を馳せたが，反動不況や関東大震災のため 1925（大正 14）年に破綻。

主に日本の美術品を輸出する丸越組を神戸に設け，ロンドンでは池田清右衛門に業務に当たらせた事例，あるいは維新期に横浜の外国商館モルフ商会に勤務した池田貫兵衛が 1870 年にその支店員として神戸に来たのち，独立の茶商となって 82 年に朝鮮の釜山と元山に支店を設置した事例がある程度である。しかもこれらは商社としては長続きしなかった（河合 [1893]，89-93 頁；神戸貿易協会編 [1968]，69-72 頁）。兼松房次郎が兼松商店のシドニー支店を設置して日豪貿易に乗り出すのは 90 年とやや後のことであるから，神戸を拠点にした日本人貿易商社の動きは関東ほど盛んではなかったということであろう。政府からの補助を引き出すためには，権力の中枢である東京に近いところで商社を設置することが有利であったことが示唆される。

　だが関東系の商社も三井物産のほか表 5-1 にある商社のうち，明治時代を通じて破綻することなく経営が維持されたのは大倉組商会，森村組，高田商会

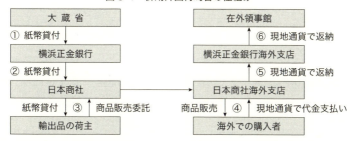

図5-1 御用外国荷為替の仕組み

ぐらいである。また大倉と森村については明治期中頃には商社というよりむしろ土木建築業や生産部門に軸足を移した感があり，明治期に貿易商社の経営を維持していくことはかなり困難であったといえる。

▶ **貿易金融の整備**

開港場で外国商人が主導権を握って日本商人より優位に立っていたのは，商品取引の場面だけのことではない。外国商人との取引で必要となる洋銀など，外貨との両替業務でも外国銀行の優位がみられたのである。これに対抗するために，1880年に横浜正金銀行が開業した。横浜正金銀行は当時大蔵省首脳の大隈重信らの支援を受けながら，福沢諭吉の関係者が中心になって設けられたものである。開業当初は開港場での日本商人への銀貨供給を主な目的としていたが，同年中には日本からの輸出を促すことを目的とする外国為替業務にも乗り出した。これは外国為替業務での外国銀行への依存を低下させるという目的も含んでいたが，横浜正金銀行が明治政府による正貨獲得政策の一環として推し進められた御用外国荷為替といわれる制度に組み込まれていたという側面もあった。

御用外国荷為替の仕組みは次のようなものであった（以下の数字は図5-1の数字に対応）。大蔵省は横浜正金銀行に出資もしていたが，同行に多額の紙幣貸付も行った（①）。横浜正金銀行はその紙幣を日本商社に貸し付け（②），日本商社はこれをもとに，生糸・茶・陶磁器などの輸出品の荷主から輸出の委託を受ける際に荷為替を組んだ。輸出品の荷主にとっては，自らの商品を僻遠の海外市場に送って首尾よく販売できたとしても，その販売代金が日本に届けられる

までには短くても数カ月は覚悟しなければならない。そこで日本商社に輸出委託をする時点で，その販売代価の6〜7割ほどをその商社が立て替えてくれれば，本来は数カ月を覚悟せねばならない販売代金の受取りを待たずとも，運転資金が得られて好都合である。この需要に応じるのが海外荷為替であるが，日本商社は横浜正金銀行から貸し付けられた紙幣を輸出品の荷主に貸与したのである（③）。そしてその商社は自らの海外支店にその商品を輸送して現地で販売し，販売時には現地通貨を受け取る（④）。現地通貨を受け取った商社の海外支店はそれを横浜正金銀行の海外支店に返納し（⑤），さらに横浜正金銀行の海外支店は政府の海外出先機関である在外領事館に現地通貨で返納するのである（⑥）。

これによって紙幣を貸し付けた政府は海外の現地通貨で返納を受けることができ，正貨獲得につながる。また日本商社にとっても荷為替サービスを行うことによって輸出品の荷主を自らの顧客として誘引することができる。商権回復の観点からみてもこれは外国商人への依存を減らすことにつながったのである。

3 近代的商業システムの整備

▶ 商法会議所

明治に入って新しいタイプの商人たちが台頭してくると，その上層部の者たちは政府の政策の中に自分たちの利害を反映させるべく商人たちの団体を結成しようとした。最も体系的で組織だっていたのは1878（明治11）年に設立された東京商法会議所であろう。その構成メンバー（議員）は東京府に居住する農工商の関係業者とされたが，ほとんどは商業関係者で発足当初のメンバーは51名であった。本書ですでにふれた渋沢栄一や益田孝，大倉喜八郎などはその主要メンバーであり，三菱の岩崎弥太郎や起立工商会社の松尾儀助なども名を連ねた。「相応の家産」の所有者が条件であったから，当初は小規模な商人には無関係な組織だったといってよい。この会議所には内務省から年間1000円という保護金が与えられ，また東京府からも家屋が下付された。

東京に続いて大阪でも同年中に五代友厚を中心に商法会議所が組織され，団体結成の動きは各地に伝播していき，それらは中央・地方レベル双方での政策決定への働きかけを積極的に行った。政府も経済政策の遂行上，各地の商法会

議所に諮問し答申を求めた。

　だが東京の場合，1881年後半頃から一部の上層商工業者と一般の商人たちの間に乖離が生じ，政府からの保護金が廃止されたこともあって商法会議所は存在意義を失っていくようになる。そこで新たに83年にその会員資格を，同業組合と会社の代表者とする東京商工会に組織替えされることになった。大阪の場合はすでに商業仲間の総代が議員に選ばれていたので東京のような対立はなかったが，ここでも同業組合の代表者や商人仲間の総代などが商法会議所で一定の発言権を持つようになっていくのである（山口［1963］，第9章；三和［2002］，第1章）。

▶ 同業組合

　江戸時代の商工業界で秩序の維持に大きな役割を果たした株仲間には，独占・権益擁護・調整・信用保持の各機能があったといわれている。その株仲間に対しては維新後ただちに解放政策がとられたものの，それは不徹底なもので貫徹しなかった。この時の株仲間解放政策は株仲間の機能のうち，特に独占機能や権益擁護機能を排除しようというものであったが，同時に近世の株仲間が有した調整機能，信用維持機能も排除され，解放以前に保たれた業界秩序が混乱に転じる例が頻出し，また粗製濫造という問題も生じた。そこで株仲間再興の動きが起こってくる。すなわち卸売商など旧来の有力業者たちが，株仲間の本来持っていた調整機能や信用保持機能を求め，新規参入業者をも強制加入させて管理下に置けるような組織を設けようと努めたのであって，京都などでみられたように1880年以降，商法会議所を改組した商工会議所や府県当局に対する働きかけの動きが高まりをみせた。そして中央政府レベルでは1884年に農商務省が同業組合準則を定め，各府県にこれを通達した。これにより一定地域の同業者3分の2以上が同業組合結成に同意した場合には，これに同意しない同業者も強制的に組合に加入させられることになった。だがこの準則では非加入者へは罰則が課せられなかったため，市場秩序の維持は不十分なものに終わった。

　同業組合への強制加入は「営業の自由」の理念と真っ向から対立しうるものであり，政府はその理念を否定しかねない組合不加入者への罰則規定制定に慎重であった。だが卸売商などの有力業者らは同業者間での賃金規制，雇用規制，

価格規制，品質規制等を求め，そのためにも同業組合への強制加入を強化しようとする動きをとどめることはなく，ここに日清戦後経営策において輸出増進がめざされる雰囲気の中，1897年に重要輸出品同業組合法が国法として制定されるに至った。

　同法はわずか3年後の1900年には重要物産同業組合法に改められたが，一連の同業組合法制定によって同業組合は，同一地域内で同業者に加入を強制する法人組織となった。これは江戸時代の株仲間がそのまま復活したことを意味するものではない。江戸時代の株仲間は商人仲間と職人仲間に分かれていたが，いまや同業組合は同一業種に属する商工業者すべてを強制加入させるものとなったのである。先に卸売商という語を用いたが，江戸時代には手数料商人である問屋と，問屋から商品を買い取って小売商に販売する差益商人たる仲買には明確な区別があった。だが明治期になると，問屋と仲買の区別があいまいになり，両者の機能を併せ持つ卸売商が現れることになった。そして，ついには問屋業は差益商人を意味し，仲買業は手数料商人を指すようになり，江戸時代に比して問屋と仲買の概念が全く逆になってしまったということには注意が必要であろう。近世来の問屋，また明治期に台頭した問屋をも網羅した卸売商らの強い働きかけもあって制定された同業組合法により成立した同業組合は，同一地域で同一産業に属する工業者や小売商をも強制加入せしめることとなり，彼らに対して優位な立場にあった卸売商・問屋にとって同業組合は問屋資本の存在を補強するものであったともいわれている。問屋が同一産業の工業者，小売商に対して優位な位置に立つという一般的な状況は，この後，昭和戦前期まで続いていく（藤田［1995］，第1-2章）。

▶ **問屋組織の再編**

　江戸時代の大坂には各藩で徴収された領主米（年貢米）が大量に廻送されたが，領主米以外に商人によって積み送られる分もあった。江戸の市場にも仙台藩のように大量に領主米を積み送る藩もあったが，江戸は大坂ほど領主米の比重は高くなかったといわれている。しかし，明治期の地租金納化によって地方から東京や大阪への領主米輸送は消滅することとなったが，大消費市場への米の供給については，領主層のような政治権力ではなく商人によって供給される必要があった。このような変革期において，新たな問屋組織はどのように形成

されたのだろうか。

　幕末維新期に江戸に入ってくる米のうち，領主米ではなく商人によって供給された分についてみると，主に関東一円からもたらされる地廻米（じまわりまい）および奥州米は，地廻米問屋とその地廻米問屋から文政期に分離した関東米穀三組問屋によってもたらされ，東海道筋の遠国米は下り米問屋によってもたらされるというふうに，大まかには3種の問屋によって供給されていた。それが維新後の株仲間解放政策により米問屋業でも新規参入が可能となり，問屋組織内では大いに混乱を来した。

　維新後の東京での問屋組織再編の動きは，第4章で述べた商法会所や通商会社などの組織化の中にもうかがえるが，それらはあまり軌道に乗ることもなく，その後，下り米問屋の系譜を引く問屋たちは廻米問屋（かいまい）として再編されていく。東京での米消費増加の中で遠国米を大量に東京に供給する流通機構整備の必要性を感じた政府は，有力商人に東京への廻米に従事するよう依頼した。これに応じて1874年には渋沢栄一の従兄弟・渋沢喜作が廻米問屋を開き，これに続いて76年に三井物産を開業した益田孝も開業早々から廻米業務に従事した。また近世来の下り米問屋で干鰯問屋も経営していた久住五左衛門，幕末期に関東米穀三組問屋であった奥三郎兵衛，味噌問屋を兼営した中村清蔵なども廻米業務に従事した。

　このうち三井物産はすでに述べたように，その前身ともいうべき先収会社時代に山口県産の米を大量に扱っていた経験があり，また先収会社東京本店も東北米の取扱いに積極的であったことが三井物産開業後も引き継がれた形となっている。三井物産を含めてこれらの有力廻米問屋は深川に活動の拠点を置き，1880年代には東京市中の米取扱業者の中で台頭した。

　一方かつての地廻米問屋の系譜を引く問屋たちは関東近県の地廻米を買い入れ，あるいは下り米問屋の系譜を引く廻米問屋から遠国米を仕入れるなどしてこれらを直接小売商に販売する米穀問屋へと整理されていき，明治前期には東京へ米を供給する問屋は，米穀問屋と廻米問屋に二分されるようになっていく。

　問屋を中心とした流通機構の組織化で先行したのは米穀問屋のほうで，1879（明治12）年に東京市中の米穀問屋以下，仲買，小売商がそれぞれ分業して米穀三業組合として認可を受け，それぞれの業務範囲を明確化し，問屋→仲買→小売商という経路を乱さないことが確認されたが，仲買の中には問屋を兼ねる

ものもいたという。85年にこの三業組合は解散し、同業組合準則に則って再編され、米穀問屋組合と白米商組合に分かれた。この時期、米穀問屋組合は従来の地廻米・奥州米に加え、関西方面の遠国米集荷にも進出し始めたが、廻米問屋と比較すると遠国米産地との結びつきが弱く、また資金力でも劣っていた。

他方、廻米問屋のほうでは、渋沢喜作・益田孝（三井物産）や久住・奥・中村らが発起人となり、他の廻米問屋18名を糾合して1883年に東京廻米問屋仲間を発足させ、85年には同業組合準則による東京廻米問屋組合に改組した。このように東京市場では85年段階で同業組合準則による廻米問屋組合、米穀問屋組合、白米商組合が出そろった。これら3組合への再編の背景には、明治期に入って断行された地租金納化を契機に、江戸期においては年貢米の品質管理はもっぱら領主層が行っていたものが、その担い手が生産者自らに移行して空洞化したこともあって産米の粗悪化という事態に直面していたことと、政府の指導があったといえる（大豆生田[2004]）。

廻米問屋組合に所属した三井物産は、明治前半期においては外国貿易業務のみならず国内商業に従事する度合いが高く、上記の米穀以外にも肥料の取扱いを進めるに際し東京肥料問屋組合に加入し、また塩の取扱いでも問屋として営業に従事した（宮川編[1888]、59頁）。一方、江戸時代に荷受問屋の仕組みが非常に発達した大阪については、1880年代には荷受問屋は一番組（松前）、二番組（薩摩）、三番組（土佐）、諸国組の4組に改組されていたが、三井物産大阪支店は北海道産の魚肥などを大阪に移入して販売するに際し、かつての松前問屋が組織した上記の荷受問屋一番組に加入して事業を進めた（中西[1998]、254頁）。

大阪に向けて商品を出荷する側に視点を置くと、例えば鹿児島県では旧藩政期に生産方と称した藩専売管轄部署が廃藩後に国産会社として組織され、さらに1873年には生産会社、大島商社などに改組された。そして黒砂糖などの鹿児島県産物は、従来通り大阪や東京に出荷された。旧藩期から特に多くの品物の出荷先であった大阪では、領主的商品（蔵物）の系統は大阪砂糖会社や共立砂糖会社が販売を担当したが、彼らは本問屋と称された。また納屋物の系統は上述の荷受問屋二番組によって荷受けされ売り捌かれた（宮本[1971]、283、329頁）。

このようにいったん解散させられたはずの株仲間とその中心的存在であった

と目される問屋仲間は，仲間解放令が出されたからといってただちに解体されたわけではなく，ほどなく問屋の組合が結成されたのであり，旧来の流通ルートがすぐさま劇的に変化したわけでもない。また三井物産のような新興業者もこれらの組合と無縁ではいられなかったのである。

▶ **商業学校の創設**──慶應義塾と商法講習所

　明治期には，江戸時代の商人の知識だけでは対応できないような業種が次々と誕生した。貿易業などは外国語を話すことができ，また貿易実務をこなせる人材を必要としたし，また銀行業なども江戸時代の両替商のスタイルとは異なる西洋式の簿記法を知る人材を必要とした。ただ江戸時代に発達した為替や手形に関する両替商のノウハウは，先進的なイギリスの銀行の仕組みと本質的に変わるところがなく，だからこそほとんどすべての金融業務について西洋のものが比較的容易に日本人に受容されたともいわれている。江戸時代の大商家の中には独自に複式簿記の原理を用いた帳簿組織を採用していたケースもあったから，江戸時代に蓄積された商業知識が全く無駄であったわけではない（玉置[1994]，4-5頁）。

　幕末に福沢諭吉が開いた慶應義塾は，当初蘭学塾として発足したが，日本で最も早い時期に経済学を講じ，また福沢が1873（明治6）年にアメリカの簿記書を翻訳して『帳合之法』として出版したことなどに示されるように実学志向が強かった。福沢が卒業生に実業界入りを勧めたこともあって，慶應義塾は銀行・商社・新聞社・鉄道会社・メーカーなど新たな時代を象徴するような企業に多くの人材を送り込んだ。

　また1875年には，外務省の官吏などを歴任した森有礼が私塾として商法講習所を設けている。これは現在の一橋大学の原点とされるものであるが，発足当初は東京・銀座の鯛味噌屋の2階に設けられた小規模なもので，当時アメリカで流行していたチェーンストアのような連鎖式のビジネス・スクールをモデルとする気軽なものであった。商法講習所の運営には慶應義塾の福沢諭吉も協力を惜しまなかった。商法講習所はまもなくして東京府，さらには農商務省の所管となり，東京商業学校→高等商業学校→東京高等商業学校と改組されていく。東京商業学校から高等商業学校に改組された87年頃には，より高度な商業教育をめざしてベルギー・アントワープの高等商業学校をモデルにするよう

になり，以後，日本の高等商業教育の殿堂として君臨していくことになる。

ただ明治前期の段階においては，慶應義塾では12～16歳の者にも入塾を許可しており，後に鐘紡の経営者となる武藤山治のように1884年に17歳で本科を卒業しているような事例もある。当初，生徒年齢の制限を定めていなかった商法講習所も，開校翌年の1876年に入学者年齢を15歳以上と定めていたから，これら両校は最初から高等教育のみを施していたのではなく，現在の大学生よりも低い年齢層にも開かれた存在であったといえる（慶應義塾［1958］，341頁；作道・江藤編［1975］，59-61頁）。

▶ **物流網の整備**——海運と鉄道

明治期の遠距離物流では，鉄道よりもまずは海運網の拡大が先行した。蒸気船は文明開化の象徴であり，土佐藩藩営の海運事業を引き継いだ岩崎弥太郎の三菱が，明治期の早い段階から明治政府の助成を受けながら北海道，東北，北陸地方と横浜，神戸間を結ぶ航路を開設し，さらに上海まで航路を拡大して日本沿海に進出してきていた欧米の海運企業との競争に打ち勝ち，それらの駆逐に成功した。三菱が外国の汽船会社を追い払うと，三井物産などは三菱の独占状態に悩まされるようになったことから，渋沢栄一らと協力の上，三菱に対抗するべく地方の海運業者を糾合し，1882年には共同運輸会社を設立した。この共同運輸会社と三菱の競争は両社によるダンピング合戦が熾烈を極めたが，最終的には政府の調停によって85年に両社は合併して日本郵船会社が設けられた。これにより三菱はいったんは海運から撤退し（後年，再び日本郵船の経営権は三菱に掌握されていくことになる），鉱山や造船所の経営に軸足を移していく。

西日本では1884年には住友総理事の広瀬宰平が頭取（社長）となって西日本の船主を束ねる形で大阪商船会社が設けられ，同社の汽船が大阪と西日本各地を結んだ。明治の前半期には大型汽船が停泊できる港湾は限られていたから，大型汽船が出入りする港湾と大型汽船が入れない港湾の間では帆船が活躍する余地が残されていた（桜井・中西編［2002］，282頁）。

一方，第4章で述べた日本鉄道会社の一部開業による経済的効果は，いち早く世間の関心を集めることになり，明治10年代後半には各地で次々と私設の鉄道会社が設立された。そのような鉄道ブームは同時期の紡績会社設立ブームと並んで，松方デフレ政策期以後の企業勃興と呼ばれる現象を引き起こすこと

図5-2 1900（明治33）年の鉄道路線図

（出所）野田ほか編［1986］，393頁。

になるが，このブームは1890年恐慌まで続く（第1次鉄道熱）。この第1次鉄道熱の過程では，日本鉄道と並んで五大私設鉄道と呼ばれる北海道炭礦鉄道，関西鉄道，山陽鉄道，九州鉄道が設立され，他にも両毛，水戸，甲武，参宮，大阪，讃岐，筑豊興業などの私設鉄道も設けられた。また第1次鉄道熱末期の1889年には，官設の東海道線が全通して東京（新橋）-神戸間を最速で約20時間で結ぶことになり，それまで東京と関西の間の貨物・旅客輸送を担っていた日本郵船会社から顧客を奪っていった。

第1次鉄道熱は日本初の資本主義恐慌と呼ばれる1890年の恐慌でいったん終息するが，94年に勃発する日清戦争の前には再び第2次鉄道熱と呼ばれる鉄道会社設立ブームが到来する。だがそれも97年および1900年の恐慌で終息する（野田ほか編［1986］，45，70頁）。

図5-2はこの第2次鉄道熱終息直後1900年の官設・私設を合わせた鉄道路線網を示したものだが，日本海側や四国の大部分，九州の南半分などにはいまだ鉄道網が及んでいないものの，青森から山口までが鉄道網で結ばれているこ

第5章 近代的商業経営の成立　109

と、また私設鉄道の合計営業距離が官設を上回っていたことが確認できよう。官設と私設、あるいは異なる鉄道会社間であっても駅の相互利用や相互乗り入れによって、一度貨車に荷積みすれば目的地まで積み替える必要のない、いわゆる「連帯輸送」が可能となり、物流は劇的に変わっていく。

　ところで日本では明治初期の鉄道草創期から軍事輸送のことなども考慮して、鉄道は官設であるべきという意見が根強かったが、財政的な事情などのため一部の路線のみが官設で、営業距離の大半は私設鉄道であった。私設鉄道は上述のようなブームに乗って次々と設けられたが、すべての鉄道会社の経営状態が良好だったわけではない。業績の悪い鉄道会社の株主や財界は、「連帯輸送」の例などを挙げながら統一的な鉄道経営のメリットを指摘し、しばしば政府が私鉄を買い上げるよう要望していた。日露戦争の後には朝鮮や「満州」(現・中国東北部)への日本の権益が拡大したから、日本国内の統一的な鉄道網および大陸や朝鮮での鉄道整備と日本国内との連絡を考慮して、鉄道国有化論が財界から強く押し出された。それがもともと存在した軍事的な要請と合流して、1906年にはついに鉄道国有法が制定され、同年10月から07年10月にかけて大手のみならず、短距離のものも含んだ私設鉄道17社を政府が買い上げ国有化する鉄道国有化が実施された。

　これ以後、官設鉄道は国有鉄道(国鉄)と呼ばれるようになり、国鉄は日本国内の鉄道営業距離の9割を占めるようになった。そしてこのような鉄道網の拡大は、地方と東京・大阪などの都市部間の物流を大きく様変わりさせていくのであった(野田ほか編 [1986]、110-114、121頁)。

▶ **新たな小売業態——勧工場**

　政府は産業振興のために、1877(明治10)年に第1回の内国勧業博覧会を東京・上野で開催した。博覧会の開催期間は3ヵ月程度で種々の物品が展示され、また即売会としての意味合いもあったが、ここで生じた売れ残り品を売り捌くために同年末には、政府から許可を得た上で東京府が主体となって勧工場が設けられることになった。そして翌78年1月に東京府が土地、建物を提供する形で麹町に勧工場が開かれた。これは東京府がいわばデベロッパーとして店舗を用意し、ここに個々の小売業者がテナントとして入って商業活動を営むというものであった。

本来ここでは博覧会での売れ残り品を販売するはずであったが、新たな出品も許可された。出品人は起立工商会社の頭取（社長）松尾儀助と当時三井家から分離されていた呉服店の三越得右衛門を双璧とし、他にも市中の老舗商人ら合計30人が名を連ねた。その勧工場では陶器、筆墨、紙、書籍、喫煙具から台所用品、日用品まで一通りの家庭用品が販売された。生活雑貨が中心で生鮮食料品が扱われていないということから、のちの公設小売市場や商店街と比べると庶民の日常生活への浸透度は、はるかに低いものではあった。だが、勧工場では正札販売を行うよう定められていたから、買い物客は店員と価格を交渉する必要はなく、また価格も一般的な小売商で買うよりも廉価であったという。ここに1つの建物の中で、一般市民が生活雑貨類を廉価に現金販売で購入する機会をはじめて得ることになった。

　だがこの勧工場は全額が東京府の負担で成り立っており、そのような負担を続けられるはずはない。また勧工場の外の商人との不平等性も問題となった。東京府による公営という形でのこの最初の勧工場の歴史はわずか1年半にすぎなかったが、以後民営化されていき、東京府では民営の勧工場が簇生していくことになる。さらにこのような動きは東京以外の大阪などにも伝播し、勧工場はまさに近代都市の象徴的存在となっていった。それゆえ1877年に東京で最初に設けられた勧工場は商業史上、重要な位置を占めたといってよい（田中［2003］、第1-2章）。

📖 **参 考 文 献**

石井寛治［1993］『開国と維新——大系　日本の歴史〈12〉』小学館。
石井寛治［1999］『近代日本金融史序説』東京大学出版会。
閻立［2009］『清末中国の対日政策と日本語認識——朝貢と条約のはざまで』東方書店。
大豆生田稔［2004］「米穀流通の再編と商人」高村直助編『明治前期の日本経済——資本主義への道』日本経済評論社、所収。
大宅経三［1921］『肥前陶窯の新研究（上）』田中平安堂。
柏谷誠［2002］『豪商の明治——三井家の家業再編過程の分析』名古屋大学出版会。
河合寿造［1893］『日本新立志篇』偉業館。
木山実［2009］『近代日本と三井物産——総合商社の起源』ミネルヴァ書房。
慶應義塾［1958］『慶應義塾百年史（上巻）』慶應義塾。
神戸貿易協会編［1968］『神戸貿易協会史——神戸貿易100年のあゆみ』神戸貿易協会。
阪田安雄［1996］『明治日米貿易事始——直輸の志士・新井領一郎とその時代』東京堂出版。

作道好男・江藤武人編［1975］『一橋大学百年史』財界評論新社。
桜井英治・中西聡編［2002］『流通経済史 新体系日本史12』山川出版社。
高村直助［1996］『会社の誕生』吉川弘文館。
田中政治［2003］『新訂 勧工場考』田中経営研究所。
玉置紀夫［1994］『日本金融史――安政の開国から高度成長前夜まで』有斐閣。
長井実編［1989］『自叙益田孝翁伝』中央公論社。
中西聡［1998］『近世・近代日本の市場構造――「松前鯡」肥料取引の研究』東京大学出版会。
野田正穂・原田勝正・青木栄一・老川慶喜編［1986］『日本の鉄道――成立と展開』日本経済評論社。
藤田貞一郎［1995］『近代日本同業組合史論』清文堂出版。
丸善株式会社［1980］『丸善百年史――日本近代化のあゆみと共に』上巻，丸善。
三井八郎右衛門高棟伝編纂委員会編［1988］『三井八郎右衛門高棟伝』東京大学出版会。
三井文庫編［1980］『三井事業史（本篇第2巻）』三井文庫。
三和良一［2002］『日本近代の経済政策史的研究』日本経済評論社。
宮川久次郎編［1888］『東京著名録』小柳津要人。
宮本又次［1971］『近世商業経営の研究』〈復刻版〉清文堂出版。
安岡重明［1990］『財閥の経営史――人物像と戦略』社会思想社。
安岡重明［1998］『財閥経営の歴史的研究――所有と経営の国際比較』岩波書店。
山口和雄［1963］『明治前期経済の分析〈増補版〉』東京大学出版会。
山口和雄［1989］『流通の経営史――貨幣・金融と運輸・貿易』日本経営史研究所。
山崎広明［1987］「日本商社史の論理」東京大学社会科学研究所編『社會科學研究』第39巻第4号。

第6章

近代商業の発展と貿易の拡大

1 近代商業の発展

▶ 実業界への課税

　明治に入ってからも日本人の大半は農民であった。わが国近代税制の一里塚とされる地租改正条例は，1873（明治6）年に政府から発せられた。地租とは土地の所有者に対し，その地価に応じて課されたものであり，概して農業を対象とする課税であった。明治初期の国税収入（中央政府の税収）のうち8〜9割は地租が占めていた（三和・原編［2007］，57頁下の表）。

　これに対し商業への課税は維新直後にまず府県レベルで実施され始めたが，国税である地租ほど体系だったものではなかった。1873年，明治政府は僕婢，馬車，人力車，駕籠，乗馬，遊船などの国税を制定しており，府県に対しても同様の課税を許した。75年2月に政府は上記のような国の雑多な雑税をいったん廃止することにしたが，府県に対してはあらためて徴税を認め，またその使途の制限も加えなかったので，府県は競って新たな雑税を設けた。全国一律というわけではないが，その府県レベルでの課税の種類は職業税，商業税，会社税，問屋税，仲買税，醸造税，市場税，猟業税，漁業税，戯伎税などかなり多岐にわたった（藤田［1941］，67頁）。

　1881年末からのいわゆる松方デフレ政策による不況の時代を経て，明治初期からの紙幣整理がようやく一段落した後，86年からの3年の間に紡績や鉄道などの諸企業が続々と設立されていった。それは企業勃興と呼ばれ，日本の産業化の始まりを告げるものでもあった。この産業化の中，87年に国税としての所得税法が公布され，所得税制度が設けられた。この所得税は所得金額が年300円以上の者に対する課税で，累進税率が採用され税率は所得金3万円以

上の者には 3%, 2 万円以上には 2.5%, 1 万円以上には 2%, 1000 円以上には 1.5%, 300 円以上が 1% と 5 等級に区分されており, また法人の所得には課されなかった。この所得税が導入された 87 年時点で課税対象となった個人は 11 万 8000 人程度で, 当時の日本の総人口は 3780 万人ほどだったから, 全人口の 0.3% 程だけがこの新税を納めたにすぎず, また導入の翌年 88 年の国税収入総額 6444 万円のうち所得税収は 106 万円で, 税収総額の 1.6% を占めたにすぎなかった。

この所得税は「資産又ハ営業其他ヨリ生ズル所得」に対する課税であったため, 必ずしも商業のみへの課税ではなく, むしろ華族や高級官吏などをも含んだ富裕層を対象としたものであった。しかし営業行為に対する課税がはじめて国税レベルでなされたものとして, わが国税制の近代化過程において重要な契機をなすものといえる (永谷 [2007], 37-38 頁; 武田 [1983], 27-43 頁)。

さらに日清戦争後には, 軍備拡張, 台湾の経営, 運輸・交通網の拡張などのために政府は増税計画を打ち出すが, その中で 1896 年には営業税法が公布され, 翌年 1 月から施行された。これは国税に適すべき物品販売業, 銀行業, 製造業, その他 24 種が選ばれ, 資本金額, 売上金額, 報償金額, 建物賃貸価格および従業員数などを基準として課された, いわゆる外形標準課税であった。上記の通り, 営業税にあたるものは従来, 府県レベルでは課されていたが, ここではじめて国税レベルで課されることになったのである (武田 [1983], 43 頁)。この営業税は銀行業や倉庫業, 旅人宿業などさまざまな業者に課されたが, 商業というイメージと最も重なる対象者は, 物品販売業と仲買業者であろう。営業税法では当初, 仲買業と規定された分野は 1911 (明治 44) 年には問屋業と呼称が変更されるが, その仲買業についてみると, 営業税が施行された 1897 年時点ではすべての営業者に課税されていたのが, 1902 年には年間報奨金額 (粗利益) 100 円以上の者に, さらに 15 年には年間報償金額 (粗利益) 200 円以上の者に課税というように改正された。当時の巡査や小学校教員の初任給が 100〜150 円程度であるから, この営業税によって小規模の仲買業者 (問屋業者) からも徴税される仕組みができたといえる (松本編 [2004], 364 頁)。

一方, 所得税については, 1899 年に第一種所得税として法人に対しても所得税が課税されることになった。当時, 法人税という言葉はまだなかったが, これをもって法人税にあたるものが開始されたといえる。なお, これ以後, 第

表 6-1　明治期後半の主要租税の収入一覧

(単位：千円)

年　度	地　租	所得税	営業税	酒　税	租税計
1897（明治 30）	37,964（40）	2,095（2）	4,416（5）	31,177（33）	94,912（100）
1900（明治 33）	46,717（35）	6,387（5）	6,051（5）	50,450（38）	133,926（100）
1903（明治 36）	46,873（32）	8,247（6）	7,049（5）	53,128（36）	146,163（100）
1906（明治 39）	84,637（30）	26,348（9）	19,770（7）	71,100（25）	283,468（100）
1909（明治 42）	85,693（27）	32,800（10）	25,123（8）	91,480（29）	312,407（100）

（注）　金額の後のカッコ内は当該年租税収入合計に占める比率（％）。
（出所）　武田［1983］，52, 58, 76 頁をもとに作成。

二種所得税は公債利子に，第三種所得税は個人の所得に課されるようになった（武田［1983］，55-56 頁）。

　このように明治期を通じて商工業に対する課税が着々と進められたが，**表 6-1** で示されるように営業税法が施行された 1897 年においては，所得税と営業税が国税収入に占める割合は，両者あわせてもまだ数 % しかなかった。明治初期には国税収入の 8〜9 割を占めた地租が明治末に向かって大幅に比率を低下させていくこと，それに代わって間接税である酒税が地租をしのぐほどに比率を高めていたことが同表からわかるだろう。

　日清戦争後には来るべきロシアとの戦争の準備のため軍備拡張が大々的に進められたが，その財源をめぐって農民団体や酒造業者の団体，あるいは商工業者たちは自分たちへの課税が強化されないようにつばぜり合いを展開した。商工業者たちは商業会議所を拠点に，渋沢栄一を会長とする地租増徴期成同盟を結成して帝国議会議員に働きかけ，日清戦争後の米価騰貴で最も利益を受けたのは地主・農民たちであって，地主・農民たちこそが国家財政を負担すべきであると主張した（武田［1983］，48 頁）。だが実際，日清戦争後には地租の比率は低下し，それに代わって酒税が最大の財源になるに至ったのであった。

　さらに日露戦争後には，所得税と営業税の合計が全体に占める割合が約 16〜18% までになっており，このような租税統計からも明治末までには商工業がかなりの発展を示したことがうかがえよう。

▶ **明治期の商業経営**

　次に，明治期の産業化の進展における産業別の従業者（有業者）数を観察してみよう（**表 6-2** 参照）。農林水産業はその従事者を漸減させているのに対し，

表 6-2 明治・大正期主要産業の有業者数推移

(単位:千人)

年	農林水産業	鉱工業	商業・サービス業
1885 (明治 18)	15,610	2,511	3,358
1895 (明治 28)	15,395	3,431	3,975
1905 (明治 38)	15,374	3,653	4,698
1915 (大正 4)	15,085	4,057	5,417

(出所) 松本編 [2004], 357 頁。

鉱工業と商業・サービス業は従事者を増加させている。特に商業・サービス業の従事者数の伸びは鉱工業の伸びをしのいでいる。明治期の各産業の生産額を比較した場合でも，最大の生産額を誇ったのは商業・サービス業であった。

　1896 (明治 29) 年に公布された上述の営業税法においては，問屋業 (97年同法施行時には「仲買業」と呼ばれたものが 1911 年から問屋業に変更されることには注意を要する) は基本的に他人の委託を受けて手数料を受け取る手数料商人であるのに対して，物品販売業は自己のリスクで商品売買に従事する差益商人である (松本編 [2004], 362, 382 頁)。手数料商人と差益商人を兼ねている商人もあり，両者の線引きは難しいが，明治期の物品販売業の発展動向については近畿，九州，四国での成長が著しく，逆に東北，北陸，あるいは長野や山梨という地域では成長が鈍かったといわれている。明治期の差益商人たる物品販売業の発展動向は「西高東低」であった。

　一方，手数料商人たる問屋業には貿易商社も含まれており，大規模業者であるイメージが漂うが，1905 年時点での全国平均をみれば，それらは従業員がわずか 2 名程度，店舗数も 1 店舗という小規模な経営であった。ただし神奈川県における問屋業の報償金額 (粗利) は東京，大阪を含む他府県のそれを断然引き離しており，大貿易港たる横浜で多くの貿易商社が活発に活動していたことが示される。だが全国平均でみれば問屋業の小規模性は否めず，従業員数と店舗数で示されるその小規模性は，明治大正期を通じて，ほとんど変化しなかったのである (松本編 [2004], 第 10 章)。

2 教育機関の拡充

▶ ビジネスエリート供給源としての高等教育機関

　第5章では，明治期におけるビジネスエリートの二大輩出校である商法講習所と慶應義塾の初期について述べた。そこでもふれたように，まもなくして商法講習所は東京商業学校，さらに高等商業学校（高商）と改組され，商学の高等教育機関としての地位を確固たるものにしていった。同校は，明治期の後半に神戸に2番目の高商が設けられたため東京高等商業学校（東京高商）と改称され，さらに大正期には東京商科大学となった。同校は実業界に多くの人材を送り込み，彼らは大企業の重役・取締役クラスに昇進して，先発の慶應義塾をしのぐほどのレベルで日本の財界をリードしていくことになる。

　商法講習所の時代以来，渋沢栄一らを中心とする旧幕臣出身のグループは，同校への支援にきわめて熱心であった。商法講習所の所長に続き，東京商業学校・高等商業学校でも校長を務めた矢野二郎も旧幕臣出身であり，矢野は同じく旧幕臣で竹馬の友でもあった三井物産社長の益田孝と縁戚関係を有していたこともあり，三井物産は同校卒業生を熱心に採用した。同校にとっても三井物産は卒業生が最も多く就職した企業であった（大沢［2001］，34頁）。

　一方，理工系の分野も充実化が図られていた東京帝国大学（現在の東京大学）は官吏養成機関としての色彩が強く，卒業してすぐに実業界に入る者は慶應義塾や東京高商ほど多くなかった。1900（明治33）年前後に私企業に入った卒業生の割合は，東京高商が73.5％，慶應義塾が35.3％だったのに対し，東京帝大は16.9％にすぎなかった（米川［1994］，4-5頁）。東京帝大の卒業生はいったん官庁に入った後に私企業に移るケースも多く，明治期の専門経営者170人を彼らの出身学校別にみると東京帝大出身者は51人，慶應義塾出身者が28人，東京高商出身者が10人であった。これら3校に加え，東京工業学校（現在の東京工業大学）も多くの技術者を企業に輩出した。これらの高等教育機関出身者は文系，技術系を問わず，いわゆる実業界でホワイトカラー層（事務系職員層）を形成していくことになるが，明治期においては特にこれら4つの学校が際立っていた（森川［1973］，22頁；島田［2013］，49頁）。

　この4校のうち，実業界の中で特に事務系職員，いわゆるホワイトカラーの

人材を輩出した商学系の高等教育機関といえば、上述の慶應義塾と東京高商を双璧とするが、明治期の後半には、東京の高商に続く官立・公立の高商として、市立大阪高商（1901年に大阪商業を改組）、官立の神戸高商（1902年）が設けられ、さらに官立高商として山口（1905年）、長崎（1905年）、小樽（1910年）が続いた。私学でも早稲田大学の商科開設（1904年）を皮切りに、明治大学（1904年）、日本大学（1905年）、中央大学（1909年）など、もともとは法科が中心であった私学でも次々と商科が開設された。

　これらの高等教育機関の卒業生が実業界に身を投じたといっても、彼らが就職を希望したのは、概して「銀行・会社」としてくくられる、当時においては新時代を象徴する分野がほとんどで、米穀商、肥料商、呉服商というような旧来型の分野に好んで就職しようという者は少なかった。例えば後述する日本初の百貨店として知られる三越は、江戸時代以来の長い呉服商としての前史を有するが、その百貨店化の功労者として有名な日比翁助、高橋義雄などは、いずれも慶應義塾出身である。彼らは卒業後最初から呉服部門に就職したのではなく、いったん新聞社や三井銀行に就職してから同じ三井系の企業であった三越の呉服店に移って、その経営立て直しに尽力したのである。後年三越には慶應義塾の卒業生が多く採用されていくことになるが、慶應義塾の卒業生が三越に新卒者として就職するのが本格化するのは、三越が呉服商を脱し株式会社化し、いわゆる「デパートメントストア宣言」を出す1904年以降のことである。

　ちなみに、明治時代の後半期には早稲田や慶應、明治、中央、同志社などは大学を名乗るようになるが、それはあくまで専門学校令の下で大学を自称していたのであって、それらが正式に大学となるのは、1918（大正7）年の大学令公布を受けて、20年に早稲田、慶應などが続々と大学として認可された後のことである。

▶ 中等教育機関としての商業学校

　近代化の象徴としての銀行・会社の社長や取締役に就いた者は上述したような高等教育機関の卒業生たちが多くを占めたが、中等教育としての商業学校も商工業の人材供給源として重要な役割を果たした。

　1877年頃以降、神戸、大阪、岡山、横浜などで商業の講習所あるいは商法学校が設けられ、それぞれの学校では創設者の裁量で授業科目などを設定して

いた。しかし84年に政府（文部省）から「商業学校通則」が出されて以降，授業科目などは法的に統一が図られた。この「商業学校通則」では商業学校を2種に分け，第一種は年齢13歳以上を対象にし修業年限は2年，第二種は年齢16歳以上を対象にし修業年限は3年とされた。この通則が出された後は，第二種より低年齢を対象とする第一種の商業学校の設立が各地で進められた。そして1891年までに函館，横浜，新潟，名古屋，滋賀，京都，大阪，神戸，広島県尾道，赤間ヶ関（山口県下関），福岡，長崎に公立の商業学校が12校，それに私立の商業学校も東京商業学校など7校が設けられている。このうち公立の神戸，大阪，横浜は82年までに設けられていた学校が改組されたものである。また，岡山に設けられていた講習所はそれまでにすでに廃校となっていた。これらは公立の横浜商業学校がやや高い程度とされた以外，他校は第一種商業学校として認可され，順次第二種校として昇格することがめざされた。

　1894年に実業教育費国庫補助法が制定されると商業学校はさらに各地で設立されたが，4年後の98年時点での国庫補助対象校は19校にまで増えた。99年には84年に出された商業学校通則を廃し，これに代わって商業学校規程が文部省から出された。そこでは商業学校は甲種と乙種に分けられた。甲種は14歳以上で高等小学校卒業以上の者を対象とし修業年限は3年以内，乙種は10歳以上の尋常小学校卒業以上の者が対象で修業年限は同じく3年以内であった。さらに甲種には修業年限2年以内の予科と，本科を卒業した者のために修業年限2年以内の専攻科を設けることも許された。

　これ以後，商業学校はさらに各地で増設されたが，1884年の商業学校通則公布後の増設では低年齢を対象とする第一種のほうが多く設置されたのに対し，1902年までの3年間に設置されたのは甲種校40校，乙種校8校と，明治の後半には高い年齢を対象とする甲種校の増設が進んだ。明治末の1911年の時点では甲種校は66校，乙種校は22校となっており，明治期の後半には全国的に商業学校の設置が進んだが，これはまさに産業化の進展と符合した動きであったといえよう（三好［2012］，69-74，385頁）。

　大手の企業は大学や高商などの高等教育機関の出身者ばかりを採用したのではなく，商業学校の卒業生も熱心に採用した。例えば戦前期最大手の貿易商社三井物産の場合，昭和初期に同社トップの会長職に就いた井上治兵衛という人物は，1891年に京都府商業学校を卒業して同社に入った人物である。商業学

校の卒業生には小さな商店に入る者も多かったが，この井上のように大企業で活躍した者も少なからずいたのである。

コラム6　明治期日本人の食事事情

　近年の健康志向を反映して低カロリーな和食が世界的に脚光を浴びているという。和食の代表格である寿司，刺身，焼き魚，天ぷら，煮物などは魚介類が食材の中心であるといえるだろう。現代では肉類の消費も多いが，肉類が日本の庶民の間で日常的な食材として定着したのは，第二次世界大戦後の高度経済成長期である。では和食の主役ともいえる魚介類を日本人は昔から食べていたのだろうか。江戸時代でも支配階級の者や富豪クラスの者はしばしばおかずとして魚介類を食べていたが，庶民レベルが日常的に魚介類を食べるようになったのは，明治末から大正にかけてである。

　例えば明治期半ば，1900（明治33年）頃の東京における庶民レベルにまで広くみた場合の食生活は，おかずにあたる副食物の比率は少なく，もっぱら米でお腹をふくらませるのが普通であった。これが地方都市，あるいは農村にいくと米食の比率が減って，米に麦や粟などの雑穀を混ぜて食べるのが普通であった。副食としてはイモ，大根，ニンジン，レンコンや古沢庵の切れ端などが多かったというから，たまに焼き魚にでもありつければ大喜びであった。また米でお腹をふくらませるといっても，貧しい層では東南アジア方面から輸入された安価な外米を食べざるを得ないことも多かった。それらの外米は日本産の米と違って長粒米で臭気が強く，日本では好まれなかったのである。都市部にあった兵営や工場，学校の寄宿舎では比較的上等な食事が給食として出されていたが，そこでの残り物はいわゆる残飯屋に売られた。残飯屋はそれらを下層民に販売し繁盛した（大豆生田［2007］，49-62頁）。

　日露戦争後の1907（明治40）年に日露両国間で締結された日露漁業協約によって，日本人はカムチャッカ半島の東西両岸やオホーツク海沿岸での，いわゆる北洋漁業を大規模に展開できるようになった。また朝鮮への支配権を強めたことで朝鮮近海へ出漁する日本人も増え，さらに明治期後半に底引き網漁であるトロール漁法がヨーロッパから導入されていたのと相まって，日本の漁獲高は明治末期から急増した。のちの大手水産会社とされる林兼（マルハ），日魯（ニチロ），日本水産（ニッスイ）などが参入したのもこの時期である（日魯漁業株式

会社編［1971］；日本水産株式会社［1981］)。ここに氷を利用した鉄道など物流網の整備や全国的な魚市場の増加とが重なって，明治末頃からようやくにして庶民レベルでも魚介類を口にすることができるようになったのである（中村［1989］，83，123，164-171頁)。

▶ **女子への商業教育**

　女子に対する中等教育としての商業教育は，1902（明治35）年設置の岡山市立商業学校が男女共学制をとったことで始められた。翌03年には東京商業学校（一橋大学の前身校とは別物で現在の東京学園高校）内に嘉悦孝子が学監という地位に就く形で私立女子商業学校が設けられており，07年に同校は私立日本女子商業学校と改称されたが，これが女子単独の商業学校の嚆矢である。

　1907年には別に私立名古屋女子商業学校が，08年に東京に上述の私立日本女子商業学校とは別物の私立女子商業学校という校名の商業学校が設けられた。明治後期に三越が先陣を切って呉服商から百貨店への転換を図ったが，そこでは1901年に女子職業学校の卒業生が呉服商の販売員として採用された。商業学校ではなく，裁縫などの技能を身につけさせる職業学校の出身者が販売員として採用されているのであるから，女性向けの学校としてそのような職業学校にも注意すべきであろう。現在の共立女子大学はもともと1886年に裁縫の技能を身につけさせる私塾の一隅で共立女子職業学校として開かれたものであり，明治時代には多くの卒業生を輩出している。

　また上述した嘉悦孝子の私立女子商業学校には，1906年に2年制の高等科が設けられており，女子向けの商学系高等教育機関を設置しようとする気運は芽生えつつあった。だがこの高等科を基礎にして実際に日本女子高等商業学校が設けられたのは，はるか後の1929（昭和4）年であった。女子を対象とする高等商業学校が昭和初期にようやく設けられたわけだが，この学校は現在でも嘉悦大学として存続しており，女子の商業教育制度構築に努めた嘉悦孝子の名は記憶されるべきであろう（三好［2012］，78，370頁)。

　ところで戦前期の日本経済を支えた製糸業や紡績業のような繊維産業では，女子の労働力は明治期の早い段階から女工，あるいは工女として投入されていたが，それは事務職員としての投入ではなかった。1900年代頃からは銀行や商社などでは，女性従業員をタイピストや会計（経理）係の職員として投入し

始めるところが出現する。これはかなり早い事例であったが，社会的にはまだ一部にすぎなかった。女子が大挙して事務職員として実業界に入っていくのも，日本女子高等商業学校が設けられたのと同じ時期の昭和初期まで待たねばならなかった（若林［2013］）。

▶ 丁稚制度の残存

江戸時代の商家でごく普通にみられた丁稚（小供あるいは子供）はたいてい12〜14歳ぐらいから商家に奉公に上がり，基本的には奉公先に住み込みで働いた。17歳頃にようやく元服していわば成人となるが，その後も通勤を許されるまで原則として住み込みの生活を送るのである。幼少期に商家に丁稚として入店し，元服を経て全員が高齢時に「首尾よく暇」を申しつけられるまでその商家で勤め上げるわけではなく，ある程度の資金や商業知識の蓄積が進んだところで，勤務してきた商家を退職して独立するものも多かった。だが少年期での採用と住み込みに象徴される丁稚制度は，明治期に入っても根強く残った。例えば日本で最先端を走っていた貿易商社の三井物産も，明治期には東京高商をはじめとする学校の卒業生を熱心に採用する一方で，かなりの数の丁稚も採用していた。明治期の三井物産においては，高商卒業生は採用後短期のうちに海外支店員として海外に派遣されることが多く，いわば幹部候補のエリートとして扱われたが，丁稚として入社した者は入社時の年齢が年少ということもあって，まずは下働きからのスタートがふつうである。だが丁稚として入社した者でも，山本条太郎や藤野亀之助，守岡多仲などのように常務，支店長クラスにまで昇進した者もいる。

上述の通り，明治期後半には各地に高商が設けられ私立の大学でも商科が開設され，さらにそれら高等教育機関よりも下位の商業学校が全国に設けられていたから，公的な教育制度はようやくにして実業界の需要を満たしうるまでに拡充されてきたといえる。このような状況を受けて，三井物産では大正時代に学卒者をいっせいに入社させる新卒定期入社制度を採用し，丁稚採用も完全に廃止した（若林［2007］，第5章）。

この三井物産などは先進的な事例であるが，江戸時代以来の系譜を有する商企業などでは高等教育機関出身者の採用が一般化するのはかなり遅い。現在の大手商社である伊藤忠商事は幕末期に創業した商企業であるが，同社は最初か

ら貿易事業に従事したわけではなく，当初はもっぱら国内商業のみに従事していた。明治時代の半ばには海外貿易にも手を広げるが，それでも伊藤忠が高等教育機関である東京高商の卒業生を採用したのは 1908（明治 41）年が最初であって，同社の新入社員で高等教育機関出身者が主力を占めるようになるのは大正期まで待たなければならなかった（伊藤忠商事株式会社社史編集室編 [1969], 34, 616 頁；上村 [2000], 605 頁）。伊藤忠にしても比較的大きな企業の事例に属するのであり，旧態依然たる雇用形態を昭和初期まで維持していた商家はかなり多かったといわなければならない。

戦前期の日本社会では高等教育はおろか，中等教育でさえ皆が受けられたわけではない。学業成績が優秀であり，中等・高等教育機関に進学したいと考えても，家計の貧しさから進学を断念し，小学校を卒業してすぐに奉公に出されるケースも多かったのである。

3 都市化と新たな商業の出現

▶ 呉服商の百貨店化

百貨店とはデパートメント・ストアの訳語であり，雑誌『商業界』主幹であった桑谷定逸が明治期の末に使用したのが最初であるといわれている。日本の百貨店は呉服商が百貨店に転換した〈呉服商系〉と，昭和初期に電鉄会社が設けた〈電鉄系〉に大別できるが，呉服商系の百貨店が生成してくるのは明治期の後半においてであった。それはまさに明治期に進行した都市化，また中等・高等の教育機関が増設され，その卒業生たちが産業界に就職していき，彼らがいわゆる月給取り・サラリーマンになって富裕層が厚みを増すなかで起こった動きであった。百貨店はこれらの層をターゲットにしたのである。

1905（明治 38）年の正月，『時事新報』など当時の全国主要紙上で江戸時代以来の歴史を有する三越呉服店が，アメリカのデパートメントストアの一部を実現していきたいと広告を打った（前年末に三越は顧客あてに同じ趣旨の書状を送っていた）。これが三越の「デパートメントストア宣言」といわれるものであるが，しばしば指摘されるように，この宣言は 1904 年末から翌年にかけて，三越がすでに百貨店になっていたことを意味するものではなく，あくまで今後の店舗改革によって百貨店化を実現したいという方針の表明にすぎない。とはい

え，これに先だって呉服商業界においては百貨店化を志向する動きがいくつか出てきていた。

日本が文明国であると示さんがために，外国の外交官などに向けて舞踏会などを催そうとして，政府が1883年に設けた鹿鳴館は，上流社会の一部に服飾の洋装化をもたらしたが，この動きを感じ取った三越は86年に洋服部を設けるとともに，支配人藤村喜七と店員山岡才次郎をヨーロッパに派遣して視察研究させた。江戸時代から続く名門呉服商であった白木屋（第二次世界大戦後に現在の東急百貨店に統合される）も，86年に洋服部を設けており，87年にはその当主の長男大村和吉郎が商業視察と留学のために洋行している。89年には京都の髙島屋当主飯田家の4代目新七が欧米視察に赴いているから，80年代後半は呉服商関係者の欧米視察が相次いだ時期といえる。三越はさらに1888年に本店の西側に2階建ての洋館を建て三越洋服店を開いたが，洋服はなかなか人々に浸透せず営業成績もさえなかったため，この洋服店は95年末にいったん閉鎖された（藤岡 [2004]，177頁；三越 [1990]，31頁）。

▶ 三越の改革

第5章で述べたように，三井の呉服店は業績不振により明治初期に三越呉服店となって三井家の事業から切り離されたものの，1891年末には再び三井家事業として回収されることとされた（それにともない社名も三井呉服店と改められた）。だが三井呉服店はその後，業績が振るわず改革の大ナタが振るわれることになる。慶應義塾出身で『時事新報』の記者を経て，1887年から89年まで欧米に留学した後，三井銀行に入っていた高橋義雄が，95年に三井呉服店の理事として送り込まれたのである。高橋はアメリカではニューヨーク郊外のイーストマン商業学校で学んだことがあり，現地で見た百貨店ワナメーカーの経営手法などをモデルにしながら三井呉服店の改革に着手した。

当時の呉服店は一般に座売りと呼ばれる方法で販売がなされていた。座売りとは店にやって来た客が履き物を脱いで店の座敷に上がり込み，対応の店員にこんな商品が欲しいと告げ，店員はそれに応じてその客が好みそうな商品をいくつか奥から出してきて提示し，客はその場でその商品を買うか買わないかを決めるという方式である。

三井呉服店本店は2階建てで，2階は従来，手代・丁稚などの使用人が住み

図 6-1　2 階に陳列場ができた頃の三井呉服店本店

（出所）「三越のあゆみ」編集委員会編［1954］，6 頁。

込む住居の場および客間として使われていた。高橋は1階では座売りによる販売を継続したが，1895年に2階を改装して陳列場に改めた。2階では欧米式のガラス張りショーケースに商品を陳列し，客が自由に商品を選べるようにしたのである（図6-1参照）。宿舎であった2階が陳列場となったため，手代・丁稚らは住み込みから通勤制に改められた（1910年には丁稚向けの寄宿舎を設置した）。陳列場設置は大阪支店にも広げられ，1900年には本店の座売りを廃して全館を陳列場とした。

　このような陳列販売は第5章で述べた勧工場，あるいは洋書，洋酒缶詰店などの一部で三井呉服店に先駆けて行われていたので，高橋によって日本ではじめて導入されたというわけではない。しかし，呉服商での座売り方式が陳列販売方式に改められたことは，日本での百貨店誕生に向けての重要な一歩となったといえる（高橋［1972］，59頁）。

　また人々の購買スタイルの変化という視点でみると，陳列販売が定着したことによって客はすでに陳列されている商品の中から自分の意思・好みによって商品を自由に選択できるようになり，選択の余地が広がってショッピングの楽しみというものは確実に増したから，商業史上においてその意義はきわめて大

第6章　近代商業の発展と貿易の拡大　　125

きい。陳列場設置に対しては三井呉服店の店員による反発が起こり、ストライキまで起こったが、顧客からは大好評であったという。そして陳列場設置の動きは髙島屋、白木屋、松坂屋、大丸など他の呉服商にも広がっていった（藤岡［2004］, 175 頁；三越［1990］, 32 頁）。

　三井呉服店は次々と新しい試みを打ち出していく。1898 年には地方出張販売が開始された。まず大阪支店が中国・九州方面へ、東京の本店も新潟に売り込みを図り、以後も行商隊が全国に派遣された。1900 年には通信販売の体制を整えた。同年にははじめて若い女性を採用して電話、仕立物検査に試用し、翌 01 年には東京の女子職業学校の卒業生など数名を販売係として採用した。03 年にさらに女子店員を公募したところ 449 名の応募があり、26 名を採用するに至っている。それまで男性ばかりの職場に女性が入り始める頃の話であり、男女店員間の風紀が懸念されたということで、女性は入社に際して「男子店員は己の仇敵と心得可し」と諭され、男子店員と交際しないことを記した宣誓書に署名させられたという（三越［1990］, 34-43 頁）。

　同社はまた取扱商品も拡大した。1902 年には西洋人向けに刺繍、屏風、絹の日傘などを販売し始め、半襟、袋物、ショールなどを扱う小物売り場も新設した。百貨店の象徴ともいうべきショーウィンドーについては髙島屋の京都本店が 1896 年に先行して設置していたが、三井呉服店もやや遅れて 1903 年に設けている。この時、建物はまだ土蔵造りの和風建築で、それを改造してショーウィンドーを作ったのであった（高柳［1994］, 132, 139 頁）。04 年には株式会社化されて社名も三越呉服店と改められ、そしていよいよデパートメントストア宣言につながるのである。

　この宣言で表明された通り、三越はその後も百貨店化に向かって突き進んでいく。1905 年には輸入化粧品の販売を開始し、以後も靴・カバン・帽子などの取扱を開始し、06 年には 1895 年に閉鎖されていた洋服店を洋服部として再開し、洋風化の動きに対応した。1907 年には多くの人々にとって百貨店での大きな楽しみとなる食堂を設けている。土蔵造りの本館を壊して 08 年にはイギリスの百貨店ハロッズを模して間口 44 メートル、奥行き 37 メートルのルネッサンス式 3 階建て店舗を新たに完成させて開店し、取扱品もさらに拡大させたが、この時の建物はまだ木造であった。三越は 1911（明治 44）年には新館建設に着手し、4 年の歳月をかけて 1914（大正 3）年に地上 5 階、地下 1 階、

エレベーター付きの鉄筋コンクリート造りの本店新館を完成させた。その新店舗は「スエズ運河以東最大の建築」と称された。

このように多くの事項において三越が先鞭を付ける形で新機軸を打ち出し，他の呉服商もそれに追随する形で，日本の呉服商業界全体が百貨店に転化していった。三越の後を追って大正中期までに白木屋，髙島屋，松坂屋，大丸なども株式会社化しているが，それは従来同族による内部資金で経営されてきたものが，百貨店化の中で巨大な洋風建築を建設しようとした場合，その費用は同族の裁量でまかなえるものではなくなったことを意味していた。また百貨店化の流れは鹿児島の山形屋，岡山の天満屋のように，地方都市にまで及んだのである（藤岡［2004］，180頁）。

1914年の三越の巨大な鉄筋コンクリート製店舗完成によって現代風の百貨店がほぼ完成したようにも思われるが，意外にもこの時，三越に来た客は来店の際，まだ履き物を脱がなければならなかった。履き物を脱ぐところには下足番(げそくばん)と呼ばれる者がいて，彼に履き物を預けねばならなかった。東京・関西の百貨店の中で履き物預かり（下足預かり）を廃止するのは23（大正12）年の白木屋神戸出張店が最初であり，その廃止の動きが一般化するのは1920年代後半のことである（谷内［2014］，72頁）。

4 明治期後半から大正期の貿易

▶ 日清戦争後の貿易拡大

1894（明治27）年7月に起こった日清戦争は日本の勝利で終わったが，この戦争後に日清間で結ばれた下関条約によって清国の重慶，蘇州などが開港され，さらに日本は最恵国待遇も認めさせたから権益は大いに拡大した。実際，日清戦争後の日本の輸出入の拡大は急激で，日清戦争後の6年間における日本の貿易拡大の成長率は，物価変動を考慮すれば，のちに貿易が急拡大したとされる第一次世界大戦時の貿易ブーム期をしのぐといわれているから，その拡大ぶりが察知されよう（髙橋［2013］，15頁）。

だが，このような日清戦争後の日本貿易の急拡大を牽引したのは外国商人であった。幕末から明治初期にかけての日本の貿易で日本商人が取り扱った比率はきわめて低く，第5章でみたように，1874年の日本の外国貿易での日本商

表 6-3　日本の貿易の担い手の推移

(単位：千円)

年次	輸出入合計額	外国商社の取扱額	日本商社の取扱額
1900（明治 33）	491,692（100%）	304,482（61.9%）	187,210（38.0%）
1911（明治 44）	961,240（100%）	456,589（47.5%）	504,651（52.5%）

（出所）石井［2003］，121 頁。

人の取扱比率は，輸出で 0.6%，輸入で 0.3%，輸出入合計で 0.4% という惨憺たる状況であったが，日清戦争から 5 年余経った 1900 年には日本商人の取扱比率は全体の 4 割弱にまで伸びたものの，まだ外国商人が過半を占める状態であった（表 6-3 参照）。それが日露戦争後の明治末には，ついに日本商人の取扱比率が 5 割を超えるに至り，明治初期に巻き起こった商権回復運動でのスローガンを，数値的にはとりあえず達成したといってよいだろう。

このような明治後期における日本商人による外国商人の凌駕に最も貢献したのは三井物産であった。同社は日清戦争後に国内店舗網はもちろん，中国をはじめとするアジア市場，さらに北米，ヨーロッパ，豪州などに支店網を拡大し，取扱商品も多様化させた。1895（明治 28）年には，日本を介さず中国から大豆や生糸を欧米へ，また欧米諸国の製品を中国にもたらす三国間貿易にも着手している。そして 1890 年代後半，三井物産は日本国内および海外主要都市に展開された店舗網で，多様な商品を取り扱う総合商社の原型としての体裁をとるに至ったのである。

同じ頃，同社は本店内に綿布を扱う部署（綿布掛）を設け，当時の権益拡大に乗じて中国市場に積極的に売込みを図った。その際，従来現地の中国人を買弁とし彼らに依存する形で商売を展開していた手法を改め，その買弁依存を廃して自前で中国語を操れる人材の育成を進めるなどして企業努力を図った。

日本国内に目を転じると，名古屋地区の一介の発明家にすぎなかった豊田佐吉の才能を見出し，彼の自動織機発明事業への支援を展開して，佐吉の発明・改良による自動織機を各地の織物工場に販売して繊維産業の発展に貢献しつつ豊田家との関係を深めたのもこの日清戦争後の時期である。

日露戦争後には朝鮮や満州（現中国東北部）市場での権益拡大を受けて，これらの市場に綿糸布を積極的に輸出したが，この時には国内の綿糸布メーカーの製品を手数料なしで輸出を請け負うこともあった。明治末には三井物産の 1

社だけで日本の貿易全体の5分の1以上の額を担うまでに巨大化したのであった（栂井［1974］，43-45頁；木山［2009］，265頁）。

　明治期後半の日本にとっては，特に中国や朝鮮などのアジア市場が拡大した時期であり，1911（明治44）年には国家的悲願であった条約改正を果たし，関税自主権の完全回復も実現するに至っている。このような海外進出志向が高まる雰囲気の中，三井物産以外にも，三菱商事の前身である三菱合資会社営業部や鈴木商店など多くの商社がアジア市場に積極的に展開した。

▶ 大戦景気の到来

　1914（大正3）年，第一次世界大戦が勃発した。開戦当初，日本経済は混乱を来したものの，戦争によってヨーロッパでの生産活動が途絶したためにヨーロッパから日本への輸入が減少し，逆に日本への注文が殺到した。特に化学製品，産業機械，船舶などの輸送機器など日本からの輸出が激増し，またその輸出先は従来のアメリカに加え東アジア，東南アジア，南アジアにも拡大した（中村・尾高［1989］，20頁）。日本経済はこの大戦によって異常な好景気に沸いた。この大戦景気で特に著しく利益を上げた業界は海運・造船・貿易業界であった。

　そのうち貿易業界については，従来日本の貿易業界で優位な地位にあった外国商社，とりわけ大戦勃発前までに大きな勢力を誇っていたドイツ商社は，本国での不利な戦況を反映して大戦期にその勢力を減退させた。逆に日本商社は外国商社の後退を受けて，この期の異常な好景気を謳歌した。特に業界の雄であった三井物産は巨額な利益を稼ぎ出したが，その一方で従来，財閥の鉱工業生産物の販売機関を営業部としていたものが古河商事，浅野物産，久原商事，三菱商事として独立した。また，それら各社は取扱商品やアジア，欧米への店舗網を拡充して総合商社化を図った。

　他にも明治前期に営業を開始していた高田商会と大倉商事，維新期から明治前期にかけて売込商や引取商として出発し，大戦勃発までに海外店舗を有する貿易商社に脱皮を図っていた横浜拠点の茂木合名・原合名・増田合名，あるいは神戸拠点の鈴木商店・湯浅商店，さらには伊藤忠・日本綿花・江商などの繊維商，岩井・安宅という雑貨商，オーストラリアの羊毛取扱いで存在感のあった兼松なども，好景気の中いっせいに拡大路線をとって総合商社化を模索した。

この際，各社は拡充されつつあった高等商業学校，私立大学商科などの高等教育機関のみならず甲種商業学校の新卒者を精力的に社員として採用し，また従来，外国商社に雇われていたもののそれら外国商社の日本からの後退にともなって解雇された日本人従業員（商館番頭）を雇い入れたり，大手の三井物産から社員を引き抜くなどして人材不足を補い，異常な好景気に対処した。

　これら商社の中でも横浜の茂木商店（茂木合名）は，1917年には「総取引高は斯界の大家三井物産と肩を摩して下らない」と評されるほどに急拡大し，また神戸の鈴木商店も同じ17年にはその取扱高が15億円に達し，三井物産を超えたといわれた。砂糖引取商としてスタートした鈴木商店は，店主鈴木岩治郎が日清戦争勃発直前に亡くなった際，未亡人の鈴木よねが番頭の金子直吉と柳田富士松に全面的に経営を任せた後，成長を続け，特に明治末から大戦期には急拡大していた。ただ鈴木商店については，実際には三井物産の取扱高を超えていなかったのではないかという指摘が近年出されている。それはともかく，鈴木をはじめとする後発商社は従来扱ったことのない商品を扱ったり，また海外店舗網を拡大するなどの拡大路線をとって三井物産を猛追した（大森ほか編 [2011]，102-106頁；上山 [1997]，369-383頁；鈴木 [2014]，69頁）。

▶ 大戦後の商社破綻

　1918年11月に休戦協定が成立した後，大戦中の拡大路線が裏目となって表れるところが出てきた。古河商事はその中国・大連出張所が本社に極秘で大戦中に行った豆粕の思惑取引などで損失を累積させていたことが20年に発覚し，損失額は最終的に2500万円超にも達した。同社の多額な負債は古河財閥の持株会社＝古河合名やその傘下の古河鉱業に引き継がれ，古河商事自体も21年には古河鉱業に合併されるという結末に終わる（武田 [1980]）。1920年代にはこの古河以外にも多くの商社が欠損を出し，破綻したり，規模縮小の上で再出発を強いられるところが続出した。その最終段階にして代表格であったのが，27（昭和2）年に破綻した鈴木商店である。

　破綻せずに業界の雄であり続けた三井物産も，実は大戦が休戦に入る頃から店・部・支部レベルでは巨額の欠損を出していたことが近年の研究で明らかにされている。しかし三井物産では大戦終結までにそれらの損失をカバーしうるほどに巨額な利益を上げ，それを積立金としておいたために，危機を乗り越え

ることができた（大島［2004］, 168 頁 ; 高村［2013］, 45-46 頁 ; 鈴木［2014］, 71頁）。

　ここでしばしば引き合いに出されるのが住友である。住友も大戦景気の中，営業部門を独立させて三菱商事や古河商事のような貿易商社を設立しようという動きが財閥内部で高まりをみせたが，これには住友トップの総理事鈴木馬左也によってストップがかけられた。住友は産銅を中心に発展してきたが，上述のように，産銅業界のライバルであった古河が商事会社の破綻で発展の芽を摘まれてしまったのとは対照的に，商社部門に進出しなかったことで大戦後の不況の直撃の度合いも相対的に軽微であった。住友はそれ以後，不況の時代を乗り越えて三井・三菱に次ぐ三大財閥の一角の座を占めることになる。

　バブルともいうべき経済の拡大基調時には業界の雰囲気にのまれて拡大路線をとることは往々にしてありうるのだろうが，拡大路線に入るのか否か，また拡大路線をとった場合でも，どの時点で撤退に入るのかは多分に経営者の判断に拠るところが大きいということを，これらの歴史は教えている。

参考文献

石井寛治［2003］『日本流通史』有斐閣。
伊藤忠商事株式会社社史編集室編［1969］『伊藤忠商事 100 年』伊藤忠商事。
上村雅洋［2000］『近江商人の経営史』清文堂出版。
上山和雄［1997］「破綻した横浜の『総合商社』」横浜近代史研究会・横浜開港資料館編『横浜の近代──都市の形成と展開』日本経済評論社，所収。
大沢泉［2001］「明治期における高等商業教育機関出身者の動向──東京高等商業学校を例として」『明大商学論叢』第 83 巻第 1 号。
大島久幸［2004］「第一次大戦期における三井物産──見込商売の展開と商務組織」『三井文庫論叢』第 38 号。
大豆生田稔［2007］『お米と食の近代史』吉川弘文館。
大森一宏・大島久幸・木山実編著［2011］『総合商社の歴史』関西学院大学出版会。
木山実［2009］『近代日本と三井物産──総合商社の起源』ミネルヴァ書房。
島田昌和［2013］「『合本』資本主義と高等教育への反映──東大・早稲田・一橋への支援」橘川武郎・島田昌和・田中一弘編『渋沢栄一と人づくり』有斐閣，所収。
鈴木邦夫［2014］「三井物産ニューヨーク事件とシアトル店の用船利益」『三井文庫論叢』第 48 号。
高橋潤二郎［1972］『三越三百年の経営戦略──その時経営者は何を決断したか』サンケイ新聞社出版局。
高橋弘幸［2013］『企業競争力と人材技能──三井物産創業半世紀の経営分析』早稲田大学出版部。

高村直助［2013］「第一次大戦前後における米綿取引の諸問題──三井物産・東洋棉花の場合」上山和雄・吉川容編『戦前期北米の日本商社──在米接収史料による研究』日本経済評論社，所収．
高柳美香［1994］『ショーウインドー物語』勁草書房．
武田晴人［1980］「古河商事と『大連事件』」東京大学社会科学研究所編『社會科學研究』第 32 巻第 2 号．
武田昌輔［1983］『近代税制の沿革──所得税・法人税を中心として　現代税務全集 39』ぎょうせい．
谷内正往［2014］『戦前大阪の鉄道とデパート──都市交通による沿線培養の研究』東方出版．
栂井義雄［1974］『三井物産会社の経営史的研究──「元」三井物産会社の定着・発展・解散』東洋経済新報社．
永谷健［2007］『富豪の時代──実業エリートと近代日本』新曜社．
中村隆英・尾高煌之助［1989］『二重構造』岩波書店．
中村勝［1989］『市場の語る日本の近代〔増補改訂〕』そしえて．
日魯漁業株式会社編［1971］『日魯漁業経営史（第 1 巻）』水産社．
日本水産株式会社［1981］『日本水産の 70 年』日本水産．
藤岡里圭［2004］「百貨店──大規模小売商の成立と展開」石原武政・矢作敏作編『日本の流通 100 年』有斐閣，所収．
藤田武夫［1941］『日本地方財政制度の成立』岩波書店．
松本貴典編［2004］『生産と流通の近代像──100 年前の日本』日本評論社．
三井文庫編［1980］『三井事業史（本篇第 2 巻）』三井文庫．
三越［1990］『株式会社三越 85 年の記録』三越．
「三越のあゆみ」編集委員会編［1954］『三越のあゆみ』三越本部総務部．
三好信浩［2012］『日本商業教育発達史の研究』風間書房．
三和良一・原朗編［2007］『近現代日本経済史要覧』東京大学出版会．
森川英正［1973］「明治期における専門経営者の進出過程」『ビジネスレビュー』第 21 巻第 2 号．
米川伸一［1994］「第二次大戦以前の日本企業における学卒者」一橋大学『商学研究』第 34 号．
若林幸男［2007］『三井物産人事政策史 1876〜1931 年──情報交通教育インフラと職員組織』ミネルヴァ書房．
若林幸男［2013］「近代日本社会における事務系女性職員層の形成と発展──その供給側の事情についての実証的分析」『明治大学社会科学研究所紀要』第 51 巻第 2 号．

第3部

商業・流通の発展
——近代後期

　第3部が対象とする近代後期（1919〜37年）は，第一次世界大戦期における日本経済の急成長と都市化の進展を受け，国内の商業活動が大きな変化を経験した時期である。すなわち小売商業においては，それまでの限られた数の固定客にサービスを集中することにより利益を確保する方法から，不特定多数の顧客に限られた利幅で商品を販売する方法へと，そのあり方は大きく転じた。その代表的な表れが，日用生活必需品（最寄品）の分野における小売市場の出現と発達であり，あるいは買回品の分野における百貨店の「大衆化」であった。こうした動きに対し，既存の小売業者は商店街，専門店会，チェーン・ストアなどの共同組織を通じ経営の近代化を図る一方，政治に訴えることにより小売市場や百貨店の活動規制を目論んだ。また百貨店への納品をめぐって新たな対応を迫られた卸売業の分野でも，大量の商品を短期間に効率よく取引する組織として，見本市や中央卸売市場が新たに登場したのである。さらに第二次世界大戦後に本格化する製造業者による流通過程への介入で，先駆的な動きがみられたのもこの時期であった。

　また，この時期における電気鉄道の発達は，小売商業の立地に強く影響を及ぼした。戦前期において都市間高速電気鉄道の発達が最も顕著であった関西地域では，1905（明治38）年の阪神電気鉄道を先駆けとして，1910年京阪電気鉄道と箕面有馬電気軌道，1914年大阪電気軌道（大軌，現・近鉄奈良線）と都市間高速電気鉄道の開業が相次いだ。また1911年には南海鉄道（現・南海電鉄）が電車運転を開始したが，さらに第3部の対象時期となる1920年代に入ると，1920年箕面有馬電気軌道あらため阪神急行電鉄（阪急）の十三－神戸間，1930年阪和電気鉄道（現・JR阪和線），1931年京阪電鉄新京阪線（現・阪急京都線），1932年参宮急行電鉄（参急，現・近鉄大阪線）がそれぞ

れ開業し，都市間高速電気鉄道は著しく拡充された。それは都心部においては百貨店のターミナル立地と電鉄企業による百貨店経営への進出を，また郊外地域においては住宅地の形成に対応した小売市場を中心とする商業集積の発達を，それぞれ促したのである。

　以下第3部では，まず第7章で日用必需品を扱う商業分野について，大正中期以降において，その小売段階における主な担い手となった小売市場（こうりいちば）の形成と展開について述べ，さらに卸売段階における近代化の中核となった中央卸売市場の成立と展開について説明する。次いで第8章では，都市化の進展にともなう新たなライフスタイルの担い手となった百貨店について，大正中期以降に進展した営業方針の大衆化と，そのひとつの帰結としてのターミナル・デパートの台頭について述べる。また，そのことが昭和期に入ると中小小売商やそれまで流通の要であった問屋との対立を招き，百貨店法の制定による規制へと進展する一方，小売商自らも百貨店への対抗策としてボランタリー・チェーン，商店街，専門店会といった小売業の新たな形態を開拓したこと，また消費者自らが流通の変革をめざし消費組合を組織するといった動きもみられたことを述べる。最後に第9章では，製造業者と問屋（卸売商）が消費財取引の量的拡大と商品内容の多様化に対応してとった行動を，消費財製造業者による流通への介入の事例紹介と，東西の大都市における見本市・商品市の成立と展開，そして酒類業界における商品取引方法の変遷を語ることによって説明する。

図　生産者・卸売商（問屋）・小売商・消費者の関係

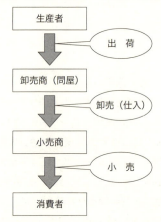

第**7**章

近代日用品市場の成立と展開

はじめに

　本章では，大正中期から第二次世界大戦後の高度成長期まで，わが国の都市，とりわけ名古屋以西の大都市地域において，日用品の小売流通で重要な役割を担った公・私設小売市場について，まずそれらがいかなる必要に迫られて開設されたかを，小売市場の出現以前における日用品小売商業の実態と問題点を中心に説明し，次いで開設後の小売市場が，いかにして発展したか（あるいは発展が不十分に終わったか）を説明する。ここでいう日用品とは，主食である米穀類と副食物（魚介類，青果物，肉・卵など），味噌や醬油などの調味料，さらに当時炊事に不可欠の熱源であった薪炭類を中心とし，それに荒物，小間物，雑貨，実用衣類などを加えたものを指す。日用品のうち食料品と薪炭類は，第一次世界大戦期日本の都市住民にとって消費支出の大半を占めていた。例えば大正期の東京府における調査によれば，食料品と薪炭類に対する支出は，「自由労働者」で53.9％，「職工」で51.4％といずれも総支出の5割以上を占めていた。つまり当時の都市住民にとって，日用品が手頃な価格で安定的に入手できるか否かは，今日のそれをはるかに上回る深刻な問題であった。ゆえに日用品小売の世界に新たな商法を導入した小売市場のもたらしたインパクトも，今日からは想像できないほど大きなものであった。

1 小売市場の形成と展開

▶ 小売市場とは

　小売市場は，市町村等の公共団体によって開設される公設市場と，民間の業

者によって開設される私設市場の2つに大別されるが，いずれも開設者が場屋を建設の上，その売場を小売商に賃貸し，現金・正札・持帰り方式で販売させるものであった。ただし公設市場は私設市場に比べ出店者の資格を厳しく審査し，また販売方法や価格設定も厳格に規制していた。こうした小売市場が全国各地の都市に開設される契機となったのは，1918（大正7）年4月，大阪市が市内4カ所に公設市場を開設したことであった。

▶ 公設市場開設以前の日用品小売

公設市場の開設以前において，一般的に日用品の小売は御用聞きと掛売りという方式で行われていた。御用聞きとは小売商が毎日消費者の家庭を訪れて注文を取り，商品を配達することであり，また掛売りとは，月に一度，あるいは半年に一度などと期間を定め，期中の販売代金を一括して回収することである。こうした販売方法は，小売商にとって貸し倒れ（代金回収の失敗）により損失をこうむる危険をともなうものであったが，当時の日用品小売商はその大半が小規模な生業的経営であったため，生活の安定を重視し，顧客を確実に囲い込める御用聞き・掛売りに固執したのである。一方顧客である都市住民（主として中・下層の）にとって，御用聞き・掛売りによる日用品の購入は，顧客と売手の関係が固定化し競争がなかった。また掛売りによって生じる金利や御用聞きに要する店員の人件費，さらに貸し倒れの損失が小売価格に転嫁されるため，価格が割高になりがちで，しかもその傾向は，住民の流動性が高く販売代金の回収リスクが高い都市部においてより甚だしいものであった。しかし彼らは，失業や賃金切り下げなどで一時的に生活が危機に陥った場合でも，日用品の購入が可能である掛売りへの依存を，自ら断ち切ろうとはしなかった。それゆえ日用品小売の分野における販売方法の，掛売り・御用聞きから現金・正札・持帰り（キャッシュ・アンド・キャリー）への転換は，公権力による公設市場の開設によって，強行的に進められたのである。

以下，公設市場の開設以前における日用品小売商と都市住民の関係を具体的にみると，まず労働運動家・高野房太郎の述べたところによれば，19世紀末の東京市では，労働者の大多数が商店主に多額の負債を抱え，また質屋や金貸しの「上得意」でもあり，借金によって困窮した労働者の中には夜逃げする者もみられた。このような状況から労働者を解放するため，高野はイギリスのロ

ッチデール消費組合にならい，東京市で労働者による消費生活協同組合を組織した。しかしこの組合は，それが手本とするロッチデール組合やその後継者の多くが重視し，またそれら消費組合の成功に大いに寄与した現金販売ではなく，掛売り（月2回決済）を採用した。このように掛売りという販売方式は，労働者のため消費組合運動をわが国に導入し定着させることに懸命であった高野すら否定できないほど，当時の都市住民には根強く定着していたのである。

また官営八幡製鉄所の操業開始（1901年）以降急激に発展した工業都市・八幡町と戸畑町（いずれも福岡県）の場合，まず20世紀初頭の戸畑町では，通常半年または1年を決済期限とする掛売りで日用品を小売していた。しかし，その多くが町外からの転入者であった労働者に対しては，月2回と通常よりもはるかに短い間隔で代金を精算し，これによって貸し倒れの危険を軽減していた（九州鉄道管理局営業課『未定稿 駅勢一覧 鹿児島線之壱』1911年）。一方八幡町では，同町に絶大な影響力を持つ製鉄所の事務官が，新聞紙上で同町における日用品の掛売りを批判したが（『福岡日々新聞』1906年2月10日付），地元の小売商たちはこうした批判に積極的な対応を示さなかったため，製鉄所は自ら購買会の設立に乗り出した（1906年3月米麦の分配を開始。同年5月1日「製鉄所購買会規約」を制定）。

さらに戦前における流通業界の指導者・清水正巳が幼少時に過ごした大阪では，彼の自宅周辺で営業していた小売市場の利用者は，零細商店主や労働者の妻たちに限られていた。一方中流家庭の女性たち，すなわち大阪では「船場の御寮はん」と呼ばれた人々は，そのような市場で買物することを恥じ，もっぱら御用聞きを利用していた。さらにこうした小売市場では，客により対応を異にする「ゴマカシ商ひ」が一般的であった。これは買物客が1つ2銭の値札を見てこの商品を5つ買い，10銭の代金を支払おうとすると，小売商は「2銭5厘足りない」と答える（1円＝100銭＝1000厘）。そこで買物客が「1つ2銭と書いてあるではないか」と抗議すると，商人は「いや1つ2銭5厘だ」と切り返す。そこで客がよく見ると，値札の5厘の部分は品物の中に隠れており，2銭の部分のみ見えるようにしてある，というような商売がまかり通っていたのである。

以上みたように，19世紀末から20世紀初頭の日本の都市における日用品小売商業の一般的な販売方式は御用聞き・掛売りであった。しかし，工業化の進

展にともない都市への人口流入が活発になると，こうした販売方法は問題となった。それはまず，新参の住民が増えることにより貸し倒れの危険が増し，それが転嫁されて小売価格の上昇をもたらしたことであった。また先にみたように，現金販売の小売市場でも，買物に際しては駆け引きの技量を要求されたが，新たに都市に流入してきた人々はこのような駆け引きに慣れておらず，これもまた彼らの生活を困難に陥れた。かくして日用品小売商業に現金・正札定価・持帰り販売方式を普及させることは，日露戦争後，とりわけ第一次世界大戦期以降の都市当局にとって，重要な政策課題となったのである。

▶ 公設市場政策の起源

　日露戦争後，工業化にともなう都市人口の増加を背景として，公設市場の設置が，生鮮食料品卸売市場の近代化政策と関連して提唱された。その先駆は京都帝国大学の教授であった戸田海市の「普通市場ト取引所」(『京都法学会雑誌』1907 年)で，欧米の都市において「公衆に便宜を与ふることを目的」に小売市場が開設されていることを紹介した。次いで 1911 年，添田寿一が「食料品問題」(『帝国農会報』第 1 巻第 11 号)で小売市場の開設を訴えた。この添田は，12 年の生産調査会(後述)に公設日用品市場の設置を答申した同会委員の一人であった(中村 [1981])。さらに職工の経済的保護のため日用必需品の廉価供給機構を整備するよう訴えていた大阪の工場経営者・宇野理右衛門は，15 年に私設小売市場の設置を提唱し，さらに 17 年，物価騰貴による職工の生活難を救済する方策として，公設市場開設の必要性を主張するに至った。また 16 年，大塚金之助は『国民経済雑誌』に「市営小売市場問題ニ関スル報告」と題し，ブランチ (G.V.Branch) "Retail Public Markets" の概要を紹介，不正取引の排除や掛売りの禁止，市場経営の原価主義など，近代的市営小売市場機構整備の要点を示した。

　一方全国レベルの政策課題としてはじめて小売市場の設置を取り上げたのは，1912 年の生産調査会第七諮問事項「工業ノ発達助長ニ関スル件」に対する答申「第三部第二・生活費ニ関スル件」である。また都市における日用品市場設置の主張としては，まず高山圭三が，同年 1 月，大阪商業会議所に「食料品公共市場設置ノ件」を建議した。これにより設置された「食料品公共市場施設調査委員会」は，同年 2 月から 8 月にかけて諸外国における市場の組織と現況な

らびに大阪市内の食料品卸売・小売市場の実況,取引習慣などを調査し,公設市場設置の可否を検討したが,結局公設市場の設置は見送られた。その後18年1月,東京商業会議所が,同所内に設置された時局調査会へ「公設市場設置ニ関スル案」を提出,2月6日承認を受けた。同案は服部文四郎が東京帝国大学教授河津 暹(すすむ)とともに構想したもので,府または市が小売市場を各区に1カ所ずつ設置し,そこでは日用品を,卸売価格に2割を加算した「統一価格」を公示し,現金で販売する計画であったが,一方で御用聞き制度に慣れた東京市民を一挙に現金購入へと改めさせることは困難であるとみて,宅配も認めていた。だが同案は,3月の商業会議所議員総会では承認されたものの,公設市場の出現を恐れる市内の日用品小売業者らが強固に反対したため,実現には至らなかった。

▶ 公設市場の開設と反動恐慌後の性格転換

　以上にみた日露戦争後の公設市場設置に関する構想は,第一次世界大戦中の物価騰貴,そして1918年夏の米騒動により,はじめて現実のものとなった。第一次世界大戦は日本に未曾有の好況をもたらし,都市部への人口移動が進んだが,その一方で米価を中心に甚だしく物価は高騰した。1914年を100とする小売物価指数は,18年200を超え,19年242に達した。これは東京・大阪両市における賃金の伸び率(1914年を100とする指数で19年の東京市が225,大阪市が211)を上回るものであった。一方食料品の小売価格も,その増加率は1914年の100から19年の221へと,小売物価の上昇率をやや下回るものの,大阪市の賃金上昇率を上回っていた。
　全国の都市の中で公設市場が最も成功を収めた大阪市では,米騒動に先駆け1918年4月,市内4カ所に公設市場を開設した。そして1918年2月27日,大阪市会へ建議案「公設市場設置ニ関スル建議」が提出された際,提出者の一人・前野芳造が示した提案理由は以下のようなものであった。

　　ご承知のごとく大阪市は今日非常な膨張を致して,その中でも大阪の工業が今次の世界大戦の影響として勃興したことは著しきもので……ますます盛んに労力を招致しなければならぬ必要を生じている,その労力の招致と云うことは必ずしもかような公設市場の設置くらいのことで遂げ得ると云

う訳ではありませぬけれども、いやしくも大阪に労力を招致せんとするならば衛生上その他すべての点において大阪市が愉快に彼等をして生活せしむると云うことが必要である、しかしてその生活費は他に比べては比較的安いと云う事にならなければならぬ、これは独りただ社会問題と云うのみではなくして、そう云う風な事が追々都合よく行われて参ればやがて経済問題となり、この大阪の経済的の進展に資することがおびただしいものであると心得ます。

（原文の歴史的かなづかいは現代的かなづかいに、カタカナはひらがなに改め、また漢字も一部現代的な表記に改めた。）

このように前野は大阪市における公設市場の意義を、「社会問題」への対応（＝低所得者層の救済）にとどまらず、生活費の引き下げにより労働力を招き寄せ、産業の発展を促すことにある、と述べていた。すなわち大阪市では、公設市場は同市における産業と都市の発展を促す手段とみられていたのである。

だが大阪市は、市会における反対派の抵抗を最小限にとどめる目的もあり、開設当初の公設市場に治安対策を主目的とする社会政策的廉売機関の性格を与えた。すなわち公設市場は、生産者直売による食料品廉売をめざした期間限定の「日用品供給場」として市周辺部の低所得者層が多く住む地域に開設され、また出店者からは使用料（家賃）を徴収しなかった。さらに「六大都市」の中でも大阪市を除いた五市（東京、横浜、名古屋、京都、神戸）では、米騒動勃発後に公設市場を開設したため、売上高に占める米穀の割合が高く、大阪市以上に開設当初の治安対策的性格が濃厚であった。

しかしこのような初期公設市場の性格は、1920年3月の反動恐慌（戦後恐慌）をきっかけとして物価高騰が鎮静化の方向に向かったため、見直しが図られることとなった。21年7月、内務省社会局長は道府県知事に対し「公設市場改善ニ関スル地方長官意見」を照会、その回答を踏まえ、同年10月、内務省社会事業調査会は「公設市場改善要項」を答申、また22年8月には政府が「物価調節十九項目」を発表し、公設市場の増設と改善の方針を示した。これらを機に、公設市場は量的拡大から質的充実へと大きく方向を転換した。

さらに政府は、資金面からも公設市場の量的拡大と質的向上を促した。1918年12月、内務次官通牒「小売市場設置奨励ノ件」が発せられた際、同時に示

表 7-1 公設市場関連年表

年	事　項
1907	戸田海市,「普通市場ト取引所」(『京都法学会雑誌』)で,欧米の都市において「公衆に便宜を与ふることを目的」として小売市場が開設されていることを紹介。
1911	生産調査会の委員を務めた添田寿一,「食料品問題」(『帝国農会報』第1巻第11号)で小売市場の開設を訴える。
1912	生産調査会の諮問事項「工業ノ発達助長ニ関スル件」に対しなされた答申「第三部第二・生活費ニ関スル件」が,全国レベルの政策課題としては,はじめて小売市場の設置を取り上げる。 1月,高山圭三が大阪商業会議所に「食料品公共市場設置ノ件」を建議。これにより「食料品公共市場施設調査委員会」が設置され,同年2月から8月にかけて諸外国における市場の組織と現況ならびに大阪市内の食料品卸売・小売市場の実況,取引習慣などを調査し,公設市場設置の可否を検討。
1915	大阪の工場経営者・宇野理右衛門,物価騰貴による職工の生活難を救済する方策として私設小売市場の設置を提唱。
1916	大塚金之助,『国民経済雑誌』に「市営小売市場問題ニ関スル報告」と題しブランチ(G.V.Branch) "Retail Public Markets" の概要を紹介,不正取引の排除や掛売りの禁止,市場経営の原価主義など,近代的市営小売市場機構整備の要点を示す。
1917	宇野理右衛門,職工の生活難救済策として公設市場の開設を主張。
1918	1月,東京商業会議所が,同所内に設置された時局調査会へ「公設市場設置ニ関スル案」を提出,2月6日承認を受ける。同案は3月の商業会議所議員総会では承認されたが,公設市場の出現を恐れる市内の日用品小売業者らの強固な反対で実現には至らず。 2月27日,前野芳造らが大阪市会へ建議案「公設市場設置ニ関スル建議」を提出。4月,大阪市が市内4カ所に公設市場を開設。 夏,米騒動が勃発。公設市場が全国各地で開設される契機となる。 12月,内務次官通牒「小売市場設置奨励ノ件」が発せられる。またこの際同時に示された救済事業調査会の答申「小売市場設置要綱」は,その第7条で政府による公設市場設置のための低利融資方針を打ち出す。
1919	この年より29年までの11年間に,大蔵省預金部資金ならびに簡易保険積立金を財源として,合計156件(総計1000万円強)を公設市場設置のための低利資金として市町村に融資。
1920	3月の反動恐慌をきっかけとして日用品の価格騰貴は鎮静化の方向に向かい,公設市場の運営方針も見直しが図られることに。
1921	7月,内務省社会局長は道府県知事に対し「公設市場改善ニ関スル地方長官意見」を照会,その回答を踏まえ,同年10月内務省社会事業調査会は「公設市場改善要項」を答申。
1922	8月,政府が「物価調節十九項目」を発表,公設市場の増設と改善の方針を示す。

された救済事業調査会の答申「小売市場設置要綱」は,その第7条で政府による公設市場設置のための低利融資方針を打ち出し,これを受けて翌19年より29年までの11年間に,大蔵省預金部資金ならびに簡易保険積立金を財源とし

第7章　近代日用品市場の成立と展開

て，合計 156 件（総計 1000 万円強）が市町村に融資された。このような中央の動きに後押しされ，各都市においても，地元小売商と，彼等を選出の基盤とする市会議員の抵抗を極力排して，公設市場の量的拡大と，運営方法の転換（販売人からの使用料徴収，使用規則の制定，建物の永久化，販売品の品目と品質の見直し，生産者直売方針の後退）が進められた。

▶ 公設市場の普及にみる都市間の格差

しかしこのように性格転換を経た公設市場は，その後の発展において都市ごとに明らかな差が生じた。全体として公設市場の普及・発達が顕著であったのは六大都市のうち名古屋より西の都市で，特に大阪市の公設市場は質・量とも抜きん出た発展ぶりを示した。1930 年の数値によれば，公設市場 1 カ所当たりの都市面積は大阪市が 3.49 km² と他の都市と比べ著しく狭小で（東京 6.25，横浜 14.37，名古屋 11.60，京都市 6.71，神戸 6.83），また一市場当たりの世帯数でも大阪市は 1 万 208 と他の都市に比べてはるかに少なく（東京 3 万 1900，横浜 1 万 5103，名古屋 1 万 7079，京都 1 万 8008，神戸 1 万 4860），公設市場が市内にくまなく設置されていたことが理解できる。

さらに品目別の販売額割合をみると，公設市場が米騒動に対する臨時救済施設として位置づけられていた設置当初は，いずれの都市でも売上高に占める米穀の割合は高かった（1919 年で東京 56.4％，名古屋 75.8％，大阪 43.7％）。しかし物価騰貴が一段落した 1921 年頃を境に公設市場の売上に占める米穀の比重は次第に低下し（25 年で名古屋 22.6％，大阪 11.4％），特に大阪市の場合，取扱品目は米・生鮮食品からそれ以外の食品，そして非食品にまで多様化していた（37 年の時点で穀類 12.9％，青果 11.0％，魚介類 15.9％，肉卵 7.6％，その他食料品 27.8％，非食料品 25.8％）。一方東京・横浜両市では，後年まで売上高に占める米穀の比重が高かった（1930 年で東京 32.0％，横浜 33.3％）が，これは両市の公設市場が臨時救済施設しての位置づけに終始していたことを示している。

▶ 私設小売市場

さらにこうした公設市場の開設に刺激され普及したのが，民間の業者により開設・運営される私設小売市場であった。大阪市の場合，旧市域（1925 年市域拡張以前の市域）の公設市場は 27 カ所すべてが大正期に開設され，また新市域

でも3分の2が大正期に開設されていた（大正期18カ所，昭和期9カ所）。これに対し私設小売市場は戦前の最盛期に全市で166カ所を数えたが，旧市域では公設と同様，大正期52カ所，昭和期18カ所と大正期に開設されたものが多かったのに対し，新市域では大正期39カ所，昭和期57カ所と昭和期に開設されたもののほうが多かった。つまり私設小売市場は，設備や販売方法等の面では公設市場に譲るものの，新市域における小売市場の発展を量的に担い，市民に小売市場という日用品の新たな小売業態を定着させる上で大きな役割を果たしたのである。なおこの頃，小売市場による食料品の売上高は公私設あわせて大阪市内の2割近くを占め，とりわけ鮮魚は5割を超えていた。

2　中央卸売市場法の成立と中央卸売市場

▶ 市場公設論の形成と国法市場法の策定過程

　1923（大正12）年の中央卸売市場法制定は，近代日本の生鮮食料品卸売市場制度成立過程における最も重要な画期であった。同法の制定以前，消費地（都市）における生鮮食料品の取引は，私設卸売市場内で営業する問屋（卸売商）により担われていた。その卸売市場は，市場と称しながらも固有の場屋を持たず，取引は問屋の軒先の路上で行われ，不衛生かつ非効率的であった。また問屋そのものも，生産者や小売商に対しては金融力や情報収集能力で勝ってはいたが，日本経済の全体からみれば今日でいう中小企業（当時の表現では中小商工業者）で，多数集合して営業していても独力で市場施設の近代化を進めるだけの資力も能力も持ち合わせてはいなかった。一方これに出荷する生産者（農民，漁民）も，漁業における一部大資本（大洋漁業や共同漁業〔のちの日本水産〕，日魯漁業など）を除けば零細で，小売商もまた規模においては問屋とは比ぶべくもない小規模なものがほとんどであった。問屋はこのような生産者から荷を買い取り，これを小売商との「相対取引」（問屋と小売商が1対1で交渉し，条件が折り合えば売買が成立。不成立の場合，小売商は他の問屋と交渉し，以後売買が成立するまでこれを繰り返す取引の方法）で販売していたが，これらのことが都市における食料品価格の高騰をもたらす元凶とみなされ，その解決策について日露戦争後以降，さまざまな模索の末に成立したのが中央卸売市場法であった。

　同法に基づき開設される中央卸売市場は，一つ都市（開設区域）において一

図 7-1　生鮮食料品卸売市場における取引―中央卸売市場の開設前と開設後の違い―
中央卸売市場の開設前

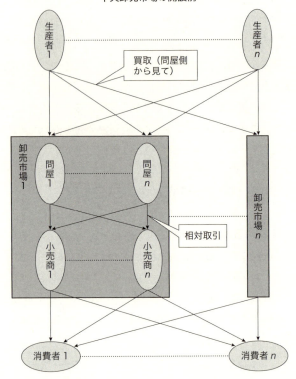

　つの市場のみが開設を認められ、生鮮食品の取引を排他的に担い、また市場内で出荷者と買参人(仲買、小売商)を仲介する卸売会社は、旧来の問屋をすべて合併の上成立し、一市場内には原則として部門ごとに一企業のみが営業を許可された。このような中央卸売市場の成立により、生鮮食品の消費地(都市)における取引は、以前と比べ飛躍的に整理されたものとなった。また市場内における生鮮食品の取引方法も、生産者から委託された商品を公開セリ方式で価格決定し、小売商を中心とする買参人へ販売するという形へ移行し、都市に集中する大量の供給と需要を短時間に効率的に処理し、生鮮食品の適切な価格による安定的供給の枠組みが出来上がったのである(図 7-1 参照)。

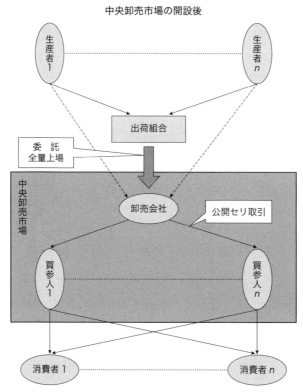

(注) 卸売会社＝集荷卸売商，買参人＝小売商＋仲買（仲卸，分荷卸売商）。

　この他に中央卸売市場法の特徴としては，卸売市場の設置主体を府県や市といった公共団体に限定する市場公設制を採用したことがある。生鮮食料品卸売市場をめぐる市場公設論は明治30年代に，都市経営問題（衛生取締・治安維持・都市交通の観点から）の一環として提起されたが，主として財政上の理由から市場の公設は実現しなかった。しかし日露戦争後には，有識者（戸田海市・河津暹など）や『東洋経済新報』などが，食料品価格を抑え国際競争力を強化することを目標として，公設市場の設置を主張した。この時期における農商務省生産調査会の答申「工業ノ発達助長ニ関スル件」は，卸・小売の商取引のあり方の中に物価高の原因を見出していた。市場を公設とすることで日用品価格

第7章　近代日用品市場の成立と展開　145

を抑え，賃金水準を低位に維持し産業の発展を促すという，中央卸売市場法に通じる意図を持った市場公設論は，日露戦争後に形成されたのである。

　また中央卸売市場法のように，全国レベルの法律（国法）によって卸売市場の商取引を規制しようとすることは，世界的にみてもまれな試みであった。そしてこのような国法市場法の策定は，農商務省と内務省という2つの官庁を中心に進められた。農商務省は，卸売市場政策を，魚市場の取引改革を軸として構想した。それは「一地区一市場制」の導入による市場数の制限をめざしたが，市場の開設者については公設と私設を併記し，特に資格を限定しなかった。一方内務省の場合，一定地域内における市場の開設数は特に制限せず，魚類・肉類・青果物などを包括的に対象とする総合的市場政策と，公共性と衛生の観点から市場開設者を市町村などの公共団体に限定する「市場公設制」の導入を構想していた。このように農商務省と内務省の市場政策構想は，それぞれ「一地区一市場制」と「市場公設制」「総合市場政策」という，のちの中央卸売市場法における要点を部分的に含んでいた。またそれらはともにスタート時点では全国的な市場規制をめざしたが，大正中期以降は，政策対象を，市場の改革が特に急がれる六大都市に限定していった。

▶ 卸売市場近代化政策の背景

　ところで以上のような，最終的に中央卸売市場法として結実する生鮮食品卸売市場の近代化政策が推進された背景は，以下のようなものであった。

　消費地（都市部）における問屋と産地（農漁村地域）における生産者との関係

　日露戦争後期以降，日本の大都市では，工業化・都市化の進展にともない需要が急増したため，生鮮食料品をより遠方から調達せざるを得なくなった。しかしこれにより，産地の生産者と消費地の問屋との情報伝達・確認が困難になったため，問屋は生産者に対しさまざまな不正手段（商品代金の不払いもしくは遅延，荷痛みなどを口実に「仕切り」〔実際の売買価格〕より少ない金額しか支払わない，など）を弄することが多くなった。このような傾向が続いたため，地方の生産者はごまかしの少ない地元市場への出荷を優先するようになり，大都市への生鮮食料品の供給は不足し，その価格は高騰した。

　消費地（都市）における問屋と小売商の関係

　生鮮食品の小売商は，一般的に経営規模が零細で資金力に乏しいため，延べ

コラム7 「郊外生活」と小売市場

　本章が対象とする時期，大阪市を中心とする関西地域では都市間高速電気鉄道（インターアーバン）の発達が著しく，これによって中流以上の階層では，環境の悪化した都心を離れ「郊外生活」を営む者が増加した。しかし当時の電鉄沿線の郊外住宅地域では，日用品流通機構が抱える問題点が都心部よりも深刻であった。例えば阪神電気鉄道のPR誌『郊外生活』第1巻第1号（1914年1月）の「阪神電車より」は，当時における「郊外生活」の欠点として，「夜間交通の不便なる」こと，「附近に良医の乏しき」こと，「郵便物集配の甚だ遅き」ことと並べて，「諸式の高値」（物価が高いこと）を挙げていた。さらに同誌第1巻第5号（1914年5月）では，沿線住民と思しき人物が，「郊外における消費組合の必要」と題する論説において，「土地発展」のため，また「郊外生活者」のために消費組合を設立し，「比較的廉価に凡ての生計品を供給する」ことを提唱していた。また南海鉄道沿線の浜寺地区（大阪府堺市）では，日用品小売価格の高さと通勤費により，その生活は都市の中心部以上に「不経済極まる」ものであった。さらに明治末から宅地化の進んだ天王寺村（大阪府東成郡）では，それまで農業を営んでいた地元住民の多くが，地価の上昇に乗じ農地を売却し，これを元手に日用品販売の店舗を開いたが，その販売価格は「別荘相場」といわれるほどの高値であった。このほか阪神急行電鉄宝塚線の沿線でも，1922年夏の時点で食料品をはじめとする生活必需品の販売価格は大阪市内より2～3割高く，ことに野菜類は郊外地域でありながら大阪市内よりはるかに高価であった（『大阪朝日新聞』1922年8月27日付）。29年に大阪府商務課が調査した結果でも，堺と岸和田の2市ならびに府下20町村では，日用品の小売価格が大阪市内の公私設小売市場に比べ，平均10～15％高かった（『大阪毎日新聞』1929年12月15日付）。

　このような郊外地域を人々が安心して定住できる場所とするためには，交通機関や住宅・水道，そして学校や病院が整備されるだけでは不十分で，手頃な価格で日用品を購入できる流通機構の整備が必要であった。そこで両大戦間期の大阪市周辺では，不動産事業（宅地経営）を経営の重要な柱とする民鉄が，日用品供給施設の重要性を認め，その整備に乗り出した。まず阪神電気鉄道の場合，「携帯輸送車」と称する日用品輸送専用電車の運行を計画した。阪神では，この電車を朝晩には20～30分間隔，またそれ以外の時間帯には30～60分間隔で運

行することで，行商が次第に盛んになるとともに，物資の供給が潤沢となり，日用品の価格，とりわけ値段が最も割高といわれていた蔬菜や魚鳥類の価格が引き下げられるものとみていた（『郊外生活』第1巻第12号）。一方阪神急行電鉄（阪急）では，1922年に同社運輸部と宝塚線沿線の魚菜小売業者で組織された阪急沿線魚菜組合が交渉した結果，同組合員の商品運送について，貨車の場合は運賃を普通の半額，客車の場合は無賃とする協定を締結し，また同組合は組合員すべての販売品を2割値下げすることに決定した（『大阪朝日新聞』1922年8月27日付）。さらに29年の初頭，いずれの停留所（駅）附近にも土地を所有し住宅経営を計画していた新京阪鉄道（当時は京阪電気鉄道の系列企業，現阪急京都線）では，「住宅が出来て移住者が出来ても物資の価額が低くないといふ様では困る」との理由で高槻町（大阪府三島郡）の停留場付近に「マーケット」の新設を計画し，また茨木や吹田にも同様の施設を計画していた（『大阪時事新報』1929年1月9日）。

払いにより商品を仕入れることが多く（すなわち問屋から仕入資金を借りていた），そのため金利を負担せざるを得なかった。また高値でも問屋の言いなりに仕入を行わざるを得ず，仕入値の高くなった分は小売価格に転嫁された。

　また当時の卸売市場で一般的な取引方法であった相対取引では，小売商は自分が他の小売商に比べ高く買わされたのか，あるいは安く買えたのかを容易には知ることができず，仮に現金取引で自由に取引相手を選ぶことができたとしても，この面では依然不利な立場に置かれていた。さらにこの方法は交渉成立までに時間を要するため，鮮度が重視され，また取引量が年々増加していた生鮮食品の取引には，次第に適さないものとなりつつあった。

▶ 中央卸売市場法の制定

　開設当初の公設（小売）市場は，「産地直結」，すなわち中間商人の排除による日用品流通の改革に挑んだ。しかしこのような方法は，膨大な需給を処理せざるを得ない両大戦間期の大都市には適さないことが次第に明らかになった。こうして1920年代以降の生鮮食品市場の改革は，小売段階における公設市場政策と並行して，卸売段階を対象に推進された。

　1920年10月，東京市は市営卸売市場を開設し，また21年1月京都市が，

公設市場で販売する物資の仕入を目的とする「中央市場」の「経営要項」を発表した。同年6月には大阪市の都市計画調査委員会が中央卸売市場の開設を検討課題とし，また10月には内務省社会事業調査会で，「公設市場改善要項」の答申直後から中央卸売市場の開設問題が俎上に上った。

1922年1月，政府は，物価対策として六大都市に中央卸売市場を，産地には中央卸売市場への大量出荷に対応することをめざして出荷組合を設置することを公にした。また京都・大阪・神戸の3市は，大蔵・農商務両省に中央卸売市場開設のための低利資金貸与を申請し，名古屋市は既存卸売市場の再編計画を具体化した。同年7月，農商務省と内務省が協議の末，以後卸売市場政策は農商務省の管轄となった（のち農商務省が農林省と商工省に再編されると，中央卸売市場は商工省の管轄となる）。同年8月，逓信・大蔵・農商務の3省が協議の末，「物価調節十九項目」を発表，公設小売市場の増設・改善と並んで中央卸売市場の設置方針を明示した。

1922年9月，内務省社会事業調査会は「公設市場改善要項」「中央市場設置要項」を建議し，この建議を踏まえ23年，中央卸売市場法が成立した。27年，中央卸売市場法に基づき，京都市はわが国初の中央卸売市場を開設した。その後中央卸売市場は31年大阪市，35年東京市に開設され，神戸市，横浜市も加わり，第二次世界大戦前には名古屋市を除く六大都市のすべてと，いわゆる地方都市のうち高知，佐世保，鹿児島の3都市に中央卸売市場が開設された。

▶ 中央卸売市場法の特質

中央卸売市場法の内容をみると，同法において中央卸売市場は，公共的性格の強い卸売市場の経営を私的営利組織に委ねるべきでないという理念から，また資力不足の問屋商人に代わって陳腐化・狭隘化しつつあった施設を刷新するため，公共団体である市町村のみが開設できるものとされた（市場公設制）。中央卸売市場の開設を希望する都市は，所轄官庁である商工省（1925年農商務省から分離独立し，中央卸売市場の所管を継承）に申請し，これが認められ「指定都市」となった場合，指定区域（指定都市およびそれと経済上一体とみられる周辺市町村）内の既存卸売市場は強制的に閉鎖された。そして既存市場内で営業してきた問屋（卸売商）は，営業権の現物出資という形で，中央卸売市場内へ新設された卸売会社の株主となった。ただし各市場における取扱品目（青果，鮮魚，

塩干物など）ごとの卸売会社の数については，農商務省は単一化（1つの市場で一品目一社とすること）をめざしてきたが，条文には明記されず，各都市の判断に委ねられた。その結果，単一派（一社に限定することで市場の機能充実をめざす市当局ならびに既得権益の維持を図る既存卸売市場の問屋商人）と，複数派（単一化による卸売会社の独占体制確立で不利な立場に立たされるとみた出荷者〔生産者〕，買参人〔小売商〕，消費者）との間で激しい対立が生じた（単複問題）。しかし1935年に東京市中央卸売市場が開設される頃からは，単一制の採用が基本的方向となった。

　次に中央卸売市場における取引方法についてみると，まず生産者の出荷先と小売商の仕入先が一地区一市場の単数（もしくは少数）の卸売会社に集約されたことにより，取引数が飛躍的に減少し，取引費用（適切な取引相手を見つけだすための費用）の大幅な節約につながった。さらに従来の相対取引はすべて公開セリ方式に改められた。セリ方式とは最高価格を提示したものがその商品を購入する権利を得るものであるが，いわゆるオークションとは異なり，購入希望者がいっせいに希望価格を示す（一発ゼリ）ため，短期間に大量の商品へ値付けすることが可能となる。鮮度が価格に大きく影響するため，取引時間の短縮が他の商品に比べ重要となる生鮮食品ならではの取引方法である。またこれにより卸売市場における価格決定のプロセスは公開され，「商人が不当に価格を釣り上げているのではないか」という価格形成への疑念は一掃された。なおこのセリに参加する買参人（審査を経て参加資格を与えられた業者）の主流は小売商であったが，関西地方では小売商に代わって仲買（仲卸商〔分荷卸売商〕）がセリに参加することが多かった。また卸売会社（荷受卸売商）は，生産者から出荷された商品をすべてセリに掛けねばならず（全量上場の原則），たとえ供給過剰により取引価格の暴落が予測される時でも出荷を拒めないこととなった（受託拒否の禁止）。これは短期的にみれば価格の乱高下を招くものの，需給は正確に価格へ反映され，中長期的には物価の安定に貢献した。

　生産者と卸売会社の取引はすべて委託となり，卸売会社は利益として取引額（落札価格×数量）の一定割合（定率手数料）を得るのみとなった。これにより卸売会社の経営は安定したが，反面リスクを負担しない卸売会社の産地・商品開拓機能は低下した。また代金決済については，取引終了後すみやかに現金で行うことを義務付けたため，支払いは円滑となり，さらに生産者は，仕込み（生

産者に対する前貸し）による問屋の拘束からも解放され，自由に取引相手を選択できるようになった。

　このように中央卸売市場は，取引の公開・公正を確保することにより，生産者の大都市向け出荷を促し，供給を潤沢にして，中長期的な生鮮食料品価格の安定化に貢献したのである。

＊　本章第1節の記述は藤田［1972］，中村［1981］［1889］，酒井［1986］，石原［1989］，原田［1991］，廣田［2007］を参照した。また第2節の記述は，藤田［1972］，中村［1981］［1889］，原田［1991］を参照した。

参考文献

石原武政［1989］『公設小売市場の生成と展開』千倉書房。
酒井亮介［1986］「［資料と解説］大阪市設小売市場の誕生」『市場史研究』第3号。
中村勝［1981］『近代市場制度成立史論』多賀出版。
中村勝［1989］『市場の語る日本の近代〔増補改定〕』そしえて。
原田政美［1991］『近代日本市場史の研究』そしえて。
廣田誠［2007］『近代日本の日用品小売市場』清文堂出版。
藤田貞一郎［1972］『近代生鮮食料品市場の史的研究──中央卸売市場をめぐって』清文堂出版。
藤田貞一郎［2003］『近代日本経済史研究の新視角──国益思想・市場・同業組合・ロビンソン漂流記』清文堂出版。

第8章 新たな小売業態の発展と中小小売商

はじめに

　第7章では，商業の中でも生活に必要不可欠な食料を中心とする日用品を扱うものを対象としたが，これに対し本章では，この時期における小売業の，主として買回品の分野においてみられた新たな動きについて述べる。第3部が対象とする両大戦間期は，第一次世界大戦期における日本経済の急激な拡大を背景として，都市への人口移動が進み，その住民を中心として西洋的・合理的な新しいライフスタイルが普及した時期であった。そこで本章ではまず，新たなライフスタイルをめざす都市住民の需要にいち早く反応し，営業方針を大衆化させた百貨店について，その動向を明らかにする。次にこうした百貨店の動きに対抗し，また消費者ニーズの変化に適応すべく中小小売商自ら開拓した商店街や専門店会，チェーン・ストアといった小売業の新たな動きと，消費者自らが流通の変革に乗り出した消費組合について概観する。

1　百貨店の「大衆化」

▶ 第一次世界大戦と百貨店

　百貨店は，第二次世界大戦前の日本における事実上唯一の大規模小売業態で，近代日本の商業史を語る上で逸することのできない存在である。わが国における百貨店の先駆けは三越で，これは近世における代表的呉服商であり，三井財閥の源流ともなった越後屋呉服店が20世紀初頭に百貨店化したものであった。その後三越の成功に刺激され，白木屋，大丸，松坂屋，髙島屋，松屋，そごうといった老舗の呉服店が相次ぎ百貨店化を図り，中流以上の都市住民を主たる

顧客として，それぞれ独自の路線を開拓しつつ，営業を展開していた。

　しかし，わが国が未曾有の好況に沸いた第一次世界大戦期を経て，百貨店はその経営方針を「大衆化」路線に転換し，顧客層を一般市民層にまで拡大した。三越の場合，1919（大正8）年，新築の丸の内別館にて「木綿デー」を開催，木綿製品を廉売し，また22年からは，反動恐慌後に物価調節のため政府により推進された「節約デー」に協力すべく実用品売場「三越マーケット」を常設した。一方白木屋は，「暴落新値大売出し」を実施，反動恐慌による物価暴落で打撃をこうむった問屋より大量購入した商品と，手持ち商品の一部を廉売した（絹織物は半額，毛織物は定価の3分の1で）。また1922年からは，呉服と雑貨の「格安売り場」を常設した。

　しかし百貨店「大衆化」の流れが本格化したのは，関東大震災（1923年）以降のことであった。震災により一般小売店が被災し，復興が遅々として進まないなか，比較的早く営業を再開した百貨店は，生活再建に必要な物資を求める人々の需要に応え，日用品の廉売を開始した。これにより百貨店は，大衆という大きなマーケットの存在を認識し，以後取扱商品に日用品・実用品を加え，積極的な市場拡大に取り組んだ。

　百貨店「大衆化」のいま1つの表れは，下足預かりの全面廃止である。これは以後百貨店に繁栄をもたらした大きな要素の1つで，1923年の白木屋神戸出張所を先駆とするものであった。24年12月に開店した松坂屋銀座店は，下足預かりを全面的に廃し，土足での入店を可能とした。三越でも震災後にアンケートを実施した結果，賛否は相半ばしたが，下足預かりの廃止を決定した。また大丸大阪店では，26年5月，三越に追随する形で下足預かりを廃止した結果，来客数は3倍，売上は2倍に急増した。さらに髙島屋は，27年2月京都店，同年3月大阪長堀店で，そごうは28年9月，それぞれ下足預かりを廃止した。

▶ ターミナル・デパートの台頭

　百貨店の「大衆化」におけるさらなる変革は，ターミナル・デパートの出現であった。1929年3月，阪神急行電鉄（阪急）は梅田駅に阪急百貨店を開業した。阪急の創業者・小林一三(いちぞう)は，同社の前身である箕面有馬電気軌道が開業当初において経営環境に恵まれなかったため，不動産分譲や観光・レジャーなど

第8章　新たな小売業態の発展と中小小売商

に事業を多角化してその不利を補い，今日に至る民鉄（民営鉄道）多角経営の先駆けとなった。しかし電鉄を中心に豊富な事業経営の経験を有するとはいえ，こと小売業に関しては十分な経験を持つとはいえない小林は，1920年11月梅田駅に竣工した阪急電鉄本社ビルの1階を，当時東京と大阪で数多くの支店を展開していた老舗百貨店・白木屋に賃貸して，マーケットを経営させることとした。この際定められた主な条件は，家賃は売上高の5％，家賃徴収の証拠として日々の売上を記録した「日計表」を提出，契約は1年ごとに更改，の3点であった。阪急側はこの「日計表」提出によって，商品別そして時間ごとの販売に関する詳細な情報を得て，これを検討することにより，百貨店経営のノウハウを自らのものとしたのである。

　1925年6月，阪急は賃貸借契約の満了を期に，白木屋へ家賃を売上高の10％に引き上げる旨通告した。白木屋側は条件の再考を求めたが，阪急側はこれに応じず，交渉は決裂した。以後マーケットは阪急の直営となり，本社ビルの2階と3階を阪急マーケットとして開業した。契約満了に先立つ1925年2月，社内に準備委員会が組織され，民鉄各社のターミナル周辺における食料品店などを調査し，その成果を報告書としてまとめるなど，周到に準備を進めた上でのマーケット開業であった。このように阪急は，小売業経営をリスクの小さなマーケットの経営で実体験した後，地上8階，地下2階建の本格的百貨店である阪急百貨店の開業に至ったのである。

　阪急百貨店の開業以前，日本の百貨店は開拓者である三越を含め，すべてが呉服店を母体とする「呉服店系」百貨店であった。これに対し阪急百貨店は，鉄道駅の周辺に立地するターミナル・デパートの元祖となったのみならず，電鉄企業によって経営される「電鉄系」百貨店の先駆でもあった。開業後の阪急百貨店について当時関係者の語ったところでは，午後4時以後が売場の「ラッシュアワー」で総売上の約半分を占め，これに次ぐのは夜間の営業で約3割，一方朝9時から正午までが最も閑散な時間帯であった。それは，通勤の帰途に買物する客が最も多いというターミナル・デパートの特色を如実に物語るものであった（『大阪朝日新聞』1937年3月5日〜11日付）。

　さて阪急百貨店の開業後，当時「私鉄王国」を誇った関西では，いくつかの民鉄がターミナル・デパートの経営に乗り出した。大阪電気軌道はすでに1926年8月，上本町駅に大軌ビルディングを完成させていた。鉄筋コンクリ

ート造地上 7 階，地下 1 階の同ビルは，1〜3 階に百貨店を設け，その運営には三笠屋があたった。しかしその後，阪急百貨店の成功に刺激された大軌は，百貨店の直営を決断し，百貨店を 5 階まで拡張する改装工事に着工した。こうして 36 年 9 月，大軌百貨店は全館開店に至った（小野田［1989］）。大軌の関係者によれば，当時の同社は基本的に「遊覧電車」であったため，日曜と祭日に乗降客が集中し，それに比例して百貨店の来客数も増減するため，平日の来店者を増やすことに努力していたという（『大阪朝日新聞』1937 年 3 月 5 日〜11 日付）。

　また阿部野橋（天王寺）への乗り入れにともなう多額の投資が災いし，1930 年以降無配に転落していた大阪鉄道（大鉄，現・近鉄南大阪線）は，37 年，社運を賭して建設した阿部野橋ターミナルビルに大鉄百貨店を開業した。当時の阿部野橋駅界隈は，大鉄の他に省線（現在の JR）の関西線と城東線，南海の上町線と天下茶屋線が発着，これに阪和電鉄の全線開業や市営地下鉄御堂筋線の延伸が加わり，これらの交通機関によって集散する人数は 1 日 10 万人を下らないものとみられ，「大阪の新宿」としてその成長性が高く評価されていた。それまで大鉄の小売業部門は商店街「大鉄アーケード」の運営のみであったが，百貨店に関しては当初より直営をめざし，在阪の各百貨店に社員を派遣するなど準備を進めたすえ，開店に至った。

　さらに京阪電気鉄道も 1933 年，京阪デパートを天満橋駅に開業した。京阪デパートの源流は，1 つは京阪電鉄が 1921 年京橋駅で開業した京阪食堂，いま 1 つは系列の新京阪鉄道が 26 年 7 月天神橋駅の新京阪ビルヂングに開設した食堂とマーケットであった。京阪デパートは，白木屋との共同経営によりターミナル立地と専門家による経営の長所を活かすことをめざし，資本金の半額は京阪が出資，残額は白木屋その他が分担した。「百貨店界の大戦闘艦の間に介在せる小型巡洋艦」として「冗費」を省き，「良品廉価，消費者本位」を標榜し，「清新な実用百貨店」として独自性を消費者にアピールしたが，戦時体制への移行により 43 年 8 月末に，解散を余儀なくされた。

　この他阪神電気鉄道も，阪急に対抗して大阪・梅田での百貨店開業をめざした。「デパート経営についちやまるつきり素人」であった同社は，1928 年頃から梅田駅における地下鉄との連絡と並行して百貨店の経営を検討していたが，33 年，まず神戸三宮の駅ビルにそごうを出店させた（後述）。この経験を踏ま

え37年，阪神では，髙島屋あるいは三越に賃貸するものと憶測を呼んだ阪神ビルで，「ビルを建てて家賃稼ぎだけぢやつまりませんからね」と百貨店を直営することとした（『大阪朝日新聞』1937年3月5日～11日付）。しかしこの計画は，戦時体制への移行により中止を余儀なくされ，阪神電鉄による百貨店の開業は戦後に持ち越された。

これらに加え関西地域では，「呉服店系」百貨店の中にも民鉄のターミナルビルに出店するものがみられた。髙島屋は三越の進出も噂された南海鉄道難波駅の南海ビルに出店，南海店とした。南海ビルは，御堂筋の拡幅と地下鉄建設により面目を一新しようとする難波に新たな拠点を確立すべく，南海鉄道が不況下でありながら建設に踏み切ったもので，鉄筋コンクリート造地上8階地下2階，地階と7階の食堂には日本の百貨店で初の冷房化を試みた。髙島屋は先行して完成したビル中央部において1930年12月部分開業に踏み切り，32年7月待望の全館開業に至った。

またそごうは，阪神電気鉄道三宮地下駅の完成とともに，1933年10月神戸店を元町から同駅ビルへ移し，三宮店とした。この駅ビルは地上7階，地下2階で，関西では初の地下駅上に建設された駅ビルであった。そごうが同ビルへの移転に踏み切ったのは，当時の三宮が阪神国道線（路面電車）の開業，東海道本線の高架化，阪急神戸線の高架線による乗り入れなどによって将来における発展が確実視されていたためである。施工業者である大林組の仲介により，1931年1月阪神電鉄との間に賃貸契約を締結した。

一方，両大戦間期における都市輸送の主力が省線であったため，民鉄によるターミナル・デパートの開設が関西に比べ遅れ気味の関東地方で，本格的ターミナル・デパートの先駆けとなったのは，東京横浜電鉄（東横）が1934年渋谷駅に開店した東横百貨店（現・東急百貨店東横店）である。当時渋谷は，東横の他に省線と玉川電鉄（玉電），東京市電が発着する新宿に次ぐ規模のターミナルで，しかも新宿には三越，伊勢丹，ほてい屋の3百貨店が営業していたのに対し，渋谷にはいまだ一店もなく，百貨店進出には絶好の地とみられていた。しかしこの頃の渋谷駅は，乗降客数が新宿駅（31万5000人）のおよそ半分にすぎず，しかも東横より玉電の利用客が多く，また昭和恐慌後の不況期でもあったため，百貨店の直営に対しては東横の社内でも批判的な声が強かった。だが開業後の東横を支えていた補助金の期限が36年に切れるという切迫した状況

の下，これに代わる収益源を欲した東横の総帥・五島慶太は，社内の抵抗を押し切り百貨店の開店準備を進め，阪急をはじめとする百貨店に実習生の受け入れを依頼した。34年10月，地下1階，地上7階，延べ面積3000坪の東横百貨店が竣工した。品揃えは洋品・雑貨・食料品などの日用品を中心とし，商品はすべて現金で仕入れ，仕入値を抑えて安価に販売するよう努めた結果，11月の売上は13万970円と，同月の運輸収入13万4900円に開業早々ながら肩を並べた。

▶ 地下鉄と百貨店

東西を問わず昭和戦前期の百貨店経営に大きな影響を及ぼしたのは地下鉄の開通である。東京では1927年，東京地下鉄道が浅草−上野間で日本初の地下鉄を開業，34年には新橋に達し，その後39年には東京高速鉄道と相互乗入れを開始，浅草−渋谷間が地下鉄で結ばれた。両大戦間期の東京における主要百貨店は，いずれもこの沿線に立地した。松坂屋は1930年，上野駅に地下鉄広小路駅との連絡通路を設け，地下鉄と直結した初の百貨店となった。また31年，松屋が当時地下鉄の起点でもあった浅草で，東武鉄道の駅ビル内に出店し，さらに32年日本橋の三越本店は，建設資金を自ら負担する形で地下鉄に三越前駅を開設させた。この日本橋には他に白木屋と髙島屋が店舗を有し，東京を代表する百貨店の集積地であった。一方明治維新以降「文明開化のショーウインドー」として発展し，地下鉄の沿線でもあった銀座では，1924年松坂屋，25年松屋，30年三越と，大正末〜昭和初期に百貨店の開店が相次いでいた。

一方大阪市では1933年に梅田−心斎橋間に市営高速鉄道（市営地下鉄）が開通し，さらに35年の難波延伸を経て38年には天王寺まで達した。市営高速鉄道は名市長として知られる関一の都市開発事業の一環として建設され，この沿線には阪急（梅田），大丸とそごう（心斎橋），髙島屋（難波），大鉄（天王寺）の各百貨店が集中していた。それらのうちそごうの関係者は，「地下鉄客の七，八割は心斎橋で下りる，そして大丸か私とこへ入ってこられ」，また「どちらかが休みの日には地下鉄もゴソッと客が減る，両方の時にはなおさら寂しい」と語り，地下鉄と百貨店の集客面における密接な関係を強調していた。これに対し，かつて大阪市の南北方向におけるメインストリートであった堺筋で営業する三越では，実用品中心のターミナル・デパートと差別化を図るべく，高級

品を中心に品揃えを行った。例えばカンカン帽の場合、それまでよく売れていた50銭の品を1円～2円に切り替え、あるいはパナマ帽の品揃えを充実させた。また同様の立地にあった松坂屋では、店内に琴、三味線、長唄、ピアノ、書道、茶、生花から踊り、碁、将棋などさまざまな種類の「稽古場」を設け、立地の不利を補おうとしていた（『大阪朝日新聞』1937年3月5日～11日付。なお引用文の歴史的かなづかいは現代かなづかいに改めた）。

▶ **無料配達と無料送迎**

1920年代、「大衆化」した百貨店は、さまざまな販売促進策を講じた。それらのうちまず無料配達についてみると、例えば三越の場合、すでに明治時代から「買上品はすべて無料配達」を標榜し、1893年にはわが国ではじめて貨物自動車を配達に使用、また1909年にはメッセンジャーボーイ隊を編成し、これもまた珍しかった自転車を用いて市内配達を行った。さらに20年、東京・青山にデポと称する配達専門の出張所を設けた。ただしこの頃は、配達の対象を単価の高い呉服等に限っていた。

だが昭和に入ると、無料配達の対象品目は増え、また配達区域も拡大した。1930年暮、松坂屋が無料配達区域の範囲を横浜、横須賀（ともに神奈川県）や大宮（埼玉県）等の近県都市へ拡大すると、三越も松坂屋同様に配達地域を拡げた。すなわち31年2月までは東海道方面は横浜、房総方面は船橋（千葉県）、中仙道方面は浦和（埼玉県）と大宮までに限定されていた無料配達区域を、同年3月これを千葉市まで拡大、さらに5月、野田（千葉県）・川越（埼玉県）方面へ拡張し、7月には熊谷（埼玉県）、館林（群馬県）、足利と桐生（ともに栃木県）に至り、9月には高崎と前橋（ともに群馬県）に達して、関東北部の大半を無料配達区域に含めた。その出費は多大で、三越の場合、自動車20台、リヤカー20台、自転車80台、従業員140名を投入し、年間およそ20万円（配達商品一個当たり17銭）を要した。そのため東京では、配達の合理化をめざし共同配達が計画された。31年7月、百貨店協会に六大百貨店（三越、松坂屋、松屋、髙島屋、白木屋、ほてい屋）の配達部主任が集まり、協議会を開催した。しかしいざ実行となるとお互いの利害が一致せず、ことに三越と松坂屋が消極的であったため、実現には至らなかった。

自動車による無料送迎も百貨店の経営には重い負担であった。送迎自動車の

先駆けは松坂屋銀座店が開店直後の1925年3月，新橋・有楽町両駅からの無料運転を開始したことで，これに他店も追随した。三越は31年に12台の大型バスを5分毎に運航し，いずれも満員で，1日3万人の買物客を本店に導いていた。これに対し白木屋では，5台を東京駅の丸の内口，1台を八重洲口に配して1万人の利用者を確保，さらに両国駅にも配車して千葉方面の顧客獲得に努めた。さらに松坂屋では，上野店が上野駅と万世橋方面に計12台の送迎バスを運行し，車掌30名を擁して1万人を，また銀座店でも7000〜8000人の買物客を吸収していた。この松坂屋に対抗して松屋銀座店でも，東京駅と新橋駅に向け8台で1日40往復を運行，1日1万人を吸収していた。以上4社の百貨店が，1931年当時送迎バスの運行に投入した運転手は100余名で，駅出張所の世話人は40余名に達した（『東京朝日新聞』1931年4月19日付）。

▶ 出張販売

百貨店は前身である呉服店時代の20世紀初頭，出張販売を開始したが，これを積極的に展開するようになったのは第一次世界大戦後のことである。1931年頃の松坂屋上野店の場合，出張先は東北西の3方面，すなわち東は市川，中山，船橋，千葉（いずれも千葉県），西は調布，府中，立川，八王子（いずれも東京府），川越，所沢（ともに埼玉県），北は赤羽（東京府），川口，浦和，大宮，粕壁，越ヶ谷，草加（いずれも埼玉県）とおおよそ日帰り可能な範囲で，南部は銀座店が担当した。宣伝は新聞の折込み，チラシ広告，ポスターなどで行い，男性店員4〜5名とマネキンガール1名が，顧客送迎用のバス1台とトラック1台に，石鹸を主力とする商品を満載して出掛けた。また三越の場合，東北への出張では，1日は訪問日として得意先を廻り挨拶などを行い，1日を陳列日，2〜3日を販売にあて，翌日を移動日とする行動日程を組み，近接した都市を次々に巡回していた。

このような百貨店の出張販売は，進出先の小売商に著しい打撃を与えた。これを1929年10月からの1年7カ月間で地域別にみると，まず下関（山口県）の場合，計14回の出張販売が行われ（うち三越4回，髙島屋5回，松坂屋3回，白木屋2回），この間の推定売上高は19万円に達した。また盛岡（岩手県）では，小林百貨店（新潟）などが13回（うち三越が2回），水戸（茨城県）では三越，髙島屋，伊勢丹が11回の出張販売を実施した。出張販売の1回当たり売上高

表 8-1　都市の人口規模別にみた出張販売の1回当たり売上高（推定）

都市の人口規模	出張販売1回当たり売上高（推定）
10万人以上	1万～3万円
5万～10万人	5000～3万円
2万～5万人	1000～1万円
2万人以下	500～2500円

（推定）は**表 8-1** の通りで，また当時全国 249 の都市で百貨店出張販売がその都市の小売店に与える打撃の程度を調査した結果によると，打撃が「甚大」あるいは「大」と答えたものは回答者の 65% に達した。

▶ 売場面積の拡張と支店の開設

　東京市内の百貨店は関東大震災により著しい打撃をこうむったが，その後はいち早く復興したのみならず，むしろ売場面積を拡大した。すなわち 1922 年から 32 年までの 10 年間に 三 越 が 8961 m^2 から 1 万 6177 m^2，白木屋が 2507 m^2 から 1 万 3047 m^2，松屋が 1500 m^2 から 1 万 3826 m^2 と売場面積を拡大した他，32 年時点で松坂屋上野店は 1 万 2037 m^2，伊勢丹が 5600 m^2 の売場面積を誇っていた。

　また大戦後，東京の百貨店各社は，支店や分店の新設を積極的に行った。そのきっかけは関東大震災にあった。三越はじめ白木屋，松坂屋，松屋などは，関東大震災の直後，市内各地区に仮店舗や借会場を多数設け，日用品を廉売した。特に白木屋は，本店の復興が区画整理問題で遅れたため，分店と称する小型店舗を次々に展開し，好成績を上げた。1928 年，東京・五反田に分店，大阪の天神橋筋 6 丁目に出張所を設け，また 29 年には東京の大森，大塚，大井，麻布，大久保，30 年には東京の錦糸町と神楽坂，そして京都に分店を設けた。さらに 33 年，京浜電気鉄道と共同で京浜百貨店を設立し，京浜デパートの名で品川駅や鶴見駅に，また菊屋の名で池袋駅に出店した。

　一方三越では，震災後市内に 9 つの仮店舗を設けた。これは合計の売場面積が本店の 3 分の 1 にすぎないものであったが，その売上高は震災前の本店を上回り，多店舗化の利点が注目を集めた。しかし本店の復興が進むと，「三越とあろうものが，バラック建ての小店舗を展開するとは」として，これらの店舗

コラム8　百貨店と食堂

　高度成長期の子供にとって，親に連れられて出掛ける百貨店でのお楽しみは，玩具売場のオモチャと屋上の遊園地，そして大食堂のお子様ランチやスイーツであった。百貨店の大食堂は，今日もなおショッピングモールをはじめとする大型商業施設に不可欠である供食施設の日本における源流といえよう。

　さて百貨店における食堂開設の先駆けとなったのは白木屋で，1904年日本橋店に蕎麦と寿司ならびに汁粉の出店を設けた。しかし本格的な直営食堂をはじめて開設したのは07年の三越で，和食（50銭）や寿司（15銭）とともに，西洋菓子（10銭）や和菓子（5銭），コーヒーや紅茶（各5銭）を供した。この食堂は好評で，三越では14年日本橋に新館を設けた際，120席の食堂を開設し，また21年の西館完成時には600人が利用可能な大食堂を設け，メニューも和食，寿司，蕎麦，サンドウィッチ，和菓子，洋菓子，アイスクリームと一気に充実させた。洋食については22年完成の東館に設けた第二食堂で提供を開始した（吉田［1999］）。

　こうした百貨店食堂の起源について，昭和初年の新聞記事（「食堂の話（一）伸びてゆく食物の世界　呉服屋さんの茶菓から　デパート食堂へ　古谷晃道氏談」『都新聞』昭和3年11月25日付）は，以下のように説明する。

　百貨店が前身の呉服店であった時代，そこを訪れる人々は丸一日を費やして買い物をすることが常であり，そのため昼食の時間を呉服店で迎えねばならなかった。そこで呉服店側は茶菓を供し，場合によっては昼食を提供した。その後百貨店化をめざす過程で買物客の数が増えていくと，呉服店としてはいちいちそれらの客のために茶菓を呈し，あるいは昼食を提供することが困難になり，その代替策として食堂の経営が始まったのだ，と。

　また同記事によれば，昭和初年，東京を見物に訪れたある人は，「東京という処はどこへ行っても食べ物屋がある，ことにびっくりさせられたのはデパートの食堂だ」と語った。当時の東京に飲食店の増えたことは「江戸っ子」さえも驚くほどで，東京の人々は，「ちょっと外に出ると必ず何か飲むか食べるかしなければならないという風」になっていた。このように飲食店が増えたのは関東大震災（1923年）以降のことで，とりわけ百貨店の食堂は，「すべての人が何らこだわる気持ちがなく食べられる民衆的なもの」として好評を博したという。

はすべて撤収された。しかし1927年，三越の専務に就任した小田久太郎は，先に述べた白木屋の動きに刺激を受け，「一県一店主義」のスローガンのもと出店を進めた。28年神戸分店を支店に改め，29年には大連と京城の出張所を支店に昇格させ，また新宿に分店を開設した。30年には銀座店を開店するとともに新宿店を新築移転，また金沢店を開設した。その後も31年高松，32年札幌，33年仙台と支店網を拡大したが，これらは不況下の地元小売店に大きな打撃を与え，各地で進出反対の運動が起こった。松坂屋も大阪（1923年），銀座（1924年），名古屋栄町（1927年），静岡（1932年）と相次ぎ支店を開設したが，静岡進出では地元の激しい反対に直面した。

▶ 問屋との関係

このように大正末から昭和初期にかけて百貨店の勢力は急速に伸長したため，問屋はこぞって百貨店との取引開拓に力を注ぎ，化粧品売場や雑貨売場に，多い場合一店で3～4名の店員を連日派遣した。百貨店側も店員が定休や病気，事故などで欠勤した際は，その大半を問屋からの店員で補った。加えて中元や歳暮の催事で各売場に特別の装飾を施し，あるいは宣伝を行う場合も，経費を問屋が分担することは通例となり，また増築や売場拡張の際には，陳列台やケースの寄附を要求されることもあったという。さらに百貨店から特価品の大量発注を受けた問屋は，交換条件として通常を大幅に下回る価格での納品を求められ，その結果多額の損失を計上した。また返品についても，百貨店側は大量に，しかも商品価値を失ったような汚れた品さえ返品したが，問屋は泣き寝入りする他なかった。

ではなぜこのように苛酷な条件を受け入れてまで，問屋は百貨店との取引に執着したのか。その理由は，百貨店との取引は一店でも金額が有力小売店の10～20店に匹敵することと，代金回収が一般小売店の場合よりはるかに容易なことであった。百貨店の支払条件は，最良の場合，月2～3回締めの30日払手形で，通常でも月末締めの現金払，そして最悪の店でも月末締め50日払の手形であった。しかも銀行は，こうした手形を低利で積極的に割り引いたため，百貨店との取引は金融面できわめて有利であった。当時問屋から仕入先（製造業者等）への支払いは通常60日払いで決済されたため，百貨店との取引は問屋の資金繰りに余裕をもたらした。このように主として金融面の条件に惹かれ，

問屋は百貨店側の厳しい要求を甘んじて受け入れたのである。

2 反百貨店運動

▶ 反百貨店運動のはじまり

　以上みたような百貨店の営業拡張に対し，1920年代後半の東京では小売商の組織的な反対運動が発生した。1925（大正14）年9月，松坂屋上野店は三越本店西館の修築落成売出しに対抗して，5日間にわたり足袋10万足を特価で販売した。また11月1日，省線神田-上野間が開通，山手線が環状運転を開始し，また上野店の最寄りに御徒町駅が設けられると，これを記念して「省線開通デー」を開催，「新駅御徒町駅より僅に数十歩」と宣伝し，鉄道案内所を店内に設け，宣伝広告の範囲も中央線や京浜方面にまで拡大した。
　そこで松坂屋に対抗する運動組織として呉服モスリン連合会が結成され，百貨店商品の不買同盟を組織するとともに，百貨店の商品券を取り扱わないよう申し合わせ，また百貨店の食堂と送迎自動車の廃止を決議，決議書を松坂屋に手交した。1928年3月，呉服モスリン連合会は再度下谷神社で会合を開き，先の決議を確認するとともに，市内各商店街に檄を飛ばした結果，市内40の商店街により東京小売商連合会が組織された。

▶ 重要物産同業組合と百貨店

　さらに小売商人たちは，百貨店を同業組合（重要物産同業組合）に加入させ，その統制に従わせることを試みた。1900年3月の重要物産同業組合法公布以来，同業組合への加入を義務付けられてきた中小小売商たちは，重要物産同業組合法第4条が「同業組合設置の地区内において組合員と同一の業を営む者はその組合に加入すべし」と規定していることを根拠に，百貨店に対し同業組合への加入を迫った。
　百貨店と同業組合の抗争は明治末に端を発し，当時東京靴組合に訴えられた三越は，重要物産同業組合法第4条の但書が「営業上特別ノ情況ニヨリ主務大臣ニ於テ加入ノ必要ナシト認ムル者ハコノ限リニアラス」と規定していることを根拠に，百貨店を同法の対象外とするよう当局に請願しつつ裁判に臨んだ。しかし，大審院まで持ち越された裁判の結果は，三越の敗北に決した。三越は

その後もさまざまな組合から訴訟を起され，そのたび敗訴したが，「訴訟費用お構ひなし」で裁判を繰り返した。
　百貨店が同業組合への加入を固く拒み続けた表向きの理由は，百貨店は多岐にわたる商品を扱っているため，商品ごとに組織される同業組合のすべてに加入した場合，莫大な組合費を負担せねばならず，それよりはむしろ，訴訟に敗北を喫する都度20～30円の過料を払うほうが得だ，というものであった。しかし，百貨店が同業組合への加入を固く拒み続けたより重要な理由は，百貨店が売上を伸ばす上で大きな武器としてきた囮（おとり）販売にあった。百貨店は，その販売力を利して大量仕入を行い，一般の小売商よりも仕入値を抑えることができたが，これに加えて多種多様な取扱商品の一部を仕入値以下で販売して来店客を増やし，多額の利益を上げていたのである。これは一般小売商にとって恐るべき打撃であり，彼らにとっての急務は，百貨店を同業組合の価格協定に従わせ，囮販売を阻止することにあった。
　この問題に関し，政府は以下のように対応した。同業組合の所轄官庁であった商工省は，百貨店側の申請を受け，まず百貨店を1つの業種とみなし，これらのみで同業組合を組織させる可能性を探ったが，しかしそれは法的に困難であることが判明した。そこで同省は百貨店を，重要物産同業組合法第4条但書がいうところの「営業上特別ノ情況ニヨリ主務大臣ニ於テ加入ノ必要ナシト認ムル者」に相当するものと認め，強制加入の対象外とすることに決定した。1928年6月2日，商工省は三越と白木屋の両百貨店に対し同業組合からの脱退を許し，以後この措置は関西地方の百貨店にも適用され，一般化していったのである。
　こうした政府（商工省）の決定に反発した同業組合の連合組織・東京実業組合連合会（実連）は，商工省に対し，百貨店の同業組合からの脱退認可取り消しと，脱退認可の根拠となった第4条但書の削除を中心とする同業組合法の改正を迫った。しかし商工省は実連の要求を退け，百貨店を同業組合に加入させてその営業活動を規制しようとした小売商人たちの目論見はひとまず失敗に終わった。このように昭和初年における政府（商工省）の態度は，第一次世界大戦期における物価高騰が米騒動の勃発を招いた教訓を踏まえ，消費者の利益を優先し，同業組合の規制から百貨店のような革新的小売業者を可能な限り自由にしようとするものであった。

▶ 百貨店法の制定

　同業組合を通じ、百貨店の活動を牽制する試みに失敗した中小小売業者が次にめざしたのは、百貨店の営業を直接規制する新たな法律として、百貨店法を制定することであった。戦後の 1956 年に再度制定されたそれと区別するため第一次百貨店法とも呼ばれる同法の制定過程は、以下の通りである。

　1930 年の昭和恐慌を契機として小売商の苦境は深まり、百貨店の規制を希望する声も高まりつつあったが、32 年 6 月 11 日、百貨店の圧迫で前途を悲観した小売店主が日本橋三越本店で割腹自殺を遂げるという事件が起き、それを転機として、百貨店法の制定を求める動きが一段と強まった。同年 7 月 25 日、商工省は省議において百貨店法につき審議を行い、第 63 臨時議会への法案上程を図ることとした。

　しかし、この百貨店法案は百貨店の営業制限を強く打ち出したものであったため、これを重くみた百貨店協会は法案阻止の運動を開始し、中島久万吉商相に会見の上、法案の提出見合わせと百貨店側の自制を申し出た。その結果、百貨店法案の提出は見送られ、「商品券取締法」のみが上程・可決された。8 月 11 日公表された協会側「自制案」の内容は、①出張売出しの禁止、②商品券の制限、③支店・分店新設の禁止、④「囮政策」の禁止、⑤無料配達区域の整理縮小、⑥毎月一斉に 3 日間休業、⑦協会の商業組合への移行とそれによる統制、といったものであった。

　その後商業組合法の成立（1932 年）を受けて百貨店協会は商業組合に改組したため、自制協定も商業組合法に基づく営業統制規程へと移行した。しかし商業組合は重要物産同業組合とは異なり任意加入の組織であったため、協定や統制に従わないものが続出し、小売商団体はその不備を指摘して百貨店法の制定を迫った。そのため百貨店法案が 1935 年より数次にわたり議会に提出されたが、成立には至らなかった。なおここで注目すべきは、第 69 議会に提出された百貨店法案が、その第 8 条で、百貨店の重要物産同業組合加入を義務付けていたことである（日本百貨店商業組合理事長小林八百吉『昭和十一年九月 百貨店法反対声明書』）。百貨店法の成立に向け盛んに働きかけを行う一方で、中小小売商側は、同業組合を通じ百貨店の営業に制約を加えることを完全に断念してはいなかったのである。

　結局、百貨店法が成立したのは 1937 年開会の第 71 議会においてであり、同

表 8-2 百貨店の動き 年表

年	事項（関東）	事項（関西）
1919	・三越，新築の丸の内別館にて「木綿デー」を開催，木綿製品を廉売。	
1920		・11月，阪神急行電鉄（阪急）は梅田駅に竣工した本社ビルの1階を白木屋に賃貸して，マーケットを経営させる。
1921		・京阪電鉄が京橋駅で京阪食堂を開業（京阪デパートの源流）。
1922	・三越，反動恐慌後に物価調節のため政府により推進された「節約デー」に協力すべく，実用品売場「三越マーケット」を常設。 ・白木屋，呉服と雑貨の「格安売り場」を常設。	
1923	・9月，関東大震災。以後百貨店「大衆化」の流れが本格化。 ・松坂屋，大阪支店を開設。	
1924	・12月，松坂屋銀座店開店。下足預かりを全面的に廃し，土足での入店が可能に。	
1925	・3月，松坂屋銀座店が新橋・有楽町両駅からの無料送迎バス運行を開始。 ・11月1日，松坂屋上野店，省線神田－上野間開通と山手線の環状運転開始，同店最寄りへの御徒町駅設置を記念して「省線開通デー」を開催，「新駅御徒町駅より僅に数十歩」と宣伝。鉄道案内所を店内に設け，宣伝広告の範囲も中央線や京浜方面にまで拡大。	・阪急はマーケットを直営とし，本社ビルの2階と3階で阪急マーケットとして営業。
1926		・5月，大丸大阪店は下足預かりを廃止。その結果，来客数は3倍，売上は2倍に。 ・7月，京阪電鉄系列の新京阪鉄道，天神橋駅の新京阪ビルヂングに食堂とマーケットを開設。 ・8月，大阪電気軌道（大軌）が上本町駅に地上7階，地下1階大軌ビルディングを完成。1～3階に百貨店を設け，三笠屋が運営。
1927		・髙島屋は2月京都店，3月大阪長堀店で下足預かりを廃止。
1928	・白木屋，東京・五反田に分店，大阪の天神橋筋6丁目に出張所を設ける。 ・三越，神戸分店を支店に改める。 ・6月，商工省は三越と白木屋の両百貨店に対し重要物産同業組合からの脱退を許可。以	・9月，そごうが下足預かりを廃止。 ・阪神電気鉄道，この頃から梅田駅における地下鉄との連絡と並行して百貨店の経営を検討。

166　第3部　商業・流通の発展

	後このの措置は関西地方の百貨店にも適用され,一般化。	
1929	・白木屋, 大森, 大塚, 大井, 麻布, 大久保に分店を設ける。	・3月, 阪急梅田駅に阪急百貨店開業。ターミナル・デパート, 電鉄系百貨店の先駆となる。
1930	・松坂屋, 上野店に東京地下鉄道広小路駅との連絡通路を設け, 地下鉄と直結した初の百貨店に。 ・白木屋, 東京の錦糸町と神楽坂, そして京都に分店を設ける。 ・三越, 銀座店を開店。また新宿店を新築移転, 金沢店を開設。	・12月, 髙島屋は南海鉄道難波駅の南海ビルに南海店を部分開業。
1931	・松屋, 当時地下鉄の起点でもあった浅草で, 東武鉄道浅草駅の駅ビル内に出店。また銀座店では東京駅と新橋駅に向け1日40往復の無料送迎バスを運行, 1日1万人を吸収。 ・松坂屋, 無料配達区域の範囲を横浜, 横須賀, 大宮等の近県都市へ拡大。また上野店では, 東は千葉県方面, 西ならびに北は東京府と埼玉県方面と, おおよそ日帰り可能な範囲で出張販売を実施。南部は銀座店が担当。さらに無料送迎バスを運行, 上野店では上野駅と万世橋方面で1万人を, また銀座店でも7000～8000人の買物客を吸収。 ・三越, 無料配達地域を, 3月には房総方面を千葉市まで, さらに9月には関東北部の大半まで拡大。また無料送迎バスを運行, 1日3万人の買物客を本店に導く。高松市に支店開設。 ・白木屋, 無料送迎バス5台を東京駅の丸の内口, 1台を八重洲口に配し1万人の利用者を確保, さらに両国駅にも配車して千葉方面の顧客を獲得。	
1932	・三越, 建設資金を自ら負担する形で地下鉄に三越前駅を開設, 日本橋店と結ぶ。また札幌市に支店を開設。 ・松坂屋, 静岡に支店を開設。地元の激しい反対に直面。 ・6月, 百貨店の圧迫で前途を悲観した小売店主が日本橋三越本店で割腹自殺を遂げた。これを転機として, 百貨店法の制定を求める動きが強まる。 ・7月, 商工省は省議において百貨店法につき審議, 帝国議会への法案上程を図ることに。	・7月, 髙島屋は南海店を全館開業。

	・8月，商工省による百貨店法案上程の動きを重くみた百貨店協会は「自制案」を公表。	
1933	・白木屋，京浜電気鉄道と共同で京浜百貨店を設立。京浜デパートの名で品川駅や鶴見駅，また菊屋の名で池袋駅に出店。 ・三越，仙台市に支店を開設。	・京阪電気鉄道，京阪デパートを天満橋駅に開業。 ・10月，そごうは，阪神三宮地下駅の完成とともに神戸店を元町から移し，三宮店を開業。
1934	・10月，東京横浜電鉄（東横），ターミナル渋谷駅に東横百貨店を開店。	
1936		・9月，大軌，直営の大軌百貨店を全館開店（阪急百貨店の成功に刺激され，百貨店を大軌ビルの5階まで拡張した）。
1937	8月，百貨店法公布。	・大阪鉄道（大鉄），社運を賭して建設した阿部野橋ターミナルビルに大鉄百貨店を開業。

年8月11日に公布された。同法は，百貨店の営業，支店・出張所の設置，営業拡張，出張販売などを許可制とした上，閉店時刻・休業日を規制するとともに，百貨店組合の組織化や，許認可事項を協議する百貨店委員会の設置を百貨店側に要求していた。しかし百貨店法は，百貨店による小売商への圧迫こそ多少緩和したものの，1930年代まで大都市百貨店は発展を続けた。結果的にみれば，百貨店法（第一次）は，一般小売商に対する百貨店の圧迫を緩和するよりも，百貨店相互の過当競争を抑制する役割を果たしたのである。

3 中小小売業者の共同組織

　前節でみたように両大戦間期において中小小売業者は，百貨店の勢力拡大に対抗すべく法的規制に訴える一方で，商店街，専門店会，ボランタリー・チェーンといった共同組織によって百貨店への対抗と消費者ニーズへの対応を図った。本節ではこうした共同組織の動向について概観するが，これらのうちまず，ボランタリー・チェーンについてみてみよう。

▶ ボランタリー・チェーン

　チェーン・ストア組織とは，単独では零細で力の弱い小売業者が多数集まって共同組織を結成し，例えば仕入を共同化することにより仕入価格を引き下げ，

あるいは単独では融資を認められにくい銀行からの資金調達を可能にし，それにより百貨店に代表される大規模小売商との対抗をめざしたものである。そのうちボランタリー・チェーンとは，小売業者自らが組織を結成し，その運営にあたるもので，成功すれば小売商にとって利得は最大になるが，民主的運営を旨とすることから，組織内における利害対立の調整は難しく，期待ほどの成果が得られないものも多かった。こうした特色を確認する意味も込め，以下では昭和初期の東京地方におけるボランタリー・チェーンの代表的事例について述べる。

東京地方におけるボランタリー・チェーンの先駆は，麻布の乾物商・南沢屋により1912（大正元）年発足し，31年頃には20数名の組合員を擁した日進組で，会員は毎月5円を積み立て，4000円に達した基金で，鰹節や砂糖などの主力商品を見つけ次第現金で仕入れた。また1929年10月発足の全東京洋品連盟は，加入店が15店に達した32年3月，株式会社全東京洋品商連盟を設立した。主な事業は共同仕入で，33年の仕入額は15万円を超え，一店舗当たり仕入額も半期で4000〜5000円に達した。特にワイシャツ，ネクタイ，メリヤス，帽子の4種は，量的にも価格的にも共同仕入が威力を発揮した。しかし34年以降，共同仕入額は減少に転じた。その主な理由は，①問屋が連盟の加盟店を個別に訪れ，共同仕入と同様の条件で取引を持ちかけたこと，②共同仕入は徹底した値引きを求め利が薄いため，問屋が共同仕入を敬遠したこと，③連盟が不払者に対する監視を強化したため，会員が共同仕入を面倒に感じるようになったこと，の3点であった。このため36年4月同連盟は株式会社を解散し，もとの任意団体へ戻った。

1930年事業を開始した紅白会は，1928年東京市内の薬局有志が協同組織の結成に向って動き出し，36年の会員数は24店，年間共同仕入額は75万円で，共同仕入については会員の連帯保証制をとり，組織に加入する際は申請者の店舗設備，資産信用状態，売上額，保証人等を厳格に審査した。発足当初は共同仕入による廉売を目標としたため「乱売屋」として非難されたが，代金の支払いを会が保証し，また歩戻しを要求しないことから，次第に問屋側もチェーンへの理解を示すようになった。また1930年10月に小間物化粧品業界の25店が集まり発足した新進倶楽部（資本金1万5000円全額払込みの株式会社として）は，急成長を遂げ，33年には会員65店となった。事業の中心は共同仕入で，化粧

品が6割を占め，値引きに厳しい有名化粧品でも1〜2割安く仕入れた。また頬紅，口紅，洗い粉などについてはプライベート・ブランド品も作った。しかし宣伝，販売面では共同歩調をとりにくく，また包装紙の統一や宣伝用の月報は経費がかかりすぎるため中止となり，会員も35年には55店へ減少した。

　1932年10月，東京市内の陶器店主有志が集まり結成した大東京セトモノチェーンは，会員30店（うち12店は元店員が独立後入会した準会員）で，毎月5円を積み立てた基金で，中級品を中心に共同仕入を行った。陶器は産地によって商品に特色があることから，産地の事情に通じた会員が連絡の上，仕入れた。不況期で一般に支払いが滞っていた時でも60日払いを厳守したため，産地では大いに歓迎され，これが有利な仕入につながり，共同仕入額は初年度の2万3000円から36年には9万円に達した。

　1933年4月，東京市内の履物店により発足した大東京履物商チェーンは，会員25店（うち2店は元店員が独立後加盟した準会員），主な事業は指定問屋からの共同仕入（仕入額は月平均6000円）で，また販売面では毎月第1と第3の日曜日に共同制作のチラシを配布し，全店一斉に特売を行った。さらに金融事業として，問屋への支払いが通常30日のところ，期限前に資金を要する問屋には日歩5銭の割で差引き前払いを行い，また会員には会の積立金と共同仕入の歩戻しを基金として小口金融も行った。

　1934年2月，高級品専門の履物店を中心に結成された大東京履物連鎖店連盟は，17店が加盟，一区につき一店のみを会員とし，また加入に当っては，百貨店と関係のないこと，チェーンに対する理解，営業について研究心の深いことなども要求された。主な事業は共同仕入で，仕入価格の引下げよりも百貨店や他の店では扱わないオリジナル商品の開発に力を注ぎ，連盟が材料を購入して製造業者に委託，草履15種，塗下駄15種などを製造させた。

　1936年6月，全東京洋品連盟に刺激され東京市内の文具店51店により結成された大東京文具商チェーンは，共同仕入を主要事業とした。月2回仕入会を開き，支払いは原則として現金であったが，チェーンのプライベート・ブランドである「特製品」のみ30日間を期限とする延べ払いを認めた。「特製品」は最盛期に50種もの商品をメーカーや問屋と提携して大量に特製したため，一般の卸値より2〜5割安で，4名の専任者を置き本部内に在庫した。さらに各店が毎月10円の積立金を本部に預け，これを活用して「特製品」の種類を増

やし，また品質の向上を図った。

このように昭和初期の東京におけるボランタリー・チェーンは，加盟資格を制限し，オリジナル商品の開発を含む共同仕入を中心事業として着実な成果を上げ，この種の事業のわが国における先駆となったのである。

▶ 商店会と専門店会

前項で述べたボランタリー・チェーンが，取扱商品の共通する小売商の地域的共同組織であったのに対し，同じく地域を単位とした小売商の協同組織ではあるが，多様な商品を取り扱う小売商により組織され発達したのが商店会と専門店会である。ただし商店会が都市内のごく限られた地域である商店街を単位としつつ，商店街の小売商を可能な限り多数参加させることをめざしたのに対し，専門店会は概ね1つの都市を単位として組織され，厳選された優良な小売商（「優良店」）のみをメンバーとして組織の質を高めることをめざしていた。

さて商店会組織の日本における先駆けは，1879年福岡県博多の漬物店・金山堂の店主・八尋利兵衛が誓文払いの共同売出しを行ったことで，その後96年には岡山でも呉服店主・久城茂太郎が単独で夏物大売出しを行って好評を博し，呉服洋反物店の共同誓文払い売出しに発展した。これらはいずれも大阪で誓文払い（えびす講）売出しの盛況を目撃し，それに刺激されたものであった。しかし日本で商店会活動が本格化するのは第一次世界大戦期以降のことである。その理由は，この時期に百貨店が経営方針を大衆化したため，中小小売商との間で顧客獲得をめぐる対立が激化し，百貨店への対抗上，小売商側でも新たな商売のあり方を模索する必要に迫られたことである。こうしてこの時期以降，全国各地で商店街を組織化によって活性化すべく商店会の結成が相次ぎ，また「少数精鋭」の小売商により専門店会の結成に進むものも現れた。

商店会の活動は，街灯の共同管理，清掃などにはじまり，その後美観維持や共同宣伝へ発展した。1916年，札幌・狸小路3丁目では合議の上，1戸当たり15円を拠出し，町内3カ所に1000kwの横断街灯を一灯ずつ設けた。これは狸小路における商店協同事業の嚆矢となった。その後26年には狸小路5丁目会が七灯式鈴蘭灯を14基設置し（1基120円），また28年，これに刺激を受けた2丁目から6丁目でも鈴蘭灯を設置した。当時，鈴蘭灯は商店街結束の象徴で，大阪市では28年の即位の御大典を機に，心斎橋筋，戎橋筋，堺筋が率先

して鈴蘭灯を設け，以後その他の商店街にも設置されていった。この他静岡では1928年，東京の日本橋人形町では31年に鈴蘭灯が設置された。

さらに高度の共同事業も商店会単位で行われた。大阪市の心斎橋商店街では1929年から200店が共同無料配達を実施した。すでに心斎橋では個別の商店による配達は行われていたが，気後れして配達を頼む客は少なく，配達を希望する客は同町内の百貨店（大丸，そごう）で買物をしていた。ところが心斎橋商店街が共同配達を開始すると，客は気がねなく配達を頼むようになった。配達は専門の輸送業者に委託，1日3回集荷し，第2回までの分は当日中に配達された。配達区域は京都市，神戸市，奈良市までと大阪府下の岸和田以北で，料金は月末に各店に請求され，また荷が少ない時も輸送業者に一定額を保証した。

その後1932年に商業組合法が施行されると，商店会で商業組合を結成して多様な共同事業を展開することが可能になったが，商店街商業組合は38年でも全国で119組合と商業組合総数3695の3％ほどにすぎず，しかも38年3月に商業組合法が改正され，統制事業のみを行う無出資の商業組合の設立が認められた結果，従来の中小商業対策としての商業組合はその内容に質的変化を来し，配給統制の実行者としての任務を帯びるに至った。その結果，商店街の共同行動も防火訓練や防空壕の構築などに変容していったのである。

商店会が商店街メンバーをできる限り多く参加させることをめざしていたのに対し，少数精鋭をモットーに組織された異種小売商の地域的協同組織が専門店会である。その日本における先駆けは，1909年，大阪の渋谷祝儀物店と京都の宮崎簞笥店が共同で「お嫁入り道具展覧会」を開催し，好評を博したことであった。その後髙島屋，尼井小間物店，てんぐ履物店，植村和楽器店，上田屛風店，田中漆器店が加わって相生会と称し，婚儀調度品の展示会を共同で開催した。これが好成績を収めたことから，そごう（十合）も内田簞笥店，香取屋履物店，玉吉鰹節店，越後屋宝飾店，溝口小道具店とともに高砂会を結成した。これらは婚礼客を会員間で紹介しあうなど活発に情報を交換し，互いに利益を享受したが，その後髙島屋とそごうが百貨店化すると，2つの会はともに解散した。

こうした専門店会の活動が新たな段階に入るのは，商店会の場合と同様，第一次世界大戦後のことであった。1921年に名古屋で発足した名実会は，共通

商品券や共通伝票の発行，オリジナル商品（せんべい・レコード・パン）の製造販売などの活動が報じられ全国の注目を集めた他，大須観音および豊川稲荷に大提灯を寄贈して市民の話題をさらった。また31年に大阪・朝日ビルが完成した際，そのテナントとして23の専門店が出店したが，この際，共美会（1921年，美津濃の水野利八の呼びかけで，19の専門店により結成）と相生会の発案者・渋谷利兵衛が合流し，大阪専門大店を名乗った。

1925年，百貨店化した天満屋に買物客を奪われ小売商が危機感を深めた岡山で有志が組織した岡山広告研究会は，27年岡山名実会に改称した。その後岡山名実会の会員で，大阪専門大店と名実会の事業について詳細に研究していた中尾鹿太郎は，市内の有力商店80店に呼びかけ，加盟店30店をもって30年に岡山専門店会を発足させた。その特色ある事業は連合通帳制で，「市内の有力者，信用状態の明瞭なもの，銀行会社の部課長級以上，地方の有力者等」と「各店の従来の得意」を対象に通帳を発行し，この通帳を手にした客は加盟店において月末勘定で買物ができた。代金請求は事務所で一括して行い，支払いが完了した客には50銭につき2銭の割合で謝恩割戻券を進呈した。35年末，この通帳は岡山市内で1200冊，倉敷市で300冊，郊外で200～300冊が発行されていた。

こうした岡山専門店会の活動は，全国各地における専門店会の組織を促した。1932年『中外商業新報』で報じられたことを機に，同会には全国からの照会，見学者などが殺到した。また同会の幹部は，招きに応じ全国各地で精力的に啓蒙活動を行った。その結果，同年徳島で専門店会が結成され，さらに33年小樽，34年静岡，35年仙台と金沢，36年小倉，札幌，東京・四谷，と各地で専門店会の結成が相次いだ。36年には岡山など八専門店会の代表が東京に集まり，全日本専門店連盟が結成された。

▶ 消費組合

ここまで，両大戦間期の日本において，小売商が都市化や百貨店の大衆化といった環境変化にいかに対応したかという視点から小売商業の歴史をみてきたが，一方この時期には，消費者自らが環境変化に適応しようとする動きもみられた。以下ではその代表的な表れとして，消費組合の形成と展開についてみてみよう。

昭和初年の日本における消費組合には，以下のように4種の類型がみられた。第1に日用品の廉価供給のみを目的とするもの。第2に相互扶助の共同精神涵養を目的とするもの。第3に労働者の階級的消費組合で，平素は労働組合員の配給機関であるが，労働争議の際は労組を資金面から支援するもの。第4に農村地域で地元の信用組合と連携して，農具や肥料といった生産用品とともに日用品の配給を行う購買組合。これらのうち消費組合として順調な発展を遂げたのは類型1と4，すなわち主義主張を棚上げしてもっぱら物品の廉価供給に徹した組合であり，労働者解放などの崇高な目的を追求した組合は，消費組合としては苦戦を強いられることが多かった。

　戦前期の消費組合における成功例としては，現在のコープこうべの前身の一部となる灘購買組合が挙げられる。これは上記四類型のうち類型1を代表するもので，阪神間の住民の多くが中産階層以上である住宅地に展開した同組合は，1931年当時組合員3000名を擁し，また年間売上高は53万円に達し，東京家庭購買組合（年間売上高55万8000円）と全国における首位の座を争っていた。

　灘購買組合発足の背景は，1920年の反動恐慌に際し，勤労階級の収入は激減したが，物価は容易に下らず，逆に騰貴するものさえあったことで，地域住民の苦境を目のあたりにした当時の御影警察署長であった小林徳蔵が消費組合の設立を提案し，地域の有力者であった辰馬六郎，平生釟三郎，上田源三郎，池原鹿之助らの賛成を得て，那須善治が組合長に就任した。

　配給品の生産加工は，多くの消費組合と同様まず精米から着手し，次いで1923年醬油醸造を開始，25年にはさらに味噌の製造をはじめ，28年牛乳消毒所を設置，31年芦屋に組合館と店舗が落成，一般の消費組合ではほとんど扱われることのない鮮魚，野菜から，雑貨雑誌類までを配給するに至った（1931年の第4回総代会で同組合が取扱う物品として列挙されたのは米，雑穀，砂糖，醬油，塩，味噌，茶，乾物，清涼飲料水，ビール，調味料，洋食料品，水産物，鶏卵，牛肉，牛乳，野菜果実，菓子，薪炭，綿，織物，紙，雑貨，薬品）。また販売方法は，消費組合運動の源流とされるイギリス・ロッチデール消費組合にならい，低価格販売の可能な現金販売を原則としたが，これは組合員の多くが中流以上で安定した収入があったため，比較的抵抗なく受け入れられた。

　このように順調に発展した灘購買組合に対し，1928年7月，周辺3000名の小売商が芦屋公会堂に集合し，購買組合の取締りを当局に陳情したが，同組合

は産業組合法によって合法的に事業を遂行していたため、この抗議は不発に終わった。また県会議員を通じて組合理事・平生釟三郎に抗議を行ったが、これも功を奏さず、むしろこの反対運動が宣伝となって、組合員が増加したという。

一方上記類型の第2と第3に相当するものの代表としては、日本の社会改良運動の先覚者として知られる賀川豊彦の尽力で設立され、灘購買組合と同じく今日のコープこうべの前身となった神戸消費組合が挙げられる。1920年春の反動恐慌時、川崎造船所の職工であり、また友愛会神戸連合会の幹事であった青柿善一郎は堀義一と図り、労働者の生活難を救済する手段として消費組合を計画した。この両人の計画は賀川の理想に一致し、設立運動が動き出した。7月まで神戸の随所において、毎土曜日、太鼓を打ち鳴らしながら宣伝を行い、7月以降は1000人の組合員確保を目標に戸別訪問が実施された。こうした努力をつみ重ねたすえ、1921年4月、神戸消費組合は神戸市八幡通5丁目に設立された。

その後、組合の発展にともない本部が手狭となったことから、1931年4月旗塚通へ本部を移転した。しかしこの時点で神戸消費組合の配給高は25万円と、同時期における灘消費組合の53万円の半分弱にとどまった。その一因は組合員の構成で、創立当時の組合員1040名を職業別にみると、職工が312名で第1位、次いで銀行会社員の292名、商業109名、官公吏69名、教員51名、医師薬剤師44名と、中産階級を主たる構成員とする灘に比べ、所得に恵まれない労働者階級を中心とする神戸組合は経営上不利であった。

さらに神戸消費組合にとって不幸であったのは、組合創立直後の1921年7月、川崎、三菱両造船所で大規模な労働争議があり、川崎争議団の指揮者が賀川豊彦、その最高幹部の一人が青柿善一郎で、また三菱争議団の中枢に堀義一が参画と、神戸消費組合の首脳部が争議団の采配を振るっていたことである。45日間続いたこの争議は結局労働者側の敗北に終わり、多数の争議団幹部が解雇されたが、その大部分は神戸組合の有力なる組合員で、これらの人々は生活の地を求めて神戸を去らねばならなかった。また一般労働者の中にも、官憲と資本家の圧迫に耐えかね組合を脱退するものが相次ぎ、さらに未加入労働者も解雇を恐れ組合への加入をためらった。こうして1921年末334名であった労働者の組合員は、23年末には半数以下の169名に激減した。

これを機に神戸消費組合は運営方針の転換を図り、賀川豊彦が顧問へと退い

た1924年以後は完全に中産階級本位の組合に転換した。しかしその後も創設時の精神は継承され，商品として最も利益が多いことから他組合が取扱っていた酒類も，組合員の堕落につながるとの理由で一切取り扱わず，また組合員以外への販売も厳禁したが，これらは取扱高の伸びを制約した。また神戸消費組合はロッチデール消費組合方式を厳守し現金販売を励行したが，これも組合員の多数を占める労働者の収入が不安定で現金払いが困難であったことから，結果的には業績の停滞につながった。

このように昭和初期の日本における消費組合は，それをより切実に必要とする労働者階級ではなく，相対的に生活に余裕のある中産階級を中心に組織したものが成功を収めるという，消費組合本来の意図からみれば皮肉な結果をもたらしたのである。

＊　以上本章の記述は，「消費組合めぐり（1～44）」『大阪毎日新聞』1931年5月20日～7月22日付，今川春雄［1936］，公開経営指導協会編［1983］，小野田［1989］，渡辺［1988］，小堺［1989］，小川［1994］，京阪電鉄株式会社［2011］，廣田［2007］を参照した。

参考文献

今川春雄［1936］「問屋が語る百貨店取引の裏」『商店界』1936年1月号。
小川功［1994］「東急グループの系譜」『鉄道ピクトリアル』No. 600。
小野田滋［1989］「関西におけるターミナルビルの成立と発展」『鉄道ピクトリアル』No. 519。
公開経営指導協会編［1983］『日本小売業運動史　第一巻　戦前編』公開経営指導協会。
小堺昭三［1989］『西武VS東急戦国史』上・中・下，角川書店。
京阪電鉄株式会社［2011］『京阪百年のあゆみ』京阪電気鉄道。
廣田誠［2007］『近代日本の日用品小売市場』清文堂出版。
吉田菊次郎［1999］『デパートB1物語』平凡社。
渡辺一雄［1988］『そごうの西武大包囲戦略——売り上げ日本一をめぐる水島と堤の激突』光文社。

第 9 章

生産の量的・質的拡大に対する商業者の反応

はじめに

　第3部のうち第7章では生鮮食料品の市場取引を，また第8章では生鮮食品以外の商品を扱う小売商業について，両大戦間期における状況を説明してきたが，これに対し本章では，第8章と同じく生鮮食品以外の商品を扱う商業活動について，生産者と卸売業者（問屋商人）との関係を中心に説明する。まず第1節では自動車や薬品など新奇性に富む消費財の製造業者との流通への積極的関与について説明し，続いて第2節では，繊維・文具・小間物・雑貨・酒類などの在来的性格の濃厚な商品の卸売商業について，見本市の成立と発展を中心に説明する。

1　消費財製造業者の流通への介入

　日本で消費財の製造業者による流通への関与が本格化するのは基本的に第二次世界大戦後のことである。それは既存の流通機構が本格化した大量生産に対応していなかったため，やむを得ず流通に介入し，自社製品の売上拡大と小売価格の安定化を図ったものであった。

　しかし戦前期においても，自動車や薬品など新奇な製品を製造し，全国的に販売しようとする一部の先駆的企業は，生産量こそ戦後と比べ大量とは言い難い水準であったにもかかわらず，流通過程への積極的関与を試みた。その理由は第1に，これら企業の製品は，その新奇性や特異性（高額商品で消費者金融が必要である，あるいは販売後のアフターサービスが不可欠である，といった）ゆえに，既存の商業者が取扱いに消極的だったことである。理由の第2は，新奇な商品

は需要が限られているため，売上を伸ばそうとすれば全国での販売が不可避であったが，消費の地域差が現在よりも大きかった当時は，消費財の市場も地域ごとに分断されており，全国を包括的にカバーする商業者を見出すのは困難だったことである。以下では，いくつかの産業における事例によって，このような動きの一端をみていこう。

▶ トヨタ自動車

　1935（昭和10）年秋，日本におけるモータリゼーションの到来を予期し，豊田自動織機製作所内において自動車製造事業進出の準備を進めていた豊田喜一郎は，販売業務を託せる経験豊富な人材を求めていた。そして豊田紡織の支配人であった岡本藤次郎に相談した結果，岡本は日本GM（ゼネラルモーターズ）の販売広告部長であった神谷正太郎を紹介した。豊田と面談し意気投合した神谷は，同年10月豊田自動織機製作所に入社した。当時豊田の社内では，販売網の整備について，①地元資本による専売店網の展開（フランチャイズ制），②優秀な外国車販売店との販売契約締結（併売制），③自己資本による直営店開設，と3つの方法を検討していた。神谷は，日本GM在職時に関係を得た優秀なディーラー（販売店）を豊田の専売店へ転換させることを念頭に置き，①の採用を強く主張，喜一郎の支持を得て認められた。11月，シボレー（GMの大衆車ブランド）のディーラーであった日の出モータースが，豊田車の販売店第一号となった。日の出モータースの経営者・山口昇は神谷と旧知の仲で，商品としては外国車に劣ることを承知の上で豊田の販売店となったのである。以後，東京，三重，大阪，栃木，静岡，広島，岐阜と次々に豊田の販売店が誕生し，38年までに全国ほぼすべての府県へ豊田の販売店が網羅された。

　1936年5月，自動車製造事業法が制定された。主に軍事上の観点から国産自動車工業の保護育成を目的とした同法により，国内自動車製造業者のうち豊田，日産自動車，東京自動車工業（現・いすゞ）の3社のみが自動車製造事業の継続を認められた。一方それまで日本市場を席巻していたGMとフォードは，日本からの撤退を余儀なくされた。9月，豊田は喜一郎の念願であった乗用車をラインナップに加え，また10月には製品名を国産トヨタ号に改称，各地の販売店と協力し，ユーザーを訪問する巡回サービスの開始など積極的な販売促進活動を展開した。また日本GMでの経験から自動車の販売には月賦制

度が不可欠と考える神谷に喜一郎が同調し，トヨタ金融を設立した。同社は12カ月月賦を導入し，トヨタ車の増販に貢献した。

　1937年8月，豊田の自動車事業は自動織機製作所の一部門から独立し，トヨタ自動車工業株式会社が設立され，神谷は取締役販売部長に就任した。39年10月，わが国が本格的な戦時経済体制に向かうなか，自動車販売に価格統制が施行された。さらに日米開戦の年，41年には自動車統制会が設立され，自動車の生産は完全に政府の統制下に置かれた。42年7月には日本自動車配給株式会社（日配）が設立され，自動車販売も一府県一配給会社体制となり，配給先として軍が最優先されることとなった。神谷は日配に常務・車両部長として出向し，車両集配の最高責任者に就任，その職務を通じ各府県の自配首脳陣（＝自動車販売業界の有力メンバー）との面識を得た。このことは戦後，トヨタの販売体制を築く上で大きな力となった。

▶ 志まやたび

　ブリヂストンの創業者・石橋正二郎は，1889（明治22）年福岡県久留米市で生まれ，1906年久留米商業学校の卒業とともに，家業であった仕立物業・志まやの経営を担うこととなった。雑多な製品を昔ながらの方法で作り続ける家業のあり方に疑問を抱き，足袋製造への専業化に踏み切った正二郎は，シェア拡大をめざし，積極的な販売促進活動を展開した。

　1912年上京した正二郎は，自動車をはじめて目の当たりにして，これを足袋の広告・宣伝に用いることを思い立った。当時自動車はきわめて高価であったが，すぐにこれを購入し，「志まやたび」の幟（のぼり）をたて，ビラや景品を配布しながら九州一円を巡回して宣伝，注目の的となった。また当時娯楽として勃興しつつあった映画（活動写真）にも注目し，足袋の製造工程を映画化した上，このフィルムを携えて各地を巡回し，広告・宣伝に活用した。

　1914年，志まやは，祖父の代から使用していた製品名・志まやたびをアサヒ足袋にあらため，均一アサヒ足袋を発売した。この際，当時路面電車の運賃などに採用され一種のブームとなっていた均一価格制を足袋に応用し，小売価格をサイズに関係なく1足20銭とした。それまで足袋は，足の寸法に応じ10段階ほどの価格となっており，問屋・小売店への仕切値（卸売価格）設定には複雑な計算を要していた。志まやの大胆な措置を，同業者たちは「値段が同じ

なら大きな文数の足袋ばかりが売れるに違いない」と嘲笑した。

しかし均一価格としたことで取引費用が節約でき，標準を2割ほど下回る小売価格となった均一アサヒ足袋の売上増はめざましく，1914年当時2000足であった日産量も18年には2万足に達したため，結局この商略に他社も追随した（17年，業界のリーダーであった福助足袋が均一価格制を導入）。「波にアサヒ」の新たなマークを採用したアサヒ足袋の名は，当時消費財ブランドの代表的存在であった味の素（化学調味料）やマツダランプ（白熱電球）と並んで全国に知れわたった。

1920年，急増した生産・販売に対応すべく大阪に支店を開設，続いて東京にも支店を設け，販売網の拡張整備を図るとともに，消費者の嗜好を探ることにも活用した。またこの年，志まやを日本足袋株式会社へ改組，正二郎は専務に就任した。日本足袋は「足袋業界四天王」の地位を確保し，資本金額（100万円）では業界のトップに君臨した。

しかし，第一次世界大戦後の反動恐慌時に需要の予測を読み誤った正二郎は，大量の足袋を不良在庫として抱えた。この窮地にあって正二郎は，不良在庫を有効利用した新商品の開発を思い立ち，足袋の裏側へゴムを取り付けた「地下足袋」に着目した。当時勤労大衆の代表的な履物であった草鞋は，一足の耐用期限が1日程度と短く，その上足袋（一足の耐用期限は1カ月程）と組み合わせることが必要で，そのため当時の勤労大衆は履物代に1日6銭ほどを要し（草鞋1足5銭，足袋1足20銭，月25日労働という前提で計算して），これは平均的な日給が50銭から1円の当時，相当の負担であった。そのため正二郎は，地下足袋ならば勤労大衆に必ず歓迎される，と考えた。しかし1足当たりの価格が草鞋より高い地下足袋は，ただちには市場に受け入れられなかった。そこで正二郎は各地に販売員を派遣し，彼らに地下足袋を実際に使用させ，その実用性と耐久性，さらに経費面での長所を直接使用者にアピールした。また関東大震災の際には，震災直後から東京支社の復旧に全力をつくし，旺盛な復興需要を逃さずとらえて，地下足袋の売り込みに努めた。こうした数々の地道な努力が実り，日本足袋は地下足袋の売上を次第に伸ばし，年産2000万足に達した。

▶ タイガー魔法瓶

タイガー魔法瓶の創業者・菊池武範と魔法瓶の出会いは，「内外発明特許諸

品・文明的事務用品類」を扱う文房具店として，明治の中頃から知られた伊藤喜商店のショーウィンドーで魔法瓶を目にしたことであった。村一番の素封家であった父が事業に失敗したため，武範は親族が大阪市で営むメリヤスの製造卸商で丁稚として奉公していた。冬でも冷めた茶を飯に注いで食べざるを得ず，「熱いお茶がいつでも飲めれば」と切に願っていた武範に，魔法瓶は強烈な印象を残した。

　1912 年，健康を害し退店・帰郷した武範は，病が癒えたのち，いくつかの職を経て 15 年，大阪市内で魔法瓶の製造卸を営む山富商店に職を得た。18 年，生家の一日も早い再興をめざす武範は山富商店を退職，自営の第一歩を踏み出した。山富商店の当主・山本富吉と相談のすえ，山富から部品の供給を受け，また輸出を主とする山富との競合を避け，国内販路を開拓することとした。

　武範が魔法瓶の製造販売を始めた頃，良質の水が得がたく煮沸した湯を保温・保冷する必要のある中国，東南アジアそしてインドでは，魔法瓶は必需品となっており，第一次世界大戦をきっかけとして日本へ大量の発注があった。これは大阪の魔法瓶業界を発展させ，その基礎を固めさせた。一方魔法瓶の国内における需要は，小売価格が労働者の 1～2 日分の収入に相当する高価な品であったため，伸び悩んでいた。しかし武範は，このような困難を乗り越えて魔法瓶の国内市場開拓に成功し，独立後 4 年半で 1 万円の資金を蓄え，23 年大阪市西区で，虎印魔法瓶製造卸菊池製作所を創業した。最高品質をめざした虎印の魔法瓶は，価格が他社製品に比べ 5 割高であったにもかかわらず，個性的なデザインが功を奏し，売上を順調に伸ばした。

　武範は，販売の要である宣伝に力を注いだ。当時有力な広告手段であった新聞広告やチラシは資力不足で使えず，これに代えて虎の顔をカラー印刷したラベルを魔法瓶の胴に巻き，千里を走る強さと長持ちする印象を訴えた。初期の魔法瓶業界では，魔法瓶の「壊れやすい」というイメージを払拭するため，強い動物を商標とすることが多かったというが，虎印魔法瓶の売上が伸びるにつれ，魔法瓶の「壊れやすく，すぐ錆びる」という負のイメージも着実に解消の方向へ向かった。

　京阪神地域で販路の確保に成功した武範は，引き続き東京への進出を図った。当時，東京の商人は馴染みの取引先を重んじており，そのため製品に絶対の自信を持って東京に乗り込んだ武範が，相手にとって有利な取引条件を示したに

もかかわらず、7日間に訪ねた50軒の店で取引に応じたものは1軒のみ（木箱入り魔法瓶100本を受注）で、集金のため再び訪れるには手間と経費を考えると割に合わない結果となった。しかしこの取引が布石となり、虎印魔法瓶の真価は東京でも次第に理解を得られるようになり、着実に取引先を増やしていった。

1923年の関東大震災では、金物問屋の倉庫で他社製品の大半が損傷したのに対し、虎印製品はすべて無事であった。この事実が業界に知れわたると虎印の評価は一挙に高まり、東京中の金物問屋や医療器具店から注文が殺到、3年後には東京市場の85％を占めるに至った。当時虎印の製品は関西6、東京4の割合で出荷され、また百貨店（三越や白木屋）への納品は問屋を経由せず、直接取引で、要望により店のマークを入れ納品された。

こうして創業から4年足らずで国内の主要市場である関西と東京を制した虎印は、さらに九州へと市場を拡大した。武範は東京へ月1回、また九州には2カ月に1回、集金と得意先の開拓を兼ねて出張した。九州行きの場合、3～4本の見本をトランクに収め、7～9日間で各地を訪れ、新規販路を開拓した。往復には夜行列車を用い、旅館に泊まるのは3日程で、残りの日は駅の待合室で仮眠という旅費節約の強行日程で、帰途は広島、岡山、姫路でも得意先を巡った。しかしこうした生活は次第に武範の健康を蝕んでいき、1927年からは長期の療養生活を余儀なくされることとなった。

1932年、菊池製作所は、魔法瓶業界の閑散期である夏場の対策として、当時人気上昇中の季節商品であった冷菓に注目し、アイスクリームの持帰り用容器として広口瓶を発売した。この頃東京の上流家庭では、夏場に銀座の有名菓子店へ魔法瓶を持参し、アイスクリームを購入することが流行していた。そこで菊池製作所では、3人前容器を小売価格1円20～30銭で大阪ミナミの有名菓子店などに販売し、また病院には広口瓶に詰めたアイスクリームを容器込み2円で委託販売し、患者たちに歓迎された。さらに南海鉄道と京阪電鉄には、駅の売店用として5人前入り広口瓶を50銭で納品した。

また1935年には渓流魚の釣果を冷蔵して運べる鮎釣り用魔法瓶が人気となったが、金物問屋はその扱いを拒んだ。そこで菊池製作所は、各地の主要釣具店に社員を派遣し、実演販売を行った。氷を入れた魔法瓶を封印し、翌日開封すると氷はそのまま残っていた。これを目の当たりにした釣具店主らはこぞってこれを発注した。東京では、釣具店が釣具商組合にこの結果を報告し、その

ため組合を通じ注文が行われた。こうして鮎釣り用魔法瓶の需要は，太平洋戦争の開戦まで年々拡大していった。

　しかしその後，わが国が戦時統制経済に移行するにともない，1942年から翌年にかけ企業を整理統合するための要綱基準が示され，魔法瓶も該当業種となったため，武範は一時休業を決意した。43年5月，魔法瓶製造8社が統合され日本魔法瓶統制株式会社となり，武範は同社の取締役に就任したものの，その経営には参加せず，社屋を新会社の本社として提供した。武範が魔法瓶事業を再開するのは第二次世界大戦後の47年のことであった。

▶ ロート製薬

　ロート製薬の創業者・山田安民は，1868（慶応4）年奈良県宇陀郡で生まれた。農業のかたわら米の集荷・販売と菜種油の製造・販売を営む山田安二郎の長男・安民には，重舎と岩吉という2人の弟がいたが，重舎はのちに津村順天堂を創業し中将湯を発売した，また岩吉も津村敬天堂の経営に関わりヘルプを発売し，それぞれ薬業の世界で成功を収めた。

　1899年，安民は信天堂山田安民薬房を大阪市南区で創業，健胃薬・胃活を発売した。しかしその後，類似品の出現で胃薬の競争は激化の一途をたどった。そのため1905年，安民は新たな発展策として目薬の発売を思い立ち，09年4月，ロート目薬を発売した。この時安民は，新聞各紙へ立て続けに全頁広告を出稿した。そのキャッチフレーズは「シマヌ　イタマヌ　ロート目薬」であった。

　その後大正期に入ると，山田安民薬房は新聞広告に加え，立看板と辻貼りを用いた広告・宣伝を展開した。辻貼りは，最初は紙製のものを用いていたが，のちにはホウロウや金属を用いたものとなった。人目につく四つ辻や繁華街に店員が1枚ずつ貼って回ったが，美観を重んじる地域では当局がこれを許さないこともあり，また当然各家の許可を得ることは必要で，さらに有利な場所の確保をめぐっては競合他社との間で激しい争いが生じた。1928年，山田安民薬房は従業員用マニュアル『辻貼読本』（謄写版）を作成した。その内容は，辻貼りの場所，貼り方，糊のつくり方などであった。店員たちはみな，「山田安民薬房の店員は，大学卒であろうと，何であろうと，辻貼りをやらねば1人前になれない」との覚悟で，辻貼りに取り組んだ。この頃，山田安民薬房の宣伝

隊は60名を擁し，制服と時計を支給され，自転車を用いて人海戦術を展開した。それは当時広告王と呼ばれていた仁丹の森下博が「ロートの紙辻貼りには，とてもかなわない」と嘆くほどで，また胃腸薬わかもとが，長年風雪に耐える山田安民薬房の紙辻貼りに驚き，教えを乞うこともあった。

1931年，山田安民薬房は「自動点眼器」を用いたロート目薬を全国一斉に発売した。それまで目薬の瓶は片口瓶にスポイトを組み合わせたものであったが，この「自動点眼器」は瓶を両口とし，一方の口にゴムのキャップを取り付け，これを押すことで今一方の口から目薬が出るようにしたもので，従来品に比べ点眼は格段に容易となった。さらに同業者に衝撃を与えたのは，旧製品をすべて無条件で「自動点眼器」入りの新製品と交換したことで，この新製品は瞬く間に60万個を売り上げ，それまで最大の競合相手であった大学目薬（田口参天堂，現・参天製薬）とロート目薬の市場占有率は一挙に逆転した。

1930年代，大学目薬との特売合戦は，その激しさで業界の注目を集めた。特売とは製造業者が期間を限って特別に有利な条件で問屋に販売することで，それまで目薬の特売では，300個に対し12〜13%の割増（製品の無償提供）を行うのが常であったが，大学はこれを40%とした。そのため山田安民薬房では，連日社内で深夜まで対応策を協議した結果，割増・抽選・景品の「三連優待」と称する創業以来初の対抗策を実施することとなった。またこの特売にあたっては，先んじてこれを実施するため，相手企業の近くに見張り役を送り込み特売の時期を探ろうとする「諜報戦」が展開された。しかし1935年，山田安民薬房は田口参天堂と販売協定を結び，以後目薬の抜き打ち的特売を行わないこととした。

以上みたように，両大戦間期の日本では，一連の先駆的企業が，この時代における社会の変化——萌芽的モータリゼーションの展開，和装の大衆消費財化，飲食生活における要求水準の高まり，学校教育の普及と頭脳労働の比重上昇といった——に即応して革新的製品を開発するのみならず，試行錯誤を重ねながら適切な販路の開拓にも励んでいたのである。

2 消費財卸売商業の変革

▶ 見本市成立以前における消費財の取引方法

　第7章では両大戦間期の日本で工業化と都市化が進展し、そのため生じた生鮮食料品取扱量の増加に対応するため、卸売市場流通に抜本的改革が行われたことを紹介したが、このような取扱量の増加に対する卸売流通変革への要求は、生鮮食品以外の消費財分野でもみられた現象であった。本節では衣料・雑貨の卸売流通における変革の動きのひとつとして、この時期における見本市の発達についてみていきたい。

　見本市は世界的にみれば欧州における中世の大市に起源を有するが、19世紀末から20世紀初頭にかけ、取扱商品の量と範囲が拡大するとともに、現物取引の場から見本取引の場へと変化した。さらに欧州で見本市が発展・普及する契機となったのは、第一次世界大戦による経済の混乱である。すみやかな戦後の経済復興に寄与しうる取引組織として、見本市は活況を極めたのである。そしてこのような欧州における見本市の流行が、大戦後、慢性的不況に悩まされていた日本でも注目され、盛んに見本市が開催されるようになったのである。以下では見本市普及の背景として、それ以前における消費財の取引方法の変遷を、まず文具業界の例によってみてみよう。

　明治20年代の文具業界では、中央都市の商人が売込みを目的として地方に出向くことはまれで、地方の有力販売業者が仕入のため年数回訪れた際、問屋の番頭や丁稚が見本を携え、地方業者の宿（東京では馬喰町にこうした旅館が軒を連ねていた）を訪ね売り込む方法（「宿屋廻り」と称した）が一般的であった。しかし明治30年代に入ると、国内商用旅行が盛んになり、問屋の「地方廻り」が本格化した。1890年代半ば、大阪に本拠を置く利見合名会社が東京に支店を開設したが、同社は地方への出張や見本取引を始めた草分けであった。

　次に小間物業界について、大阪における取引方法の変遷をみると、明治初期、大阪地方の小間物商は、さまざまな業種の商業者を会員とする団体・積栄組に加盟し、地方からの客が宿泊する旅館を訪れ販売するのが一般的であった。さらに小間物業者たちは、宿屋廻り専門の行商隊「行盛組」を結成した。これは旅館の座敷に商品を展示し販売するもので、取引の大部分はその場で現金決済

された。

しかし明治のはじめから中期にかけて相当長期間にわたり取引の主流をなしたこのような販売方法は，日露戦争により一変した。この頃より，郵便制度の確立や交通機関の発達などの影響で販売競争が激しくなり始め，そのため，地方顧客の来阪を待って販売するという悠長な商法は許されなくなった。ここに現れたのが通信販売であり，代金引換小包や荷為替，小包など郵便による受注・発送が盛んになり，また約束手形による取引が行われるようになった。しかしその反面，それまでの信用を第一とする取引の道徳が次第にすたれ，また顧客の定着性が失われたことにより，売掛代金の回収に困難を来すようになった。

こうして明治末～大正初期には，相手方の信用程度を知らずに掛売りを行うことは危険であるとして，出張店員による販売が行われ，代金は次回出張時に決済されるようになった。この方法は，第一次世界大戦期には業界の発展に大きな役割を果たした。しかし戦後の不況期には，販売拡充が災いして代金の回収難に陥る者も多かったという。

▶ 東京市の見本市

東京で，そしてわが国で最初に開催された見本市は，1923（大正12）年4月の文房具学用品見本市であった（会場・府立東京商工奨励館）。以来見本市の効用と使命は次第に各業界の知るところとなり，東京実業組合連合会（実連）は，震災復興が着々と進むなか，東京商品の販路拡張と商取引改善のため，東京府下の有力な製造業者と卸売業者を集めて総合商品見本市を開催することとなった。

1925年9月7日から3日間，東京商業会議所，東京市，府立東京商工奨励館，実連の4団体共催で，府立東京商工奨励館において第1回東京商品見本市が開催された。参加業者は157，小間数は431で，売上総額は195万3297円，その大半はメリヤスと文具類が占めていた。翌26年3月，第2回が府立東京商工奨励館で開催され，売上総額は初回の2倍を超えた。以後年々春と秋に，府立東京商工奨励館を会場として，定期的に総合商品見本市が開催された。

またその他の見本市については，まず東京織物製品見本大会が，1926年4月と9月，同館において開催され，以後定期的に開催された。さらに同年9月

コラム9　東京文具共益会と見本市

　府立東京商工奨励館と並んで東京における見本市の発展に貢献したのは，有力文具・学用品問屋によって1895年結成された業界団体・東京文具共益会である。わが国の文具産業は第一次世界大戦を契機として急速に発展したが，大戦終結後は一転輸出の大幅減退を余儀なくされた。そこで東京文具共益会は，1919年1月，業界はじめての見本市を日本橋両国の福井楼で開催した。以後文具見本市は毎年1回，春（新学期）の需要最盛期を目前にした1月もしくは2月に，府立東京商工奨励館で開催された。

　文具業界が他の業界に先駆け見本市を開催できたのは，東京文具共益会が明治後期以降毎月2回，売立会と称する同業者間の商品交換会を開催していたためである。売立会における取引は，応対取引，入札，競売などで行われた。輸入文具の場合，外国商館が供給を独占していたため，文具商はしばしば販売能力を超えた商品の仕入を余儀なくされたが，そうした商品をダンピングすることなく売り捌けたのは，売立会が安全弁的な働きを果たしたためである。さらに独自の販路を持たない文具職人たちも，新規開発した商品を売立会に持ち込み，市場開拓を全面的に委ねた。加えて文具商らにとって売立会は，情報通信手段の発達していない当時，貴重な情報交換の場でもあった（廣田［1999］）。

からはラシャ見本市も定期的に開催されるようになった。31年以降は東京商品見本市とラシャ見本市が合同化され，新規商品を加えたが，これにより売買参加者が著しく増加したため，会場も府立東京商工奨励館の他，日比谷市政会館が第2会場として加わった。こうして見本市は，東京地方における消費財卸売取引の世界に一定の地位を確立したのである。

　以上みたように，1920年代後半の東京における代表的な見本市は，いずれも府立東京商工奨励館の主催あるいは同館を会場としており，同館は東京における見本市の発展に大きな影響を及ぼしていた。

▶ 大阪市の見本市

　一方大阪市における見本市の歩みをみると，最初の見本市は，1927（昭和2）年9月，装身具・婦人雑貨・化粧品卸売業者中の有力者で組織する互優会が，府立実業会館で開いた新製品陳列会で，次いで28年9月，大阪実業組合連合

会の主催で府立貿易館と実業会館とを会場に大阪商品見本市が開かれ，また中央公会堂で大阪服装雑貨商連盟会が大阪服装雑貨見本市を催した他，同年大阪ビルで輸入品の出品を主とする大阪洋装百貨会の見本市も開かれた。

　1930年9月，大阪商品見本市から金物部が分離し，大阪金物同業組合主催のもとに大阪金物見本市が府立貿易館で開かれた。一方大阪商品見本市は，新たに組織された大阪見本市出品連盟の主催で第5回を開催した。またこの月には月刊仕入案内社が従来東京で開いていた百貨見本市の第4回を開催，以後毎年大阪市で開催されることとなった。この他同年には1月大阪文具紙工連盟会の大阪文具見本市，また11月には大阪履物同業組合の大阪履物見本市が開催され，また翌31年3月には久宝寺町大商品市・久宝会商品市・福島雑貨商品市がそれぞれ開催された。

　さらに1934年10月，大阪織物同業組合は，商工省，大阪府，大阪市，大阪商業会議所後援の下，第1回大阪優良品染織見本市を開催した。当時わが国の大都市ではいずれも染織見本市が開催されていたのに対し，大阪のみが会場の不備あるいは関係商品の複雑性等の理由により，総合的染織見本市を開催していなかった。そこで同組合では，1933年春以来各地各種の見本市に関して詳細に調査の上，34年1月大阪染織見本市協会を設立，第1回大阪優良品染織見本市の開催にこぎつけた。出品店数は153，陳列小間数は275に達し，出品内容も関東織物をはじめ京呉服，洋反物，綿布，ラシャ，服飾雑貨などを網羅，総入場者数は5700人と他都市の染織見本市を凌駕し，「全国染織取引の中心市場としての面目を遺憾なく発揮」した。

　しかしながら1930年代初頭，大阪市の見本市・商品市は早くも転機を迎えた。この頃大阪市では，時期を同じくして各種見本市の開催をみたため，それら見本市・商品市の間では，顧客争奪に力を注ぐあまり有力な仕入客が同時に異なる2つの見本市から旅費の二重払いを受けるといった弊害を生じ，出品参加者の負担が増し，そのため見本市の合理化と統一が有志の間で関心を集めるようになった。しかし大阪市における見本市・商品市は，各々その成立の歴史と立場とを異にし，またこれを構成する出品者や，それらと取引関係を結ぶ地方顧客にも力量の差がみられたため，その統一ははなはだ困難で，したがって自然淘汰に任せる他ないというのが市当局（大阪市産業部）の認識であった。しかしこうした困難にもかかわらず，見本市・商品市の不要な競合を排し，さ

らなる発展を期して，1932年大阪見本市連合会が結成された。

　ところで大阪市の見本市・商品市についてその運営方法をみると，そこではまずさまざまな参加者への優待法を用いていた。見本市の場合，9ヵ所のうち6ヵ所が参加者に旅費を支給し，その金額は取引成約額と会場までの距離とを基準に決定された。またこれら見本市のうち5ヵ所は，観劇招待，記念品贈呈，食事提供といったサービスを追加していた。見本市は，会場費に多額を要するにもかかわらず，さらに旅費支給等のサービスを提供し，広範囲から多数の参加者を確保することに努めていたのである。大阪商品見本市の場合，第1回（1928年春季）から第5回（30年秋季）までは，毎回6000通前後の招待状を発送していたが，第6回（31年春季）から第8回（32年春季）にかけてはこれを3000通前後とおよそ半分に減らした。参加者すべてに招待状を発送していたものを，第6回からは過去に2回以上来場した参加者のみに招待状を発送することとしたのである。つまり大阪商品見本市は第6回の開催に際し，招待状の費用対効果を再検討し，過去の参加実績によって招待客を選別したのである。実際見本市の来場者数は招待状発送数の3分の1程度で，招待状を作成・発送し参加者を集めることは労多くして報われることの少ない作業であった。

　一方出店者からの経費徴収については，多くの見本市では売上高とは無関係に各出店者から徴収する部分と，売上高に応じ一定の割合で徴収する部分から成り立っていた。また見本市では，主催者が見本市を出店者全員の共有財産とみなし，その価値が損なわれることのないよう出店者を厳しく統制していた（参加者名簿に代表される機密の保持，経費を負担しない者の出入りを固く禁じること，会場外において出店者が単独で客引きすることは認めない，など）。さらに出店者が経費の負担に見合った成果を得られるよう支出を厳格に統制し，買参人と出店者の双方にルールを守った健全な取引を促していた。

　大阪市における見本市の特徴は，独自の「商品市」が開催されていた点にある。商品市と見本市の相違は，見本市が会場を特設したのに対し，商品市は問屋街の店頭をそのまま会場としたことである。また見本市の開催時期が商品市に先行していることと，商品市に関し同時代の資料に「見本市来市客ヲモ招キ取引スルモノ」という記述がみられるところから，商品市は見本市の集客力に便乗して開催されたものと判断できる。また商品市の場合，旅費支給をはじめとする出費をともなうサービスは全く提供せず，5ヵ所中3ヵ所で福引が行わ

れる程度であった。商品市は，会場費を負担しない上に付加的サービスもほとんど行わず，見本市の集客力に相乗りする形で市を成立させていたのである。

▶ 酒類流通

これまで第3部では，消費財の卸売について，まず第7章で生鮮食品，また第9章では衣料品，雑貨小間物について述べてきたが，以下では第9章の締めくくりとして，日本の伝統的かつ代表的な消費財である酒類の流通について，両大戦間期に生じた変化をみてみたい。

昭和初期に至るまで，酒類の流通における売買代金の決済は，生産者と問屋（卸売商），問屋と小売商，生産者と小売商，小売商と消費者の間で，盆と暮れの年2回行われるのが常であった。また酒販免許制度がなかったため，酒類の小売店は誰もがどこにでも自由に開業でき，店さえ開ければ資金に恵まれなくとも問屋が競って商品を送り込んだので，官庁の退職者や事業で失敗した者などが，たやすく酒類小売店を開店できたという。そのため大正期の末に，酒類同業組合の組合員数は，1924年の155から26年の337へと急増した。新規開業者が年を追うごとに増加し（1924年548，25年516，26年625），しかもそれは廃業者（1924年393，25年300，26年288）を大幅に上回っていたためである。ところが素人が開業しても，すぐには商品が売れず，また利益も上がらないため，濫売や景品付販売，開店記念売出し，ビラを配布しての特売，チンドン屋による街頭宣伝などが盛んに行われた。大阪の酒販店主の回想によれば，大正から昭和にかけて，酒類の小売店は，酒一升に対し米一升，砂糖一斤，あるいは一升の餅を景品として付けていたという。

しかし昭和に入ると，組合員の増加にはようやく歯止めがかかった。新規開業者は相変わらず多かったものの（1927年626，28年474），競争から脱落する商人が増えたためである（廃業者は1927年663，28年552）。その背景には酒類販売における決済方法の一大転換があった。酒小売店の商法を改善し，適正利潤の確保，適正価格の維持，売買代金の短期決済（月末決済）により経営の健全化を図ろうとする考え方が広まる契機となったのは，1927年の金融恐慌であった。これにより東京の酒問屋資本が経営していた中沢銀行，八十四銀行，中井銀行は支払不能に陥り，営業停止から廃業に至った。そのため酒問屋資本は弱体化し，売掛代金の回収が不能となって，東京市場に関係を持つ生産者，酒

問屋，小売酒販店は多大の損害をこうむった。

　そこで関東の醬油大手企業 3 社（キッコーマン，ヤマサ，ヒゲタ）は，1930 年手形取引の実施とサイト（決済期限）の 30 日への短縮を東京醬油問屋組合に通告した。これに対し問屋組合側では，撤回を要求して醬油 3 社と交渉したが，生産者側の決意は固く，ついに卸売業者は 35 日サイトでの手形取引を受け入れた。また 31 年には麦酒業界の大手 2 社（大日本麦酒，麒麟麦酒）が，醬油の場合と同様サイト 30 日の手形取引実施を計画したため，小売業者は組合大会を開催して反対を決議し，手形取引構想の撤回を交渉した。しかしこの場合も生産者が不退転の決意であったため，結局サイト 35 日で手形取引が承認された。以後 35 日サイトの短期決済は，漸次全国の主要都市にも波及した。

　短期決済の一般化にともない，酒類小売商の仕入方法は一変し，必要な時に必要な分を仕入れる「当用買い」が一般化した。また運転資金に窮した生産者や問屋が資金調達のため処分する酒類・醬油・調味食品などを，トラック一車単位で安く買い入れ「金融問屋」の異名をとった現金酒問屋が，昭和初期から続々登場した。普通の問屋より安価かつ少量を仕入れられるため，小売商の中でこの現金問屋を利用する者が増加した。

　このように売れ筋商品のみを仕入れ，販売するという方式への移行にともない，小売店は売れ行きが良く資金の回転が早い銘柄品を販売の主力とするようになった。その結果，知名度に乏しい中小生産者の商品を販売努力によって大きく伸ばしてやろうと考える義俠心に富んだ酒類小売商が次第に姿を消す一方，地方の中小生産者は標準価格以下での販売や，景品付販売を多発するようになり，酒販業界は新たな過当競争，廉価販売の泥沼に踏み込んでいったのである。

　　＊　以上本章の記述は，宮本編［2002］，タイガー魔法瓶株式会社［1993］，ロート製薬株式会社編［2000］，鎌田［1985］，廣田［1999］，廣田［2009］を参照した。

📖 参 考 文 献

鎌田毅［1985］『酒販昭和史』酒販昭和史刊行委員会。
タイガー魔法瓶株式会社編［1993］『タイガー魔法瓶 70 年のあゆみ──1923-1993』タイガー魔法瓶。
廣田誠［1999］「大正末～昭和初年の東京における商品見本市」中村勝責任編集『市と露』中央印刷出版部，所収。
廣田誠［2009］「昭和戦前期の大阪市における見本市・商品市」安藤精一・高嶋雅明・

天野雅敏編『近世近代の歴史と社会』清文堂出版,所収。
宮本又郎編［2002］『日本をつくった企業家』新書館。
ロート製薬株式会社編［2000］『ロート製薬100年史』ロート製薬。

第4部
戦時・戦後復興期の商業
──1937〜55年

　第4部では1937（昭和12）年の日中戦争（支那事変），41年の太平洋戦争（大東亜戦争）を経て，45年の敗戦，55年の戦後復興期までの商業のあり方について考える。

　第4部のテーマは戦時統制である。戦争とは軍事力を背景とした国家間の戦いを意味することは周知のことであろうが，この背後には戦争による人の殺戮や生活環境の悪化などがある。とりわけ，総力戦といわれた第二次世界大戦は，国家の持つ人材・資源・資本のすべてを動員した戦いであったため，人々へ多大な影響を与えた。

　日本の戦時期はファシズムといわれることもある。だが，それは結果論であり，当時は欧米追随主義，自由主義，共産主義を廃して，天皇を頂点としたすべての国民が家族となり，下位の者は上位の者へ「奉公」するという国家体制そのものの修正がめざされた。また，これは国民教化運動として教育過程を通して浸透した。

　経済に関しては，人々が自由に経済的活動をする平時とは異なり，戦争を遂行するために政府が経済活動に介入する戦時統制が進む。平時には市場によって資源が配分されるが，戦時には官僚の計画によってこれがなされる。重要なことはこうした統制が敗戦後も継続することである。第4部では日中戦争による経済統制の始動から戦後復興期におけるその解除までの過程を概観したい。

　統制経済は商業にどのようなインパクトを与えたのだろうか？　第1に国民生活への影響をみなければならない。戦争はインフレと生活必需品の調達難を引き起こした。この事態に対して，政府は財の価格を維持する公定価格制度を導入するとともに，配給統制政策を推し進めた。しかし，非合法のヤミ市が形成され，ヤミ市は統制経済を混乱させた。国民生活レベルでは，政府による配給統制とヤ

ミ市の相克をみなければならない（第10章）。

　第2に流通の再編をみなければならない。平時にはメーカーによる小売の組織化や商社によるメーカーの組織化などがみられた。しかし，戦時統制期には，政府が生産と財の配分をコントロールすることになる。究極的には，生産者→消費者という直接流通が理想とされ，商業者の整理統合が推し進められる。この戦時配給組織化は個々の産業によってあり方が異なっていたが，商業機能の喪失という面からは共通していた（第11章）。

　第3に商業者の整理統合は戦時配給組織化を推し進めるだけではなく，商業から軍需工業への労働力の移動の効果も期待された。とりわけ，小売業整理といわれた小売業者の転廃業の規模は大きかった。小売業に加えて，戦争という社会の大変革期における商業者の存亡を商社・百貨店などを通して検討される（第12章）。

第10章

戦時配給統制とヤミ市の相克

1 日中戦争と公定価格制度の導入

▶ 戦時統制の開始

　日本経済は，昭和恐慌（1930～31年）による深刻な不況に見舞われた。そして，この不況を回復させた立役者は，大蔵大臣に就任した高橋是清であった。高橋は，赤字国債の発行によって満州事変にともなう軍事費の拡張を補い，低金利政策，低為替政策を実行した。こうした財政・金融政策は昭和恐慌期に低下した物価を回復させ，円為替の低下によって輸出を増やしたが，最も重要なその効果は軍事費の拡大による民間経済への刺激であった。

　しかし，国債の市中消化が行き詰まりをみせ始めた1935（昭和10）年以降，物価の高騰を危惧した高橋は，軍事費削減の予算編成に転換したことを契機として，36年の2・26事件によって暗殺されることになった。高橋の後を継いだ馬場鍈一蔵相は，赤字国債による軍備拡大と低金利政策を実施した。こうした最中，37年7月に勃発した盧溝橋事件は，日中戦争（当時は支那事変と呼ばれた）に拡大する。戦費調達のための財政拡大は，貯蓄奨励や国債消化の努力にもかかわらずインフレを促した。

　高橋による低為替政策は，輸入の抑制効果によって国内新産業の勃興を促した反面，綿花などの原材料や機械類などの輸入価格を吊り上げることとなった。そして，貿易収支を悪化させ，日中戦争の勃発はこの傾向をさらに促した。戦争によるインフレと貿易収支の悪化を基調に，1937年6月の生産力の拡充・国際収支の適合・物資需給の調整からなる財政経済三原則の延長線上にある戦時統制経済が始まった。

　1937年9月には，軍事目的に必要な工場や輸送機関を政府が管理する「軍

需工業動員法」(1918年制定法の適用),民間需要の輸入抑制と軍事需要にかかる輸入品の確保を目的とする「輸出入品等臨時措置法」,インフレ抑制のため民間の資金需要を抑えて軍需への振当てを目的とする「臨時資金調整法」が施行された。38年には物資動員計画と生産力拡充計画が実行され,4月に制定された「国家総動員法」によって政府の権限が高められた。こうして日本は平時から戦時経済へ移行したのであった。

▶ 物価の高騰と9・18禁止令の成立

戦争を行うためにはお金が必要である。政府の財政支出は日中戦争期に2.3倍に膨れ上がった。1941年には,政府の財政支出の40％が軍事支出に回されることになった。この財源は国債の発行によって賄われた。1938～41年でみても,日銀引受で発行された国債の10～15％が未消化となり民間に滞留した。その結果,国債消化,増税,消費節約の努力にもかかわらず,物価の高騰（インフレーション）を引き起こした。

それに連動して賃金の上昇をみた。例えば,「"月収百円"職工時代」という新聞の見出しからもわかるように,大学卒業者の初任給といわれた100円を職工（労働者）も手にすることになった（岩崎［1982］,102-103頁）。実際,戦時期の労働力不足によって,賃金統制に反して上昇した実収賃金指数は,企業に過大なコスト圧力をもたらした（岡崎［1997］,186-187頁）。

こうした変化を背景にインフレ対策が始まった。1937年8月に商工省の省令として施行された「暴利取締令」は,第一次世界大戦中の物価高騰を抑制する目的として設けられた農商務省令を改正したものである。この省令が適用された品目は,金属・亜鉛・機械器具・電極・研磨材料・陶磁器・セルロイド・石油・石炭・綿花・糸・細貨類・紙・染料・農工用薬剤・医薬・油・肥料・ゴム・パルプ・皮革・小麦粉・飲食物（砂糖・鶏肉・鶏卵・バター・紅茶・コーヒー)・セメント・マッチ・氷などの29分類であった。この省令は,これら物品の販売者が価格を掲示し,その価格を必要に応じて官庁に届け出ることを定め,買い占めや売り惜しみなどに罰則を定めたものであった。

この省令は暴利を取り締まるものであったが,加えて1938年5月の「綿糸販売価格取締規則」を中心に繊維品・皮革製品・農林水産物の個々の製品に対する販売価格への統制規則が定められた。これら個々の産品に適用された取締

規則は、さらに同年 7 月の「物品販売価格取締規則」（商工大臣または地方長官の定める販売価格を超えた販売を認めない）によって品目の拡大が図られた。この規則で定められた最高販売価格はマル公（㊜）と俗称され、39 年 9 月までにおよそ 90 品目の公定価格が設けられたとされる（岩崎［1982］、108-111 頁）。一例を示せば、1937 年春に 100 斤 70～80 円であったコーヒー豆は、秋に 120 円を超えたため、商工省の生豆問屋への警告によって 105～110 円に下がったが、38 年 2 月に 130～150 円に再び高騰したため、最高価格の設定が決まった。

　このコーヒー豆の事例のように、「物品販売価格取締規則」の下では地域性を考慮し個々の商品を列挙して公定価格を定めるようになっていた。しかし、1939 年 10 月に定められた「価格等統制令」（「9・18 禁止令」「9・18 ストップ令」などと俗称）は、同年 9 月 18 日の価格を最高とした公定価格・協定価格を定めるものであった。この法令は、販売価格のみならず運送賃・保管料・損害保険料・賃貸料・加工賃にも適用され、あらゆる金銭取引が 9 月 18 日の水準を超えてはならないという主旨であった。

　ただし、地域性、季節性、商品の多様性の存在する生鮮食料品の公定価格の設定は難航した（卸売市場制度五十年史編さん委員会編［1979］、951-980 頁）。このうち最も早期に公定価格が決定したのは、日中戦争の勃発以来高騰していた鶏卵であった。鶏卵の最高価格は、「物品販売価格取締規則」に基づいて 1938 年 10 月に決まった。

　「価格等統制令」に基づいて最初に公定価格が定められたのは 1940 年 3 月の食用うなぎであった。だが、同年 4 月に商工省に設置された価格形成中央委員会においても生鮮食料品の価格付けは難航した。原料に公定価格がないが製品にそれがある水産加工物などでは製造企業にコスト圧力がかかった。生鮮食料品価格の高騰が続くなか、同年 8 月に 40 種類の青果物（キュウリ・ナス・大根など）の公定価格の設定が断行された。青果物に遅れて 41 年 9 月に生鮮魚介類 77 品目の公定価格が決まった。

　価格等統制令の問題点は、1939 年 9 月 18 日時点において公定価格が定められていた商品とそうではない商品との間における価格乖離の発生であった（公開経営指導協会編［1979］、208-210 頁）。それまで行政指導や法令に基づき低価格で販売していた商人が 9 月 18 日の価格を最高とされた場合、きわめて不利になる。業界が官庁に求めた「適正価格」の設定は難航し、その渦中に物価はま

すます上昇した。卸売物価指数の推移をみれば，1936年に総平均103.6であったが，37年125.8，38年132.7，39年146.6，40年164.1，41年175.8と大きく上昇した。

　なお，こうした低物価政策に加えて，1940年7月に商工省の省令として「奢侈品等製造販売制限規則」が施行された。この省令は，7月7日に施行されたことから「7・7禁令」とも呼ばれ，それまで価格統制の対象外にあった首飾・宝石・象牙製品・高級衣類などの奢侈品の製造と販売を禁止するものであった。この省令は，高級品を販売していた商業者の経営を困難にさせた。

▶ ヤミ取引の発生

　物価上昇の一因は，さまざまな手段を用いて公定価格よりも高値で販売するヤミ取引にもあった。ヤミ取引といえば，戦後直後のものが有名であるが，日中戦争期からそれが横行していたことには注目しておきたい。ヤミ取引を取り締まるために「経済警察」が設置された1938年以降，検挙件数は増加の一途をたどった（長谷［1942］，111-125頁）。売り惜しみや手数料，賄賂の要求などで商人に対する消費者の不満は高まっていたが，生活必需品を含んだ「価格等統制令」の施行以後には，生活維持のため，消費者にもヤミ取引の甘受容認の風潮が高まった。1940年における東京の検挙件数は前年の4倍に膨れ上がり，このうち「価格等統制令」の違反が全体の80％であった。この傾向に対して警察は，国民が萎縮しないよう軽微な違反は指導に努める反面，「1人を罰することによって，他の多数を戒める」という「一罰百戒」といわれた厳罰主義に転じた。

　ヤミ取引は，値札の表面にヤミ価格を表示し，警察の見回り時に値札の裏面に記載した公定価格を提示することや，公定価格で売りながらも売れ行きの悪い商品や公定価格が定められていない商品と一緒にセット販売するなど多種多様な方法が取られた。なかには公定価格で販売しながらも，買手は店舗にその価格の10倍の金額を落とし，それを拾った店主は警察に届けて1割の謝礼を受け取ることもあったという（岩崎［1982］，112-113頁）。また，法令に表記された「故帯鉄」（故＝ふるい）を「古帯鉄」と漢字表記を換えて売り，「故」は再利用するための鉄で「古」は文字通り古い鉄だと主張して大審院で争った事例，密造ウイスキーは公定価格の対象外だと主張して争った事例もあった（長

谷［1942］，141-149頁）。こうしたヤミ取引に加えて，商品の質の低下，量目不足，公定価格の対象とはならない新商品の開発が進んだ。

　低物価政策に対して，経済学者の高田保馬は，戦時下の需要超過の状況において，「9・18価格停止令」（価格等統制令）が供給不足の商品のヤミ取引に人々を動かし，いっそうの価格の高騰を招くにすぎないと考えた（高田［1940］）。「経済警察」による取締りよりも購買力を引き下げる政策（消費節約・増税・公債の消化・貯蓄奨励など）を実施する必要があるとともに，生産力拡充による供給の増加を主張した。また，「9・18価格停止令」は，価格統制が実施されてきた生産財価格よりも消費財価格が高位になっていると述べている。

2　太平洋戦争と生活水準の悪化

▶ 太平洋戦争期の経済状況

　日中戦争下のインフレは，1939（昭和14）年9月にヨーロッパで勃発した第二次世界大戦による国際的なインフレによってさらに拍車をかけられた。政府は低物価政策を維持するが，この政策と増産とが矛盾するようになった。すなわち，戦争を遂行するためには企業の増産が必要であるが，賃金を主としたコスト上昇圧力の中，公定価格制度によって売値が低水準に定められれば，利潤の減る企業は増産をやめてしまう恐れがあった（岡崎［1987］）。

　こうした状況の中，1940年7月に発足した第二次近衛内閣は，12月に「経済新体制確立要綱」を発表した。この要綱では，企業の利潤動機による生産を廃し，「公益」による生産が掲げられていた。これは政府から求められた数量を，企業が利潤を度外視して生産するという抜本的な変化を意味していた。この要綱に企業は猛反対した。結局，利潤動機を廃した企業の増産は現実的ではないということになった。増産によって赤字となった企業には，43年2月の「緊急物価対策要綱」によって価格調整補給金（赤字補償金）が与えられるようになり，低物価政策と増産政策とを両立させる努力がなされた。

　1941年10月の重要産業団体令に基づき，鉄鋼・石炭などの12業種の生産・配給・資材・資金・労働力の需給を計画する統制会が設立された。企業数の少ない鉄鋼統制会の機能は有効であったものの，統制会の機能が官僚化して期待された成果は上がらなかったと評価される（杉山［2012］，434頁）。

太平洋戦争の開戦以後，いったんは順調に進んだかにみえた日本の軍事行動は，1942年6月のミッドウェー海戦の敗北を転機として戦局は悪化の一途をたどったといわれる。43年6月の「戦力増強企業整備基本要綱」，同年10月の「軍需会社法」の制定によって，航空機を主とした軍需産業に重点を置いた変革が進められたが，海上輸送力の減少によって大東亜共栄圏内の資源の輸送が困難となった。そして，45年8月のポツダム宣言の受諾以前に，戦時統制経済は事実上の崩壊をみていた。

▶ 生活必需品の配給統制と生活水準の悪化

　太平洋戦争が始まる1941年から国民の生活水準は悪化した。とりわけ，41年で82％を輸入に依存していた砂糖の不足から，当時普及しつつあった西洋菓子の供給が途絶えた。さらに44年にはスイカ・メロンなどの不急作物の生産が禁止された。国民の食生活は，米に水分を加えてかゆ・ぞうすいなどにすることが一般化し，穀類には大豆・大根などが混ぜられる代用食が普及した。この他には平時には食用とされていなかったドングリやいなご，蛙なども代用食とされた（矢木［1978］）。

　1940年度の米穀需要に対する10.9％の不足を予想した農林省は，外米の輸入・酒造米の消費規制等で急場をしのいだものの，41年度の供給不足に対しては，1940年7月の米穀管理規則の公布によって，農家保有米を除くすべての米穀を政府の管理米とすることで対応した（食糧庁［1986］，8–210頁）。同年6月から砂糖・マッチの切符による配給割当が実施されていたが，地下足袋・木炭・乳製品・酒・醬油・味噌などにも切符制が適用されていた。こうした配給制度は府県市町村の物流状況に応じて温度差があったが，41年4月には六大都市を主とした米の割当配給制度が実施された。そして，家庭には世帯1日の米穀割当量が記載された「米穀通帳」が公布され，外食を申請した世帯には「米飯外食券」が公布された。さらに米と麦などの主食の法令が統合され，42年に「食糧管理法」が制定された。

　1941年には六大都市における米穀販売業者の企業合同が実施された。東京では東京府米穀商業組合が設立され，それまで営業していた米穀の卸・小売業者はこの組合の職員となるか転廃業を余儀なくされた。ただし，この時の転廃業者は若年層が多く，店主層の廃業者は少なかった。したがって小売整備の観

点からみれば，米穀販売業者の労働力の動員効果は高くなかったが，米穀販売業者の自主的営業の放棄を推し進める効果は高かった（山口［2014］）。

ここで1941年の大阪の米穀配給の状態についてみておきたい（大阪商工会議所［1941］）。米穀は農林省から大阪府知事，大阪米穀卸商業組合を通して，警察行政地区を基準に設けられた大阪米穀統制商業組合の共同販売所で配給された。ここでいう「配給」とは，「米穀通帳」に記載された場所で定められた量を購入する権利を指す。しかし，配給統制による小売店間競争の不在によって，小売業者のサービスの質が低下し，配達されるべき米穀を「取りに来いとか，或いは袋を持つて来い」などと言う米穀配給所もあった。

衣料品に関しては，前述した配給機構の整備をともなう1942年1月の「繊維製品配給消費統制規則」によって，衣料切符制度が導入された。この制度は，背広50点，スカート12点などの点数化された個々の衣類につき，年間に1人当たり都市では100点，農村では80点の上限に基づいて購入できるとされた（岩崎［1982］，120-139頁）。43年1月には都市では1人当たり75点，農村では60点に減らされ，44年4月からは30歳未満では50点，30歳以上では40点とされた（矢木［1978］）。ただし，妊婦には100点，花嫁予定者には500点などの特別配当が与えられた。しかし，衣料品の供給難によって44年には足袋・靴下の配給は年に1人1足，女性用の仕事着・着物は6人に1人，男性用パンツは13人に1人の配給であった。衣料品の公定価格は1937年から45年にかけて2倍に上がったが，そのヤミ価格は43年には公定価格の6倍で取引されていた。

1942年から主要都市における青果は，隣組単位による登録配給が実施された（卸売市場制度五十年史編さん委員会編［1979］，1027-1073頁）。しかし，都市では生鮮食料品の入荷量の不足から生活が困難を極めた。例えば，43年の東京では，卵は1カ月1世帯当たり17個の消費となった。この内訳は配給分10個に対して，ヤミルートからの購入が7個という状況であった。こうした状態の下，配給店は長蛇の列となり，また都市を離れて物資の豊富な場所への買出しも頻繁に行われた。44年4月には「生鮮食料品出荷配給機構整備強化」が指令され，地方長官の責任出荷制，荷受機関の統制会社化，小売の整備がなされた。この改編によって中央卸売市場に生鮮食料品を流す荷受会社が統制会社として設立された。

コラム10　配給と切符制度

配給と聞けば，避難所で水や必要な物資を調達するために長蛇の列に並ぶことをイメージしないだろうか？　確かにこれも配給であるが，この章でみた戦争の時代と戦後直後の時代の配給は意味が違う。何が大きく違うかといえば，お金を支払って買うことである。お金を支払うのになぜ配給といわれるのだろうか。それは，買う権利が制限されているからである。戦争や戦後直後にはモノの量が限られて，人々にすべてのモノが行き渡らない。この状態で小売店が自由に販売すれば，人々は店に殺到してしまう。店はいくらでも買いたいという人がいるので，どんどん値段を釣り上げてしまう。価格が暴騰すればお金持ちのみがモノを買える状態になってしまう。こうした状況を回避するために，政府は配給統制を行ったのであった。

衣料切符

写真は戦後直後に使われていた衣料切符である。こうした切符は米穀や油脂などさまざまな生活必需品に対して町内会や隣組などを通して配られた。裏面にある点数と引き換えに欲しい衣類を購入することができた。切符には氏名を書く欄があり，本人のみが使用できるようになっている。したがって，定められた期間に1人が購入できる量が定められていた。小売店は公定価格で売ることが決められていたため，物価高騰の抑制も目的とされた。ただし，この切符は受給される権利を担保しているのみであり，必ず買えるということではない。すなわち，店にモノがなければ買えなかった。こうしたことが人々をヤミ市に走らせる要因となったのである。

戦争末期においても公定価格を無視したヤミ価格での取引は頻繁に行われた。1944年8月には「生鮮食料品価格特別措置要綱」によって生鮮食料品の最高販売価格の全面的引き上げと，東京・大阪における統制会社の買取価格の自由

化がなされた。このことは「価格統制と配給統制を 2 本の足とする戦時食料統制の 1 本の柱が崩壊した」ことを意味した（荒川 [1990], 132-133 頁）。

3 戦後復興期とヤミ市の展開

▶ 戦後復興期の経済

1945（昭和 20）〜55 年は，戦後の復興期と経済成長への離陸期という 2 つの側面があった（沢井 [1995], 209-213 頁）。1 つ目の「戦後復興期」は，1945 年 8 月 15 日の昭和天皇の玉音放送から，52 年 4 月のサンフランシスコ講和条約によるアメリカの占領統治が終了するまでであり，2 つ目の「高度経済成長の離陸期」は，50 年 6 月の朝鮮戦争による「特需」の発生から 55 年以降の高度経済成長の準備期間である。

戦後復興期には，アメリカの対日占領政策の一環として財閥解体・労働改革・農地改革などの経済民主化が推し進められた。忘れてならないことは，1946 年 3 月の「物価統制令」をはじめとして，戦時統制期と同様にインフレへ対応するためのさまざまな経済統制が実施されたことである。

この時期のもう 1 つの重要な政策としては，「傾斜生産方式」が挙げられる。これは石炭と鉄鋼の 2 つの基幹産業への資源の重点的投入によって，両産業の生産回復が経済全体への波及効果を狙う政策であった。1947 年度の石炭 3000 万トンの生産という政府の計画は達成したものの，石炭の鉄鋼業向け供給が一方的に進んだ側面もあり（杉山 [2012], 456 頁），政策効果は検証すべき課題として残されている。

対インフレ政策の進展によって物価の高騰は抑えられる傾向にあったが，これが決定的となるのは 1949 年から始まる「ドッジ・ライン」からであった。1948 年に「経済安定九原則」が発表されたが，米ソの対立による冷戦にともない，アメリカの対日占領政策が，民主化から経済の早期復興へと転換したのを契機として，デトロイト銀行頭取のジョゼフ・ドッジが日本へ派遣された。ドッジは 49 年度予算の均衡化を図るなどの日本経済の「自立化」を強行した。物価の安定と生産回復を両立させるために，企業へ支払われた価格差補給金も削減された。こうした「ドッジ・ライン」によってインフレは収束し，加えて，1 ドル＝360 円の単一為替レートによる国際経済への復帰が決定した。これら

一連の改革によって，日本の経済統制は終焉を迎えた。

しかし，改革は「ドッジ不況」を招いた。その最中，1950年6月に朝鮮戦争が勃発した。この戦争によって日本への軍事需要が増大し，日本は瞬く間に好景気を迎えた。注目すべきは，この戦争による「特需」が一過性のものに終わることなく，1955年以降の日本の高度経済成長への過渡期となったことである。

▶ 配給統制

生鮮食料品の価格統制は1945年11月に廃止された。しかし，価格の高騰によって，46年2月の「食糧緊急措置令」，同年3月の「物価統制令」，同年10月の主務大臣に物資の割当・配給，生産・出荷および，その制限・禁止に命令権が与えられる「臨時物資需給調整法」によって戦後配給統制が再開された（通商産業省編［1980］，264-268頁；公開経営指導協会編［1981］，28-36頁）。

「臨時物資需給調整法」を根拠に1947年2月には「指定配給物資配給手続規程」が定められた。この規程では，配給割当公文書（購入切符・購入通帳・購入割当証明書など）の提示がない限り，譲受け・譲渡しができないとされ，多くの生活必需品がその対象となった。加えて，同法に基づき，1947年には，石炭・石油・肥料・食糧などに配給公団が設置された。配給公団は，経済安定本部総務長官の定める割当計画・配給計画に従って配給を行う政府機関であった。

1947年7月には，「流通秩序確立対策要綱」が発表され，切符制度については，消費者が投票によって自由に購入店を選択できるようになる「小売店登録制度」が導入された。この制度の概要は，切符の引き取り時に消費者が小売店を1店投票，得票数の多い小売店が登録店と認められて配給事務を担い，消費者は投票した登録店のみで購入できる。そして落選した店を選択した消費者は，当選店を選択するも購入の順番が遅れるというものであった。衣料品の場合，消費者は交付された切符の点数の範囲内で登録店から商品を購入できた。得票数を稼ぐために小売店から消費者への賄賂が横行したが，次第に優良店と非優良店との差が生じてきた。

▶ ヤ ミ 市

こうした政府の配給統制に対して，ヤミ市が各地に発生した。ヤミ市は，政

府の定める公定・配給価格よりも高値をつけたが，配給のみでは円滑に調達できなかった生活必需品を人々はヤミ市で購入した。ヤミ市は不法であったが，政府は取り締まりながらも黙認する側面があった。このように「ドッジ・ライン」以前の戦後復興期の流通は，政府による計画された流通とヤミ市による自由売買とが混在していた。

　この時期を象徴する出来事としては，1947年10月の東京区裁判所の裁判官山口良忠の死去が挙げられる。ヤミ取引に関する案件に携わっていた山口は，ヤミ市からの購入を拒絶したために栄養失調で死亡した（山形［1982］）。山口は配給品の多くを家族に与え自らは粗食であったとされるが，多くの人が配給のみでは生活を維持できない状態となっていたことも事実であった。ヤミ価格と公定価格の違いを石鹸の例にみれば，1947年1月に14.02円と1.90円（7.4倍），49年1月に82.56円と9.78円（8.4倍）であった（松平［1995］，129頁）。このように政府の構築した正規ルートでの購入と比べれば，ヤミ価格は高額であったにもかかわらず，小売業整備によって壊滅的打撃を与えられていた小売業の復活をみるまで，ヤミ市は非合法ながらも人々の生活を支えていた。

　ヤミ市は終戦とともに全国各地に自生的に発生した。物資の輸送の便から鉄道駅の周辺に設置されることが多く，東京では新宿・池袋・新橋・渋谷・上野などに存在していた。ヤミ市に関しては，現在もそれを起源とする商業集積もあるが（例えば，上野のアメヤ横丁），全国各地のヤミ市の規模や営業実態については詳細な研究が少ない。

　比較的調査の進んでいる東京の事例をみていこう（松平［1995］）。戦後初期のヤミ市では，戦災者・復員軍人・失業者などが，ゴザやみかん箱の上に食料品や繊維品などを並べて売っていた。このうちの多くは商人としての経験がなく，なかには副業としてヤミ市に出店する者もいた。販売品は，近郊の農村からの購入物，自らの所持品，進駐軍などからの横流品，閉鎖した工場からの拾得物，軍の隠匿物資や放出物資など多彩であった。食料品に関しては，ふかし芋，カレーライス，饅頭，カストリ焼酎，アルコールを水で溶かした「バクダン」（飲むと失明する危険があった）などがあった。販売品の多くが高値で売れたため，ヤミ市は活況を呈した。

　こうした鉄道駅の周辺を中心に発生した戦後初期のヤミ市は，「テキ屋」によって組織化されていった。「テキ屋」とは，警察の認可を受け縁日や夜店な

どで露天商売をする者である。出店のトラブルを防ぐため，露天商間で出店場所を事前に申し合わせる「縄張り」が制度化し，親分－子分という階層的関係が成立していった。

東京では，いくつかの「テキ屋」が自生的に発生したヤミ市の統括に乗り出した。そもそもヤミ市の露店は，駅前の空地などを土地所有者に無断で使用するものであったが，「テキ屋」は，出店者に場所代を請求することでヤミ市の組織化を図った。これら「テキ屋」主導のヤミ市は，「マーケット」と呼ばれた。例えば，「テキ屋」が総工費1000万円をかけて建設した新橋の「新生マーケット」(1946年8月開業)は，家賃1坪約100円で出店者に貸与されたといわれる。しかし，日本固有の「テキ屋」のシステムに組み入ろうとしない中国・朝鮮系の露店商とのトラブルもあり，経営は軌道に乗らなかった。

東京においてヤミ市の先駆けとなった「新宿マーケット」(1945年8月開業)では，「光は新宿より」をスローガンに新聞広告によって販売商品と「店員」が集められた（尾津［1998］, 115-152頁）。営業は，後に土地所有者と裁判になったように，不法占拠した場所で行われた。鍋・釜・包丁・瀬戸物・繊維品などの販売商品は，生産原価に対する20％の販売利益を設定する「適正原価」が謳われた。この価格は，公定価格よりも高いがヤミ価格よりも安かったといわれる。「新宿マーケット」では引揚者などを母体とする「店員」によって営業され，「新生マーケット」のような場所代制ではなかったといわれる。

東京では「マーケット」に対する当局の黙認と取り締まりが続いたが，1949年のGHQによる取り払い指令が決定的となり，50年にはすべての「マーケット」が撤去された。道路上の露店経営が全面的に禁止されたため，「マーケット」の一部の商店経営者は飲食店街を形成した。

他方で，大阪のヤミ市は早期に解体された（大阪・焼跡闇市を記録する会編［1975］）。戦後初期に大阪には千林・鶴橋・梅田・十三・天王寺・難波を含めた92のヤミ市が形成されていた。これらは東京と同様に戦後直後に自生的に売買が発生したものだが，1946年1月に小売商をも含めた非「テキ屋」によって組織された「大阪府自由市場連合会」が形成され，それぞれのヤミ市（「自由市場」）の販売価格の統制に乗り出した。同時に個々の「自由市場」に「露友組合」が形成され，出店者への場所代の請求が行われた。例えば，学徒動員のまま終戦を迎えたある男は，商業の経験はなかったが，知人から紹介さ

れた問屋から喫煙道具を仕入れ、「難波新地」のヤミ市でそれを販売していた。ここでは「暴力団」に「場銭」を支払い、与えられた場に防水シートを敷いて商品を売っていた。しかし、同年8月1日に大阪府下92のヤミ市がいっせいに取り壊され、東京のような「マーケット」は大阪では展開しなかった。この八・一ヤミ市閉鎖以後において、大阪では飲食店などのバラック商売をするヤミ店舗街が形成されるとともに、小売店のヤミ商売化が進んだ。

　1946年8月に神戸でも8割が常設店化していた「三宮自由市場」が撤去された（村上・梅宮［2011］）。そこで営業していた商人は、朝鮮人自由商人連合会を母体とする「国際マーケット」などに分散化された。

参考文献

荒川祐吉［1990］『戦時統制と中央卸売市場』千倉書房。
岩崎爾郎［1982］『物価の世相100年』読売新聞社。
大阪商工会議所［1941］『業者に聴く生活必需品配給統制の実情』大阪商工会議所。
大阪・焼跡闇市を記録する会編［1975］『大阪・焼跡闇市――かつて若かった父や母たちの青春』夏の書房。
岡崎哲二［1987］「戦時計画経済と価格統制」近代日本研究会編『戦時経済』（年報 近代日本研究9）山川出版社、所収。
岡崎哲二［1997］『工業化の軌跡――経済大国前史』（20世紀の日本5）読売新聞社。
尾津豊子［1998］『光は新宿より』K&Kプレス。
卸売市場制度五十年史編さん委員会編［1979］『卸売市場制度五十年史（第2巻本編2）』食品需給研究センター。
公開経営指導協会編［1979］『日本小売業運動史2 戦時編』公開経営指導協会。
公開経営指導協会編［1981］『日本小売業運動史3 戦後編』公開経営指導協会。
沢井実［1995］「戦前から戦後へ――企業経営の変容」宮本又郎・阿部武司・宇田川勝・沢井実・橘川武郎『日本経営史――日本型企業経営の発展・江戸から平成へ』有斐閣、所収。
食糧庁［1986］『日本食糧政策史の研究（復刻）』御茶の水書房。
杉山伸也［2012］『日本経済史――近世―現代』岩波書店。
高田保馬［1940］「低物価政策の見通し」日本学術振興会編『物価問題の再検討』日本評論社、所収。
通商産業省編［1980］『内国商業』（商工政策史7）商工政策史刊行会。
長谷正夫［1942］『裁判から見た統制違反――附経済統制法令判決要旨並法令集』大新社。
松平誠［1995］『ヤミ市 幻のガイドブック』筑摩書房。
村上しほり・梅宮弘光［2011］「戦後神戸におけるヤミ市の形成と変容――『三宮自由市場』の事例を中心に」『神戸大学大学院人間発達環境学研究科 研究紀要』第4巻第

2号。
矢木明夫［1978］『生活経済史 大正・昭和篇』評論社。
山形道文［1982］『われ判事の職にあり』文藝春秋。
山口由等［2014］『近代日本の都市化と経済の歴史』東京経済情報出版。

第11章

戦時配給組織化と商業機能の喪失

1 戦時配給組織の形成

　前章でみた低物価政策とともに戦時下の商業の再編に重要な要素は，政府によるモノの流れの一元的管理をめざした配給組織の形成である。

　当時，著名なエコノミストの高橋亀吉は，生産増大と低物価を両立させるためには，生産コストの引き下げが必要であり，中間的配給の失費節約のために，商業組織を合理化させることを主張した（高橋［1939］）。つまり，生産者と消費者を取り結ぶ商人の利潤を減らして生産費用を引き下げようと考えた。そのため，戦時統制下において，物資の需給を調整する商人の役割は国家に委ねられるとし，商人は配給機関化し，一定の配給手数料を稼ぐ存在となるべきだと主張した。高橋が指摘する商業組織の合理化と商人＝配給機関化は，中小商業者の転廃業・整備として戦時統制期全般を通して進んでいく。ここで高橋は商業組織の合理化と呼んでいるが，これはむしろ商業機能の喪失ととらえたほうがよい。生産された財の政府による一元的管理の下で商業者が自らの能力で自由に売買する機能を失う過程，これが戦時配給組織の姿であった。

　だが，戦時統制以前に生産者から消費者までの流通は網の目のように複雑化していた。大企業による生産・販売カルテル，中小工業者の組合，問屋組合，小売組合，生産者の流通の組織化，総合商社，専門商社などが複雑な取引関係を結んでいた。こうしたモノの流れを政府が把握するためには，商品・業態ごとに事業者を再組織化する必要があった。1940（昭和15）年頃までの配給統制は，既存の問屋の再編によって設けられた共販会社を通じて，消費者側の工業組合などに物資を供給する流れが築かれたと概括できる（山崎［2011］，10頁）。複数の問屋を法令や行政指導で1つの会社に統合すれば，競争がなくなりモノ

の移動が円滑に進むと考えられる。生き残りをかけた問屋もこの方針に従った。

ただし，モノの流れは問屋のみならず小売も含み，業種ごとに複雑化していた。モノの流れを計画的に行いたい政府は，生産者と消費者との間に介在する商業者を統廃合によって可能な限り減らそうとした。商業者の数が減れば商取引の複雑性が解消され，政府の指令・命令系統が機能すると考えられた。しかし，生き残りをかけた商業者は，制度的欠陥などのさまざまな手段を講じて存立を図ろうとした。以下では，主要商品の配給統制の動向をみたい。

2 鉄鋼の配給統制

▶ 日中戦争期

戦争を行うためには「鉄」が必要となる。それゆえ，鉄鋼は，戦時統制の早期より生産と販売の組織化が進んだ。以下にみる日中戦争期から戦後復興期までの鉄鋼の流通は，政策的介入によって，問屋の力が弱まりメーカーの力が強まる歴史であった。

究極的には鉄鋼メーカーの生産した「鉄」がそれを必要とする消費者に無駄なく渡され，戦争遂行に必要な物資を製造できればよい。政府・省庁はそれを促すよう政策的介入を行った。しかし，以前から鉄鋼販売に従事してきた指定販売人の力が強かった。営利の追求と業界に支配力を保とうとする指定販売人は，政府・省庁の流通政策の隙間を潜り生き残ろうとした。

1938（昭和13）年の鉄鋼の生産者から消費者までの流れは，共販組合→指定販売人→指定問屋→指定特約店→消費者という形であった。

この制度の下での鉄鋼の流れを具体的にみてみよう。①メーカーが結成した共販組合は，メーカー間の利害（売出数・価格）調整を図る。②共販組合は個々のメーカーの販売価格・数量を決める。③メーカーは指定販売人（あるメーカーの商品を排他的に取り扱う権利を持つ販売人）へ鉄鋼を売り渡す。指定販売人は，メーカーから鉄鋼を引き受ける前に，系列の指定問屋・指定特約店から販売希望数量を聴取する。この①～③の過程を経て共販組合から消費者への鉄鋼の販売がなされた。

しかし，この制度には欠陥があった。それは，強い交渉力を持つ指定販売人（三井・三菱・岩井・安宅・日商・日本鋼材・浅野・大倉商事）が，メーカーと販売

数量・価格を直接的に交渉し，各々の系列問屋を通じて販売したため，共販組合の役割は二義的になったことである。すなわち，上述の①〜③は形式的な作業となり，実態は営利を追求する指定販売人間の競争となって現れた。「メーカーと指定販売人と共謀したり抜売りを防ぐことができ」ず，「相互に販売分野を侵食しあい，対立は鋼材の市場供給が減少している下で激化」するという状態であった（長島［1986］，181頁）。

　これまでの鉄鋼の流通統制は，業界が戦時統制に自主的に対応するものであった。しかし，鉄鋼の配給統制が法制化された1938年7月の「鉄鋼配給統制規則」では，「割当証明書」がない限り購入・販売はできないとされた。ただし，逆にいえば「割当証明書」を持つものは誰からでも鉄鋼を購入できることとなり，既存の流通統制が大きく混乱した。

　そこでメーカーと商工省とが主導して，1939年5月に「鋼材配給機構整備要綱」に裏づけられたメーカー60％出資の棒鋼等主要4種を取り扱う日本鋼材販売株式会社（以下，日鋼販）が設立された（長島［1986］，186-187頁）。

　この改編による配給ルートをみれば，日本鋼材連合会（メーカー）→日鋼販→指定問屋→大口需要家（指定問屋→特約店→小口需要家）という鋼材の流れが成立した。この改編の目的は，メーカーが出資する販売会社を設立し，メーカーに対して交渉力の強い指定販売人の力を落とすことにあった。

　メーカーは日鋼販にすべての鋼材を販売することになった。それゆえ，メーカーと指定販売人との特定の関係を通じた抜売りの余地が狭まる。さらに指定販売人は，指定問屋と同レベルの位置づけとなったため，従来からある指定問屋との競争を繰り広げた。

　しかし，指定販売人の1社である三井物産は日鋼販の株主となって同社の経営に参加した。また，鋼材の取扱量はそれまでの販売実績に応じるとされた。すなわち，以前より販売量の多い三井物産や三菱商事などは，より大きな販売割当を与えられた。したがって，有力な旧指定販売人は，指定問屋となった以後も従来の地位を保ったのである。

▶ **太平洋戦争期**

　太平洋戦争の勃発とともに軍事力の要となる鉄鋼の配給統制は，他産業と比べて徹底され，配給の一元化と問屋機能の縮小という抜本的な改革が行われた

(全国鉄鋼問屋組合［1958］，117-153頁）。一元化とは，生産→流通→消費のうち，さまざまな役割を持つ流通会社を1つにまとめることを意味する。

　1941年4月の鉄鋼統制会の設立とともに鉄鋼販売統制株式会社（以下，鉄鋼販）が一元的配給機関として設立された。この変革によって，三井・三菱・岩井・安宅などの財閥系商社・専門商社は委託店として軍や大口需要先と取引し，委託店以外の問屋は指定問屋と称されて一般需要先と取引した。30％の取引量を占める委託店は固定的な需要家との取引であったため配給制度上の問題は生じなかったが，70％の取引量を占める指定問屋の取引は再編が続いた。

　問屋の再編は，企業整備の一環として1941年に岸本商店・丸紅・伊藤忠の3社の合併による三興株式会社の設立をはじめとして，関西鋼材株式会社・日本鋼管産業株式会社などの設立から始まった。しかし，配給難から問屋への批判が相次いだため，43年4月に鋼材共同配給所が設立された。この配給所の設立によって，鉄鋼販から問屋の倉庫へ鉄鋼が直接，納品されるが，その鉄鋼は共同配給所の共同管理品となった。問屋は共同配給所の「出荷指図書」がない限り特約店・需要家に販売できず，「出荷指図書」は特約店・需要家からの証明書を共同配給所に提出して得ることができた。この制度改正によって問屋の行動を束縛しようとした。

　しかし，1943年10月には「鉄鋼配給統制規則（改正）」に基づいた共同配給所の廃止と鉄鋼配給所の設立が決まった。この改革で，問屋は鉄鋼販の荷捌機関にすぎなくなった。すなわち，自らの在庫を保持できなくなった問屋は，鉄鋼販の指示によって鉄鋼の荷捌をする存在となった。第1節でみた高橋のいう商人＝配給機関化が実現したことになる。

　1943年1月に発足した軍需省は，以後鉄鋼需給の計画を担うこととなった。これにより鉄鋼配給所は鉄鋼販支店となり，問屋業者は鉄鋼販の従業員と化した。しかし1945年3月に鉄鋼販東京支店が空襲によって壊滅したため，鉄鋼配給は頓挫した。45年7月には，鉄鋼統制会が原料の購入・販売を行うこととなり，鉄鋼販を含む配給組織が鉄鋼統制会へ吸収された。すなわち，この決戦生産体制は，あらゆる鉄鋼の配給組織を不在としたが，45年8月の敗戦までの一時しのぎにすぎなかった。

図 11-1 戦後初期の鉄鋼配給

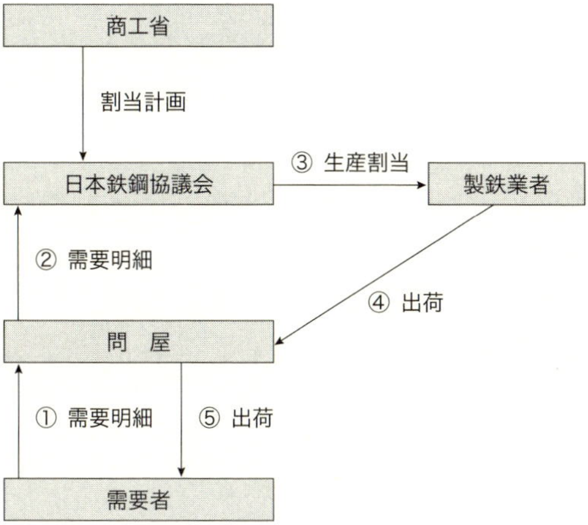

```
         商工省
           │
           │ 割当計画
           ↓
      日本鉄鋼協議会 ──③ 生産割当──→ 製鉄業者
           ↑                            │
           │ ② 需要明細                 │
           │         ④ 出荷             │
           │    ←───────────────────────┘
         問　屋
           ↑  │
    ① 需要明細 │ ⑤ 出荷
           │  ↓
         需要者
```

（出所）全国鉄鋼問屋組合 [1958]，158 頁。

▶ **戦後復興期**

　戦争末期に鉄鋼統制会が一元的に生産と販売を統括するようになった鉄鋼は，敗戦とともに統制が撤廃されたため，生産不足から価格が高騰した（全国鉄鋼問屋組合 [1958]，154-232 頁）。1946 年 2 月の「鉄鋼需給調整実施要領」によって鉄鋼の再統制が決まり，鉄鋼統制会に代わって配給割当を担当する日本鉄鋼協議会が設立された。1943 年から鉄鋼販売統制株式会社に吸収されていた問屋は，指定問屋制制度の復活によって，営業を再開した。

　1947 年 1 月の「指定生産資材割当規則」に基づいて，割当証明書の発行が日本鉄鋼協議会から主管官庁に移されることになったため，日本鉄鋼協議会は解散した。図 11-1 によって戦後初期の鉄鋼配給のあり方をみよう。官庁の指示の下で日本鉄鋼協議会が製鉄業者に生産を割り当て，需要者は問屋を通して鉄鋼を購入する仕組みになっている。図 11-2 は，「指定生産財割当規則」による配給統制の変更後のものである。需要者は主管官庁へ鉄鋼割当の証明書を申請する。重要な点は，需要者が証明書を製鉄業者もしくは問屋のどちらにでも提出できたことである。この規則の第 12 条では，生産者・販売業者は，割当証明書が需要者から提示された場合，それを拒んではならないとされる「販売強制」条項が存在した。したがって，需要者は購入者を選択できること

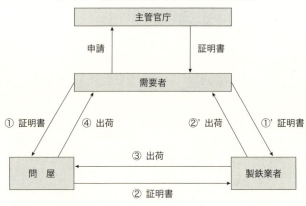

図 11-2　指定生産財割当規則による配給統制

（出所）　全国鉄鋼問屋組合［1958］，174 頁。

になる。この規則によって，製鉄業者の問屋に対する支配力が弱くなり，指定問屋制度は廃止された。さらに，問屋数が増加するとともに，問屋間の販売競争が激化した。

　1950 年 7 月に配給統制は廃止された。しかし，業界は自由販売を手放しに喜んだわけではなかった。公定価格の廃止にともない業界では，建値制度を構築した。この制度の概要は，①製鉄業者は 2 カ月前に売出量と価格（建値）を問屋へ発表する，②問屋は製鉄業者に受注し，製鉄業者は問屋の引受量を決定する，③製鉄業者は発表された価格で問屋に売り渡すというものであった。発表した価格（建値）には，3％ 程度の問屋口銭が含まれていた。

　配給統制期において，製鉄業者は割当証明書によって需要者の情報を知ることができた。割当証明書の廃止にともない，製鉄業者は問屋を通して需要者の購入申込書を得る「紐付契約」制度を構築した。製鉄業者が需要者の情報（誰が購入しているか）を把握することは，円滑な支払いの是非などを判断する上で重要となる。このように業界では，戦時統制下の制度を自らアレンジすることで戦後に存続させた。

3 石　炭

▶ 日中戦争期

　鉄とともに石炭は国内産業の原動力となる重要な物資である。戦時期の石炭流通政策は，問屋と小売を一元化させることにあった。
　1940（昭和15）年4月の「石炭配給統制法」に基づく石炭の配給統制をみてみよう。同年5月に設立した日本石炭株式会社は，生産者（炭鉱）から石炭の一手買取・販売を行った（根津編［1958］，275-300頁）。同社設立以後の石炭配給を簡略化してみれば，日本石炭は，①生産者から報告された供給予定量に基づいて「府県別配給計画明細書」を作成し，②生産者の供給するすべての石炭を規格別の「買入基準価格」で買い入れ，③それと同時に生産者へ配給計画が記された「指図書」を添付して「販売基準価格」で売り戻す。生産者は，④「指図書」に基づき，消費者に直接販売するか，販売団体を通して消費者へ販売する。重要なことはこうした手続きが帳簿の上で行われ，日本石炭が現物を取り扱わなかったことである。
　この「買取売戻制度」と呼ばれた配給方法からは，低物価政策と増産インセンティブを両立させようとする意図が読み取れる。すなわち，原料用炭・ガス発生炉用炭などの増産が必要な炭種には，高い「買入基準価格」と安い「販売基準価格」が政策的に設定された。また，買戻補給金によって赤字となる生産者に増産インセンティブを付加した。
　ただし，当初の配給統制は，日本石炭の配給における裁量権が強いものであったようにみえる。しかし，生産者→日本石炭→生産者→需要者という流れは，生産者との一手販売契約のある三井物産（商社）の介入によって三井物産→日本石炭→三井物産→需要者という「買取売戻制度」が実現していた（三井文庫編［1994］，509-510頁）。そのため，戦時以前に石炭流通を担っていた，総合商社の力を弱める必要があった。
　さらに，配給制度には，①生産者と需要者との事前の調整に基づいた「指図書」が作成される，②売り戻し後に「指図書」の変更が認められる，③生産者と特殊関係にある需要者は「指図書」を超過した数量を秘密裏に売り渡される，④小口需要者は日本石炭の配給計画の外部にあるなどの，「指図書」が骨抜き

となる可能性を孕んでいた。こうした問題は，日本石炭が売り戻し制度によって現物を取り扱わない，すなわち，取引の現場に介在しないことから発生した。このように日本石炭はトンネル会社となっていたのである。

▶ **太平洋戦争期**

日本石炭株式会社は現物取引に介在しないトンネル会社にすぎなかったため，生産者や仲買，小売が日本石炭の「買取売戻制度」に基づく「指図書」を無視した需要者への販売が横行していた。これを是正するため，1941年12月の「石炭下部配給機構整備要綱」では，日本石炭（生産者）→指定仲買団体→指定小売団体→需要者という形に改められた。これによりすべての仲買商は指定仲買団体に加入し，同様にあらゆる小売商は指定小売団体に加入し，石炭の共同購入・販売をすることになった（根津編 [1958]，328-347頁）。その目的は，府県別の共販会社の設立によって個々の仲買・小売が生産者と直接交渉する余地を失わせることと，整理統合によって仲買（問屋）・小売商の転廃業を進めることにあった。

例えば，東京市に本店をおく石炭小売商の常盤商会は，1943年3月の「接収」によって，28万5000円の補償金を受けて業務を停止し，社長の萩原勇次は下部配給機構の東京府石炭株式会社に入社した。しかし，萩原は日本石炭による統制外の亜炭経営に着手し，関係の深い王子製紙に納めた（常盤商事 [1973]，54-67頁）。

貝島・明治・麻生などの大炭鉱が構築していた自社の石炭販売会社は，1943年12月に日本石炭が業務を引き継いだ。さらにこの配給機構の改編は，生産者と広範な一手販売取引契約をしていた三井物産などの商社の石炭取引のほとんどを喪失させることとなり，この改変によって日本石炭は，荷受・荷渡などの一切の業務を行うことになった。

1944年1月には府県別の共販会社を統合して，地区別の地方石炭株式会社が設立された。さらに，同年3月の改正石炭配給調整規則によって，「買取売戻制度」を廃止して，1941年に設立された石炭統制会（全国的な生産者の組織）の配炭計画に基づき日本石炭と地方石炭が直接石炭を取引する「自売制度」に転換した。ただし，「自売制度」が導入された太平洋戦争末期には，輸送力の減退から物流そのものが停滞し，この配給改革は有効に機能しなかった。

▶ 戦後復興期

　戦時石炭統制は，政府の計画した価格と物流を円滑に進めるために，生産者と消費者との間に介在する商業者を整理統合するものであった。具体的には，中央統制会社である日本石炭株式会社と地方統制会社である地方石炭株式会社による2本立ての石炭統制で終戦を迎えた。1947年の配炭公団の設立目的は，この両者を統合してより強力な配給統制を行うことにあった（根津編［1958］，744-837頁）。そのため配炭公団は政府機関となり，石炭の買付け・積み出し・売り渡しまでの一切の流通を担うこととなった。

　戦後復興期における石炭配給の流れは，①配炭公団はすべての石炭を炭鉱より指定された価格で買い取る，②工場などの需要者には石炭庁より割当切符が与えられる，③需要者は割当切符を各地域の配炭局（配炭公団の地方事務所）へ提示する，④配炭局は需要者の石炭の使用場所に石炭を運ぶ，⑤需要者は割当切符に提示された数量を公定価格で購入する，というものであった。配炭公団の設立は，石炭横流しのインセンティブを排除することによって，戦時期よりも石炭統制を深化させたといえよう。

　しかし，制度的には整備された配炭公団の運営は必ずしも成功したとはいえない。第1に，石炭の増産政策によって貯炭（在庫）が膨れ上がった。第2に，割当切符を提示した需要者に無条件に引き渡していたため，売掛金が増大した。第3に，輸送船からの石炭の盗難が相次ぎ，それがヤミ取引されることもあった。業界では1949年4月には配炭公団の廃止が予想されており，炭鉱各社は販売会社の設立準備を始めていた。

　次第に配給統制は緩和されていき，1949年8月に公団貯炭が500万トンに達したことは配給統制の廃止を決定づけることになり，9月に配炭公団が廃止され，「自売再開」となった。

　戦前期の石炭商，商社・炭鉱会社の営業部門の従業員は，日本石炭，地方石炭，配炭公団の職員に転じていた（大同通信［1958］）。とりわけ，戦前期に商社（三井物産など）に販売を委託していた財閥系炭鉱（三井鉱山など）は，社内に販売部門を組織するとともに，外部の特約店を組織した。配炭公団の職員は「自売再開」後に石炭販売に従事する者が多かった。戦前期から営業していた石炭販売会社では，転出していた公団職員が再結集されることもあった。他方で，払い下げられた公団貯炭の販売を目的とした会社も設立され，朝鮮戦争期に高

利益を上げることになった。

4 繊　　維

▶ **日中戦争期**

　鉄鋼と石炭は産業の要となるが，繊維品は生活の要となる。ここでは，綿・毛・絹・人絹・メリヤス・スフ（ステープル・ファイバーの略で化学繊維）・各種織物などからなる繊維品の配給についてみてみよう。

　原料（綿花・糸・生地）を用いて完成織物品（軍服，タオルなど）を製造する繊維産業は，綿糸を製造する大企業から中小零細の織物・染色工場からなり，複雑な取引関係が形成されていた。製品ごとの配給統制が求められたことも繊維産業の特徴であった。

　戦時下の繊維製品の製造・流通は図11-3に示されている。この配給統制は「輸出入品等臨時措置法」に基づく「需給調整協議会令」（1938年5月），「綿糸配給統制規則」を根拠としていた。この法令に基づいて綿需給調整協議会（以下，綿調会）が設立された。綿調会の母体は，戦時統制以前に設立されていた綿花同業会・紡績連合会・綿糸元売業商業組合などの同業者組織を含む24組合であった。したがって，国内の主要繊維企業が配給統制体制の傘下に入ったことになる。

　1939（昭和14）年1月には国際収支の悪化から綿花・パルプの輸入を引き締める必要が生じた。そのため繊維配給統制協議会（綿糸消費統制協議会，ステープル・ファイバー割当協議会，人造絹糸割当協議会を統合）が設置された（臨時物資調整局編［1939］，63-71頁）。これによって内需用の綿糸・人絹糸・スフ糸・毛糸を一丸とする配給統制が実現した。

　しかし，この配給統制は厳密なものではなかった。それは，数量割当が製造業者の実績に基づく申告制であったため，業者は多重申告をしたのであった。そのため，1939年5月に綿需給調整協議会を改組して繊維需給調整協議会を設立し，製造業者の設備登録制に基づく数量割当（稼働設備に基づいて原料購入権を割り当てられる制度）を実施した。

　繊維製品の国内向け配給は，1939年の「糸配給統制規則」と上述した繊維需給調整協議会（以下，繊協と略す）の設立によって進められた（以下，伊藤萬商

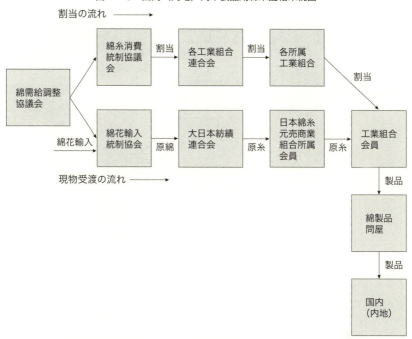

図11-3 国内（内地）向け製品用綿糸配給系統図

（出所）臨時物資調整局編［1939］，68頁。

店企画部経済調査課編［1941a］）。「糸配給統制規則」では，工業者は割当票に基づいた数量の糸を購入できるとされ，その割当の調整は，繊維品の製造・加工・販売・輸出入に関わる団体から構成される繊協においてなされた。

1940年2月に出された商工省の省令である「繊維製品配給統制規則」では，特免綿織物・軍手・メリヤス生地についての生産・配給統制が実施された。この規則では，「商組（商業組合）を母体とする共販制度」（団体方式）と「会社を母体とする共販制度」（会社方式）による配給統制が定められていた。

団体方式の事例として挙げられる「指定生産スフ織物」（学生服・洋服裏地等）の配給は，1940年9月の繊維局長の通牒に基づき業界が結成した日本綿織物卸商業組合連合会（以下，綿商連と略す）の定めた「指定生産スフ織物臨時配給事業規定」によって実施された。この規定では，繊協から綿商連へ「原糸割当通知」がなされ，綿商連は所属団体に「購入指図書」を発行し，綿商連所属団体と生産者との売買契約がなされた。綿商連所属団体の手に渡ったスフ織物は，

第11章 戦時配給組織化と商業機能の喪失 219

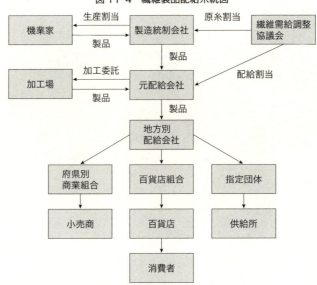

図11-4 繊維製品配給系統図

(出所) 伊藤萬商店企画部経済調査課編 [1941a], 70 頁。

代行人・販売先団体・加工業者団体との取引の後に販売された。

　会社方式によって，図11-4に概念図化されている特免綿織物・軍手・メリヤス生地の生産・配給統制が実施された。具体的には，①製造業者によって組織された製造統制会社（日本特免綿織物製造株式会社・日本内地メリヤス統制株式会社）は製品を品種別に元配給会社に一手販売する，②品種別に組織された元配給会社（日本綿帆布元配給会社・日本特免元配給会社など）は，地方の卸売業者によって設立された地方別配給会社（東部・中部・西部特免綿織物株式会社など）に製品を販売する，③地方別配給会社は，原材料については需要者団体（日本足袋工連）へ，消費財については小売商業組合を通じて小売商，百貨店組合を通して百貨店へ販売する。

　元配給会社は，地方別配給会社と指定団体の要望を参照した上で配給先と品種別の生産計画を行い，これを日本特免織物製造会社（以下，製造会社）に発注する。ただし，元配給会社は，加工業者と取引する場合を除いて現物を取り扱わないとされ，製造会社は小売商組連合会の指定した場所に直送した。

　ここでみられる3段階方式による配給統制は，1940年12月の経済新体制を

通して，42年の「繊維製品配給消費統制規則」へと継承される。

▶ **太平洋戦争期**

　経済新体制運動を通して複雑な配給機構を整備し，一貫した生産・配給・消費の統制の機運が高まった。繊維製品の配給統制は，商業組合（団体方式）と統制会社設立（会社方式）に基づく共販制度が成立していたが，1941年10月の「繊維製品配給機構整備要綱」によって統制会社の設立が進んだ（伊藤萬商店企画部経済調査課編［1941b］)。この配給機構の改組の特徴は，地方配給統制会社の設立にあり，これを通して消費者への一元的な切符制度による配給をめざしていた。

　この整備要綱によって，図11-5の通り，製造統制会社→中央配給統制会社→地方配給統制会社→小売商業組合（百貨店・購買組合）→小売商→消費者という一連の生産から販売に渡る配給統制が製品種を増やすことで拡張された。具体的には，①綿スフ織物・メリヤス製品・足袋・タオルの品種ごとの製造統制会社の設立，②綿スフ織物・絹人絹織物・毛織物・メリヤス製品・足袋・タオルの各品種に中央配給統制会社の設立，③労働作業衣類・既成服類・和装既成品類・布綿雑品類に中央製造配給統制会社が設けられ，④道府県別に各1社の地方配給統制会社が設立された。

　商工省と連携した繊協（繊維需給調整協議会）は，生産計画に基づいて，製造統制会社に原材料の割当を行うとともに，中央配給統制会社から地方配給統制会社までの製品の流れを割当制によって統制することとなった。ただし，地方配給統制会社から消費者までの製品の流れは道府県の監督官庁が指示した。

　この配給機構の改編は問屋（元売・卸売）の企業整備を目的の1つにした（山崎［2011］，690-696頁）。当初，日本綿織物卸商業組合連合会（綿商連）は，地方配給統制会社を地方の元売業者を中心として設立することを断行していた。しかし，除外された小売業者の反発と商工省の介入によって，地方配給会社に対して小売商も出資する形で「繊維製品配給機構整備要綱」は成立した。すなわち，資本参加することで小売商は生き残りを図ろうとした。しかし，小売商は地方配給統制会社に加えられない可能性が残っていたため，全国繊維製品小売商業組合連合会（繊商連）は整備要綱に反発を続けた。そこで，地方配給会社の株式・役員の半分を地方小売商業組合から出す通知を商工省は出した。

図 11-5 繊維製品配給機構整備要綱による流通統制

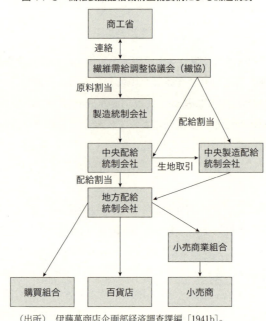

（出所）　伊藤萬商店企画部経済調査課編 [1941b]。

　1942年1月,「繊維製品配給機構整備要綱」の内容を盛り込んだ「繊維製品配給消費統制規則」が成立した。それとともに問屋の転廃業が行われ,綿スフ卸売の場合,1942年度に3533人が転廃業して大口卸売商を主とした790人が残存した。他方,この規則によって縮小・解体を余儀なくされた備後の織物業では,広島陸軍の傘下に入って軍服生産に従事した縫製業者が生き残ることもあった（山崎・阿部 [2012], 151-152頁）。

　1942年2月に繊協とは別に繊維製品配給協議会が設けられ,地方繊維配給統制会社の割当を製造統制会社と中央配給統制会社も含めて協議・決定することになった。だが,この組織は繊維製品統制協議会に改組され,さらに43年10月,製品ごとの繊維統制会が設立されたため,同年2月繊協は解散した。

　戦後は,1949年の「ドッジ・ライン」を契機として配給統制の撤廃が進んだ。49年3月の石油配給公団の廃止を皮切りに酒・石炭・食料などの公団が廃止された。朝鮮戦争によって,再統制の動きもみられたが,51年の衣料品

コラム11　ス　フ

　本章でたびたび登場した「スフ」について説明しよう。今，私たちが身につけている衣類には「洗濯表示」や「品質表示」と呼ばれるものがある。それをよく見れば「綿100%」や「ポリエステル77%，綿23%」などの繊維の組成構成が示されている。ここに見られる「綿」は天然繊維，「ポリエステル」は化学繊維に分類される（化学繊維はさらに再生繊維，合成繊維などに分けられ，ポリエステルは合成繊維である）。

　戦前期に発展した化学繊維はレーヨンである。戦前期，日本ではレーヨンは，紙の原料となる木材パルプを化学的に水溶液化させて糸をつくるビスコース法が採用された。この方法で製造された糸は「人造絹糸」（「人絹」と略された）や「人造繊維」と呼ばれた。この製造方法が日本へ導入されたのは，1916（大正5）年に米沢人造絹糸製造所で成功し，米沢高等工業学校（現・山形大学工学部）の秦逸三の貢献が大きかったことにある。なお，帝人や東レなどのメーカーは著名なレーヨン製造企業であった。

　話題をスフに戻そう。スフとはステープル・ファイバーの略であり，日本語では「短繊維」と訳される。スフは「人絹」を細かく切り刻んで絹綿状になったものを指し，綿花や羊毛などと混ぜて使用された。スフは生産費などから綿花の競合品となり「人造綿花」とも呼ばれた（スフは「人絹」と俗称されることもある）。

　スフの製造は1930年代から顕著になるが，原綿の輸入が途絶した戦時経済下では繊維製品の中心となった。ただし，スフの研究開発が進展しないまま実用化されたため，スフの水に弱い性質や耐久性の弱さから粗悪な綿の代表品としてのイメージが定着した。

の配給統制の撤廃によって衣料切符制度が廃止され，52年には米穀などの例外を除くほぼすべての商品の統制が終了した。

5　食　料　品

▶ 米　穀

　米穀は，取引所における投機的取引による価格の乱高下を防ぐため，戦時期

以前に政府の統制対象となっていた。1939（昭和14）年の「米穀配給統制法」において，米穀取引所の廃止にともない設立された日本米穀会社は，統制法の定める範囲の価格における米穀市場の開設，15日を期日とする未着取引，東京・大阪のみの2カ月間の延取引が認められた。さらに，米穀商の数を減らして競争を緩和させるため，米穀取扱業者を許可制とした（食糧庁［1986］，23-42，64-105頁）。

1939年に政府は玄米価格の価格統制を行ったものの，統制外の白米の出荷が増えた。そして，ヤミ取引，地方都市の米穀買い集め，消費地と生産地の直接取引などが増えた結果，米穀市場は機能を喪失した。そこで政府は1940年4月に「米穀応急対策要綱」を発し，政府の米穀買入れ，移輸入米の増加，集荷の促進措置，消費節約の励行などを進めた。

戦後，1942年制定の「食糧管理法」は47年に改正され，米穀・小麦などの主要食糧品の配給統制が再整備された（食糧庁［1986］，293-299頁）。図11-6に見られるように，農家は生産された農産物を農業協同組合もしくは指定業者に売り渡（供出）し，食糧管理局の下部組織の食糧事務所が食糧配給公団にそれを売却する。消費者は農林大臣を発給者とする購入券（購入切符・購入通帳）に記載された指定の配給所において食糧を購入した。

1951年に食糧配給公団は廃止されるが，食糧管理法は役割を変えながらも1995年まで存続した。

▶ **市場の再編**

政府は生鮮食料品の配給統制に中央・地方卸売市場を利用した（卸売市場制度五十年史編さん委員会編［1979］，935-1027頁）。市場（いちば）には，セリによって需要の高い商品に高い値がつく機能（価格形成機能・評価機能）があるが，戦時統制期の公定価格制度とともにこの機能を喪失していった。一般に物流は卸売問屋から小売商へ流通するのが基本だが，市場では卸売問屋ではなく仲買人と呼ばれたセリの専門家が小売商への流通の担い手であった。

戦時統制とともに当局によって最高卸売価格が設定されたため，仲買人（セリ人）は価格形成機能を失った。1941年3月の「生活必需物資統制令」に基づき生鮮食料品の統制規則が設けられた際，卸売と仲買が統合され，仲買人の卸売・小売業務への転換ないしは転業が決まった。

図 11-6　食糧配給公団による主要食糧の配給統制

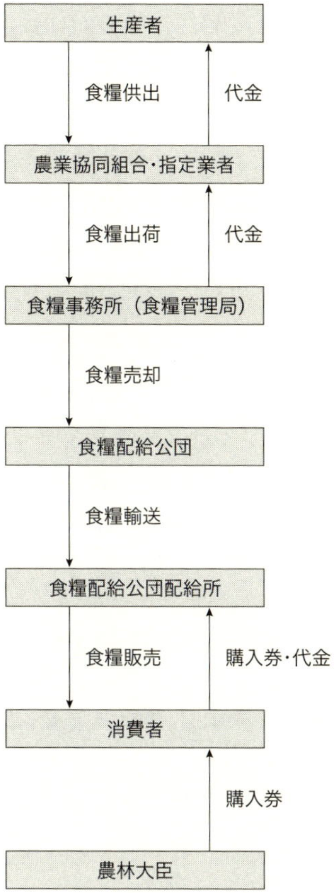

```
          生産者
       ↓食糧供出  ↑代金
   農業協同組合・指定業者
       ↓食糧出荷  ↑代金
   食糧事務所（食糧管理局）
          ↓食糧売却
       食糧配給公団
          ↓食糧輸送
     食糧配給公団配給所
       ↓食糧販売  ↑購入券・代金
          消費者
             ↑購入券
         農林大臣
```

（出所）　食糧庁［1986］，295頁。

公定価格制度の導入とともに市場の価格形成・評価機能が著しく低下したため，生産者団体の中には，市場を通さず小売商組合へ直接販売しようとする者もあった。例えば，1940年9月に全国漁業組合連合会は，産地価格と都市の公定価格との差益の獲得をめざして，東京に直売所（全魚連配給連盟）を設けたが，市場関係者の猛反対にあった。政府は1941年2月に生鮮食料品問題協議会を開いて生産者の消費都市への直販を禁じた。この事例からもみられるように，政府は卸売市場の分荷配給機能を重視していた。

また，1941年8月の「青果物配給統制規則」によって青果物の配給が改編

された。とりわけ，この規則では，「指定消費地域」の荷受組合の一元化が図られた。兵庫県の場合，明石市以東尼崎市以西が指定消費地域となり，尼崎青果統制組合・伊丹青果市場などを再組織して神戸青果物荷受組合を設立した（荒川［1990］，91-92頁）。1942年12月に同組合は兵庫県東部青果統制株式会社となったが，配給の実務は卸売会社や小売商業組合が担当していた。1941年の東京の青果物の事例をみれば，農林省（地方長官・帝国農会・系統農会）の生産・配給計画の下で青果物は，指定出荷団体→東京青果物荷受組合→東京中央卸売市場→班→配給店→家庭（加工業者・料理店等には中央卸売市場から配給）というルートで配給されていた。

　戦後，1945年11月に価格・配給統制が撤廃されていた生鮮食料品は，46年3月の水産物統制令，4月の「青果物等統制令」によって価格・配給統制が再開されることになった。統制の廃止は，1947年の果実に始まった。1949年の蔬菜と50年の水産物の統制廃止によって，生鮮食料品の配給統制は終了した。配給統制期において地域の荷受機能を担っていた卸売市場が再開した。

参考文献

荒川祐吉［1990］『戦時統制と中央卸売市場』（流通研究論集6）千倉書房．
伊藤萬商店企画部経済調査課編［1941a］『繊維製品配給統制と配給機構の整備（前編）』伊藤萬商店企画部情報課．
伊藤萬商店企画部経済調査課編［1941b］『繊維製品配給機構整備要綱と之れを繞ぐる諸問題』伊藤萬商店企劃部情報課．
卸売市場制度五十年史編さん委員会編［1979］『卸売市場制度五十年史（第2巻本編2）』食品需給研究センター．
食糧庁［1986］『日本食糧政策史の研究（復刻）』御茶の水書房．
全国鉄鋼問屋組合［1958］『日本鉄鋼販売史』全国鉄鋼問屋組合．
大同通信社［1958］『大同通信石炭報　自売再開十周年記念』大同通信社．
高橋亀吉［1939］『戦時計画経済の展開と物価統制』千倉書房．
常盤商事［1973］『常盤商事社史』．
長島修［1986］『日本戦時鉄鋼統制成立史』法律文化社．
根津知好編［1958］『石炭国家統制史』日本経済研究所．
三井文庫編［1994］『三井事業史（本篇第3巻　中）』三井文庫．
山崎広明・阿部武司［2012］『織物からアパレルへ――備後織物業と佐々木商店』大阪大学出版会．
山崎志郎［2011］『戦時経済総動員体制の研究』日本経済評論社．
臨時物資調整局編［1939］『重要物資ノ配給統制』内閣印刷局．

第12章

戦争と商業経営者の存亡

1 貿易と商社

▶ 日中戦争と外貨の獲得

　日中戦争の勃発とともに戦時経済を進めていく上で，物資を輸入していくことができる力（「輸入力」と呼ばれる）が重要な鍵を握った。とりわけ，アメリカからの鉄・鉄鋼・屑鉄・機械などを輸入するためには，「輸入力」が必要となった。「輸入力」を高めるためには，輸出を伸ばして外貨を獲得する必要があった。外貨獲得は，輸出振興に加えて，輸入制限と外貨流出を防止するためのブロック貿易が日中戦争期の貿易政策の中心となった（以下，本項の記述は断りのない限り，通商産業省編［1971］，226-297頁を参考にした）。立法的には，1937（昭和12）年9月の「輸出入品等臨時措置法」による政府の輸出入の管理権限の設定を契機とし，同年10月の「臨時輸出入許可規則」，41年5月の「貿易統制令」などで多数の品目の輸出入制限が実施された。

　1938年は，輸出26億9000万円に対して，輸入26億6300万円であり2700万円の輸出超過であった。しかし，重要なことはこの内訳である。「外貨獲得可能」な「第三国」は，輸出15億2400万円に対して，輸入20億9900万円であり，5億7500万円の輸入超過であった（中井［1940］，29-30頁）。

　ここでいう「外貨獲得可能」な「第三国」という意味を説明したい。満州事変以降の日本の対外進出によって成立した「円ブロック圏」では，日本内地と同一の通貨を使用していたため，「輸出力」の鍵を握る外貨を得ることが不可能であった。したがって，外貨を獲得するためには円ブロック圏以外の「第三国」向けの輸入を調整して輸出を増やす必要があった。

　国内で製造した綿糸・綿布を輸出する日本の外貨獲得戦略では，図12-1

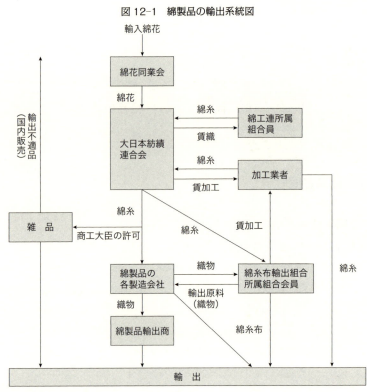

図 12-1 綿製品の輸出系統図

(出所) 寺村 [1987]。

に示される「輸出入リンク制」が注目に値する (寺村 [1987])。1937 年 1 月の輸入為替の許可制の導入以後,「輸入力」の確保から綿花輸入を減らす政策がとられた。綿花を原料として綿糸を生産する紡績会社は, 生産制限 (操業短縮) を始め, 1937 年には 50% の操業短縮率となった。しかし, 国内の綿布価格が高騰した結果, 綿布輸出が減少した。綿業リンク制は, こうした現象を打開するため,「綿布の国内流用および円ブロック向輸出を法的に禁止し, 織布業者をすべて紡績会社の賃織へと編成替えした上で, 個々の紡績会社に対し綿布輸出額に応じた綿花輸入を許可する」制度であった。しかし, 輸出組合へ綿布を「搬入」しただけで「輸出」と認められる抜け道があったため, 綿布の輸出停滞の下で綿花輸入の増大する可能性を孕んでいた。

こうした綿業統制の結果，アメリカ・インドからの綿花直輸入を行っていた東洋綿花・日本綿花・江商のいわゆる三大綿花商は経営活動の自主性を失った。さらに，1941年にはアメリカ・インドとの貿易が事実上不可能となったため，これら専門商社は南方占領地において米・綿花の貿易事業に加えて製材・マッチなどの生産事業に着手した。

　他方，内地と「円ブロック」地域での価格差による差益を求めた「円ブロック」輸出の増大を防ぐ政策がとられた。1939年9月の「関東州，満州国及中華民国向輸出調整ニ関スル件」では，これら地域への輸出入に対する政府管理が成立した。さらに，輸出促進政策の一環として，40年12月に「南洋貿易調整令」を公布し，南洋地域の貿易を一元的に調整する南洋貿易会が41年4月に設立された。加えて，輸出商品の損害を補償して輸出を奨励する「輸出補償法規」が1938年から拡充された。

▶ 日中戦争期の商社

　日中戦争期の貿易の再編期の三井物産の活動をみておきたい。1930年代に日本の総輸出入額の12％を占めていた三井物産の輸出額は，1937年9月から39年3月に一時的に減少したが，1936年の3億7000万円から40年の5億5000万円，輸入額は同年の変化で3億5000万円から6億7000万円となった（日本経営史研究所［1978］, 569-575, 585-612頁）。

　表12-1には，輸出・輸入・外国間取引・国内取引からなった三井物産の主要な商品取引の動向が示されている。1936年は金物・生ゴム・機械・石炭・生糸，39年は金物・機械・石炭・麦粉・生ゴム・ゴム製品が取扱高上位5商品となる。

　金物に関しては，1934年4月と39年3月とを比較すると，輸出が160万円から2200万円，輸入が700万円から1億3000万円，国内取引が1600万円から9900万円であった。輸入の伸びは，軍需増加に牽引された屑鉄・銅・ニッケル・鉄鉱石にあった。他方で鉄鋼は国内販売が多く占め，銀はアメリカ・イギリスへの輸出製品であった。

　機械に関しては，1934年4月と39年3月とを比較すると，輸出が900万円から2600万円，輸入が800万円から3400万円，国内取引が3900万円から7400万円に伸びた。輸入に関しては，輸出入統制にもかかわらず，軍発注の

表 12-1　三井物産の主要商品の取扱額の構成
(%)

	1936年	1937年	1938年	1939年
生　糸	5.5	4.7	4.4	4.0
機　械	9.5	7.7	10.8	9.4
金　物	17.0	19.1	19.3	18.7
砂　糖	5.2	5.0	5.0	4.0
米	2.8	2.2	2.8	3.7
麦　粉	3.4	3.0	4.6	5.5
大　豆	1.7	2.9	3.6	1.6
麻・麻袋布	2.7	2.4	1.8	1.7
羊毛・トップ	3.1	2.9	0.7	0.3
生ゴム・ゴム製品	9.8	11.3	3.1	4.3
石　炭	7.2	6.9	9.8	9.1
薬　品	3.3	3.3	3.2	3.3
木　材	2.1	2.1	2.8	2.9
石　油	1.3	1.3	2.6	3.1
その他	25.3	25.1	25.6	28.5

（出所）　日本経営史研究所［1978］。

　外国航空機メーカーの製品輸入，中島飛行機などの国内メーカーとの取引が拡大したとともに，工作機械の輸入が増えた。輸出に関しては，南満洲鉄道を主とした鉄道関係製品の販売増がみられた。他方で，紡績工場の増設が制約されたため，輸出商品への転換をめざした紡織機械の取引額は減少した。

　戦時統制に大きな影響を与えられたのは，羊毛・トップであった。これらは輸入商品であったが，1937年1月の輸入為替許可制によって輸入が制約された。また，羊毛リンク制の対象となったため，三井物産の取引量は著しく減少した。生ゴム・ゴム製品は，国際市場での価格暴落を背景に外国間取引の減少が著しかったが，国内取引からの撤退と経済統制による輸入制約が重なって，取引額を大きく落とした。これに反して，原重油の貯蔵にも関わった石油輸入の伸びは著しく，政府の外米輸入政策を引き受けた米の取引額は増えた。

▶ 交易団体の設立

　1939年7月のアメリカの「日米通商航海条約」の破棄から，機械・鉄製品・石油などの対日輸出が制限された。また，ヨーロッパでの戦争によって対欧州貿易も激減した（通商産業省編［1971］，298-317頁）。太平洋戦争の勃発以後は，占領したアジア諸国を含めた大東亜共栄圏内の交易が中心を占めた。この

ことは，日中戦争期の貿易政策の柱であった「第三国」輸出による外貨獲得戦略の範囲が狭められたことを意味した。

太平洋戦争の勃発後に貿易の一元的管理をめざした貿易統制会が設立された。だが，商工省の管理が強いことに加えて事務手続きの煩雑性が存在した。すなわち，商品・地域ごとに設立された貿易組合への統制では，複数の商品・地域で貿易する業者の事務手続きコストが増えた。

1943年3月に法制化された交易団体は，16の輸出調整機関と9の輸入調整機関を統合し，政府から貿易統制の権限を委譲されるとともに，横浜正金銀行などからの巨額の資金融資によって成立した（鴨井［2006］）。とりわけ，交易団体は，輸入割当による業者のコスト負担に対して差損益保証を行った。1944年度において輸出額の33％，輸入額の56％を占めた交易団体は，中国大陸・タイ・仏印地域に加えて軍の管理下の南洋占領地域（ビルマ・マレー・蘭領東インド・フィリピンなど）の貿易の業務委託を受けた。

▶ **太平洋戦争期の商社**

次に太平洋戦争期の三井物産の動向をみてみたい（日本経営史研究所［1978］，704-733頁）。1940年3月と44年3月を比較すれば，輸出が2億9000万円から9200万円，輸入が3億4800万円から1億1700万円と大幅に減少したが，国内取引は5億9300万円から6億900万円と横ばいに推移し，その反面，外国間取引が4億6000万円から11億4000万円へと急増した。輸出入の減少は，上述した日本の貿易状況と等しく，三井物産は1942年3月からインド・オーストラリア・ヨーロッパ・アメリカでの貿易活動が皆無となり，中国での輸出入に重点を置くことになった。

表12-2には，太平洋戦争期の三井物産の商品取引の動向が示されている。日中戦争期の三井物産において取引額の大きな金物鉱石類・機械は，太平洋戦争期においても同社の主要取引商品であった。他方で，石油・石炭からなる燃料は1943年9月から取引額が急落している。米・大豆・麦粉・砂糖などからなる食料品の取引は1944年3月まで伸びている。

機械取引の70％は国内取引となり，軍用品とともに金属工業用機械の取引が多くを占めた。金物取引は，アメリカの対日輸出制限によって屑鉄の輸入が皆無となったが，国内の統制が引き締められるなか，中国と内地における鉄鋼

表 12-2　三井物産の主要商品の取扱額の構成

(%)

年月	繊維	燃料	機械	金物鉱石類	食料品	肥料・油類	薬品	雑品
1940 年 3 月	11.5	12.3	10.0	19.9	23.9	4.1	3.4	14.9
9 月	9.7	12.2	8.8	17.4	27.3	4.5	3.1	17.0
1941 年 3 月	8.8	15.8	8.2	16.2	29.1	4.1	2.8	15.0
9 月	8.2	15.2	9.6	10.8	33.4	3.5	3.2	16.1
1942 年 3 月	4.7	12.3	9.4	11.8	35.4	3.8	4.2	18.4
9 月	6.2	12.4	8.9	7.2	41.1	4.0	3.5	16.7
1943 年 3 月	6.3	12.2	8.1	7.4	38.4	3.8	3.5	20.3
9 月	5.7	10.7	10.5	8.3	40.8	5.7	3.1	15.2
1944 年 3 月	8.1	7.8	10.4	11.5	41.1	3.4	3.9	13.8
9 月	13.5	5.5	9.3	15.4	32.2	4.0	3.3	16.8
1945 年 3 月	21.1	0.5	6.3	11.0	24.4	4.3	7.8	24.6
9 月	5.7	0.0	40.9	27.0	18.4	0.9	3.1	4.0

（出所）　日本経営史研究所［1978］，712-713 頁．

の販売によって取引を維持した．中国を中心とした砂糖の取引拡大によって，食料の外国間取引は 1944 年 3 月に全体の 51.2％ となった．また，国内取引を縮小させるなかで米の取引を維持した．軍需によって一定の需要を確保できた繊維品の取引に関しては，1943 年には海軍割当品の代行決済，44 年には陸軍への大口取引が整うなど，太平洋戦争下においても一定の取引額を維持した．

しかし，1942 年 6 月の石油配給統制株式会社の設立以後，三井物産は石油取引権を喪失した．南方からの石油の輸送に従事していたものの，輸送難によって石油の取引が不可能となった．同様のことは石炭取引にも当てはまり，1943 年からの日本石炭株式会社による直売によって，国内における売買権利を喪失し，明治時代に始まる石炭取引を三井物産は喪失した．

商社に関しては，日本の占領した南方地域での活動をみておかねばならない．三井物産や三菱商事などの大手商社は，戦争前から南方地域での取引に従事していた．1941 年 7 月の日本の南仏印進駐に対する米英欄の対日資産凍結は，三井物産の中国・タイ・インドシナを除く店舗の機能を麻痺させた．太平洋戦争の開戦以後の三井物産は，軍部の命令に従って南方地域で拝命事業を行った．しかし，ジャワの駐在員が「チーク材で木造船をつくったのが唯一の仕事」というように，本来の商社活動が困難な状態となっていた（三井物産株式会社［1976］，209 頁）．

▶ 管理貿易

　終戦後,「ドッジ・ライン」までの日本の貿易は,連合国による管理下にあった(通商産業省編 [1971], 357-388 頁)。ポツダム宣言にも明記されていたこの方針は,1947 年 8 月の「対日貿易十六原則」で裏づけされた。具体的には,連合国の間接統治体制にあった日本において,1945 年 12 月に設立された貿易庁が連合国総司令部からの指示に従って輸出入を一元的に行った。ただし,貿易庁が輸出入業務のすべてを行うことは不可能であったため,民間の輸出入代行機関がこの業務を担った。

　しかし,輸出入代行機関は私的独占に抵触することが懸念されたため,1947 年 4 月に貿易庁の下部組織として,鉱工品・繊維・食糧・原材料の 4 つの貿易公団が政府の出資で設立されることになった。

　1946 年の輸出入の動向をみよう。全輸入額に対して食糧 57%(うち穀物 40%,砂糖 20%,肥料 16%),綿花 25%,全輸出額に対して繊維 42%,生糸 35% の構成であった。1946〜48 年の輸入先のほとんどがアメリカであった。他方で,46 年の輸出の 63% がアメリカであったものの,47 年にはアジア向け輸出が 51% を占めるようになった。

　ところで,戦時期に日本の占領地に進出した三井物産,三菱商事は 1947 年に GHQ の指令によって解体された(大島 [2011], 164-165 頁)。巨大企業の場合,過度経済力集中排除法によって 2〜3 社に分割されることが多かったが,三井物産は 223 社以上,三菱商事は 139 社に分割されることとなった。三井・三菱旧財閥系の企業は,各々の商社と取引関係にあったが,両商社の解体によって流通網の再編を迫られた。

▶ 民間貿易

　1949 年の「ドッジ・ライン」以後には,従来の政府の一元的な管理貿易体制から,民間を主体とする貿易体制へと転換した。これは「民間貿易」と呼ばれている(通商産業省編 [1971], 389-427 頁)。

　インフレが進むなかでは,物価の値上がりとともに為替レートを常に再設定しなければならなかったが,「ドッジ・ライン」による物価の安定化は,1 ドル=360 円の単一為替レートの設定を可能とした。1949 年には「外国為替及び外国貿易管理法」などの法的整備が進められた。また,政府は海外展示会・博

覧会・国際見本市の開催，日本輸出銀行の創立など輸出入を促進する政策をとった。こうした政府に後押しされた民間貿易は，1950年の朝鮮戦争による「特需」によって大きく刺激された。

三井物産・三菱商事の解体は，関西系繊維商社に活動の機会を広げた。これら商社から派遣された従業員は，管理貿易体制下において貿易庁・輸出入代行機関などの業務を担っていた。こうした経験が民間貿易体制下に移行した後に重要なものとなった（大島［2011］，166-167頁）。

2　戦争と百貨店

▶ 日中戦争期

商社と同様に百貨店も戦時期に存亡をかけた活動をした。百貨店は国策に従う傾向があり，統制経済の深化とともに配給所に転じ，航空機の生産に着手することもあった。

都市部を中心に事業展開していた百貨店の売上は，1939（昭和14）年12月の284万円を最高に「7・7禁令」が制定された40年7月頃まで好成績を収めた（鈴木［1941］，301-311頁）。価格統制のみならずレコードや楽器などの奢侈品が特別に課税されたため，百貨店の販売は低迷することが予想された。だが，慰問商品に加えて低価格品・日用品の売れ行きが増えるとともに，インフレ期待と品不足への予想から人々の購買意欲が高まり百貨店での購入を促した。加えて，国策に協力した百貨店の商品は，最高価格制限を遵守していたばかりか，在庫と販路を確保していたため，他の小売店よりも安価であり売上が伸びた。

大丸では，電力不足によるエレベーターの休止，食堂での節米・混米，絹・綿製商品をスフに代えるなどの対応を余儀なくされたが，営業は好成績を収めていた（大丸二百五十年史編集委員会編［1967］，383-387頁）。

髙島屋は1938年に南京・上海に出張店を新設して外地での営業を拡大した。南京店では3階建ての洋館で呉服・家具装飾品などを販売した。39年からは満州住江織物などを設立して現地での製造販売を始めた（髙島屋本店編［1941］，127-131頁）。

▶ 太平洋戦争期

　1940年6月，大丸の幹部は商工省の若手官僚から「明治維新と同様，一切の特権を奉還すべき時代であるから，業者の諸君も一切の商売を一応，政府に奉還すべきである」と伝えられた（大丸二百五十年史編集委員会編［1967］，383-433頁）。戦時統制の開始とともに好転した百貨店経営は，同年7月の「奢侈品等製造販売制限規則」によって転機を迎える。とりわけ，大丸では禁令の対象となった西陣織の在庫を保持していた。さらに，商品券の発行額は，1939年度の80％に制限された。

　1941年10月の「繊維製品配給機構整備要綱」によって設立された地方配給統制会社の出資額は，大阪において卸売69％，切売10％，小売21％（百貨店6.5％，糸商連9.9％），神戸において卸売50％，小売48％（百貨店10％）であった。卸売・小売各3名を代表とする神戸の地方配給統制会社では，総資本金500万円のうち大丸が4.8％，三越が2.6％，十合（現・そごう）が2.6％を占め，大丸神戸支店支配人の小野雄作が社長となった。こうして百貨店は繊維品の地域配給の代行店となった。

　さらに1942年1月に制定された「繊維製品配給消費統制規則」による衣料切符制の導入は，呉服を主要販売品とする百貨店に大きな影響を与えた。切符制の導入当初は，顧客の買い急ぎで品薄となったが，切符を将来の使用のために温存する傾向が強くなった。そのため百貨店は，人絹や交織品の在庫を抱えるようになった。しかし，情報の錯綜によって，統制の引き締めが予想された場合に販売が急伸することがあり，営業状態が急な好転をみせることもあった。また，穀物・生鮮魚菜・酒・味噌・醬油などの食料品は，配給統制によって百貨店での販売が停止した。

　1943年に入ると百貨店は，物品税の引き上げにおける買い溜め防止策として，衣料品の1人1品制などの販売制限を設ける一方で，戦死者の慰霊祭等に備えて仏具売場を拡張して戦時に応じた経営を行った。しかし，配給不足によって百貨店の品揃えは悪くなり，これに店員不足が相まって売場の供出を行った。例えば大丸では交易営団・大阪繊維品配給株式会社・陸運運送営団・情報局・大政翼賛会などに売場を供与した。44年には衣料必需品の地区割当制が導入され，大丸・髙島屋などは町内会へ配給する総合配給所に転じた。

　大丸では本業の百貨店業の停滞にともない軍の協力工場の運営をし，

1944年に大丸木工廠を設立した。また大丸神戸店では川崎航空補習工場を運営し，航空機の尾翼の生産に着手した。こうした生産活動によって純利益が急増した。45年の営業状態は，百貨店での店頭販売は著しい減益をみたが，軍への納品がこれを補塡していた。

3　小売業者

▶ 日中戦争と商業者

　市場経済から政府による統制経済に進路を変えた日本において，企業や個人商店は自由な営業活動を制限されることになった。商社や百貨店は戦中も経営を継続することが多かったが，小売業者は転廃業を余儀なくされた。

　日中戦争期の商業者の営業状態を示した表12-3によれば，統制の影響と物資の不足とを営業の困難な理由として挙げている商業者が多い。他方で，同業者・産業組合・購買組合・百貨店との競争を営業の困難な理由として挙げている商業者は少ない。このように戦時統制下において，同業他種間の競争が弱まる反面，統制と物資不足が商業者の経営危機を招いていた。ただし，営業の困難な理由は業種によって差異があった。例えば，すべての糸卸商は「統制の影響」を営業困難な理由に挙げているが，履物商は1つの要因に集中することなく分散している。また織物卸商・家具商・時計眼鏡商・瀬戸物商などでは「従業員難」が営業を難しくさせる原因だとしている。瀬戸物商・蔬菜果物商は「金融難」も営業困難の理由として挙げている商人が多い。全般的には戦時期には商人間の競争は緩和したことを指摘したが，薪炭商は同業者と産業組合の「圧迫」も営業困難の原因だとしている。

　統制による商業者の営業困難について，その具体的回答のうち，調査に答えた商業従事者の総計の半数を超えるものとしては，「価格公定」を蔬菜果物商（54.1％）と鳥獣肉商・荒物商（50％）が，また「配給機構の改編」を鉄鋼材商・糸卸商・石油商・生活必需品商（100％），織物卸商（70.4％）と食料品商（56.2％）が，さらに「1940年の奢侈品等製造販売制限規則（7・7禁令）」を履物商（77.8％）と乾物商（61％）が挙げている（商業組合中央会編［1941］）。

表 12-3　商業者の営業の困難な理由（1940 年 12 月末現在）

(%)

業種	同業者の圧迫	産業組合の圧迫	購買組合の圧迫	百貨店の圧迫	公私設市場の圧迫	金融難	従業員難	物資の不足	統制の影響	その他	実数（人）
鉄鋼材商	0.0	0.0	0.0	0.0	0.0	0.0	5.5	33.5	55.5	5.5	18
糸卸商	0.0	0.0	0.0	0.0	0.0	0.0	0.0	0.0	100.0	0.0	17
織物卸商	0.0	0.0	0.0	0.0	0.0	11.0	27.0	33.0	29.0	0.0	432
石油商	0.0	0.0	0.0	0.0	0.0	0.0	0.0	30.8	69.2	0.0	13
米雑穀商	4.5	10.7	8.6	0.8	5.8	2.2	4.8	27.8	34.8	0.0	1633
蔬菜果物商	10.6	17.8	0.8	0.4	0.1	23.8	15.3	10.6	20.6	0.0	3848
魚介商	1.3	12.4	2.6	0.0	0.0	5.2	17.6	24.5	24.1	12.3	2117
乾物商	2.4	13.2	3.7	0.0	0.0	6.3	7.4	32.2	23.3	11.5	538
鳥獣肉商	1.2	16.9	16.5	0.0	0.0	0.0	15.3	35.2	14.9	0.0	248
酒類商	0.5	1.3	0.0	0.05	0.05	10.3	0.2	36.5	50.3	0.1	2338
菓子パン商	15.7	0.8	0.0	0.4	2.7	0.9	3.1	42.4	33.2	0.3	8317
食料品商	7.5	7.5	5.0	7.5	2.5	10.0	12.5	25.0	22.5	0.0	40
薪炭商	16.2	20.1	1.5	0.1	0.3	1.3	1.8	29.3	29.3	0.1	711
家具商	1.7	0.0	0.0	0.9	0.0	1.7	26.7	31.9	37.1	0.0	116
瀬戸物商	12.2	0.9	1.7	6.1	0.9	25.2	24.3	2.6	26.1	0.0	115
金物商	2.0	0.9	0.6	6.4	5.0	0.5	5.7	33.1	31.1	14.7	2212
荒物商	3.6	4.5	2.1	1.4	0.2	3.9	7.5	16.0	60.8	0.0	419
呉服商	1.5	12.2	1.9	4.2	0.0	12.7	18.6	24.4	24.1	0.2	1677
洋服商	0.9	0.7	0.2	0.0	0.0	13.7	17.5	38.9	25.1	2.7	725
洋品雑貨商	7.7	15.1	6.9	9.6	1.6	3.8	3.6	27.0	24.7	0.0	1013
文房具商	4.6	7.7	7.7	6.5	0.0	6.1	7.7	12.3	47.4	0.0	260
玩具商	0.0	0.0	0.0	5.1	0.0	3.1	16.5	50.5	24.8	0.0	97
小間物商	1.1	4.9	1.5	5.6	0.0	4.1	5.6	31.0	40.8	5.4	265
靴商	2.0	0.0	0.0	0.7	0.0	0.7	20.0	26.2	50.4	0.0	145
履物商	6.0	12.1	12.1	8.0	0.0	15.3	12.1	17.2	17.2	0.0	99
菜種商	3.2	2.9	1.6	0.4	0.0	6.8	6.3	39.2	39.2	0.4	312
時計眼鏡商	0.0	0.0	0.0	0.0	0.0	3.5	25.3	33.8	37.4	0.0	198
電気器具商	7.9	0.0	0.0	5.6	0.0	0.0	22.2	38.9	25.4	0.0	126
肥料商	0.0	10.5	0.0	0.0	0.0	3.5	1.1	19.7	65.2	0.0	86
農機具商	0.0	14.7	0.0	0.0	0.0	10.3	10.3	38.2	26.5	0.0	68
万屋（農村）	6.9	14.8	6.9	3.9	2.3	2.3	1.6	33.3	27.2	0.8	129
生活必需品商	0.0	0.0	18.7	0.0	21.8	0.0	0.0	41.2	18.3	0.0	230
平均	7.5	6.9	2.0	1.6	1.8	6.9	8.5	30.4	31.9	2.5	28562

（出所）　商業組合中央会編［1941］。

▶「小売業整備要綱」以前

　戦時統制下において小売業者の転廃業政策が進んだ。これは小売業整備と呼ばれ，小売業者を軍需産業に動員し，太平洋戦争末期には小売業者は「根こそぎ動員」されることとなった（以下，本項の記述は，断りのない限り，公開経営指導協会編 [1979]，271-321 頁を参考にした）。

　戦時統制の初期には小売業者の転廃業は問題にならなかった。すなわち，1940（昭和15）年10月に閣議決定された「中小商工業者に対する対策」では，組合の申し合わせ等による「自治的措置」によって軍需産業・満州開拓などに転業を進めていく方針が記されていた。

　しかし，国民徴用令などで重要産業への労働力の移動はあったが，中小商業者の自主的な転業は進まなかった。そこで政府は転廃業を進めるため，国民職業指導所・国民勤労訓練所・国民更生金庫を設定した。

　ただし，配給統制の進展によってそれまで経営してきた店舗を配給所に換えたり，従業員の一部を商業組合の職員にしたりするなどの同一業種内での転廃業は進んでいた。他方で奢侈品の販売を禁ずる「7・7禁令」（「奢侈品等製造販売制限規則」）は時計・貴金属に加えて，履物・家具（硝子鏡）・高級呉服などを販売する商人の転業の契機となった。

　名古屋市の場合，第一次小売業整備以前に石油・石炭・自転車・菓子・パン・豆腐・鶏肉・米穀・薪炭などの小売整備が実施された。整備方法は，第一次小売整備で行われた「抜取整理」ではなく，企業合同であった（名古屋商工会議所編 [1942]）。

　菓子の事例をみてみたい。1941年4月頃より菓子不足による配給の不円滑のため，愛知県では同年7月より菓子の一元的配給統制を実施した。しかし，消費者への配給の偏在があったため，1941年12月に愛知県菓子配給統制協議会において末端配給機関の整備を始めた。これは名古屋市の定めた生活必需品配給地区制を利用し，市内546地区にそれぞれ1カ所の配給所を設けて切符制によって配給するものであった。1942年3月には「名古屋市菓子小売商業組合整理統合要綱」に基づき企業合同による共同販売制度が実施された。転廃業者には残存者が負担する共助金が支給され，重要産業へ転業した者には200円の交付金が支払われた。これらの財源には国民更生金庫からの借入も活用された。営業実績に応じて残存者は共同販売所への出資ができ，転業者共助積立金

を控除した利益金が支払われた。整理前の組合員 2597 人のうち残存者 1424 人（55%），転業者 1154 人（44%）であった。ただし，菓子小売業は兼業が多いため，実質的な転廃業者は 1154 人中 256 人（22%）となった。

しかしその後名古屋市では，次項でみる第一次小売企業整備が，共販所設立による企業合同形式をとることを認めていなかったため，この形式で進めてきた企業整備を停止した。

▶ 小売業整備

1941 年 12 月の企業許可令によって新規商業事業が大幅に制限されたが，42 年 3 月の「中小商工業者ノ整理統合並ニ職業転換促進ニ関スル件」，同年 4 月の「小売業，整備ニ関スル件」は第一次小売業整備と呼ばれる小売業者の本格的な転廃業の契機となった。

1942 年 5 月の「小売業整備要綱」によって整備の具体策が提出された。糸・金物・玩具・書籍・薬化粧品・酒類・陶磁器・自転車・靴などの 30 業種が対象となった第一次小売業整備の要は，労働力の確保と配給機構の整備であった。労働力に関しては，年長者・弱者・専業者などの転業は奨励されず，転業して他で働くことの可能な小売労働力の転業が求められた。

配給機構の整備に関しては，「抜取整理」と呼ばれた既存企業のいくつかを残したまま他の企業を整理する「個人企業存置」の方法がとられた（商業報国会［1942］）。企業合同とは異なるこの方法が採用された理由は，消費者と商人との人情味ある関係を維持するためだといわれた。商工省事務官の説明から「抜取整理」を具体的にみれば，「例えば，酒屋さんが 1 つの町に 10 軒ある，ところがその商店はその町内では 10 軒いらないのだ，1 軒あればいい（中略）一定の基準によって最も適当な商店を指定して，その店を従来のままの企業形態において残していく，そうして他の 9 軒の商店は全然，酒の小売という商売から手を切らす」ということになる。ただし，商工省は企業合同を進めてきたため，この「抜取整理」方式と矛盾する側面もあった。

商工省は第一次小売業整備において，およそ 61 万の小売店の 30% を整備の目標とした。商工省の指示によって商工会議所や商業組合は，人的条件・店舗の立地状況などを判断して転業者を選定した。この第一次小売業企業整備は，商工省の掲げた目標を達成した。この成功の背後には，商業報国会による転業

奨励を鼓舞する活動があった。

東京府では，1943年3月末までに総計3万6649店舗中1万1464店舗が廃業し，31.3％の小売整理が実現した。大阪府では，1943年1月に9734人であった酒類小売業者が3902人に減少し，砂糖小売業においても4700人から1100人への整理が実現した。このように小売業者の転廃業面では，第一次小売業整備は成功したものの，地域での配給難を招くなどの問題も生じた（柳沢[2005]，110頁）。

1943年6月の「戦力増強企業整備基本要綱」に基づいて第二次小売企業整備が行われた。第一次整備の時には中央から小売業種が指定されたが，第二次小売業整備では地方の実情に応じて実施された。

この後「根こそぎ動員」といわれる商工業者の転業が実施された。490万人（うち男性340万人）であった1930年の商業部門の労働力は，40年にはほとんど変化しなかったものの，44年に236万人（男性112万人）に減少していた。他方で，1930年に587万人であった製造業の労働力は，44年に949万人に増加していた。鉱業・運輸通信業も製造業と同様に1930年から44年にかけて労働力は増加したが，30年から44年にかけて1413万人から1337万人に減った農林業よりも，商業の労働人口の減少のほうが大きかった。例えば，1941年度の労務動員計画では，商業従事者から男性53万人，女性9万人の職業転換が計画された。このように商業労働力の軍需産業への転換が進んだ。

▶ 経済復興期の小売業者

敗戦後，ヤミ市が急速に成長する一方で，従来からの小売業者の経営は行き詰まっていた。これは，戦災による店舗の消失，資材欠乏からの建築制限，仕入困難，ヤミ市からの営業の圧迫などに直面していたからであった。こうした小売店は，商品の一部にヤミ価格を設定して販売するものもあったが，中古品の取扱い，非統制商品の販売に着手することで小売商売を続けていた。

こうしたなか，前述した「小売業登録制度」は，優良企業の成長を促した。例えば，1921年に和田源三郎によって開業されたいづみや呉服店（52年にいづみや株式会社に変更）は，衣料登録制によって大阪府西成区の第1位となった（公開経営指導協会編［1979］，32-37頁）。「統制経済を守ることによって自由経済は早くなる。衣料品の買上げは統制品でガマンして下さい」という看板を掲げ

たいづみやは，配給統制の下で経営基盤を確立しようとした。他方，後にニチイを設立して小売業界で成功を収めた西端行雄は，1949年頃に大阪の「鶴橋の闇市」で「化繊レンギスを600円で仕入れては，それを店で1200円で売って」いたように，49年のハトヤ設立以後にセルフ方式による衣料販売事業の展開とは異なる経営論理が存在した（西端［1994］，82頁）。

一方，敗戦によって植民地の店舗を失った百貨店は，空襲による店舗の損害に加えて，占領軍からの店舗接収によって経営が悪化していた（日本百貨店協会編［1959］，67-71頁）。しかし，衣料店の登録投票において東京では白木屋・三越・松阪屋・伊勢丹などが投票の上位を占めていたことからみて，百貨店に対する消費者の信用は失われていなかった。配給統制下の百貨店は，配給品の販売に加えて，中古品の取扱いを行っていた。1947年10月に廃止された雑品（乾海苔・楽器・文房具・化粧品・玩具等）の統制を皮切りに，配給制度が廃止ないしは限定された商品の販売に着手した。

▶ 経済復興期の問屋

戦時統制期の小売業整理によって縮小した小売に対して，問屋（卸売）は配給統制機関の一翼を担って生き延びるものが多かった。江戸時代から発展してきた東京日本橋の横山町・馬喰町問屋街の事例をみれば，1945年2月と3月の空襲によって壊滅した店舗の再建から始まった問屋街は，47年10月の「復興謝恩大商品市」が成功を収めた（有賀［1957］，3-37頁）。これを契機に形成された問屋連盟は，「正しい商行為を通じて正当なる利得を要求する真の商業道徳を高揚」を理念として掲げた。しかし，商品の調達難や配給統制によって問屋の扱う商品は限られたため，「万屋」「何でも屋」といわれたほど従来の専門取扱商品とは異なる品を仕入れた。とりわけ，統制品が少なかった小間物・化粧品・文具が主要な取扱商品となったが，軍払い下げのパラシュートの紐の加工品や，従来は取引しなかった和傘や畳表なども扱う問屋も現れた。問屋街は小売業者が自店で販売する商品を仕入れる場であり，現金取引が基本であった。復興期には現金を入れたリュックサックを背負った商人で，問屋街は空前の活況を呈した。

4 消費生活協同組合

　配給統制とヤミ市との相克の中で，問屋・小売業者は，配給事務を担うのみならず，自らの持つ経営資源を活用しながら営業活動を続けていた。しかし，物流は乱れ，詐欺や不正を働く商人が横行し，商業サービスは低下していたことも事実であった。

　戦前期に消費組合・購買組合として存在していた消費者組合は，戦時統制の深化とともに機能を停止していたが，生活物資の入手難に直面して活動を再開した。1945 年 10 月には賀川豊彦などによって日本協同組合同盟が設立され，生活必需品の配給権を組合に与えることなどを要求した（公開経営指導協会編 [1979]，192-204 頁）。こうした運動が実り，48 年 7 月に「消費生活協同組合法」が制定された。

　消費組合運動は，生産者と消費者を直結し，公定価格で生活必需物資を消費者に配給することを目的としていた（日本婦人新聞社編 [1948]）。そのため「市場からヤミを撲滅し悪徳商人を追及して国民生活を安定」させるとされた。消費組合運動は，戦後民主主義の高まりの中，進展した「婦人運動」とともに進んだ。とりわけ，1948 年 7 月の大阪主婦の会の「ヤミ肉値下げ運動」を発端として，配給品の品質改善，ヤミ商業の撤廃，優良店の選別，日用品の廉価販売などを求めた主婦の運動が盛んになった。

　神戸の場合，神戸消費組合・神戸購買組合・灘購買組合の 3 組合が神戸生活協同組合連合会を形成していた。これら 3 組合は個々に配給権をもっていたが，にもかかわらず協同組合を設立したのは，これによって大規模化を図り，野菜の荷受権を確保するためであった。消費組合運動の先駆けとなった神戸の場合，組合の資金は充足していたが，資金難に苦しむ組合も存在した。1946 年 9 月には，2331 組合（地域組合 1219，職域組合 1112），27 連合会が存在し，47 年 5 月には 2703 組合に増えていた。こうした消費生活組合の増加には，町会・隣組制度の廃止による代替機関として結成されたものや，協同組合の理念を喪失したものも含まれていた（参議院調査部 [1948]）。したがって，戦後の生活物資の配給難が収まるとともに，消費組合数は減少していった。

　しかし，生産者と消費者を直接結ぶという消費生活協同組合の理念は，商業

者にとって脅威であった。とりわけ、1955年には鳥取県の米子西生協の成長が小売業者間の問題となった。生協の肥大化に脅威を感じた小売業者は経営の改善を進め、「土婦の店」運動とスーパーマーケットの設立に至る道筋をつくった。

> **コラム12** 戦時下の高等商業教育の再編

日中戦争・太平洋戦争は高等商業教育を大きく再編させた。第6章でもみたように、戦前期の大学レベルでの商業教育は官立の東京商科大学（現・一橋大学商学部）と神戸商業大学（現・神戸大学経営学部）、市立の大阪商科大学（現・大阪市立大学）が担うとともに、現在（2015年）の高等教育制度には存在しない高等商業学校（以下、高商と略す）が担っていた。戦前期の官立高商としては長崎・山口・小樽・名古屋・福島・大分・彦根・和歌山・横浜・高松・高岡の各高商が存在し、その多くは1945（昭和20）年の終戦以降に現在の地方国立大学へ変わった。これに加えて高千穂・大倉・同志社などの私立高商が存在した。

高商の教育内容は普通学（語学を中心として現在の教養科目に近い）・商業学・経済学・法学の4つの群に分けられていた。必修科目の割合は、普通学37％、商業学20％、経済学6％、法学9％であった。普通学の割合が多くなっているが、現在の経営学部や商学部に近い教育がなされていたといえる。

1944年には技術者需要の高まりによって「転換」といわれた高商の再編が行われた。官立高商は、①経済専門学校への転換（山口・小樽・福島・大分・高松高商）、②工業経営専門学校への転換（長崎・名古屋・横浜高商）、③工業専門学校への転換（彦根・和歌山・高岡高商）に分けられる。②に関しては東京商科大学附属工業経営専門学校の設立も加えられる。なお、②と③の高商は、高商生徒が卒業するまで経済専門学校を併設（経済専門学校への募集はなし）したが、高商生として入学した生徒が卒業する前に終戦を迎えたため、経済専門学校として戦後に再出発することになった（工業経営専門学校・工業専門学校の多くは戦後に廃止）。とりわけ、③の工業専門学校への転換は、文系から理工系へのドラスティックな転換であった。

これら転換した学校では、勤労動員によって授業はわずかな時間のみ実施されたにすぎなかった。

参考文献

有賀禄郎［1957］『横山町馬喰町問屋連盟十年誌』横山町馬喰町問屋連盟．
大島久幸［2011］「戦後期――戦後総合商社の再編」大森一宏・大島久幸・木山実編著『総合商社の歴史』関西学院大学出版会，所収．
鴨井一司［2006］「戦時貿易統制における交易営団の役割」原朗・山崎志郎編著『戦時日本の経済再編成』日本経済評論社，所収．
公開経営指導協会編［1979］『日本小売業運動史 2 戦時編』公開経営指導協会．
参議院調査部［1948］『生活協同組合に関する参考資料』参議院調査部．
商業組合中央会編［1941］『商業者現況調査（上篇）』商業組合中央会．
商業報国会［1942］『小売業は如何に整備されるか――官民両者の協議会記録』商業報国会東京府本部．
鈴木保良［1941］『新体制下の商業及商業人』厚生閣．
大丸二百五十年史編集委員会編［1967］『大丸二百五拾年史』大丸．
髙島屋本店編［1941］『髙島屋百年史』髙島屋本店．
通商産業省編［1971］『貿易（下）』（商工政策史 6）商工政策史刊行会．
寺村泰［1987］「日中戦争期の貿易政策――綿業リンク制と綿布滞貨問題」近代日本研究会編『戦時経済』（年報・近代日本研究 9）山川出版社，所収．
中井省三［1940］『日本戦時貿易政策論』千倉書房．
名古屋商工会議所編［1942］『名古屋市に於ける小売業整備の実情』（時局經濟調査及研究 24）名古屋商工会議所．
西端春枝［1994］『縁により縁に生きる――ニチイ創立者西端行雄と歩いた商いの道』ぱるす出版．
日本経営史研究所［1978］『稿本三井物産株式会社 100 年史（上）』日本経営史研究所．
日本百貨店協会編［1959］『日本百貨店協会一〇年史』日本百貨店協会．
日本婦人新聞社編［1948］『婦人年鑑――昭和 23 年』日本婦人新聞社．
三井物産株式会社［1976］『回顧録――三井物産株式会社』三井物産．
柳沢遊［2005］「戦時体制下の流通統制」石井寛治編『近代日本流通史』東京堂出版．

第 5 部

商業の現代的展開
——1950〜89 年

　第二次世界大戦が終結した 1945（昭和 20）年から 2015 年までの 70 年間で，私たちの生活は大きく変化した。高度成長にともない，主として工業分野で働く給与所得者数が拡大し，それとともに家族構成も変化した。家父長制に基づく農業世帯が減少し給与所得世帯が増加すると，核家族化が進み，専業主婦の割合が増加していった。とはいえ，当時の専業主婦は家事に忙しかった。冷蔵庫の普及率が数パーセントであった 1950 年代，私たちは魚や野菜を鮮度が落ちない間に消費しなければならなかった。そのため，主婦たちは魚屋や八百屋といった業種店を 1 店 1 店回りながら買い物し，その日購入した食材で 1 日分の食事をつくった。また，洗濯板を使って洗濯し，はたきで塵を払い，雑巾をかけ，箒（ほうき）とちりとりで掃除をした。家族の衣服は，購入した布や毛糸を使って主婦が家庭で裁縫した。それが現在では，洗濯や掃除は機械が自動で行い，インターネットで注文すれば，私たちは自宅に居ながらその日のうちにとれたての野菜や魚，さらには衣服や書籍など欲しい商品を受け取ることができる。

　この間の工業分野とりわけ消費財産業の発展は目覚ましく，高度成長を通して，電気冷蔵庫，掃除機，洗濯機，ガスレンジ，カラーテレビ，既製服，自家用車など，多くの新製品が開発され，広く家庭に普及していった。加えて，保存技術や陳列技術が発達したため，自宅で食材を冷凍保存することも，生産者や小売店で鮮度を維持したまま保存することも可能となり，食材をまとめ買いする家庭が多くなった。さらに，私たちの食事の内容も，和食だけの食卓から和食に加えて洋食や中華，エスニック料理などバラエティ豊かになり，家庭で必要な調理器具も多様になった。また，外食の機会も 70 年間で格段に増え，選択肢が飛躍的に増加しただけでなく，調理品や半調理品を購入して自宅で消費する中食が発達したことによって，自宅で料理をしなくても，手軽に世界中の料理を食すことがで

きるようになった。

　消費者が，魚屋で魚を買い八百屋で野菜を買うというのが当然だと思っていた1950年代は，中小規模の小売店が小売業全体の約90%を占めていた。大規模小売業といえば百貨店のみで，百貨店は企業数でいえば全体の5%にも満たなかった。その後，1950年代にスーパーが，1970年代にコンビニエンスストアが誕生し，大規模小売業が多様になる一方で，家電量販店やドラッグストアといったようなこれまでとは異なる専門量販店も成長した。また，従来，洋服用の生地を販売していた店が既製服を販売する店となり，豆腐屋が惣菜店になるなど，時代とともに小売業の業種が変化してきた。さらに，2000年以降は店舗で販売する小売形態が売上を鈍化させるなか，インターネットを介した通信販売が大きく伸長するなど，店舗販売だけではなく無店舗販売の割合も増加している。つまり，新製品が開発されたことによって消費が変化しただけでなく，私たちの買い物の場所が洗濯板を取り扱う荒物屋から洗濯機を販売する家電専門店へ，さらには家電量販店からインターネットへと変化した。そして，この変化が日本の流通構造を大きく転換させてきたのである。

　第5部では，主として1950年代の高度成長からバブル景気が盛り上がる80年代後半にかけて，日本の流通構造がどのように変化したのかについて，商業に即して検討していきたい。第二次世界大戦が終結したからといって，即座に日本の流通システムが変化したわけでもなければ，ひとつの新製品の登場によって流通が一変したというわけでもない。各企業がマーケティング活動を通じて新しい市場を創造していくなか，流通の近代化を促進する流通政策が講じられ，少しずつ，しかし今から振り返れば大きく変化した。そこで，小売業態の多様化がいかに実現したのか，また，新たに誕生した小売業態は日本の流通システムにどのように影響を及ぼしたのか，商業の現代的展開について考えてみたい。

第**13**章

高度成長と大規模小売業の多様化

1 戦後復興から高度成長へ

　第二次世界大戦後，GHQ（連合国総司令部）は財閥解体や労働三権の確立など経済の民主化を進めた。経済政策の中心として傾斜生産方式が導入され，石炭や鉄鋼に重点を置いた生産の回復政策がとられた。これら経済政策の推進と1950（昭和 25）年に起こった朝鮮戦争の特需によって，日本経済は戦後の混乱から立ち直り，56 年の経済白書に「もはや戦後ではない」と記される水準にまで発展した。1960 年に発足した池田勇人内閣は，さらなる発展を求めて国民所得倍増計画を策定し，翌 61 年からの 10 年間で国民所得を倍増するという目標を掲げた。

　しかし，その後の経済成長は政府が予測したよりも大きなものだった。1955 年から 64 年までの GDP は，年平均 9.6％ の実質経済成長率を記録するほどの高い成長率となり，73 年に起こった第一次石油危機によって年率 4～5％ の安定成長に入るまで，日本経済は好調に成長を続けた。これが，いわゆる高度成長である。この成長により，1930 年にはおよそ 50％ を占めていた第一次産業に従事する人の割合が，70 年には約 20％ にまで小さくなり，その一方で，第二次産業の従事者は約 20％ から約 35％ へ，第三次産業の従事者の割合は約 30％ から約 45％ へと 40 年間でその割合を増やし，産業構造の高度化が進んだ。

　このような経済全体の大きな成長は，商業とりわけ小売業に著しい変化をもたらした。第 1 に，工業分野の成長により，本格的な大衆消費社会が確立し，大量生産されたものが大量消費されるための小売市場が発展したことである。工業の発展とともに，テレビ，洗濯機，冷蔵庫など新しい耐久消費財が次々に

発売される一方で，第二次産業従事者の給与水準が上昇したことによって，中間所得者層が拡大し，所得の平準化が進んだ。その結果，購買意欲が旺盛となった消費者は競って新しく発売された商品を購入し，物質的な豊かさを享受した。こうして，小売市場は高度成長を通じて確実に拡大していったのである。

　第2の変化は，小売市場の拡大にともない，既存の小売業態が順調に成長しただけでなく，大量生産された商品を大量に販売することのできる新たな業態が誕生し，小売業が多様化したことである。第二次世界大戦前までは，大規模な近代小売業といえば百貨店のことを意味し，それ以外の圧倒的多数の小売業は商店街や小売市場を構成する中小商店であった。それが，高度成長期，いわゆるスーパーと呼ばれる量販店が登場し，短期間で百貨店の売上高を追い越すほどにまで発展したことによって，新たな流通の担い手として期待されるようになった。本章では，高度成長下で小売業態が多様になっていく過程を振り返りながら，商業の現代的展開について考察する。

2 百貨店の戦後復興と高度成長期の発展

▶ 百貨店の戦後復興

　小売業の戦後復興は，日常生活に身近な商品を扱う業種店，例えば八百屋や米穀店といった食料品店から始まった。そのため，安価で野菜や魚などを販売することが設置目的であった小売市場の復興が比較的早かったのに対して，不要不急の高額品を扱う百貨店の復興は遅れた。その日の食べるものを確保することで精一杯の時代に，百貨店で高額な呉服を購入し消費を楽しむという余裕が，戦後復興期の消費者にはなかったからである。

　もっとも，百貨店も営業を再開できる状況ではなかった。都市の中心部に立地し，近代的な建物を有していた百貨店は，多くの売場をGHQに接収されたことにより，百貨店としての売場が確保できず，また戦争によって多くの従業員を失っていたため販売員を確保するのも困難であった。さらに，傾斜生産方式により百貨店が得意とする衣服や雑貨などの生産の回復が遅れ，販売するための商品そのものが調達できなかった。そのため，百貨店の実質売上高が，戦前最大であった1939（昭和14）年の水準にほぼ回復したのは53年であり，従業員数が同じく39年の水準に回復したのは58年であった。

それゆえ，戦後復興期の百貨店は，既存顧客とともに復興したというより，むしろ GHQ などの外国人客との取引で糊口をしのいでいたといえる（藤岡 [2013]，95-98 頁）。1949 年 4 月，GHQ の将校およびその家族を対象に，髙島屋東京店と大阪店ではシルクフェアを 1 カ月あまり開催した。これは，戦時中に滞貨していた繊維製品の処分を目的に，GHQ と当時の通産省が協議し，絹製品に限って開催した展示即売会であった。フェアは，GHQ の繊維課長であったドロシー・エドガースが戦前デザイナーとして勤務していた髙島屋で行われ，安く絹製品を購入できると外国人客には好評であった。この成功によって，輸出向け滞貨繊維品をドル売りするエキスポートバザー（EB）は，同年 6 月から順次，髙島屋だけでなく GHQ の司令部がある全国 11 都市の百貨店へと広がっていった。さらに，50 年 6 月からは，日本に駐在する外国人向けに日用品や食料品を販売するオーバーシーズ・サプライ・ストア（OSS）を六大都市で開設し，百貨店は外貨の特別割当枠を申請して欧米から直輸入した缶詰や菓子，衣料品や石鹸などを販売し，外国人駐在員の需要に応えた。

　このような外国人客を対象とした商品販売は，復興の立ち上がりが遅れた百貨店にとって，売上を確保する貴重な機会であった。また，この時期に外国人客と取引した経験や海外とのネットワークは，高度成長期以降に拡大する海外ファッションブランドの導入に大きく貢献した。その意味では，戦後復興期の百貨店は，売上の復興こそ緩やかであったものの，それ以降の成長の種をこの時期に発見していたといえる。

▶ **高度成長期の量的拡大**

　ひとたび復興が軌道に乗ると，戦前唯一の大型店であった百貨店の成長は力強かった。GHQ による売場の接収がすべての百貨店で解除された 1955 年以降，新規出店および増築・改築が相次ぎ，全百貨店の売場面積は図 13-1 に見られるように急増した。1955 年における全百貨店の使用面積は 141 万 m^2 であったが，60 年の全百貨店の売場面積は 153 万 m^2 へと増加し，65 年には 196 万 m^2，そして 70 年には 275.7 万 m^2，75 年には 366 万 m^2 へと急速に拡大していった。

　この売場面積の急拡大をもたらした要因は 3 つある。1 つは，三越や松坂屋，髙島屋など戦前からの老舗百貨店が，増床や新店舗の開設を行ったことによる。

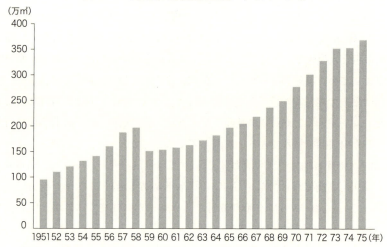

図13-1　百貨店の売場面積の推移（1951-75年）

（注）　1958年までの値は使用面積であり、1959年以降の値は売場面積である。
（出所）　『日本百貨店協会統計年報』各年版。

　例えば、1953年に髙島屋京都店と東京店が増築に着手し、55年には三越本店や松坂屋上野店が増築した。なかでも、大丸が1954年に東京駅八重洲口に東京店を開店したり、そごうが57年に東京店を開業したりするなど、関西に本店を置く百貨店が東京へと進出し、多店舗展開していったことが特徴的であった。

　2つ目の要因は、戦前には散見される程度であった電鉄系の百貨店がこの時期、急速に拡大していったことである。東京では、戦前から開業していた西武百貨店が1952年に池袋店を増築し、60年には東武百貨店、61年には小田急百貨店や京王百貨店が新たに設立された。また大阪では、戦前は鉄道会社の一部門であった阪急百貨店が、1947年に株式会社阪急百貨店を設立し、57年に梅田本店を増築した。さらに、53年には東京大井店を、56年には数寄屋橋阪急を開店し、東京進出を果たした。また、57年には、株式会社阪神百貨店が梅田に設立され、阪神電鉄より百貨店事業を譲り受けた。

　第3の要因は、東京や大阪などの大都市だけでなく地方都市においても、既存百貨店の増築や新規開業がみられたことである。1951年に姫路のヤマトヤシキが増築し、52年に福岡の岩田屋が増築した。また、同年には、地元財界

250　第5部　商業の現代的展開

図 13-2　百貨店の売上高推移（1951-75 年）

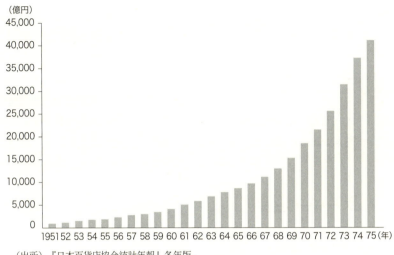

（出所）『日本百貨店協会統計年報』各年版。

の要請を受けて熊本に鶴屋が開業し、56 年には天満屋が広島店を開店した。このように百貨店の新規参入が相次いだ結果、日本百貨店協会加盟の企業は、1951 年の 70 社から 56 年には 80 社となり、61 年に 90 社、64 年に 100 社、70 年に 120 社と、20 年間に約 1.7 倍になった。

　既存百貨店の売場面積が拡大するだけでなく、百貨店の新規開業が増えると、図 13-2 に見られるように、必然的に百貨店の売上高は拡大する。戦前の水準に戻った 1953 年、日本百貨店協会加盟の全百貨店の売上高合計は 1661 億円であった。それが、55 年には 2019 億円へと増加し、60 年には 4075 億円と 53 年の 2.5 倍に、65 年には 8603 億円と 5.2 倍、70 年には 1 兆 8242 億円と 53 年の 11 倍、そして、75 年には 4 兆 651 億円へと、実に 53 年の約 25 倍の売上規模にまで拡大した。こうして、高度成長期の百貨店は、売場面積、百貨店の企業数、そして売上高のすべての指標において急速な量的拡大を実現したのである。

　しかしながら、高度成長期に量的な拡大を実現していた小売業は百貨店のみではなかった。後述するような新しい小売業態が誕生した上に、近代化の過程で淘汰されると考えられていた中小小売業もまた、売上高および商店数を拡大

第 13 章　高度成長と大規模小売業の多様化　251

していた。その中で，全小売業における百貨店の売上シェア（ここでは民間最終消費支出における百貨店のシェア）は，1973年の5.2％を最高に，高度成長期を通して，4.3％から5％程度で推移してきた（日本百貨店協会総務部調査担当編 [2000]）。それは，スーパーのシェアが1960年から72年の間に4.1％から12％へと約3倍に伸長していることと比較すれば，必ずしも特筆すべき量的拡大であったとはいえないのかもしれない。とはいえ，高度成長期，産業構造が戦前と大きく変わるなか，戦前の小売業の雄であった百貨店は衰退することなく，小売業全体の拡大にともなって量的な拡大を実現していたことが確認できよう。

3　スーパーの生成

▶ セルフサービスの導入

　第二次世界大戦前からすでに大規模小売業であり，戦前の蓄積が戦後の復興を助けた百貨店と異なり，後にスーパーとなる多くの小売業は，戦争によって小さな店舗を焼失し，ゼロからの再出発を余儀なくされたところが多かった。例えば，フタギ（のちのジャスコ，イオン）は，店が空襲で全焼したため，1946（昭和21）年9月，6坪のバラック建て店舗で営業を再開し，戦後は統制経済下の登録店として古着を販売していた。配給切符との引き換えによる商品の提供は利益が少なく，商品の絶対量が不足している戦後復興期には，切符なしで販売すれば配給の3倍から5倍で販売することができたが，二木一一は愚直に配給品を扱い，消費者に喜ばれたという（公開経営指導協会編 [1981]，39頁）。また，洋華堂（現・イトーヨーカ堂）の伊藤雅俊は，1946年の暮れ，東京千住にわずか2坪の衣料品店を再開した。仕入を間違えて売れ残れば，取引先に支払いができないばかりか，家族も食べていけなくなる。そこで，商品代金の支払いは現金とし，売れ筋商品を見極めながら，薄利多売の販売方法で成長していった。二木や伊藤の誠実な小売経営と消費者への真摯な態度は，後にスーパーへと小売業態を転換し，大規模小売商となった小売商店主たちに共通した特徴であった（矢作 [2004]，229-231頁）。

　彼らは，商業界や公開経営指導協会など経営コンサルタントが主催する各種の勉強会で，アメリカの新しい小売業の動向を熱心に学んでいた。スーパーマ

ーケットの始まりは，1930年，アメリカでマイケル・カレンの開業した店舗「キング・カレン」だといわれている。小売業態としてのスーパーマーケットは，標準化しながら多店舗展開することによって，1930年代のアメリカで大きく発展していった。コンサルタントらが紹介したアメリカの動向を参考にしながら，日本の小売経営者たちは，低価格・低マージンを可能とするセルフサービスの導入，多段階のマージンを設定した総合採算性の採用，さらに，チェーンオペレーションによる標準店舗の多店舗展開といった新しい販売方法がいかに重要であるかを習得していった（渥美［2010］，5-9頁）。

日本ではじめてセルフサービスを導入したのは，東京・青山の食品店「紀ノ国屋」である。青果を扱っていた紀ノ国屋は，GHQ将校の家庭へ商品を納入するなど，外国人客と接する機会が多く，顧客からアメリカのスーパーマーケットについて教えられた。カウンター越しに，必要な商品を店員に告げなければ商品を自由に見て回ることができない従来型の店舗は，日本語を話せない外国人にとって非常に不便であった。そこで，紀ノ国屋は1953年，日本ナショナル金銭登録機株式会社（現・日本NCR）の指導の下，セルフサービスを導入した。青果物のみの取扱いであり，掛売りも並行していた紀ノ国屋は，セルフサービスの導入によって顧客が自由に商品を選択できるようになり，売上高を増大させた。この成功によって，NCRは，小売業の経営を改善する第一歩がレジの導入とセルフサービスの採用であるとラジオなどで宣伝し，レジの売上台数を拡大するためにセルフサービスを広めていった。実際，55年には，大阪のハトヤが衣料品店としてはじめてセルフサービスを導入するなど，セルフサービスを導入する店舗が拡大していった。

▶ スーパーの誕生

セルフサービスを導入した店舗の中から，食料品全般を扱いながら，低価格を訴求した日本最初のスーパーが現れた。1956年に従来型の食品店を改装した福岡・小倉の丸和フードセンターである。丸和フードセンターは当時，百貨店の復興および八幡製鉄や国鉄の購買会の活発化などによって厳しい競争環境に置かれていた。しかし，NCRのレジを購入し，NCRからアメリカ型の商店経営の方法を学んだことによって，売上高を著しく拡大することに成功した。この丸和フードセンターの経験に，競争の激化に苦しむ多くの中小小売商が注

目した。公開経営指導協会が，当時非常に大きな勢力を誇っていた鳥取西部生協の地元である米子市で研究会を開催した時，丸和フードセンターの店主である吉田日出男は，生協の廉売方式に負けない安値を追求するためには「セルフサービス方式」と「総合採算性」の導入が必要だと報告した。中小小売商が低価格を訴求しながら成長していくためには，総合採算性を取り入れたスーパーへの業態転換が最も現実的だと主張したのである（公開経営指導協会編［1981］，244-246頁）。

　総合採算性は，キング・カレンではじめて採用された販売手法である。当時のアメリカの大手チェーンストアであったA&Pやクローガーで働いた経験のある創業者のマイケルは，顧客に低価格を有効に訴求する方法を思いついた。例えば，それまでの小売業で支配的であった全品目一律マージンの設定に代えて，店の商品のうち300品目を原価で販売し，別の200品目は5％のマージン，他の300品目は15％，残りの300品目を20％のマージンで販売すると仮定しよう。すると，この店全体の平均マージンは10％程度となり，確かに他店より少し低い。しかし，品目によっては決して他店に比べて安いわけではない。それでも，原価で販売している商品があることによって，消費者はあたかもこの店の商品全部が他店に比べて安いかのようなイメージを持つようになり，全商品に一律のマージンを設定して販売していた時よりも多数の顧客が訪れるようになった。これが，スーパーの薄利多売の原点だった（森下［1995］，149頁）。つまり，セルフサービスを導入しただけで新しい小売業態が成立したわけではなく，この総合採算制を採用することによって，ようやくセルフサービスが活用できるビジネスモデルとなったのである。そして，1954年に忠実屋，56年に八百半（後のヤオハン）やいなげや，57年には主婦の店ダイエー薬局，58年にイトーヨーカ堂が，スーパーへと業態転換していった。

4　スーパーの発展

▶ 標準化の推進

　セルフサービスを取り入れた店舗すべてが，その後スーパーへと順調に発展していったわけではないが，スーパーへと業態転換するにはまずセルフサービスを導入する必要があった。1957（昭和32）年末の時点でセルフサービスを採

用していた店舗は全国で約300店だったが，62年には約3000軒に増加し，そのうちおよそ20%の店舗がスーパーへと転換していったという（森下［1995］，147頁）。実際にセルフサービスを導入し，「ダイエー薬局」から「主婦の店ダイエー」へと転換していった中内功は，客の要望に応じて化粧品や雑貨さらには菓子へと取扱商品を広げていきながら，新たな販売方法を模索した。その様子を次のように語っている。

> 「中内さんね，菓子はね，こんな蓋をしとったら売れへんで。菓子というのは生で見せて，少々衛生的に悪いようでも，お客さんにうまそうに見せたほうがええ。蓋を全部取って菓子自体を見せて売れ」と言って，いろいろ教えてくれたわけです。市場ですから，朝はヒマで，二時〜三時がたいへん忙しくなる。それで，腰が痛くなって，これは菓子を売っておっても腰がもたんで，ということになった。そうしたら店員の一人がいまで言う半透明のビニールの袋が発売されていると言うから，それを買うて来いと言った。そのビニール袋に菓子を二〇〇グラム詰めて，ホッチキスで封をして積み上げて，大きな紙に「もし味に不満があった場合には，袋とレシートを持ってきてください。そっくり全額返金します」と書いて，セルフサービスを始めたわけです。
> （中内・御厨編［2009］，219-220頁）

つまり，セルフサービスを機能させるためには，セルフサービスに適した商品と販売方法が必要だということである。そして，そのためには，標準化された商品を大量に生産できる体制が構築されていなければならない（森下［1995］，118頁）。消費者が商品のパッケージを見ただけでその商品の品質や使用法が想像でき，店員による商品の説明がなくても客が安心してその商品を購入できるような状況になってこそ，セルフサービスが有効となるのである。ただ単に商品を大量に生産できるようになったというだけでは不十分であり，消費者が買いやすいように包装され，陳列されていることが求められた。その意味では，当時初めて売り出されたビニール袋に菓子を詰めて消費者が購入しやすいように加工するという中内のやり方は，店頭での商品標準化の作業であったといえよう。

また，中内は，自ら商品化を進めることの重要性について，アメリカ視察から学んだという。アメリカでは，店頭に並んでいるすべての商品が包装され，店員から商品について説明されることのないセルフサービスでも，消費者が戸惑うことのないよう商品を陳列し，販売していた。しかし，日本では，セルフサービスは導入したものの，まだまだ肉の量り売りや菓子の量り売りが多く，パッケージ化された商品は少なかった。中内によれば，当時のメーカーや卸売商は商品をつくることには注力するけれども，消費者が買いやすいように包装した商品や，食べやすいように小分けされた商品をつくろうという意識はほとんどなかったという。そこで，「メーカーに行って，コンシューマーズ・パック，消費者向けの商品をつくらんといかんと言った。卸向けとか，業者向けの商品はあっても，コンシューマー向けの小売用の小さいパッケージは全然ないですからね」と指摘した（中内・御厨編 [2009]，252-257，265 頁）。

　1962〜63 年頃のダイエーは，まだ大阪千林と神戸に合計 3 店舗を構えるスーパーでしかなかった。神戸三宮店の坪当たりの売上高は全国の小売業の中でも指折りの売上高だったため，新聞等では取り上げられることが多かったけれども，まだまだダイエーもスーッとでてきて，パーッと消えるスーパーだと思われていた。そんななかで，中内の意見に賛同したのが，味の素の鈴木三郎助だった。彼は，卸売業者を通して，業務用だけでなく小売用の小さなパッケージ商品を製造し，商品の容量も 100 グラム，200 グラム，500 グラムと客が選択できるようにした。こうして，ダイエーは，アメリカのスーパーマーケットを参考に，「よい品をどんどん安く」というキャッチコピーを実現するために，セルフサービスが効率的に機能するような売場やマーチャンダイジングを自ら構築していったのである。これが，高度成長期における小売イノベーションであった（中内・御厨編 [2009]，265-267 頁）。

▶ SSDDS の誕生

　セルフサービスを導入し，商品の標準化が進展したことによって，取扱商品はさらに拡大していった。食料品から始まった店は衣料品や家庭用品へ，衣料品中心のセルフサービスの店は，家庭用品と食料品を取り扱うというように，それまでは商品の取扱技術が異なりオペレーションが煩雑になるため，販売することが困難であると考えられていた商品を品揃えに加えていった。商品の標

準化が，取扱商品の拡大を促進したのである。

　また，このような品揃えの拡大は，安売りを標榜するセルフサービス店にとって，非常に合理的であった。顧客の来店頻度が低い衣料品店にとって，回転率の向上は大きな課題であったが，食料品を販売することによって，顧客を毎日誘引することができるようになった。他方，食料品店にとっては，安さで顧客を引き付けることはできるけれども，利益率を向上させない限り，店舗を継続的に運営することができなかった。そこで，利益率を向上させるために，衣料品の取扱いは効果的であった。こうして，食品，衣料品，家庭用品の品揃えでワンストップショッピングを確保する一方で，セルフサービスを採用し，低価格を訴求する新しい小売業態，いわゆるセルフサービス・ディスカウント・デパートメントストア（SSDDS）が成立したのである。

　アメリカのスーパーマーケットが食品を中心とした品揃えで，セルフサービスとチェーンオペレーションによって発展してきたのに対し，この日本のSSDDSは幅広い品揃えと「安売り」であることを訴求しながら発展してきた。セルフサービスで人件費を抑制し，多店舗展開でスケールメリットを享受する。利益率の異なる総合的な品揃えを量的に拡大することこそが，低価格を実現する手段であると考えられていた。そして，多様な品揃えが消費者に認知されるようになると，SSDDSは日本語の「スーパー」という語で表現されることとなり，標準化を重視した食品小売業を意味する英語の「スーパーマーケット」とは異なる日本型スーパーへと発展していったのである。

▶ 多店舗展開による規模の拡大

　セルフサービスを導入し，顧客の求めに応じて品揃えを少しずつ増やしていたダイエーの中内は，当初，多店舗展開の必要性を理解しつつも，その仕組みがわからなかったという。つまり，レジを採用してセルフサービスという新しい販売方法に転換したからといって，すぐに効率的な経営ができるようになったわけではなかった。彼が抱えたこの課題は，アメリカ訪問で解決することとなる。1962年，『商業界』の倉本長治の勧めで中内はアメリカのスーパーマーケット協会25周年記念式典に出席し，その式典で知り合った現地日本人の紹介で，ハワイのスーパーマーケットを訪れた。そして，そこでアメリカのスーパーマーケットがいかにして多店舗展開しているかを学んだのである。

多店舗展開するために，アメリカでは必ず本部を作り，本部が商品を検品していた。本部は単なる物流の拠点ではなく，そこで商品を検品して品質をチェックすることによって，企業全体として自らが販売する商品に責任を持つことができる。個別店舗に検品を任せておけば，必ず店舗間で仕入れた商品の品質にばらつきが出る上，店舗納品では商品の不正が起こりやすい。そこで，アメリカのスーパーマーケットは，本部で一括して商品を仕入れることにより商品の品質のばらつきを抑え，各店舗では販売のみを行うチェーンストア経営を採用し，百貨店のように個別店舗が仕入と販売をする経営方法とは異なる方法で発展していった（中内・御厨編 [2009]，256 頁）。

　このような多店舗展開の重要性を理解したダイエーは，高度成長期，短期間で急速に店舗数を拡大していった。例えば，地方都市の人が集まりそうな場所に出店する際，次のような方法を採用したという。

　　関西の場合，地主は土地を売って，その金で新しい仕事をしようという考えが強かったですね。ですから，だいたい坪 20 万円ぐらいで土地を売る。その土地を銀行に担保に入れずに 1 年ぐらい保有しておくと，だいたい坪 30 万円ぐらいになります。そうすると銀行も，その 7 掛けの坪 20 万円で担保にする。20 万円で買った土地を 20 万円で担保にいれられるわけですから，それで回っていくわけですね。そして商品仕入は 20 日締めの翌月 25 日払いとか，だいたい 35 日から 45 日間のサイトがあるわけです。ですから現金支払いで，手形はいっさい切らないということです。
　　しかし計算の手間は要りますから，各店から伝票を集めて計算して，一括して問屋に支払うわけです。その問屋自体が，前回お話ししましたように金融機能なんです。商品についてはメーカーと話をしていますが，その代金回収とそれについての仕事には問屋を使います。問屋は物流の機能でなしに，結局金融機能です。債権回収です。問屋をバッファにして，だいたい 35 日から 45 日のキャッシュフローをつくるわけです。ですから，出店に対しては資金がいらない。出店したら，逆に金が余るわけです。
　（中内・御厨編 [2009]，283-284 頁）

　高度成長期，日本経済の発展とともに，地価は上昇を続けた。それを前提に，

ダイエーは大きな負債を抱えることなく，出店候補地を確保し，卸売商の金融機能を活用して商品仕入量を拡大してきた。しかし，関東では関西のように土地を売る地主が少なかったため，同じやり方で運用することができなかったようだ。中内は，関西で確保したキャッシュフローを関東での出店費用に回し，次のようにリース店舗物件を確保したり，工場跡地を買取ったりすることで新規出店していった。

> 関東の場合は土地のオーナー自体が売るのを嫌がって，自分でビジネスをせずに家賃で稼ごうということを考えてますから。東京の場合はほとんどがリースから始まります。要するに土地を売らずに，われわれが建築費用を建築協力金として払う。坪20万円の建物をつくるのであれば，坪20万円の建築協力金を払って，そこへ建ててもらって，そして十年間は家賃を払って，11年目からは1割ずつ建築協力金を返してもらうという「建築協力金方式」が関東ではだいたい主流でした。(中略)東京の場合はほとんどが工場の跡地です。その当時，いわゆる中規模の工場が，立地上だんだん車の出入りができなくなったり，付近の住宅が建って，工場としての立地が難しくなってきたんですね。それでその土地を売って，東京ではなく地方へ移ろうということになって，空いた工場が多かったですね。
> (中内・御厨編［2009］，285-286頁)

ダイエーだけでなくスーパー各社は，1960年代後半から大量の新規出店を実現していった。関西が地盤であったダイエーは，1965年に17店舗だったのが70年には58店舗と3.4倍に増え，関東を中心に出店していた西友ストアーは，66年の26店舗から70年の84店舗まで4年間で3.2倍へと拡大していった。このようなスーパーの成長は，さらなる発展の可能性を示唆した。例えば，1963年に西武百貨店は伊藤忠商事と連携してマイマートを設立し，西友ストアーは69年に三菱商事と提携してさらなる発展のための資金を調達した。また，1967年には三井物産がスーパーへ設備のリースを始めた。さらに，従来は閉ざされていた都市銀行や保険会社も，1960年代後半にはスーパーの発展性や将来性を認めるようになり，積極的に融資するようになった。

その結果，スーパーは多くの自己資金を持たずとも，多店舗展開することが

可能となり，量的な拡大戦略へと突き進んでいった。だが，この拡大主義は，売上高を拡大し続けなければ成り立たない戦略で，利益率の確保や自己資金比率に配慮することなく，売上至上主義を正当化することとなった。1970年，西友ストアーの借入金依存度が85％となったのは，まさに典型的な売上重視の戦略であった。とはいえ，財務体質が脆弱なまま，高度成長期以降もスーパーの拡大戦略はしばらく続き，問題として顕在化するのは万策講じてもほとんど売上高が拡大しなくなった1990年代のことである。後年に大きな課題を残すことになるものの，1950年代後半から急速にスーパーは発展し，それを象徴するかのようにダイエーが1972年，小売売上高第1位の座を百貨店から奪取することに成功したのである。

コラム13　スーパーマーケットの伝道師たち

　日本においてセルフサービスの普及を推進したのは，レジスターの販売会社である日本NCRであったといわれている。戦後復興期，NCRは日本市場を開拓するためにアメリカから進出してきたものの，当時の日本にレジスターの必要性を理解する経営者はほとんどいなかった。多くの小売店では，家計とビジネスが分離しているとは言い難く，店の売上から子どもの菓子代を出すこともあれば，店の釣銭が不足したため家計の財布から補うことも日常であった。つり銭はかごや缶に入れて準備していたが，時には表示価格より安く売ることもあり，何人の顧客に販売したのか，どの商品がどれだけ売れたのか，1日の売上高がいくらであったのかを正確に知ることは困難であった。そこで，日本NCRは戦略を変更し，レジスターという機器を販売するのではなく，まずはセルフサービスがいかに有効な販売方法であるかを，アメリカのモダン・マーチャンダイズ・メソッドを用いながら，説いて回ることにした。レジスターを販売するために，小売店のコンサルタントを行ったのである。日本NCRの販売員の中には，このようなコンサルト業務の経験を活かして，後にコンサルタントとして独立する者も多かった。ジンマーマンの名著『スーパーマーケット──流通革命の先駆者』を訳したことで有名な長戸毅，コンサルタントとして多くの企業や業界団体を支援してきた奥住正道などは，その代表である。

　また，『商業界』や『販売革新』などの流通業界誌を出版する株式会社商業界も，日本の流通の近代化に大きな役割を担ってきた。とりわけ，創業者の倉本長

治が主宰する商業界ゼミナールは,「店は客のためにある」という理念を商業者に説き,経営倫理の重要性を教示した。また,公開経営指導協会の喜多村実は,正確な税務申告の必要性を指導した。日本最初のスーパーといわれる丸和フードセンターの吉田日出男が自らの成功体験を語ったのも,公開経営指導協会主催の全国小売業経営者会議であった。さらに,読売新聞の記者であった渥美俊一は,1962（昭和37）年,ペガサスクラブを設立し,アメリカの流通事情を解説しながらチェーンストアのコンサルタントを行った。ペガサスクラブの勉強会では,常に最前列に中内㓛が座り,熱心に話を聞いていたと伝えられている。また,ニトリの創業者である似鳥昭雄も,渥美がいなければニトリの成功はなかったと述懐している（「私の履歴書」『日本経済新聞』2015年4月30日付）。このように,アメリカのチェーンストアをモデルに,日本にもチェーンストアを本格的に導入しようとする伝道師たちが,日本のスーパーの成長を後押ししたのである。

5　小売業態の多様化

▶ ショッピングセンターの出現

スーパーの発展に続き,小売業態の多様化に大きな影響を与えたのが,ショッピングセンターの出現であった。日本で本格的なショッピングセンターの始まりは,1968（昭和43）年に大阪府寝屋川市にある京阪電車香里園駅近くにオープンした「香里ショッパーズプラザ」と69年に開業した東京都世田谷区の「玉川髙島屋ショッピングセンター」だといわれている。前者はダイエーが,後者は髙島屋が自ら核店舗として出店するだけでなく,ショッピングセンターの開発および運営を手掛け,テナントとして専門店や飲食店を入居させることによって,多様な消費者の需要に応えようとした。当時は,69年に東名高速道路が全面開通するなど,モータリゼーションが進展した時期であった。自動車普及率が都市近郊では2.4人に1台にまで上昇し,都市域の拡大にともない,ニュータウンの建設が大都市近郊で急速に進んだ時期であった。ショッピングセンターが開業した香里園や二子玉川は,まさに新しい時代を象徴する新たな住宅地であり,ショッピングセンターの開業は,ニュータウンに住む戦後生まれのニューファミリーをターゲットとした新しい商業集積が日本でも誕生したことを意味していた。

都市域が拡大し，鉄道を使って郊外から都心へと通勤する消費者が増えるにつれ，郊外でショッピングセンターが開発されるとともに，都心部でも鉄道駅を中心に新しい商業集積が誕生した。69年，都心型の専門店ビルとして池袋PARCOがオープンした。ファッションを中心とした専門店ビルで，すべての売場をパルコ自らが展開するのではなく，他社の店舗をテナントとして売場に誘致し，多様なテナントの集積によって都市機能を高めた施設であった。さらに，西日本を中心に発展したのが，地下街の再開発であった。69年，阪急梅田駅地下に阪急三番街が開業し，地下に人工の川を設けたショッピングセンターが誕生した。それ以降も，ショッピングセンターは順調に発展していった。81年に，百貨店とスーパーの2核で構成された千葉県船橋市の「ららぽーと」が，85年には街づくりの視点から建設された「つかしん」が兵庫県尼崎市に，そして89年には核店舗を持たないショッピングセンターとして「釧路フィッシャーマンズワークMOO」が北海道釧路市に開業した。

▶ テナント業種の多様化

　ショッピングセンターの開業は，専門店がチェーン展開する1つの大きな動機となった（日経流通新聞編［1993］, 26-27頁）。老舗と呼ばれる単独店は古くから存在していたが，その店舗が専門店としてチェーン化を志向し始めるのは，ショッピングセンターが開業した昭和40年代のことである。ダイエーの中内が課題と認識したように，チェーン展開することは容易でない。多店舗を運営するためのシステムが構築され，それをマネジメントする人材が備わらないと，実現するのは困難である。しかし，ショッピングセンターの発展によって，多店舗化しようとする専門店に出店可能な立地が与えられたのである。例えば，60年の銀座店から多店舗展開していった婦人衣料品店の鈴屋，65年から多店舗化を推進していった銀座ワシントン靴店，67年に東京・阿佐ヶ谷の駅ビルに出店してから駅ビルを中心に店舗数を拡大していったレコード店の新星堂，69年に東京・大井町店を出店した紳士服専門店のタカキューらが本格的な専門店チェーンを展開していった。

　また，ショッピングセンターには，専門店チェーンだけでなく，外食チェーンもまた積極的に入居していった。飲食店において資本の100%自由化が実施された69年以降，主としてアメリカの外食チェーンが日本に進出した。70年，

大阪万博で好評を博した日本ケンタッキー・フライド・チキンが名古屋に第1号店を開店し，71年には，アメリカの有力なハンバーガーチェーン店であったマクドナルドが銀座三越に開店し，同年，ミスタードーナツも第1号店を大阪・箕面にオープンした。また，すかいらーく，ロイヤルホスト，デニーズのいわゆるファミリーレストラン御三家は，多様なメニューを提供する日本独自のファミリーレストランの様式を確立し，標準店舗を多店舗化することで飲食業の産業化を推進していった。62年にスーパーとして設立されたすかいらーくは，70年に東京・府中にファミリーレストランすかいらーく1号店を開業し，73年に出店した8号店でファミリーレストランとしての第一次標準店舗を確立することに成功した。それ以降，77年の70号店まで同一タイプの店舗を出店することで，チェーン展開していった。また，ロイヤルホストは1971年に第1号店を北九州市に開店し，セントラルキッチンと店舗における調理システムの標準化を追求することで，チェーンオペレーションを確立していった（日経流通新聞編［1993］，28-30頁）。

さらに，郊外の発展とモータリゼーションの進展によって，1973年の第一次石油危機以降に発展したのが，ホームセンターである。石油危機の影響を受けたと思われる企業，例えば，タクシー会社の日之出自動車がドイトを72年に，ガソリンスタンドや石油製品の卸会社を営んでいたケーヨーが74年に，それぞれロードサイドに大規模な駐車場を構え，材木や建築資材，金物や工具，園芸用品，インテリア，エクステリア，カー用品などを総合的に取り扱うホームセンターを開業した。1980年代から次第に週休二日制が定着するなかで，郊外のホームセンターで材料を購入し，自分でモノを作るDIY（ドゥ・イット・ユアセルフ）が新しいライフスタイルとして普及したホームセンターはこの新しい需要とともに，さらに成長していった。

▶ **食品スーパーの成長**

1970年代半ば以降，SSDDS型のスーパーとは異なる食品スーパー，すなわち英語でいうスーパーマーケットもまた成長していった。SSDDSが規模の拡大を第一に，大量仕入とセルフサービスによるコスト削減を推進し，食品だけでなく衣料品や家庭用品など工業製品を中心に取扱商品を拡大していったのに対し，食品スーパーは，食料品の品揃えの深さを追求しながら，低価格を訴求

するよりもむしろ新鮮さや品質を訴求しながら多店舗展開していった。生鮮食品は工業製品と異なり，店舗での加工を必要とする。野菜を小分けしたり，肉や魚を用途に合わせて加工したりする作業によって商品化される生鮮食品は，ブランドが確立した工業製品に比べて価格比較が単純でない上，付加価値を流通過程でつけるため粗利も高くなる。ところが，商品の鮮度を保つことが困難であるため，工業製品と比べて圧倒的に廃棄ロスが多い。しかも，取扱商品を食料品に限定することで商圏が SSDDS に比べて小さくなり，規模の経済が発生しにくいのである。

工業製品とは異なる特徴を持つ生鮮食料を扱いながら，標準化を推進することによってチェーン展開の可能性を示したのが，1959年に第1号店を兵庫県伊丹市に開店した関西スーパーであった。創業者の北野祐次は，青果物の鮮度を維持するため，青果を冷蔵する専用冷蔵庫を自ら開発した。また，彼は生鮮食品のプリパッケージ化にも注力した。例えば，キャベツは収穫されたものをそのまま販売するより，一番上の葉を取り除き，芯を部分的にカットしたうえで，フィルムに包んで販売したほうが鮮度を長持ちさせることができる（水野[2009]，108頁）。しかも，このような店内での加工作業を誰でもできるように，1つの作業を複数の工程に分け，複数の従業員が分業することで加工作業に必要な時間の短縮に成功した。それは，換言すれば，魚や肉の加工などで活躍していた職人の経験に頼る社内文化を排除し，パートやアルバイトでも担当できるように作業を単純化したということである。こうして，関スパ方式と呼ばれる標準化を基本とする食品スーパーのチェーンオペレーションが完成し，食品スーパーが全国に広がっていった。

▶ コンビニエンスストアの発展

今ひとつ1970年代以降に大きく発展した小売業態がある。およそ100 m^2 の店舗面積で，約3000品目の商品を取り扱い，24時間営業するコンビニエンスストアである。スーパーの急成長が一段落し，成長率が鈍化し始めていた1970年代，多角化の一環として導入したのがコンビニエンスストアであった。卸売業の橘高が主宰していたKマートチェーンが1968年にコンビニの萌芽といえる店舗を開発していたが，本格的に日本でコンビニエンスストアが定着したのは，イトーヨーカ堂がセブン-イレブンを，ダイエーがローソン，西友が

ファミリーマート，長崎屋がサンクス，ユニーがサークルKを開発するなど，スーパーがこの市場に参入してからであった。

イトーヨーカ堂がアメリカのサウスランド社と「ヨークセブン」を設立し，セブン-イレブン第1号店が東京都豊洲に開店したのは，1974年であった。それ以降，セブン-イレブンを中心に，コンビニエンスストアは，店頭在庫を最小化し在庫切れを極限までなくす精度の高い発注方式を開発し，多頻度小口配送しながら売れ筋商品を早いサイクルで補充するシステムを構築してきた。その過程で，おにぎりや弁当といったこれまでは家庭で作るものだと考えられていたものを商品化することに成功し，「いなりずしを食べたい」と思ったら24時間いつでも購入してすぐに食することができるという新しい消費パターンを提案した。また，取扱商品に三角定規や衛生用品を取り揃えることによって，不測の需要にも応えられるようにしたばかりか，店頭で公共料金の支払いができたり，いつでも手持ちの銀行キャッシュカードから現金を引き出せるようにするなど，まさにコンビニエンスを提供する日本独自の小売業態が誕生したのである。

このような大手コンビニエンスストアのチェーン店は，基本的にフランチャイズ契約した店舗によって構成されている。フランチャイズ方式は，本部が加盟店に対して，商標，サービスマーク，経営ノウハウを提供する代わりに，加盟店が本部に一定の対価をロイヤリティとして支払うという契約を本部と加盟店の間で締結する。大手コンビニエンスストアの加盟店になったのは，酒屋など従来型の業種店を営んでいる商店が多かった。コンビニエンスストアの多くは粗利分配方式によってロイヤリティ額を定めているため，加盟店は店舗で獲得した粗利に対して一定の率を掛けた金額を本部に支払うこととなる。この方式は加盟店の発展が本部の発展となるため，加盟店にとっては本部の方針を信用しやすく，本部の助言を受け入れやすい。他方，本部も自己資本による出店方式ではないため，フランチャイズ方式は短期間に店舗数を拡大する有効な手法であった。

以上のように，高度成長期から1970年代までは，日本経済全体が発展するなかで小売市場もまた大きく発展し，新しい小売業態が次々に誕生した時期であった。本章で取り上げたスーパー，食品スーパー，コンビニエンスストアなどは，この時期に生成した代表的な小売業態である。これらの新しい小売業態

は，アメリカの小売業をモデルに生まれたものの，アメリカのビジネスモデルをそのまま日本に移植するのではなく，日本の社会や消費者に適合する形で独自の発展をしていった。そこに，小売イノベーションが発生する余地が生まれ，第 14 章や第 15 章でみるような日本型流通システムを構築することとなったのである。

参考文献

渥美俊一［2010］『渥美俊一チェーンストア経営論体系 理論篇Ⅰ』白桃書房。
公開経営指導協会編［1981］『日本小売業運動史 3 戦後編』公開経営指導協会。
中内潤・御厨貴編［2009］『中内㓛——生涯を流通革命に献げた男』千倉書房。
日経流通新聞編［1993］『流通現代史——日本型経済風土と企業家精神』日本経済新聞社。
日本百貨店協会総務部調査担当編［2000］『日本百貨店協会統計年報 平成 11 年』日本百貨店協会。
藤岡里圭［2013］「高度成長期における百貨店の高級化と特選ブランドの役割」『経済論叢』（京都大学経済学会）第 187 巻第 3 号。
水野学［2009］「食品スーパーの革新性——製造業的事業システムとその革新プロセス」石井淳蔵・向山雅夫編『小売業の業態革新』（シリーズ流通体系 1）中央経済社。
森下二次也［1995］『流通組織の動態』千倉書房。
矢作敏行［2004］「チェーンストア——経営革新の連続的展開」石原武政・矢作敏行編『日本の流通 100 年』有斐閣。

第14章

流通政策と中小小売業の展開

1 流通近代化政策の展開

▶ 戦後復興期の中小小売商

　第二次世界大戦後，小売業は多くの潜在的な失業者を吸収した。戦争によって，家を失ったり，仕事をなくしたり，一家の働き手を失ったりした人たちは生活に困り，家財を売ったり，近郊の農家から仕入れた食料品を売ったりして糊口をしのいだ。工業に比べて特段の技能や設備がなくても小売活動を始めることができるため，このような潜在的失業者の多くが参入障壁の低い小売業へと参入したのである。それは，政府が社会政策より経済復興に注力することができたという意味で非常に大きな貢献があったといえるだろうが，それまで商業に従事したことのない多くの人たちを受け入れたことによって，小売業は自ら近代化を推進する機会を逸し，規模が小さく，業種の重なる小売店が多数存在するというそれまでの日本の小売業の特質を戦後も残すことになった。

　小売段階で従業員規模が1人や2人といった零細規模の店が多いために，その零細店に商品を販売する卸売商もまた小規模で，かつ地理的に分散していた。いくつかの取引先の店舗を定期的に訪問し，特定業種の必要な商品を補充する卸売商が存在すれば，その卸売商を束ねて他の地域の卸売商と取引する卸売商や，いくつかの商品カテゴリーを集約する卸売商が求められる。その結果，卸売段階は欧米に比べてはるかに多段階となり，日本の流通は，製造業者のところで商品がつくられてから消費者の手元に商品が届くまでの流通経路が非常に長いと指摘された。卸売商や小売商は商品の形態を変化させるわけではないので，あまりに長い流通経路は，商品の最終価格が高くなることを意味する。日本の流通はその長さゆえに，欧米の流通に比べて生産性が低いという批判であ

った。そこで，通商産業省（現・経済産業省）は流通近代化政策を打ち立てて，生業店が多かった日本の小売業を企業組織へと転換し，大規模小売業者と大規模製造業者あるいは大規模卸売業者が直接取引することによって短い流通を指向しようと考えたのである。

▶ 流通近代化

　流通システムを近代化させるという政策の方向は，日本政府が戦後の経済政策の中心と考えた産業合理化政策を流通の分野で具体化するものであった。産業合理化は，第1に，新しい経営管理方式を採用して企業内部の合理化を推進すること，第2に，企業を取り巻く外部条件を合理化すること，第3に，個別企業の複合体としての業種の合理化，そして第4に，産業構造の合理化を追求するというように段階的に推進された（通商産業省編［1957］）。そして，1964（昭和39）年，産業構造審議会流通部会は，工業分野において成果が出ていた産業合理化を流通部門においても実践することを決めた。それが，流通近代化政策の始まりであった。

　流通部門は，1961年の国民純生産の構成比でいえば，製造業の29.9%に次いで卸・小売業が16.7%を占め，就業者数でも65年には農林水産業の24.7%，製造業の24.2%に次いで，卸・小売業が18%を占めるなど，経済活動の重要な構成要素であった。しかし，66年の全小売店に占める従業員1〜2人の店の割合が68.5%となるなど，経営基盤が脆弱であり，その機能が近代化されていない小売業がきわめて多かった。

　このような前近代的な小売業の活動は決して効率的なものとはいえず，取引が複雑で錯綜していたり，不合理な取引慣行がみられたりするなど，政策的に改善すべき課題であると認識されていた。とりわけ，従業員を雇っていない家族経営の店舗は，1966年でおよそ全店舗の76.7%，全売上高の約30%を占めた。夫婦のみで営業していることが多いこれらの店舗は，年間の売上高が他の規模の小売業に比べて低く，営業会計と家計が未分離で，職住が一致し，少数の固定客に依存したり，長時間営業による顧客の吸収に依存したりしているところが多かった。そこで，流通活動の担い手を強化しながら，個別企業の経営合理化を進め，小売業の大型化，協業化，専門化などを図ることが求められた。こうして，遅れた流通分野の合理化および近代化を促進することによって，経

済全体の成長および国民生活の向上を図ろうとする流通近代化政策が推進されていった（通商産業省企業局編［1968］）。

2 第二次百貨店法の展開と優越的地位の乱用

▶ 第二次百貨店法の展開

　流通全体が近代化するためには，中小小売商の近代化を阻害する要因を取り除かなければならない。その1つが，戦後復興から立ち直ろうとする中小小売商を圧迫する百貨店の存在であった。第二次世界大戦中に成立した「第一次百貨店法」は，GHQの強い意向によって1947（昭和22）年に廃止されたが，1950年代以降，戦前以上に百貨店の店舗数が増加し，百貨店間の競争が激しくなっていた。百貨店間の激しい競争は，百貨店だけの問題ではなく，中小小売商の事業機会を奪う恐れがあった。そこで，56年5月，百貨店業の事業活動を調整することによって，中小小売商の事業活動の機会を確保しようとする第二次百貨店法が成立した。もっとも，「第二次百貨店法」は当初，社会政策的な観点から小売業に就業機会を求めた中小小売商を保護することが目的であったが，高度成長とともにその必要性は薄れ，むしろ流通の近代化を推進する方向で運用された（石原［2011b］，28頁）。

　また同法は，「百貨店業の事業活動が中小商業の事業活動に影響を及ぼし，中小商業者の利益を著しく害するおそれがあると認めるとき」，百貨店の新設および増設に際して通産大臣の許可を得なければならないと定めた。しかも，通産大臣は許可の決定に当たり，学識経験者から構成される百貨店審議会の意見を聞かなければならず，百貨店審議会は地方の事情を考慮するために各地の商工会議所に設置された商業活動調整協議会の意見を求めなければならないとした。この商業活動調整協議会は，学識経験者だけでなく，地元の百貨店関係者や小売業関係者，卸売業関係者らで構成されていたため，実質的には利害関係者，すなわち出店者である百貨店とそれを迎える中小小売業者が出店の是非を話し合い，調整することとなった。これは，地元民主主義と呼ばれ，後の大規模小売店舗法へと引き継がれた。

　第二次百貨店法の運用過程で最も大きな問題となったのは，同法の規制の対象が百貨店業のみであり，当時成長しつつあった多くのスーパーを規制の対象

としなかったことである。同法が百貨店業を 1500 m² 以上の売場面積を持つ物品販売業と規定したため，基準面積未満の小売業は，規制の対象から逃れることができた。寄合百貨店や駅ビルなど，中小小売商が多く入居している商業施設を規制の対象から外すための措置であったが，スーパーはこの規定を利用し，規制の対象から外れた。例えば，3 階建て合計売場面積 1500 m² のスーパーの場合，1 階と 2 階と 3 階で各 500 m² の売場面積を持つ別会社として届け，法律上の百貨店業となることを意図的に回避したのである。これは疑似百貨店として問題視され，中小小売商と百貨店の双方から，公正な規制を設けるべきだとの指摘を受けることとなった。

▶ 優越的地位の乱用

このように，百貨店は，百貨店法によって抑制的な出店が求められる一方で，納入業者との間でも大きな問題を抱えていた。すなわち，百貨店は，百貨店間で激しくなる競争の原資を内部に求めるのではなく，納入業者に押し付けていたのである。百貨店が納入業者に対して行っていた不当な返品や，不当値引き，手伝い店員の強要などが問題であると考えた公正取引委員会は，1952 年，これらが不公正な取引方法に該当する恐れありと百貨店を警告し，54 年 12 月，「独占禁止法」（独禁法）に基づき，「百貨店業のおける特定の不公正な取引方法」と指定した。

1979 年，公正取引委員会は当時百貨店業界最大手であった三越に対して，三越が取引上の優越的な地位を利用して，納入業者に対して不当な要求を行っていると指摘し，この行為が「独禁法」の特殊指定に該当すると勧告した。百貨店との取引が，納入業者にとっては社会的な信用となっているため，百貨店との取引に依存している納入業者は，百貨店からの各種商品の押し付け販売や協賛金の要求を断ることができなかった。三越は当初，納入業者へ「お願い」をした事実は認めたものの，強要したことはないと事実関係で争っていた。しかし，三越が優越的な立場にある限り，納入業者はその要求を受け入れざるを得ず，その立場を不当に利用した取引だと指摘され，82 年に同意審決した。

この三越事件は，当時の百貨店と納入業者の関係を端的に表している。戦前と同様に戦後も百貨店が売上高を拡大し大きく発展していたからこそ，多くの納入業者は百貨店との取引を切望し，取引が始まるとできる限り長期的な取引

を求めた。万が一，三越の要求を受け入れず，取引を失うようなことになれば，百貨店の売上に依存している納入業者の業績はたちまち悪化し，事業の存続そのものが危うくなる。だからこそ，納入業者は三越の理不尽と思われる要求も受け入れたのであった。

その意味で，公正取引委員会は，納入業者に対する百貨店の優越的な地位を認めたといえるが，現代的な視点から振り返れば，当時の百貨店が小売業界において盤石な競争力を保持していたとは言い難い（中野［1995, 667-668頁］）。なぜなら，第1に，アメリカの百貨店のように他業態との競争を通して鍛えられるという経験を有していなかったこと，第2に，第15章で説明するような委託販売などの取引方法を採用することによって，百貨店のマーチャンダイジング力が徐々に空洞化していたからである。とはいえ，発展を続けていた百貨店がこのような問題点に気づくのは，売上高が減少し始めた1990年代であった。

3 大規模小売店舗法と中小小売商

▶ 大規模小売店舗法の成立

第二次百貨店法ではスーパーを規制することが困難であったため，中小小売商とスーパーとの対立は，次第に激化していった。また，1967（昭和42）年以降，段階的に資本の自由化が進められ，外国資本のスーパーマーケットの日本参入が計画されていた。外資の参入が実現すれば，中小小売商はさらに大きな影響を受けるだろう。そこで，流通近代化の推進を図るとともに，百貨店以外の新しい大型店をも規制の対象に加えることのできる法律が求められるようになった。こうして，73年10月に「大規模小売店舗法」（以下，大店法）が成立し，「第二次百貨店法」が廃止されたのである。

大店法は，これまでの法にはなかった消費者の利益の保護に配慮すべきだと第1条に盛り込んだ上，「周辺の中小小売業の事業活動の機会を適正に確保し，小売業の正常な発達を図り，もって国民経済の健全な進展に資することを目的」とした。疑似百貨店問題を教訓に，1500 m^2 以上の建物を規制の対象とした上で，大規模店舗の新設および増設に際しては，百貨店法のような許可制でなく，建物の設置者とその建物に入居する小売業者による届出制とした。しか

し，届出に際して，店舗周辺の人口規模や，中小小売業の近代化の見通し，他の大規模店舗の状況などを考慮して，大規模小売店舗の新設が周辺の中小小売業の事業活動に相当程度の影響を及ぼす恐れがないかどうかを事前に審査することとなったため，実質的には許可制に近い形で運用された。

　また，「第二次百貨店法」と同様に「大店法」においても地元民主主義が採用され，通産大臣は，大規模店舗の出店により周辺の小売業者に相当程度の影響があると認めた場合，大規模小売店舗審議会（以下，大店審）に対して店舗面積の削減や閉店時刻の繰り下げを諮問し，大店審は商工会議所を介して，地元の商業者と消費者，学識経験者等で構成された商業活動調整協議会（以下，商調協）の意見を聞かなければならないこととなった。さらに，地方自治体の中には，「大店法」より厳しい基準で出店規制を行うところも現れた。例えば，大阪府豊中市は，1976年，条例で「大店法」の基準面積以下であっても，$200 m^2$ 以上の店舗が出店する場合は届け出なければならないとする条例を設け，熊本県は $300 m^2$ 以上の店舗を対象とする条例を制定した上，「大店法」では設けられていない罰則規定を設けた。加えて，78年には「大店法」が改正され，調整対象面積を従来の $1500 m^2$ 以上の店舗と $500 m^2$ 以上 $1500 m^2$ 未満の店舗の2種類にするなど，大規模小売店舗が出店する際の規制が強化されていった。

▶ 大規模小売店舗の出店をめぐる紛争

　「大店法」が厳しく運用された結果，大規模小売店は出店に際し，地元の商店街としばしば紛争を起こした。例えば，ダイエーは，1975年，熊本市中心部にダイエー $3.3万 m^2$ と専門店 $1.1万 m^2$ の合計 $4.4万 m^2$ の店舗を出店すると表明した。これに対して，地元の商店街は反対を表明し，商調協の事務局である熊本商工会議所も議員総会で出店反対を決議した。反対派は，商店街の青年部が中心となって運動していたが，その資金源は地元の百貨店であったといわれている。一方，ダイエーの出店を歓迎する商業者や消費者は，決起集会を開催し，反対派の運動を批判した。しかし，決起集会にはダイエーが日当を支払って動員していたことが後に判明した。このように，ダイエーの出店に賛成する者と反対する者が入り乱れるなか，商調協はダイエーの出店申請に対して4度にわたりゼロ回答を続け，膠着状態に陥った。結局，大店審は，開店時の

店舗面積を 1.3 万 m^2 へと大幅に削減し，80 年 3 月以降に開店するという内容で結審し，ダイエーがこれを受け入れたことによって落着した（石原［2011b］，45-52 頁）。

　さらに，商調協は原則として全会一致での解決を求めたため，事前調整の期間は長期化した。例えば，イズミヤは，京都市右京区に 1976 年，1 万 m^2 の新規出店を表明してから，実際に開店できたのは 89 年であり，約 13 年間，地元商業者との調整が必要であった。その間，反対派の要請で，京都市議会は 81 年から 5 年間，一切の大型店の出店を凍結する出店凍結宣言を行うなど，出店をめぐる紛争が続いた。また，イトーヨーカ堂が 76 年，静岡店の出店を申請した時も，反対派の陳情により，市議会は大型店の出店が地域の商業秩序を混乱させ，周辺道路の渋滞その他に計り知れない悪影響を及ぼすとして，全会一致で出店反対を決議した。85 年の結審の折には，機動隊ともみ合った商店主が公務執行妨害で逮捕されるという事態にまで至った。このような激しい反対運動が生じた背景には，「大店法」が店舗面積を削減したり開店日を遅らせたりすることはできても，大型店の出店自体を阻止することができなかったということと，大型店と中小小売商との話し合いが密室で行われたことが指摘されている（石原［2011b］，45-52 頁）。

　大型店の出店をめぐる紛争が各地で繰り広げられたことによって，小売業だけでなく消費者にも混乱をもたらした。そこで，通産省は 1981 年 10 月，大型店の新設について当面抑制的に運用すべきであるとの方針を発表し，82 年 1 月には，大型店の店舗数が相当程度に達している市町村に対して，出店を抑制するよう通達を発した。その結果，1980 年代前半は，大型店の新規出店が多くの都市で凍結されることとなった。こうして，中小小売商の事業機会を確保するという目的で行われた大規模小売店舗の出店調整は，一方で大型店の新規出店を抑制し，他方で 80 年代における大規模小売企業の海外進出や，コンビニエンスストアなどの小型店の開発を促した。さらに，「大店法」による出店調整はアメリカ政府から日本市場の閉鎖性の象徴ととらえられ，通商問題へと発展していった。

　1986 年，アメリカ通商代表部は報告書の中で，「大店法」の抑制的な運用が外国製品の販路を制限することにつながっていることを指摘し，89 年に始まった日米構造協議において日本政府に法の見直しを迫った。また，96 年には，

アメリカ政府がWTO（World Trade Organization：世界貿易機関）に対して，「大店法」がGATS（General Agreement on Trade in Services：サービスの貿易に関する一般協定）に規定される市場の透明性と市場アクセスに違反するとして協議を要請した。こうして，中小小売商と大規模小売企業との間の対立問題は，政府間の経済紛争の場に投げ出されることになったのである（石原［2011a］128-131頁）。

4 日本型流通システムの変容

▶ 日本型流通システムとその変化

1962年に発売された林周二『流通革命』（中公新書）は，スーパーの発展を積極的に評価し，スーパーが日本の流通革命の旗手となる一方で，パパママ・ストアと呼ばれる零細小売商がいずれジジババ・ストアとなり，最終的には消滅することになるだろうと予測した。実際，スーパーは流通近代化の主たる担い手となり，第13章でみたように流通構造を変化させていった。とはいえ，中小小売商はスーパーによって駆逐されたわけではなかった。むしろ，中小小売商たちも高度成長を通じて小売商店数を拡大し，緩やかながら成長を続けた。それは，大規模小売業へと集約されていった欧米の他の先進国の成長とは異なり，途上国型の構造的特徴を維持しながら発展した日本独自の過程であった。

つまり，欧米の他の先進国では，経済成長とともに，伝統的な業種店を中心とした個人商店が大規模な法人小売業へと発展し，より効率的な流通システムを構築していったのに対し，日本の流通システムは，高度成長を経験した後も，戦前の構造的特質すなわち小規模で生産性が低く，競争力の劣る個人商店が多く存在するという性格を有しながら発展していった。その理由として，日本の消費者の購買頻度が他国に比べて高いことや，第15章で考察するような消費財メーカーによる流通系列化が進展したことによって，系列店へと再編成される中小小売商が多く存在したこと，また高度成長が急成長するスーパーだけでなく中小小売商もまた存続できるほど大きな市場を形成したこと，さらには「大店法」によって大型店との競争が制限されたことや，中小小売商を優遇する酒や米穀などの免許・許可制度の存在が指摘された（田村［1986］，388-390頁）。

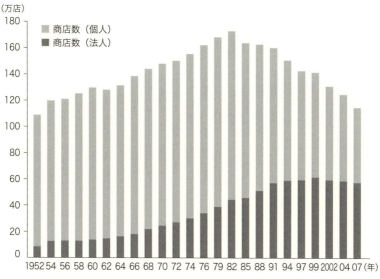

図 14-1 小売商店数の推移

（出所）『商業統計』各年版。

　ところが，この日本型流通システムは，1980年代半ばから少しずつ変化していった。中小小売商の事業機会を確保するため，「大店法」によって大型店の出店を抑制していたにもかかわらず，図14-1にみられるように，1985（昭和60）年の商業統計から小売商店数が減少に転じたのである。60年に129万店であった小売商店数は，60年代から70年代を通して大きく増加し，82年には172万店を超えていた。それが，85年の調査では163万店へと減少したのである。しかも，減少したのは従業員が4人以下の小売店であり，法人を組織している小売業は99年の統計まで一貫して増加した。つまり，中小小売商が淘汰されるであろうと考えられていたスーパーの成長期には減少しなかった小売商店の数が，大規模小売企業の出店を抑制していた時期に減少した。しかも，通産省が「大店法」の厳しい運用を決定した翌年の1982年に小売商店数はピークを迎え，それ以降，減少が続いている。

▶ 競争構造の変化

　このように小売商店数が減少した背景として，大規模小売店対中小小売店と

第14章　流通政策と中小小売業の展開　　275

いう対立構図ではとらえられない競争の出現が挙げられる。大型店の出店に強硬な反対運動を繰り広げていた1970年代後半から80年代初頭にかけて，中小小売商たちは激しい反対運動を組織する力があった。しかし，80年代半ばになると，もはや中小小売商に反対運動を行う組織力はなかったという（石原［2011a］，93頁）。そして，中小小売商のパワーの減衰は，大型店が近くに出店したから経営を悪化させたというより，中小小売商自身の問題，例えば後継者不足や業種業態転換が円滑に遂行できないといった問題によってもたらされたものが多かった。

　また，中小小売商の事業機会を確保することが目的であった「大店法」は，皮肉にも既存の大型店を守ることとなった（田村［1981］）。中小小売商が新たな大型店の出店反対を掲げている限り，既存大型店の競争相手となる大型店は進出することができない。中小小売商が反対運動を繰り広げている間，既存の大型店は先発者の利益を享受することができた。さらに，大規模小売企業は，1980年代になると中小小売商の顧客を奪取したというより，新しい市場を開拓しながら発展していった。例えば，権利関係が錯綜している都心部を避け，開発が進む郊外で大型店の出店が増加し，都心部では「大店法」の基準面積を下回るコンビニエンスストアが開発されていった。また，80年代以降，カタログ販売やテレビショッピングなどの無店舗販売が，働く女性の増加やクレジットカードの浸透，コンピュータの発達を背景に増加していった。店舗以外の販売チャネルが，定着していったのである。その結果，大規模小売企業の戦略が多様になり，都市部における大型店対中小小売店という単純な構図を超えた競争が繰り広げられるようになった。

　つまり，中小小売商の店舗数減少は，大規模小売店と中小小売店の競争だけを理由とするものではなかった。それならば，もはや「大店法」を維持する積極的な理由は存在しない。加えて，1985年4月，当時の中曽根康弘首相が経済に対して政府の介入をできる限り少なくする方針を示し，経済分野における規制緩和が少しずつ広がったことや，前述したアメリカからの圧力が，大店法の規制緩和を促進した。こうして，90年の産業構造審議会流通部会と中小企業政策審議会流通小委員会との合同会議は，段階的に「大店法」を法の趣旨に基づく形で適正に運用することを答申した。そして，98年，「大店法」が廃止され，小売業をまちづくりの観点からとらえ直すため，「都市計画法」が改正

され，「大規模小売店舗立地法」と「中心市街地活性化法」が成立した。

5　中小小売商のポジショニングの変化

▶ 小売商業者の所得階層の変化

　大規模小売企業は，誕生時から企業規模が大きかったわけではない。中小小売商から出発し，いくつかのイノベーションあるいは経営改善を経て，大規模小売業へと発展していった。百貨店の多くは，古着屋から呉服店へ呉服店から百貨店へと少しずつ規模を拡大してきたのであり，高度成長期にスーパーへと移行した店の多くは，戦後ゼロからスタートした中小小売商だった。つまり，中小小売商は，絶対的に競争力の劣る小売商であるわけではなく，新たな小売業態や大規模小売企業を孵化させる器の役割を果たしていた。とりわけ高度成長期の中小小売商は，後に大規模小売企業へと発展する者を多く抱え，多様であった。

　セブン-イレブンを立ち上げ，日本型コンビニエンスストアを確立させた鈴木敏文は，高度成長期の中小小売商の繁栄ぶりを下記のように記している。

　　昭和38年から41年頃までは，小売業とは，こんなにも，物がよく売れるものかと驚くほど物がよく売れていた。チラシに目玉商品を載せると，店が開いたら，すぐに朝のうちに全部売り切れてしまう，という状況だった。
　　（緒方［1999］，43-45頁）

　実際，高度成長期の小売商店主の所得は，給与所得者の給与に比べても高かった。1971（昭和46）年，全産業の就業者に比べて小売自営業者は，相対的に高所得層に分布していたという（石井［1996］，43-45頁）。とはいえ，1950年代と70年代で，小売商店主の生活は大きく変化した。50年代の小売商店主の多くは，職住が一致していたため，生活の中心が店舗であり，プライベートな生活を確保することが難しかった。当時の様子を神戸の商店主は次のように述懐している。

私の家は，私が子供の頃からずっと店と住まいが同じですが，「家庭の中にも仕事がある」というようなところがあります。
　私の店が扱う衣料品などだと，夏物と冬物があるので在庫が残っていきます。すると，店には置けないので，子供部屋に置いたり，寝室に置いたりとなっていって，自分が着ている服と商品とが一緒になるということもしょっちゅうです。（中略）
　それに，職と住とが1つになっていますから，自分にとっては休暇の日であっても，店が開いているということが起きたりします。2階の部屋にいても，下に降りてくると商売をやっているんですね。そんなときは，休日でも休んだ気になりませんね。
（石井［1996］，8-9頁）

　高度成長期，職場と家庭を切り分け，仕事と休みを明確にした給与所得者が多くみられるようになり，小売商店主たちもまた，増加した所得をもとに，働く場所と住む場所あるいは家庭と仕事を分離していった。神戸市の御影市場では，昭和30年代と40年代に店舗とは別に自宅を構える人の割合が，全体の約3割に達したという（石井［1996］，6-7頁）。その結果，職住分離した小売商店は家族従業という貴重な経営資源を失った。職住が一致していた頃，家族の誰かが店番をすることは日常的にみられた。特に店舗運営に関わっていると意識しなくとも，家族は子供であっても自然に店の仕事をしていた。しかし，生活と切り離された職場では，家族従業に代わってパートやアルバイトなどを雇わなければならない。あるいは，店主自らが交代要員の確保できないなかで長時間労働に従事しなければならなくなった。その結果，1970年代には高所得者層に多く分布していた小売商店主の所得は，82年に全産業の就業者と同程度となり，92年には低所得者層に偏って分布するようになった（石井［1996］，43-45頁）。

▶ 流通システム化の要請

　1980年代以降，小売商店主の所得階層が低位へと移行しただけでなく，従来型の業種店が急速に衰退していった。例えば，商業統計によれば，乾物店の店舗数は1958年にピークを迎え，2万6000店存在していたのに対し，2007年

には4040店へとおよそ85％減少した。靴・履物店も58年の商店数が最大で，07年には約4分の1に減少した。その他，1980年前後に商店数が最大となる写真機・写真材料店や食肉店といった業種店もまた，その後の減少が著しい。加えて，全体の小売販売額はバブル経済が崩壊した後，減少に転じた。全小売売上高が最大だったのは97年の147.7兆円であり，業種別では，百貨店と総合スーパーからなる総合型小売業の売上が，97年の20兆6000億円をピークに減少を始め，衣服・身の回り品は91年，自動車は94年，飲食料品は99年をピークに減少している。

　中小小売商が変化するなか，政策的に求められたのが流通システム化であった。1971年に策定された「流通システム化基本方針」に基づき，流通システム化に必要とされる人材の開発，流通システムの開発設計，流通情報の提供などを行う専門機関として財団法人流通システム開発センターを設立し，システム化を通じて流通の近代化を図ろうとした。流通システム化を推進するためには，コンピュータの導入が不可欠である。しかし，流通システム開発センターを設立した当初，コンピュータは高価な機器であり，一部の大企業が導入しているにすぎなかった。しかも，コンピュータの導入目的は，省力化であり，コンピュータを用いて蓄積された情報をもとに企業間取引に活用したり，新たなビジネスモデルを開発したりすることは想定されていなかった。

　そこで，通産省がまず取り組んだのが，伝票などの統一化であった。1974年，百貨店統一伝票を定め，百貨店間の仕入伝票，納品書，請求明細書，物品受領書などの伝票を統一した。翌75年には，チェーンストア統一伝票を，77年にはそれ以外の取引を対象とした問屋統一伝票を策定した。また，日本百貨店協会では74年に取引先コードを統一化し，それまで各百貨店が独自に設定していた取引先コードを標準化し，納入業者の取引コストを削減した。この取引先コードは，77年に流通システム開発センターが百貨店協会の取引先コードを引き取り，小売業全体が利用する共通コードとして普及していった。1980年代，積極的に投資されたこれらのシステム化は，小売業務の標準化を推進し，中小小売商がスーパーへと成長し，チェーン展開する上で非常に重要な基盤となった。

▶ **地域商業としての中小小売業**

　高度成長による経済発展と核家族化の進展にともない，都市域が拡大し，1962年に大阪府の北摂地域に千里ニュータウンが完成するなど，大都市の周辺部あるいは郊外部が開発されていった。また，都市と都市を結ぶ公共交通が整備され，郊外から大都市の中心部へと通勤する給与所得者は多くなった。その結果，従来に比べて駅の機能が高まり，まちの中心が伝統的な市街地から駅前へと次第に移動していった。また，消費者が商品を買い回る商圏の範囲も，既存の市街地のみでなく，自宅の最寄駅周辺やさらに大きな駅の周辺へとますます拡大していった。

　変化する都市の中で，小売業もまた変化することが求められた。政策的には，長期的な地域の発展計画に基づく，商業施設や商店街を議論する枠組みを必要とした。そこで，1970年，日本商工会議所は，地域の発展段階に応じた商業近代化地域計画を策定し，地域ぐるみで商業近代化を推進することにした。日本商工会議所に設置された商業近代化委員会は，初年度の計画対象地域として，全国から函館，青森，盛岡，宇都宮，加古川，松江，下関，徳島，佐賀，熊本の10地域を選定し，商業を取り巻く環境の変化を検討した上で近代化の方向を各地域で計画することとなった（日本商工会議所商業近代化委員会［1972］）。

　この商業近代化地域計画事業は，駅前施設の整備を通して小売業の高度化を図ることが目的の事業であった。具体的には，駅前にロータリーが設けられ，スーパーが駅前商業集積の核店舗として誘致され，商店街が鉄道駅へとつながる道路としてアーケードが架けられた。この事業が，1973年に制定された中小小売商業振興法における高度化事業として政策的な裏づけを得ると，全国の商店街で，「駅前シリーズ」と揶揄される画一的な整備が行われていった。とはいえ，この商業近代化地域計画事業を契機に，行政の担当者は小売業を地域との関係の中で考えるようになり，商店街の商店主たちは売上拡大が個店の努力だけでなく，地域の繁栄によってももたらされることを理解するようになった。つまり，地域商業といわれるように，小売業を単なる経済主体としてとらえるのではなく，地域の中でどのような役割を果たしているのか，都市の発展にどのように貢献しているのかが考えられるようになったのである。

　この新しい商業の視点は，1984年に発表された『80年代流通産業ビジョン』の中で明確に打ち出された。つまり，従来型の大型店対中小小売店という競争

のパターンが大きく変化し，きわめて多様な競争が繰り広げられているなか，小売業を単なるモノを消費者へと販売する機関としてとらえることはできない。小売業は，地域に根差した産業として，地域社会における社会的コミュニケーションの場として，また地域文化の担い手として，社会的文化的機能をも果たすことが求められるようになったのである。そのため，商業集積は従来のような経済的合理性のみを追求するのではなく，消費者と生産者の接点として，経済的効率性と社会的有効性の調和の中に快適で魅力ある生活空間を生み出していかなければならないと提言し，「都市商業ルネッサンスの時代」を呼びかけた（通商産業省産業政策局・中小企業庁編［1984］，10頁）。

このビジョンによって，中小小売商は流通近代化の対象であるだけでなく，地域商業という政策課題が与えられた。それは，後にみられるまちづくりと商業活性化という流通政策の方向を定めることとなるが，1980年代までは，「大店法」の運用を強化する理由として活用された。経済活動としては競争を重視することが重要であるものの，社会的な有効性を追求するためには，中小小売業の事業機会を確保することが不可避だと考えられた。その結果，「大店法」が廃止されるまで，商店街近代化策や店舗協同化などの中小小売商業振興策とともに，中小小売業と大規模小売業の競争関係を調整する「大店法」のような調整政策が推進されていくこととなった。

コラム14　お客様相談窓口

　購入した商品に何か不都合があった場合，私たちは2つの窓口を通して適切な処置を求めることができる。1つは，消費生活センターなどの第三者機関へと意見を寄せる方法であり，いま1つは，製品やサービスを提供した事業者に対して直接申し述べる方法である。消費者が意見を寄せる行政窓口は，1960年代半ば以降，消費者保護の重要性が認識されるにつれ，各都道府県に設置されていった。1965（昭和40）年，通産省は消費生活改善苦情処理制度を設け，消費者からの相談窓口を設けた。また70年には，国民生活センターが特殊法人として設立され，73年には，各都道府県に消費生活センターが設立された。現在では，各窓口に寄せられた消費者や事業者からの製品事故に関する情報などを2009年に発足した消費者庁で集約し，迅速に消費者に発信し，注意を促す

体制が確立している。

　企業における窓口は，1979年に通産省が産業界に対して通達を出し，消費者が意見を寄せることのできる消費者担当部門の電話番号を商品説明書などに記載することや，各企業に消費者対応を担当する役員を配置するよう要請したことに始まる。企業はよりよい製品を作ったり，販売したりするだけではなく，消費者に理解され信頼されなければ，長期的な成長は期待できない。それまでは，消費者からの意見は苦情だと受け止められ，それに対応することは生産的でないと考えられてきた。しかし，むしろ消費者からの意見を積極的に受け止めることが企業にとって必要であり，企業と消費者がコミュニケーションをとることの重要性を政策的に指摘したのである。その意味で，お客様相談窓口はまさに企業と消費者を結ぶ窓口であり，企業のマーケティング戦略にとって不可欠の組織となった。こうして，高度成長期，多くのメーカーは，新製品を開発し，売上を拡大することだけではなく，顧客満足の向上や消費者との関係性の構築が必要であると認識するようになった（藤岡［2011］）。

参考文献

石井淳蔵［1996］『商人家族と市場社会――もうひとつの消費社会論』有斐閣。
石原武政［2011a］「規制緩和期の商業調整」通商産業政策史編纂委員会・石原武政編『通商産業政策史 1980-2000 第4巻 商務流通政策』経済産業調査会。
石原武政［2011b］「規制時代の商業調整」通商産業政策史編纂委員会・石原武政編『通商産業政策史 1980-2000 第4巻 商務流通政策』経済産業調査会。
緒方知行［1999］『二人の流通革命――中内㓛と鈴木敏文』日経BP社。
田村正紀［1981］『大型店問題――大型店紛争と中小小売商業近代化』千倉書房。
田村正紀［1986］『日本型流通システム』千倉書房。
通商産業省編［1957］『産業合理化白書――回顧と展望』日刊工業新聞社。
通商産業省企業局編［1968］『流通近代化の展望と課題――産業構造審議会中間答申』大蔵省印刷局。
通商産業省産業政策局・中小企業庁編［1984］『80年代の流通産業ビジョン』通商産業調査会。
中野安［1995］「小売業」産業学会編『戦後日本産業史』東洋経済新報社。
日本商工会議所商業近代化委員会編［1972］『商業近代化地域計画報告書』日本商工会議所商業近代化委員会。
林周二［1962］『流通革命――製品・経路および消費者』中央公論新社。
藤岡里圭［2011］「消費者行政」通商産業政策史編纂委員会・石原武政編『通商産業政策史 1980-2000 第4巻 商務流通政策』経済産業調査会。

第15章

メーカー主導型流通システムの構築とその展開

1 消費財メーカーの発展とマーケティング

▶ 大衆消費社会の誕生

　第3部で取り上げたように，化粧品や食料品などの一部の消費財製造業者は，戦間期に生産技術を著しく進展させ，市場を大きく拡大させた。当時から一部の消費財企業で大量生産を始めていたが，それはキャラメルなどの嗜好品や化粧品などの高額品を楽しむ余裕のある中高所得者を対象にした商品であり，本格的に消費財企業が大衆向けの商品を大量生産し始めたのは，所得の平準化が進んだ第二次世界大戦後であった。高度成長期，消費財需要の拡大により，中小規模の消費財製造業者が大きく生産規模を拡張したり，戦前には軍需用機械を作っていた大企業が家庭用電化製品を作るようになったりしたことで，最終消費財を大量生産する大企業いわゆる「メーカー」が次々に誕生した。それは，第13章で確認したような，スーパーなど大規模小売業が成長するための前提条件であった。

　大量生産されるようになった消費財，とりわけ家電や自動車などの耐久消費財は，高度成長の過程で所得が増加した給与所得者の生活を向上させ，物的に豊かな生活を支える憧れの商品となっていった。また，消費の拡大は一部の給与所得者だけでなく，分厚くなった中間所得層全体へと浸透していった。しかも，経済全体が成長したことによって，平均消費支出それ自体が急速に増加したのである。

　こうした拡大する市場に向けてメーカーは，テレビ，電気冷蔵庫，電気洗濯機，クーラー，自動車，インスタントラーメン，チョコレートといった商品をどんどん投入していった。1953（昭和28）年，日本で最初のテレビ放送が開始

されると，テレビ広告が有効な販売促進の手段となり，テレビで商品の効果的な使用方法を訴求することによって，消費を喚起しメーカーの売上高をよりいっそう増大させた。テレビ広告による具体的な消費のイメージは，それまで地域によって少しずつ異なっていた嗜好を統一し，全国的なヒット商品を生み出すこととなった。こうして，テレビ広告を含む総広告費は，55年から70年までの間に年平均18％伸び，消費財の市場を確実に拡大していった。例えば，三種の神器といわれる白黒テレビ，電気洗濯機，電気冷蔵庫の普及率は，65年までにいずれも50％を超えたが，70年には90％に達するまで拡大した（田村［2011］，228-234頁）。

さらに，1964年に東海道新幹線が開通し，昭和30年代に各地で幹線高速道路網が建設されるようになると，それまで空間的に独立していた地域市場をつなげる供給面の基盤が整備された。テレビ広告で紹介された商品を，全国各地の消費者へと届ける物流網が完成したのである。その結果，メーカーの販売網が全国へと広がり，消費の拡大は都市だけでなく地方へも拡散していった。このような所得の平準化と全国市場の確立によって，大量生産されたものが大量に消費される大衆消費社会が誕生したのである。

▶ マーケティングの試み

大量消費できる基盤が整ったとはいえ，大量生産された商品がいつまでも売れ続けることはない。フォード社のモデルTのケースが典型であるように，その商品がいかに優れていても，またたとえ消費者がその利便性を十分に認識していたとしても，1つの商品に対する消費者の需要はいずれ必ず飽和点に達する。商品の供給量が需要量を上回り，商業者がどのように努力しても商品が売れなくなる段階が訪れる。これを過剰生産というが，過剰生産の状況を打破するために登場したのが，「マーケティング」であった。市場全体の供給量が需要量を上回るというマクロの状況を改善することはできないけれども，個別企業が直接消費者に働きかけることで，販売問題を個別に解決することはできる。つまり，自動車の需要が飽和点に達していたとしても，自社の商品が売れるかどうかは個別企業の戦略に依存するということになる。そこで，商業者の自律的な品揃えに頼ることなく，メーカー自ら消費者に働きかけ，需要を創造するマーケティングが重要と考えられるようになった。

日本においてこのマーケティングの重要性を生産者が認識したのは，メーカーが大きく発展した高度成長期であった。1955年，日本生産性本部は，東芝の社長であった石坂泰三を団長に，さらなる生産分野の発展を実現するため，アメリカの製造業を視察した（日本生産性本部［1985］）。しかし，帰国後の会見で石坂が発したのは，聴衆の多くが期待していたようなアメリカの製造業の先進性ではなく，マーケティングの重要性であった。当時の日本では，高品質のものさえ生産すれば，あるいは新しい技術が導入されれば，商品は確実に売れると考えられていた。しかし，アメリカではすでに消費が成熟し，高品質な商品を生産することと，高い売上高を維持することは同義でなかった。いい物を作ったからといって，必ずしも売れるわけではなかったのである。したがって，メーカーは，市場調査から消費者の動向を知り，消費者との直接のコミュニケーションを通じて，販売を促進する必要があった。まさにマーケティングの必要性を認識したのである。

　しかも，高度成長期の日本では，物価の高騰を背景に，低価格を訴求するスーパーが急成長していた。メーカーはこのような小売業に自らの商品の販売を任せておけば，小売価格を維持することが困難となり，過度な価格競争を発生させる恐れがある。また，過剰生産の下では，複数の生産者のテレビを販売する商業者より，自社のテレビを販売してくれる商業者が求められる。そこで，メーカーは，自ら積極的に販売経路すなわちチャネルを管理するマーケティング戦略を講じるようになった。こうして，メーカーは生産に専念し，販売を商業者に委ねるという取引関係が変化し，メーカー自らがチャネルを管理する新たな流通システムが構築されることとなったのである。

2 大規模小売業の発展と卸売業の役割

▶ 百貨店の発展とアパレル卸

　第二次世界大戦前からすでに大規模小売業であった百貨店は，新しい商品をいち早く購入したいと考えるトレンドに敏感な顧客を多く抱えていたため，既存の商品とは異なる全く新しい製品を販売するのに適した販売経路であった。それゆえ，高度成長期に大きな発展を遂げた家電や化粧品などのメーカー主導型の産業分野はもとより，戦前同様，卸売業がチャネルを主導する衣服や家庭

用品の分野においても，既製服や洋食器などの全く新しい製品が次々に投入され，百貨店の売上高を着実に増大させていった。

なかでも，とりわけ百貨店の売上拡大に大きく貢献したのが，既製服であった。戦前の百貨店は，呉服だけでなく雑貨などへと取扱商品を拡大したことが成長の源泉であったが，まだまだ多くの百貨店で呉服が売上の中心であった。それに対して，戦後の百貨店は，洋装化とそれに続く既製服化の進展により，急速に呉服売上の割合を低下させ，代わって洋服とりわけ既製服の売上が百貨店全体の売上拡大を牽引した。1965年には，衣服部門の売上高が百貨店の総売上高の約43％に達し，それ以降もおおよそ4割が衣服部門の売上高であった（日本百貨店協会総務部調査担当編［2000］）。

既製服の浸透は，百貨店の売場を大きく変化させた。既製服が登場するまでは，和服であれ洋服であれ，販売するのは服地であり，最終製品ではなかった。そのため，売場では百貨店の店員が顧客の身体サイズを採寸し，どのような生地でどのようなイメージの商品をつくるかについて相談しなければならなかった。しかし，既製服では，あらかじめいくつかの生地とデザインが選択され，事前に生産された商品が売場で販売されることになる。事前に1つの商品を大量生産する効率性を維持しながら，できる限り多くの消費者に適するサイズの洋服を生産するためには，まず，商品の標準化を図ることが重要であった。

伊勢丹などの百貨店が日本人の体格に関するデータを蓄積し，売れた商品からターゲットとする顧客の好みを分析していった。そうして店頭で得られたアイデアを，衣服すなわちアパレル商品の企画から製造委託までを担うアパレル卸とともに商品化していった。しかし当初は，同じMサイズの既製服でも，各メーカー，各卸売業，各小売業でMの基準が異なっていた。これでは消費者が混乱し，既製服が大量販売の可能な商品とはならない。そこで，商品の標準化のため，伊勢丹・髙島屋・西武百貨店でまずサイズを統一することにし，そのサイズを業界全体へと広めていくなど，百貨店とアパレル卸は共同しながら既製服の定着に注力した。

▶ アパレル卸による売場管理

既製服の製造が軌道に乗り，百貨店で既製服が順調に売れ始めると，今度はアパレル卸が自らのブランドで商品を管理し始めた。従来，百貨店ではスカー

ト売場やジャケット売場と服の種類ごとに商品が陳列され，商品の製造者や卸売業者の企業名やブランド名が表示されることはなかった。消費者は，スカートが欲しいと思えば，スカート売場に並んでいる商品から自ら気に入った商品を見つけていた。それが，次第に，三陽商会やオンワード樫山といったアパレル卸の商品ブランド毎の売場へと変化していくと，消費者はスカート全体の中から好みの商品を選ぶのではなく，あらかじめ趣向が一致するブランドの売場の中から好みの商品を選ぶようになったのである。「五大陸」や「アンタイトル」といった商品ブランドで，スカートからジャケット，ブラウスまでトータルにコーディネートした商品が売場に陳列されるようになると，複数のブランドが混在して陳列されている売場に比べて，アパレル卸は自らのブランドコンセプトを主張することが容易となり，消費者は，同じテイストの商品を1つの売場で選ぶことができ，利便性が向上した。こうして，百貨店は百貨店の名前ではなく，アパレル卸のブランドで商品を販売していくようになったのである。

　このようなアパレル卸による売場管理が可能になった1つの要因は，返品付き委託販売を導入したことにある。服地から既製服の販売へと売場の主たる商品が中間製品から最終製品へと移行すれば，百貨店における商品の販売点数は増加し，販売リスクは飛躍的に大きくなる。すると，百貨店は商品の売れ残りを恐れて商品の大量発注に踏み切れない。とはいえ，多くの商品を店頭に陳列しなければ，消費者は気に入る商品を見つけられないだろう。そこで，アパレル卸は店頭での商品露出を拡大するため，売れ残った商品の引き取りを条件に，百貨店に積極的な取引を求めた。百貨店の販売リスクをアパレル卸に転嫁することによって，一方で，百貨店は積極的な仕入を行うことができるようになり，他方でアパレル卸は，自らの商品のみが陳列された売場を確保することができ，統一感のある箱売場を作ることができるようになったのである。

　いま1つの要因は，派遣店員を百貨店が受け入れたことである。第13章で指摘したように百貨店は量的拡大したことによって，販売店員を拡大する必要に迫られていたが，短期間で店員を教育することは容易でなく，また人員の増加による固定費の上昇は避けたかった。このような百貨店の苦悩を理解したアパレル卸が，売場に自らの店員を派遣した。しかし，店員を派遣するためには，各卸の商品が同等に並べられている売場ではなく，1つのブランドの商品だけで構成されている独立した箱売場が求められた。こうして，アパレル卸独自の

箱売場を設けることによって，百貨店は売場を拡大しながら人件費を抑制することができ，アパレル卸は売場の動向を百貨店経由ではなく，派遣店員から直接獲得することができるようになった。このような取引方法の変化は，後に百貨店の経営に大きな影響を及ぼすことになるが，高度成長期の百貨店にとっては，百貨店が自らのリスクを最小化しながら売場を拡張することのできる非常に効率のよい発展方法であった。

▶ 百貨店の発展と家庭用品卸

高度成長期における百貨店の売場の変化は，既製服売場のみで生じたことではない。戦前には小さな売場面積しか持たなかった家庭用品の売場もまた，大きく変化した（ワイ・ヨット［2008］）。1955年に設立された日本住宅公団は，流し台と調理台，ガス台を並べたキッチンセット付きの住宅を供給し，ダイニングキッチンという団地住戸の新しい台所を生み出した。さらに，67年にはリビング・ダイニング・キッチンという住戸タイプが公団によって供給されることになり，住生活の中心が台所での食事から居間でのくつろぎや団らんへと変わっていった。このような住環境の変化にともない，百貨店における家庭用品の品揃えは，幅と深さの両面で急速に拡大した。炊飯電子ジャーや魔法瓶などは，新婚家庭の憧れとなり，生活空間の快適性と台所の美化に目覚めた消費者は，洋食器や洋鍋などの新しい家庭用品を買い求めた。そして，彼らの需要を高度成長期の百貨店は的確にとらえたのである。

例えば，ホーロー鍋はこの時期に流行した代表的な商品であった。それまでの日本の家庭では，大きさの異なる黄色いアルミ鍋を穴があくまで使っていた。しかし，白くてきれいな絵柄の付されたホーロー鍋が発売されると，自分で購入するには少し高いけれども，贈答品としては非常に喜ばれる商品となり，品質が信頼できる百貨店での販売に適した商品であった。そして実際，このホーロー鍋は，結婚式の引出物など百貨店のギフト商品として爆発的な売れ行きをみせた。戦前の家庭用品売場では，衣服同様，商品別あるいは素材別に商品が陳列されていたが，高度成長期に家庭用品がギフトとしての性格を併せ持つようになると，ギフト用品というカテゴリーの中で商品が再編集されていった（ワイ・ヨット［2008］）。

さらに，同じデザインの花柄が付されたホーロー鍋とやかんの組み合わせや，

ステーキ皿とカトラリーの組み合わせなど，ファッションだけでなく家庭用品においてもトータルコーディネートが求められるようになった。そして，家庭用品には，百貨店卸によってライセンス生産された商品が次々に導入されていった。例えば，「ハナエモリ」ブランドの蝶のロゴが，洋服だけでなくタオルやハンカチ，スリッパなどの布製品，さらには魔法瓶や皿，カトラリーなどの家庭用品へと展開されていったのは，その典型であった。これらのギフト商品は，百貨店の店頭販売だけでなく，特定の家庭や企業を回って個別に取引する外商部門でも多く取り扱われるようになり，高級なイメージを維持しながら大量販売できる非常に効率的な商品となり，高度成長期の百貨店の成長に大きく貢献した（藤岡［2009］，136-140頁）。

▶ スーパーの発展と食品卸

　百貨店とアパレル卸，あるいは百貨店と家庭用品卸のような小売業と卸売業の間の密接な関係は，スーパーと食品卸の間でもみられた。高度成長によって実現した大量生産と大量消費は，急成長するスーパーの大量販売によって結びつけられることが期待された。スーパーが成長することによって，日本でもアメリカのように，大規模小売業とメーカーとの直接取引や，業種および地理的に分散していた卸売業の大規模な統合や再編成が予想された。また，大量流通が形成されれば，流通の近代化と合理化は促進され，いずれ問屋や中小小売商は排除されるだろうと考えられた。このような主張は流通革命論と呼ばれ，流通業界に大きなインパクトをもたらした。しかし，第14章で検討したように，日本経済の大きな成長は，日本の流通を流通革命論が予想したようなアメリカ型の流通システムへと変化させることなく，淘汰されるといわれた中小小売商は，高度成長とともに拡大した小売市場において自らの活路を見出し，1982年まで小売商店数を増加させた。

　しかも，スーパーの成長によって排除されると考えられていた卸売業は，排除されるどころかむしろ積極的にスーパーの成長を支える存在となった。スーパーは，大量仕入による仕入価格の引き下げを食品卸に求める一方で，仕入機能を卸売業に委ねていた。スーパーの成長があまりに短期間で実現したために，店舗拡大に必要な従業員の確保が困難であった。スーパーは量的な拡大を急いだために，内部で人材が育つのを待つ余裕がなかったのである。さらに，消費

者へ低価格を訴求するためには，商品を大量に仕入れて規模の利益を享受することが必要であり，仕入量を確保するためには次々に新規出店しなければならなかった。当時のスーパーにとって重要なことは，納入業者からいかに有利な取引条件を引き出せるかであり，そのためには大量仕入の根拠となる店舗数のさらなる拡大が必要であった。つまり，スーパーの社員は新規出店案件に集中し，本来小売業にとって最も重要なオペレーションである商品の仕入やマーチャンダイジングを卸売業者に任せていたのである。

また，多店舗展開を本格化するに必要な資金についても，初期のスーパーは卸売業との関係を活用した（髙岡［1999］）。つまり，資金調達が容易でなかった初期のスーパーにとって，卸売業の金融機能は魅力的であった。スーパーが商品の仕入代金を卸売業に支払うまでの期間は，その商品を消費者に販売し現金を手にするまでの期間よりも長かったため，一定期間スーパーの手元には余裕資金が生じた。高度成長期の日本の取引慣行では，小売業の多くが掛売で商品を仕入れていたこと，また消費者の多くが現金で商品代金を支払っていたことによる回転差資金である。スーパーが金融機関から資金を借り入れられるようになるまでの間，卸売業者を活用した資金は，スーパーの発展に不可欠であった。こうして，卸売業はスーパーの成長によって淘汰されることなく，むしろ高度成長期のスーパーは，卸売業に大きく依存しながら発展していった。

3 流通系列化──メーカーによる流通再編成

▶ 流通系列化の確立

　生産工程が高度に分業され，各工程の規模が小さい衣服や家庭用品の分野では，アパレル卸に象徴されるように，卸売業が生産工程を管理し，流通経路全体を管理していたのに対し，メーカーの中でもいち早く全国的なブランドが確立し，大規模な生産体制が構築されていた分野では，卸売業依存の流通システムから転換を図ろうとしていた。家電や化粧品がその代表的な商品である。それらのメーカーは，1950年代中盤以降，新製品の開発や生産システムの拡充だけでなく，確実に商品を販売するため，自ら流通段階を組織し，チャネル全体を管理しようとした。いわゆる流通系列化の推進である。その背景には，小売業による2種類の安売り，つまり，採算の取れる安売りすなわち廉売と，安

く売る根拠もないのに赤字覚悟で安売りする乱売の存在があった。

　生産段階で過剰生産が常態化すると，商品の供給量が需要に比べて大きくなるため，商業段階で在庫が増え，メーカーは小売価格の維持が困難になる。そのため，メーカーは自ら商業者や消費者に働きかけて，販売を促し，小売価格を維持しようとする。その結果，メーカーは広く多くの商業者と取引するよりも，自らの商品の販売に便宜を図ってくれる卸売商や小売商，あるいは廉売などを行わないと信頼できる相手とだけ取引するようになる。こうして，メーカーは商業者を組織して，自らの価格戦略あるいは販売戦略を遵守させようとする一方で，商業者に対して，特定の地域で優先的に販売することの権利を付与したり，有利なリベートを提供したり，新製品を優先的に納品するといった優遇措置をとることによって，商業者を管理し，確実に商品を販売しようとした。こうして，メーカー主導の流通再編成すなわち流通系列化が進展したのである。

▶ **流通系列化の事例**——松下電器産業と資生堂

　メーカーによる商業の組織化は，第二次世界大戦前から進められていた。しかし，例えば，松下電器産業（現・パナソニック）が全国規模の販売会社を設立し，本格的な流通系列化を進めたのは，1950年代半ばであった。松下の流通系列化は，1956（昭和31）年に策定された5カ年計画に基づき，流通網を再編していくことから始まった。従来型の代理店へ資本参加することによって設立した販売会社から，優秀な小売商を組織した「ナショナル店会」へと優先的に商品を供給する流通網を組織したのである。さらに，57年には，自社の商品の取扱量に応じて小売店を専売店と準専売店に格付けするナショナルショップ制度を導入し，小売段階の組織化を強化した。また，組織化したナショナルショップに対しては，原則として松下の商品の専売を求める見返りとして，新製品の優先的な販売や，リベートの支給，経営相談などきめ細かなリテールサポートを実施した（崔［2004］，104-107頁）。

　松下電器産業の創業者である松下幸之助は，大量生産による小売価格の引き下げが重要であるとしながら，価格には適切な価格すなわち「正価」があると考えた。メーカー，卸売業，小売業のいずれもが適正な利潤を得ることは，次の新たな商品の開発を促し，消費者に良品を廉価で販売することへとつながる。適正な利潤を得てよりよい商品を販売することこそが商人の本道であり，事業

を通じた社会貢献であるという考えである。したがって、適正利潤をともなわない小売段階での乱売や廉売は、メーカーの再生産活動を危うくし、消費者が短期的な利益を追求することは、長期的な産業の発展につながらないと指摘した。この松下の考え方に共鳴する商業者を組織することが、流通系列化の経済的基盤であり、「共存共栄主義」と呼ばれた。

一方、資生堂は、年間仕入高に応じて割戻金を支払う報奨金制度や、美容部員の派遣、資生堂コーナーの設置を通して、系列店を統制してきた。報奨金制度を充実させることによって、系列店の利益を確保し、商品の販売促進費を準備することによって、系列店が資生堂の商品を売れば売るほど利益が増加する仕組みをつくったのである。また、資生堂コーナーを設置して美容部員を派遣することによって、全国どこでも同一の店構えや販売パターンで、化粧品を取り扱うことができるようになった。さらに、テレビ広告などを利用し、資生堂は積極的にマスマーケティングを実践してきた。こうして、地域性や消費者の購入特性の違いに配慮するよりも、資生堂というブランドのサービス水準を統一し、消費者のロイヤルティを高めていくためのチャネル戦略を推進し、大量生産＝大量販売型の流通網を構築していったのである。

▶ コンフリクトの発生

共存共栄を追求する正価の設定は、建値制と呼ばれる日本型取引制度に基づく。メーカーが設定したメーカー希望小売価格を基準に、その何割掛けかの価格を卸売価格（＝小売商の仕入価格）とし、さらに卸売価格の何割掛けかの価格をメーカーの出荷価格（＝仕切価格）として設定する価格体系のことである。これは、メーカーにとって全国で同じ商品を同程度の価格で販売するための標準価格体系であり、これによって流通各段階の利潤が確保されるようになっていた。つまり、メーカーが提示したメーカー希望小売価格あるいはそれに基づく建値に従って取引をすれば、ある一定の利潤が商業者のもとで確保されることになるため、価格競争が抑制されると期待したのである。

しかし、建値はメーカー中心の価格設定であり、消費者がその商品をいくらで買いたいと考えているかが前提となっているわけではない。しかも、メーカーが設定した商品価格を流通各段階で維持しようとする姿勢は、低価格販売を訴求しながら発展してきたスーパーとの間で大きなコンフリクト（衝突）を発

生させた。当時，最も勢いよく成長していたスーパーのダイエーは，拡大する取扱商品の中で，消費者に低価格を訴求するには家電製品が最適だと考えていた。テレビの普及率が40％台に乗った1960年，ダイエーは家電製品の販売を開始し，他店の一般的価格であるメーカー希望小売価格より平均30〜40％引きで販売した。ダイエーにとってみれば，家電を目玉商品とすることで顧客を店舗に誘引することができれば，単品では仕入価格を下回ったとしても，購入客数の増加で薄利多売が成立する。単品での採算より，総合採算性を重視した価格設定であった。しかし，自らの設定価格より著しく低い価格を提示するスーパーが登場することは，正価を標榜する松下にとって耐えられないことであった。全体の価格戦略に影響すると考えた松下は，64年，ダイエーへの商品供給の停止を決定した。

ところが，正式な商品の供給を停止しても，ダイエーによる松下商品の乱売はなくならなかった。むしろ，ダイエーは，食品，衣料品，日用雑貨に続く第4の柱として，家電製品の販売を拡大しようと考えていた。ダイエーの家電担当バイヤーは，全国の卸売業や小売業を訪問し，不良在庫となっている商品や，現金で購入することによって融通してもらえる商品を探し回った。それに対し松下は，特殊な光線でのみ識別できる製品番号を商品内部に張り，ダイエーが目玉商品として販売した商品はどこからどのようなルートで仕入れた商品なのかを割り出した。バイヤーによって苦労して集められた商品が週末のチラシの目玉として店頭に並ぶと，すぐさま松下の関係者がそれを購入し，工場に持ち帰って製造番号から仕入ルートを解明した。そして，ダイエーに卸したことが判明した卸売業や小売業に対して，松下は商品供給を停止するという強硬な措置をとったのである。

この松下の行為は，独占禁止法で禁止する再販売価格維持行為に該当するのではないかと指摘され，1967年，公正取引委員会はヤミ再販廃止の勧告を行った。とはいえ，商品供給を停止すること自体に違法性はなく，松下は自らの売上高が減少したとしてもダイエーの安売り商法を受け入れることができなかったのだと考えられた。その結果，松下幸之助が逝去した後，94年に両者の間で和解が成立するまで，家電トップメーカーの松下とスーパー最大手のダイエーの間に正規の取引ルートが構築されることはなかった。

▶ 流通系列化をめぐる小売業の動き

では，なぜ中小小売店は松下の系列店となっていったのだろうか。ダイエーの中内㓛は，商品の価格は消費者に最も近い位置にある小売業が決めるべきであると考えていた。同じ小売店でありながら，どのような理由からメーカー希望小売価格を遵守し，特定のメーカーの商品を優先的に販売する系列店となっていったのだろうか。電化元年といわれた 1953 年にテレビ放送が始まり，三洋電機が噴流式洗濯機を発売するなど本格的な家電製品が次々と開発され，消費者の需要がますます旺盛となるなか，家電小売店はいかに売れ筋の商品を確保することができるかに奮闘していた。売れ筋商品の有無が店の売上高を左右したからである。つまり，系列店となった中小小売店は競争力が小さかったために，しかたなく大手メーカーの系列に入ったのではなく，むしろ，競争力のある店舗がより競争を有利に進めるために，自ら系列店へと転換していった。

それに対し，家電販売店の中には，1960 年にアメリカの流通業，特に家電流通を視察して，日本の電機産業も近代化を図るべきだと考え，メーカーの系列化に反対していた小売業も存在した。1963 年，第一家庭電器，星電社，中川無線電機，第一産業（現・エディオン），朝日無線電機（現・ラオックス）ら 12 社は，日本の家電流通業の近代化を研究するための研究会を立ち上げ，複数メーカーの商品を扱いながら，メーカーと協調的な関係を築く方法を模索した。後に日本電気専門大型店協会（後の日本電気大型店協会，NEBA）へと発展する団体である。

しかし，1980 年代までは圧倒的に系列店の力が強く，系列店での家電製品の売上が全体のおよそ 7～8 割を占めていた。家電を取り扱う小売業の中で最も系列店が多かったのは松下であり，1980 年代から 90 年代にかけて，全国で約 2 万 5000 店の系列店が存在していたといわれている。コンビニエンスストア業界第 1 位のセブン-イレブンの店舗数が，2015 年時点で約 1 万 7000 店であることと比較すれば，いかに当時の松下の系列店が全国津々浦々にまでいきわたり，強固な販売網を確立していたかが理解できよう。こうして，中小小売商対大規模小売商という対立構図だけでなく，中小小売商の中でもメーカーの系列店となり販売力のある中小小売商と，系列店にもなることができない独立小売商との間で格差が生まれることとなった。

4 価格決定権をめぐる争い

　ダイエーでは「よい品をどんどん安く」を企業理念として掲げ，中内㓛は流通支配権を生産者から小売業のもとへと奪い返すのが流通革命であると言い続けてきた。彼は，メーカーのチャネル支配力に対抗して，消費者の購買代理人としてスーパーが価格決定権を持つためには，単品の販売量を大きくすることが必要であると考えた。小売業が企業規模を大きくし，仕入量を拡大することはもちろん重要なことであるが，実質的な価格決定に関与するためには，生産段階にまで介入する必要がある。そのためには，百貨店のような幅広い品揃えで企業規模を大きくするのではなく，単品の販売量を大きくするような方向を模索しなければならない。その点を，彼は次のように言っている。

　　チェーンストアがメーカーに拮抗するパワーを持つということは，即ち単品で大量で計画的でないといかん。メーカーがつくっておるのは単品ですからね。メーカーの単品に対して10%のシェアを持たないと，価格決定権に介入できないということを考えたわけです。そのためには必ず単品ではないといかん。それで10%。単品を売るためには，チェーンをつくらんと数多くの店をつくらんといかん，という発想なんですね。
　　（流通科学大学［2006］，141頁）

　そして，実際，彼は一方で多店舗展開を短期間で実現し，大量仕入によってメーカーの有力ブランドを低価格で販売できる基盤を作りながら，他方で，ナショナルブランドに対抗しうる単品の販売量を確保し，小売業の名前で商品を製造するプライベートブランドや，生産者と小売業者の企業名が併記されているダブルチョップを積極的に導入していった。ダイエーにおけるプライベートブランドの始まりは，1960（昭和35）年に発売されたダイエーみかん缶であるが，その後は食料品だけでなく家電や雑貨などにもその対象を広げていった。商品の購買力を大きくすることによって，価格設定をめぐる生産者との競争に対等な立場で挑めるようにしたのである。中内は，流通革命の意義はスーパーという新しい小売業態が誕生したことではなく，大規模寡占メーカーに対峙す

るための拮抗力を小売業が有することであると考えた。だからこそ，プライベートブランドを発売できるようになることが，価格決定権をメーカーから奪うために不可避だととらえていたのである。

　そして，1970年，中内は満を持して，東京商工会議所記者クラブに1台のカラーテレビを持ち込んだ。松下の同型テレビの希望小売価格が9万9800円，実売価格が8万3000円から8万6000円であったのに対して，ダイエーはそのテレビを5万9800円で販売すると発表したのである。このテレビはブブ（BUBU）という名のダイエーのプライベートブランドで，製造は中堅メーカーのクラウンが担当した。価格決定権をめぐって松下と争った際，中内の思い通りに交渉が進まなかったのは，小売業が商品を製造する能力がなかったためだと考えた。だからこそ，中内はプライベートブランドの製造に乗り出し，カラーテレビというメーカーが強固に支配する商品で戦いに挑んだ。そして，この記者会見の席上，ナショナルブランドに比べて格段に安い価格でも，メーカーは適正な利潤を確保することが可能であり，ダイエーもまた15〜20%の粗利益率を確保できていることを表明し，「これが呼び水となって大手メーカーの寡占価格が適当な水準に下がることを狙っている」とプライベートブランド参入の動機を述べた（『朝日新聞』1970年11月13日付）。

　しかし，ダイエーが期待したほど，これらのプライベートブランドの売上は伸びなかった。1971年に為替相場の変動から輸出に依存していたクラウンの経営が悪化すると，ダイエーが資本参加しても財務状況は改善せず，76年には，ブブと名付けられたプライベートブランドはダイエーの店頭から姿を消した。1980年代までの日本においては，プライベートブランドよりブランドの確立したナショナルブランドのほうが信頼できる商品であるという消費者の認識は強固であり，ダイエーのプライベートブランドに対して，「安かろう，悪かろう」という印象を与えていた。安い価格を設定するからには理由があるはずだととらえていたのである。その意味で，ダイエーをはじめとするスーパーは，低価格を訴求するという小売業態の特徴を消費者に浸透させることには成功したが，ヨーロッパのように，小売業のプライベートブランドのほうが中小メーカーの商品より安心感があり，高い品質を想起させるという段階には発展しなかった。

5 小売主導型流通システムの萌芽

　メーカー主導型流通システムは，建値制やリベートといった日本の特徴的な取引制度に基づいたものであり，強固な基盤を形成しているように思われた。しかし，その流通システムが変化する兆しはすでに1980年代に表れていた。1982（昭和57）年，セブン-イレブンは，全店舗にPOS（Point of Sales）を導入し，店頭ではバーコードを付した商品のみを取り扱うと表明した。当時の日本において，レジスターは先進的なスーパーや百貨店で導入されていた程度であり，それは8桁程度のバーコード情報を識別し，商品部門別に情報を管理しようとする省力化の手段であった。また，商品にバーコードを付すためにはまずバーコードの規格を確立させる必要があり，すべての商品にバーコードを表示させるためには莫大な費用を必要とした。当時の通産省が，流通システム化政策の一環として積極的に推進していたとはいえ，誰がバーコードの費用を負担するのかをめぐってメーカーと小売業の間で駆け引きが行われているところであった。そのため，セブン-イレブンがバーコードを付した商品しか取り扱わないと決定したのは，他社にとって大きな驚きであった（石原［2011］，191-200頁）。

　ところが，売上高を順調に拡大させていたセブン-イレブンがPOSを採用したことによって，メーカーのバーコード登録数は飛躍的に拡大した。そして，1985年末にイトーヨーカ堂が全店にPOSを導入したことによって，バーコードは食料品だけでなく衣料品や家庭用品など多様な商品へと広がり，その後，他のコンビニエンスストアやスーパーが追随したことによって，POSが定着していった。その結果，商品コードや取引先コードの標準化が進み，企業間でコンピュータを介して商品情報が共有できるようになったのである。店頭に必要な商品の在庫量やバックヤードに保管しておくべき商品の在庫量は，従来であれば店員の経験に基づく勘や経営者の意思決定に委ねなければならないことであったが，POSから得られたデータを分析することによって，売れ行きのよい売れ筋商品やデッドストックになっている死に筋商品の存在が明らかになった。こうして，コンビニエンスストアは全商品を単品ごとに管理することによって，店頭で陳列する商品数を売れ筋商品の約2400〜3000品目に絞り込み，

在庫を極限まで縮小していった。また，在庫情報を物流システムと連動させることによって，小口の商品を多頻度で配送できるようにし，小売店頭だけでなくバックヤードでもまた在庫を削減していった。

このような情報化の進展によって，コンビニエンスストアは，単に小規模な店舗あるいはスーパーを補完する小売店ではなく，またアメリカでみられたようなガソリンスタンドの併設店でもなく，日本独自のコンビニエンスストアとして発展していった。セブン-イレブンは，フランチャイズ方式に加えて，一定地域に集中的に出店するドミナント方式を採用してきたため，地域内での消費者のセブン-イレブンに対する認知を向上させただけでなく，集中的な出店によって，効率的に本部指導員を配置し配送計画を策定することができるようになった。また，1日3回の配送体制は，在庫を縮小するだけでなく，発注と実需のずれが修正できる機会を確保した。さらに，商品が発注通りに円滑に納品されるようにするために，取引する問屋を同一商品分野内で絞り込むとともに，異なる商品分野内でも配送温度別に窓口問屋を設けることによって，特定の卸売業とは長期的な関係が構築できるように編成した（小川 [2009]）。

しかも，ドミナント出店することによって，弁当や総菜などの製造工場をセブン-イレブン専用工場として稼働させても採算が合う程度の発注量を自ら確保したのである。そして，この専用工場では，セブン-イレブンが主体となって，複数のメーカーから派遣された社員とともに，セブン-イレブンで販売するプライベートブランドが開発された。この協業体制はセブン-イレブンの競争力の源泉として，2000年以降のプライベートブランドの開発で大きな力を発揮することとなる（小川 [2009]）。実際に商品が開発されるようになったのは1990年代後半からであるが，このような小売主導の商品開発および流通再編成がみられるようになる契機が，80年代に構築された情報技術とネットワークであったことは特筆に値する。その意味で，卸売業とともに発展してきた大規模小売業やメーカー主導の流通システムから，次第に小売主導の流通システムへと大きな転換を遂げる萌芽が，1980年代にみられていたといえよう。

コラム 15　小売業界の再編

　1957（昭和32）年，ダイエーは大阪市旭区の千林商店街にダイエー1号

店となる主婦の店・ダイエー薬局を開業した。それから15年後の1972年，小売売上高第1位の座を前年に首位であった大丸から奪取した。このように，短期間で急速に発展したスーパーであるが，1980年代に入るとその成長のスピードは鈍化した。店舗の新規出店によって売上高は拡大しているものの，既存店の売上高が前年割れを始めたのである。その原因として，過度な出店競争や小売業態の多様化，さらには，需要がモノではなくサービスへとシフトしたことなどが指摘された。一方，スーパーとともに日本の小売業の中で常に売上高上位にランクインしていた百貨店は，バブル経済の下では「ごほうび」と呼ばれる呉服，宝飾品，美術の売上などで全体の売上高を維持したものの，1990年代に入ると急速に売上高を減少させた。

　その結果，スーパーや百貨店のような，衣食住に関わる多くのものを取り扱う総合型の小売業は，1990年代以降，次第に競争力を失ってきている。そして，1997年，スーパーの中でもいち早く海外展開を進めていたヤオハンが，会社更生法の適用を受け倒産し，イオンの傘下に入ることとなった。2000年には，そごうが当時小売業としては最大の負債額を抱えて民事再生法を申請し，2003年に西武百貨店と合併してミレニアムリテイリングを設立した。そのミレニアムリテイリングも，2006年にはセブン＆アイ・ホールディングスに買収された。また，2001年には，衣料品店でセルフサービスを最初に採用したハトヤを祖業の1つとするマイカルが民事再生法を申請し，イオンの子会社となった。さらに，業績不振であっても大きすぎてつぶせないといわれていたダイエーが，2004年に産業再生法の適用を受け，最終的にはイオンの子会社となった。西友は，2000年に住友商事と業務資本提携して再建を試みたが，2002年に世界第1位の売上高を誇るウォルマートの傘下に入ることとなった。

　業績不振に陥ったヤオハン，マイカル，ダイエーを傘下に収めることによって，企業規模の拡大したイオンと，セブン-イレブンとイトーヨーカ堂を中心にミレニアムリテイリングを加えたことによってマルチ・リテーラーとなったセブン＆アイ・ホールディングスが，小売業の2強といわれるようになった。また，百貨店においても再編は進み，2007年には老舗百貨店の松坂屋と大丸が統合し，J.フロントリテイリングが誕生した。また同年，親会社の経営統合により阪急百貨店と阪神百貨店が経営統合して，エイチ・ツー・オーリテイリングとなり，さらに，2014年にはスーパーのイズミヤと経営統合している。2008年には，三越と伊勢丹が経営統合し，三越伊勢丹ホールディングスを設立した。このよう

な再編の結果，小売企業の上位集中が進み，小売主導の流通システムが構築される基盤となった。

参考文献

石原武政［2011］「流通近代化へのあゆみ」通商産業政策史編纂委員会・石原武政編『通商産業政策史 1980-2000 第4巻 商務流通政策』経済産業調査会。

小川進［2009］「コンビニエンスストアの革新性――セブン-イレブンの事業システムを通して」石井淳蔵・向山雅夫編『小売業の業態革新』（シリーズ流通体系1）中央経済社。

髙岡美佳［1999］「高度成長期のスーパーマーケットの資源補完メカニズム――日本の『流通革命』の実像」『社会経済史学』第65巻第1号。

田村正紀［2011］『消費者の歴史――江戸から現代まで』千倉書房。

崔相鐵［2004］「家電流通――家電メーカーと家電商人の対立と強調」石原武政・矢作敏行編『日本の流通100年』有斐閣。

日本生産性本部［1985］『生産性運動30年史』日本生産性本部。

日本百貨店協会総務部調査担当編［2000］『日本百貨店協会統計年報 平成11年』日本百貨店協会。

藤岡里圭［2009］「百貨店の革新性とその変容――高級化の進行と効率の追求」石井淳蔵・向山雅夫編『小売業の業態革新』（シリーズ流通体系1）中央経済社。

流通科学大学［2006］『中内㓛回想録』中内学園流通科学大学。

ワイ・ヨット［2008］『ワイ・ヨット60年のあゆみ』ワイ・ヨット。

エピローグ

商業の歴史をさかのぼれば

1　商業の役割と経済の発展

　私たちは，自分に必要なモノをすべて自分で作り出すことはできない。誰かが販売することを目的に生産した商品を，貨幣との交換で手に入れ，消費している。つまり，私たちは自らの経済活動で得た貨幣を，市場で商品と交換することによって生活しているのである。このような分業社会においては，生産者がつくった商品を確実に消費者へと届けるために，また，消費者が必要とする商品を効率的に入手するために，商業者が活躍する。
　商品に即してその流通をたどってみると，長崎で水揚げされた魚が大阪の中央卸売市場でセリにかかり，仲卸業者によって競り落とされた後，スーパーで販売される。中国の内陸部で生産された衣服が，中国の卸売業者と日本の総合商社の手を経て，東京の専門店で消費者に販売される。あるいは，日本で生産された自動車が，日本の専門商社によってアメリカへと輸出され，アメリカの卸売業を介して小売店で販売される。このように生産の場と消費の場が空間的に大きく離れている場合，それをつなぐのは商業者としての卸売業者や小売業者の重要な役割であり，商業者が生産市場と消費市場をつなげているといえる。
　また，私たち消費者の立場で考えてみれば，私たちは小売店へと出向けば，地元で採れた小松菜から，ヒマラヤ山脈に生息するビキューナの毛でできたセーターや，フランスで人気のハンドバッグ，アマゾンで栽培されているアサイーまで，世界中の生産者が生産した商品を購入することができる。これらの商品は，生産者が直接消費者へと販売することもあるが，多くは生産に携わっていない商業者を介して消費者へと販売されている。かつて，百貨店が「消費の殿堂」と呼ばれたのは，まさに百貨店が世界中から多くの商品を一堂に集めた

ことにより，私たちが普段の生活ではなじみのない商品を生活の中に気軽に取り入れ，買い物の楽しさを感じ取ることができるようになったからであった。

このように，私たちが小売店で常に新しい商品に出会うことができ，自分の活動範囲を超えたところで生産された商品を購入することができるのは，商業が生産と消費を媒介しているからに他ならない。商業者が，未知の商品や文化を消費者と引き合わせる「異文化の使者」（石原・池尾・佐藤［1989］）としての役割を果たしているからこそ，生産者は新たな需要を見出し，商品を世界中の消費者へと販売することができるようになるのであり，商業者によってそれまで独立していた市場が1つの市場へと統合されていくのである。

このように，商業は経済の発展に大きな貢献をしてきたが，変化する社会経済環境の中で商業がどのような変貌を遂げてきたかについての研究はそれほど多くない（藤田・宮本・長谷川［1978］）。そこで，本書は，日本において商業が具体的にどのように展開してきたのか，商業者が介在したことによって市場がどのように拡大してきたのかについて，歴史をさかのぼって考察している。それは，独立している市場と市場を商業者がつなぎ，つながることによって一体となった市場が，さらに多くの商品を販売する場となって発展していった過程をたどることであった。

とはいえ，近世と近代そして現代では市場の大きさはもとより，商業の形態もまた異なる。例えば，第1部が対象とする江戸時代は，1つ1つの市場が現在に比べてはるかに小さかった。その中で，どのように大坂や江戸に生産された商品が各地から持ち寄られ，そこが問屋・仲買・両替商を含む多くの商業者の集まる都市となっていったかが明らかにされた。大坂や江戸に取引が集中したからこそ，米会所が誕生し，株仲間が組織された。そして，ひとたび商業者が集積すると，その集積を前提によりいっそうの商業者が集まり，新たな市場と市場の連結がみられることとなったのである。

第2部は，明治時代に入り，都市化が進展し工業分野が発展するなかで，どのように市場が拡大していったのかを，銀行や商社さらには百貨店の成立といった観点から検討している。そして，江戸時代から続く旧来型の商業が，工業化の進展で従前とは異なる新しい役割が期待されるようになり，新しい環境に柔軟に対応しながら発展していく過程が明らかにされた。その1つの例が，江戸時代の商家から財閥へと転換していった三井であり，それらの新しい商業組

織を担う人材の育成機関としての高等商業学校や商科大学であった。また，商業者によって結びつけられる市場も，貿易を通して日本国内だけでなく海外にまで広がっていった。つまり第2部は，日本における工業化の過程を商業の視点からとらえ直したといえよう。

　第3部は，第2部で検討された商業の変化を前提に，いかに消費者の購買行動が変化したのかを小売業の視点から考察している。具体的には，公設小売市場や百貨店などの新しい小売形態が誕生したことによって，掛売りから現金販売へ，御用聞きから店舗販売へと買い物の方法が変化していく過程を明らかにするとともに，公設小売市場に商品を供給するための新しい卸売組織である中央卸売市場や，工業化にともない成立した大規模製造業者による卸売業や小売業の組織化について詳細に検討している。

　第4部では，日中戦争およびそれに続く太平洋戦争によって，商業がどのように変化せざるを得なかったかが分析されている。市場経済から政府による統制経済へと転換したことによって，企業や個人商店は自由な営業活動を制限されることとなった。公定価格制度が導入された後，小売価格だけではなく流通全体を管理するために業種ごとの統制組合が組織され，さらには配給統制が実施された。配給統制の段階に至ると，もはや商業は機能しなくなった。それが，戦争の終結によって商業はどのように復興してきたか，また戦後の流通システムにどのような影響を与えたのかを明らかにしている。

　第5部では，高度成長を通して商業がどのように変化していったかが考察されている。この時代における商業の最大の特徴は，小売業態が次々に誕生し，多様化したことであった。どのような背景から新しい小売業態が誕生したのか，その業態がいかに発展していったのかを分析するとともに，工業分野の成長によって流通全体がどのように変化したのか，さらには，流通政策の展開が小売業の発展にどのような影響を与えたかについて検討している。

　このように，時代によって商業という言葉で表そうとする役割は異なり，非常に幅広い。しかし，商業者を介して生産者と消費者が出会い，それが市場の拡大につながるという基本的な仕組みは変化していない。だからこそ，商業に焦点を当てながら，日本の流通システムがどのように形成され，発展してきたのかを振り返れば，経済発展のダイナミズムを歴史的に感じ取ることができると考えている。

2 店舗型小売業の意義

「プロローグ」でも指摘しているように，日本の商業とりわけ小売業は現在，大きな転換期を迎えている。店舗型小売業に加えてEリテイリングと呼ばれるインターネットを介した小売業が勢いを増したことによって，小売業態間の競争が激しくなっただけではなく，流通全体が大きく変化している。インターネット上で，生産者や商業者あるいは消費者が，全世界の消費者を相手に販売するビジネスは，2000年以降，日本でも大きく成長した。店舗を構えて商品を販売する従来型の小売業者もまた，インターネット上にも店舗を持つようになり，複数の販売チャネルを効率的に組み合わせてより便利な消費者の買い物環境を整えようとするオムニチャネル戦略が追求されている。このようなインターネットを介した売り手と買い手の効率的な結合は，本書が考察したような商業者による生産者と消費者の結合とは異なる形で市場を拡大している。

しかし，本書で明らかにしている通り，店舗型小売業が400年間変わらず主流の小売形態であったわけではない。400年前の主流形態は，むしろ無店舗販売であった。例えば，第1部で指摘されているように，廻船商人が「異文化の使者」として，北海道の海産物を「天下の台所」であった大坂へ運んだことによって，2つの異なる市場を結びつけた。しかしその一方で，振売と呼ばれる店舗を持たない小売業者が，日常的な野菜や魚などの商品を入れた天秤棒を担いで住宅地を売り歩いていた。江戸時代，店舗を構えていた商業は，炭や薪といった燃料を扱う仲買問屋と精米した米を消費者へ販売する米穀店が全体の約半数を占めていたという。その他は，両替商や札差といった金融業，古着や呉服問屋，材木商，飛脚屋や人宿といったサービス業などであった（山室［2015］，55-63頁）。つまり，保存技術が発展していない当時において，野菜や魚などの生鮮食品を店舗で販売する必然性はなく，むしろ鮮度の落ちないうちに消費者へと届ける無店舗販売が合理的であった。この傾向は，明治時代においても基本的には同じで，1896年の時点で例えば広島県全体における常設店舗の割合が38.2%，露天商が1.6%であるのに対し，行商で小売業を営んでいる人の割合が60.3%にまで上っていたという（満薗［2015］，145頁）。

現在，インターネットを介した販売形態が急速に進展し，無店舗型の小売業

が注目されるようになったため，私たちは店舗型小売業を旧来型の販売形態であるかのように受け止める。自分の経験だけに基づき，あたかも店舗型小売業を小売業の標準型だと考えてしまう。しかし400年の歴史を通観した時，店舗型小売業が定着したのは明治時代後半からの100年のことであり，むしろ店舗型小売業こそが新しい小売形態であった。本書で強調してきたのは，この店舗型小売業がどのようなイノベーションをもたらし，いかに商業者として市場を拡大してきたのか，また，どのように消費者と向き合ってきたのかといったことであった。

例えば，第3部で取り上げたように，百貨店が陳列販売を始めたことによって，消費者の買い物の方法が変化した。小売店舗へ出掛けて，商品の実物を比較した上で購買することや，意中の商品を入手しようと思って出掛けたけれども実物を見て購入を諦めたり，購買意思がないにもかかわらず新しい商品に出会ったことによって消費が刺激されたりするようになった。それは，小売店が需要と供給を効果的に結びつけたということであり，私たち消費者にとって，買い物が生活に必要な商品を入手するという行為から娯楽へと変化したことでもあった。さらに第5部では，大規模小売業が多様になることによって，生産者と消費者をつなげる方法もまた多様となり，流通構造を変化させたと結論づけている。小売業が消費者との接点であり，そこで得た情報を生産者の製品計画に活用するなど，メーカーのマーケティング活動の起点と位置付けるようになったり，小売店舗を地域活動の拠点ととらえられたりするようになっていった。

それはまた，商人としての商業からシステムとしての商業へと変化する過程でもあった。例えば，大規模小売業が存在せず，個別の商人が生き生きと活躍していた近世において，商人という言葉は商業者を意味していた。第1部では，具体的な商人に注目することが，商品の市場を認識し，市場の広がりを理解することであった。しかし，第2部になると，外国との貿易などにより経済活動の範囲が拡大し，近代的な組織が成立することによって，商人だけでなく，商業組織への注目が大きくなっていった。商社や財閥の形成過程はまさにその具体的な活動例であり，だからこそ，そこで働く従業員を教育する機関としての高等商業学校は非常に大きな役割を果たしていた。とはいえ，第2部で検討した近代的な商業組織は，財閥など一部の企業でみられた動きであった。それが，

第3部になると，日用品など私たちの生活に深い関わりのある商品分野にまで広がっていたことが理解できる。さらに第4部でみた戦時期の政府の商業組織への介入は，第二次世界大戦後に解体されたわけではなく，戦後の商業組織や取引慣行に大きな影響を与えた。そして，この経験が第5部で明らかにした複数の組織をつなぎシステムとして機能する商業の歴史的前提となったのである。

以上のことから，20世紀の商業は，店舗型小売業が大きく成長した時代であったといえよう。そして今また，無店舗販売へとベクトルの向きが戻ろうとしている。この歴史のダイナミズムを描いたことが，本書の最大の貢献である。

3　日本商業史研究の今後の課題

現在の小売業が直面している課題の1つは，グローバリゼーションへの対応である。市場と市場を結びつける商業の役割は，やがて国境を越える。その動きは，まず商品の仕入でみられ，その後，小売店舗の海外進出という形で具体化される。経済史や経営史の分野でグローバリゼーションを分析する際，一般に2つの時代が想定されてきた。1つは，産業革命によって経済活動が大きく進展した時代であり，いま1つは1985年のプラザ合意以降進展した企業の経済活動の国際化である。後者のグローバリゼーションについては，本書の対象時期が1980年代までであったため，グローバリゼーションの進展がどのように日本の商業に影響を及ぼしているのかを歴史的に分析することはできなかった。しかし，今後，グローバリゼーションの進展によって日本の商業がどのように変化したかは，重要な検討課題となるだろう。

ただし，グローバリゼーションの視点から商業を検討することは，日本商業史として課題を設定することの意義があらためて問われるという問題を内包している。つまり，日本という国を限定して商業を検討することの意味を説明する必要が生じるからである。グローバリゼーションが進展するなかで，日本の商業は，果たして今後も日本固有の特徴を包含したまま発展するのか，あるいは全く異なる分析視角が求められるようになるのかといった問題である。第5部で指摘されているように，日本の商業は，高度成長の過程で他の先進国でみられたような太くて短い流通システムへの転換がみられず，卸売業を介した細くて長い流通システムを残したまま発展してきた。この日本型流通システムや

日本的取引慣行は，グローバリゼーションの進展とともにどのように変化していくのだろうか。その分析は，今後の課題である。

また，インターネットなどの通信情報技術（ICT）の発展が，今後さらに既存の商業の枠組みを大きく変化させていくだろう。1980年代に大きく成長したコンビニエンスストアが最大の課題としたのは，いかに在庫を削減するかであった。できる限り店頭在庫を削減し，売れ筋商品のみを陳列するために，商品を単品で管理し，必要以上の在庫を持たなくても経営できるビジネスモデルを生み出した。しかし，Eリテイリングは，そもそも在庫の概念が店舗と異なる。郊外に商品を保管する倉庫さえ確保することができれば，死に筋商品を積極的に取り揃え，品揃えを豊富にするという戦略が有効となる。商品1つ当たりの在庫コストが実際の小売店舗に比べて低くなるためである。「ロングテール」と呼ばれるこの現象は，商圏の制約を克服することのできるインターネットだからこそ可能となる（アンダーソン［2006］）。つまり，店舗型小売業では在庫に見合う売上を上げることができないために死に筋商品と呼ばれた商品が，Eリテイリングでは収益の柱になり得ることを示している。

その意味で，Eリテイリングの成長は，これまでの店舗型小売業に基づく商業の歴史を，今後大きく変化させることであろう。将来を展望する際，歴史から学ぶことは多い。本書が日本の商業の歴史を近世までさかのぼって考察したことによって問題の所在を明らかにし，店舗型小売業を日本の商業の長い歴史の中に位置づけたことは，今後無店舗小売業の研究を進める上で大きな貢献であったといえよう。

参考文献

アンダーソン，クリス／篠森ゆりこ訳［2006］『ロングテール――「売れない商品」を宝の山に変える新戦略』早川書房。
石原武政・池尾恭一・佐藤善信［1989］『商業学』有斐閣。
藤田貞一郎・宮本又郎・長谷川彰［1978］『日本商業史』有斐閣。
満薗勇［2015］『商店街はいま必要なのか――「日本型流通」の近現代史』講談社。
山室恭子［2015］『大江戸商い白書――数量分析が解き明かす商人の真実』講談社。

事項索引

▶ アルファベット

GM　178
POS（Point of Sales）　297
SSDDS　263, 264

▶ あ 行

相生会　172, 173
アイスクリーム　182
相対取引　143, 148, 150
浅野物産　129
アサヒ足袋　179, 180
味の素　180
安宅　129
アヘン戦争　69
鮎釣り用魔法瓶　182, 183
アロー戦争　69
安政五カ国条約　68, 70, 99
胃活　183
イーストマン商業学校　124
伊勢丹　156, 159, 160
委託　150
一地区一市場制　146, 150
一府県一配給会社体制　179
一分判　73
一県一店主義　162
一発ゼリ　150
伊藤喜商店　181
伊藤忠商事　122, 129
糸配給統制規則　218
糸割符仲間　8
岩井　129
上本町　154
売込商　74, 129
売込問屋　74
売立会　187
映画（活動写真）　179
営業権　149
営業税　115
営業税法　114, 116
江戸地廻り経済圏　20, 72
江戸十組問屋　17

王政復古の大号令　75
近江商人　35
大売出し　171
大倉組商会　99, 100
大蔵省　78, 91, 92, 101, 141, 149
大倉商事　100, 129
大阪織物同業組合　188
大阪金物同業組合　188
大阪金物見本市　188
大阪実業組合連合会　187
大阪商業会議所　138, 188
大阪商船会社　108
大阪商品見本市　188
大阪染織見本市協会　188
大阪専門大店　173
大阪鉄道（大鉄）　155
大阪電気軌道（大軌）　133, 154
大阪二十四組問屋　17
大阪履物同業組合　188
大阪履物見本市　188
大阪服装雑貨商連盟会　188
大阪服装雑貨見本市　188
大阪文具紙工連盟会　188
大阪文具見本市　188
大阪見本市出品連盟　188
大阪見本市連合会　189
大阪優良品染織見本市　188
大阪洋装百貨会　188
大島商社　106
大林組　156
大元方　37
大元方勘定目録　38
御金蔵為替　46
岡山広告研究会　173
岡山名実会　173
オークション　150
御定高司法　18
小樽高商　118
囮政策　165
囮販売　164
小野（組）　40, 41, 75, 76, 78, 84, 91, 92
オランダ東インド会社　18

309

オリエンタル・バンク　92
卸売　185
卸売市場　143, 146, 148-150
卸売会社　144, 145, 149, 150
卸売業　177, 256, 264, 268, 269, 285-287, 289-291, 293, 298
卸売商　104, 134, 143, 190

▶ か行

開市　71
開港　71, 99
外国商館　187
外国人居留地　84
改正国立銀行条例　80
『懐中難波雀』　47
買積船　58
回転率　257
買取売戻制度　215, 216
外米　120
廻米問屋　105, 106
買回品　152
価格協定　164
価格調整補給金　199
価格統制令　197, 199
利見合名会社　185
革新的小売業者　164
掛売り　136-138
掛屋　12, 47
鹿島　84
過剰生産　284, 291
過当競争　168
鐘紡　108
兼松商店　100, 129
株式会社全東京洋品商連盟　169
株式取引所条例　87
株仲間　20, 84, 103, 104
株仲間開放政策　105
紙辻貼り　184
川崎争議団　175
川崎造船所　175
為替会社　56, 76, 77, 84
為替手形　45
寛永通宝　44, 53
官営富岡製糸所　94
官営八幡製鉄所　137

カンカン帽　158
勧工場　110
関西鉄道　109
関税自主権　69, 129
関東大震災　153, 160, 180
関東米穀三組問屋　105
生糸　72, 73, 82, 101
菊池製作所　182
菊屋　160
擬似百貨店　270, 271
既製服　286, 287
北前船商人　21, 58
キッコーマン　191
紀ノ国屋　255
9・18価格停止令　199
9・18禁止令　197
救済事業調査会　141
九州鉄道　109
強制加入　164
行盛組　185
共同売出し　171
共同運輸会社　108
共同漁業　143
共同仕入　169, 170
共同無料配達　172
共美会　173
許可制　168
居留地貿易　55, 70, 74, 98
起立工商会社　99, 100, 102, 111
麒麟麦酒　191
均一アサヒ足袋　179, 180
均一価格　180
均一価格制　179, 180
キング・カレン　253, 254
銀行類似会社　81
金融恐慌　190
金禄公債　79
下り問屋　105
久原商事　129
グラバー商会　71
蔵元　12
蔵屋敷　47
クリミア戦争　69
慶應義塾　107, 117, 118, 124
経済安定九原則　203

『経済録拾遺』　30
傾斜生産方式　203
携帯輸送車　147
京阪デパート　155
京阪電気鉄道　133, 155, 182
京阪電鉄新京阪線　133
京浜デパート　160
京浜電気鉄道　160
京浜百貨店　160
毛織物　72
下足預かり　153
月賦制度　178
現金・正札・持帰り（キャッシュ・アンド・キャリー）方式　136
現金取引　148
現金問屋　191
現金払　162
現金販売　137, 174, 176
郊外生活　147
公開セリ　144, 150
広業商会　99, 100
江　商　129
公設市場　135, 138-140, 142, 143, 149
公設小売市場　111, 147-149
公定価格制度　193
高等商業学校　117
高度（経済）成長　203, 245, 247, 248, 269, 274, 280, 283, 289
購入指図書　219
鴻　池　75, 76, 90
鴻池銀行　16
購買会　137
購買組合　174
紅白会　169
工部省　93
神戸高商　118
神戸消費組合　175
小売市場　2, 134, 135, 137-139
小売業整備　238, 239, 241
国産会所　55
国産会所仕法（国産会所方式）　54-56, 76
国産トヨタ号　178
石高制　7
国有鉄道（国鉄）　110
国立銀行条例　78, 91

五大私設鉄道　109
国家総動員法　196
小林百貨店　159
五品江戸廻送令　72
「呉服店系」百貨店　154, 156
呉服モスリン連合会　163
米切手　14, 48
米騒動　139, 142, 164
互優会　187
御用外国荷為替　101
御用聞き　136, 137
御用商人　90
御用商売　90, 94
御用達　90
コンビニエンスストア　264, 265, 273, 276, 294, 297, 298

▶ さ　行

最恵国待遇　127
在郷商人　20
在所登り制度　35
財政経済三原則　195
再販売価格維持　295
座売り　124, 125
差益商人　104, 116
佐賀商会　98
鎖国体制　99
鎖国令　10
薩摩問屋　15
産業組合法　175
産業合理化　270
参宮急行電鉄　133
三国間貿易　128
産地直接買付け　74, 75
三　宮　155
残飯屋　120
産物会所　33
算用帳　16, 38
山陽鉄道　109
仕　入　148, 162, 164, 168, 170, 185
仕入客　188
市営高速鉄道（市営地下鉄）　157
市営地下鉄御堂筋線　155
地下足袋　180
時局調査会　139

事項索引　311

仕　切　146, 179	商店街商業組合　172
仕込み　150	正徳改鋳　28
市場公設制　145, 146, 149	消費組合　3, 134, 137, 147, 152, 173, 174, 176
市場公設論　145, 146	消費生活協同組合　137
静岡商法会所　75	商品市　3, 134, 188, 190
私設市場　136	商品券　165, 173
私設小売市場　138, 143	商　法　97
実演販売　182	商法会議所　102, 104
実業会館　188	商法会所　75, 84, 105
実業教育費国庫補助法　119	商法講習所　107, 117
「私鉄王国」　154	商法司　75, 76, 84
自動車　158, 179	商法大意　84
自動車製造事業法　178	昭和恐慌　156, 165, 195
自動車統制会　179	初期豪商　8
自動織機製造所　179	食品スーパー　263, 264
自動点眼器　184	食料管理法　224
自売再開　217	ショーケース　125
シボレー　178	女子職業学校　121, 126
島　田　84, 92	ショッピングセンター　261, 262
志まや　179	所得税　113–115
地廻米問屋　105	所得税法　113
下関条約　127	所得の平準化　248, 283, 284
下村（大丸）　84, 90	市立大阪高商　118
ジャーディン＝マセソン商会　71, 74, 75	私立女子商業学校　121
朱印船貿易　10	私立名古屋女子商業学校　121
十人両替　25	私立日本女子商業学校　121
重要物産同業組合法　104, 163, 164	白木屋　124, 126, 127, 152–155, 157–162, 164, 182
需給調整協議会令　218	塩飽廻船　57
酒　税　115	新京阪鉄道　148
受託拒否の禁止　150	新京阪ビルヂング　155
出荷組合　145, 149	新興商人　16
出張売出し　165	新興問屋　22
出張販売　159, 168	新進倶楽部　169
主婦の店　243	新製品陳列会　187
商館貿易　74	仁　丹　184
商業学校規程　119	信天堂山田安民薬房　183
商業学校通則　119	鈴木商店　129, 130
商業組合　165, 172	鈴蘭灯　171
商業組合法　165, 172	スーパー　252–254, 257, 260, 263, 271, 274, 275, 277, 279, 285, 289, 290, 293, 297–299
商権回復運動　94, 99, 128	住　友　131
商工省　149, 164, 165, 188	正貨獲得政策　101
商社規則　84	正貨兌換制度　78
省　線　155, 156, 163	生産者直売　140
商店会　171, 172	
商店街　3, 111, 133, 134, 152, 168, 171	

生産調査会　138
生産力拡充計画　196
誓文払い（えびす講）　171
積栄組　185
石炭配給統制法　215
節約デー　153
セルフサービス　252-257, 263
セルフサービス・ディスカウント・デパートメントストア（SSDDS）　257
繊維製品配給機構整備要綱　221, 222, 235
繊維製品配給消費統制規則　201, 221
繊維製品配給統制規則　219, 222
繊維統制会　222
繊維配給統制協議会　218
戦後恐慌　140
先収会社　81, 93
全東京洋品連盟　169
全日本専門店連盟　173
専売店　178
専門学校令　118
専門店　264
専門店会　3, 133, 134, 152, 168, 171, 172
全量上場　150
総合採算性　253, 254, 293
総合商社　95, 128, 129
総合的市場政策　146
宗竺遺書　39
そごう（十合）　152, 153, 155-157, 172
尊皇攘夷　69

▶ た　行

第一国立銀行　79, 91
第一次世界大戦　139, 152, 187, 196
第1次鉄道熱　109
大学目薬　184
大学令　118
タイガー魔法瓶　180
大軌百貨店　155
大軌ビルディング　154
大規模小売店舗法（大店法）　271-276, 283
第五国立銀行　79
第三国立銀行　79
第三十三国立銀行　81
「大衆化」　153, 158
第十国立銀行　81

大衆消費社会　283, 284
大戦景気　129
大　鉄　157
大鉄アーケード　155
大鉄百貨店　155
大東京セトモノチェーン　170
大東京履物商チェーン　170
大東京履物連鎖店連盟　170
大東京文具商チェーン　170
第二国立銀行　77, 79
第2次鉄道熱　109
第二次百貨店法　269, 271, 272
大日本麦酒　191
タイピスト　121
第百五十三国立銀行　80
太平洋戦争　193
大　丸　126, 127, 152, 153, 157, 172, 234
大名貸　47
大洋漁業　143
第四国立銀行　79
大量消費　247, 283, 284, 289, 291
大量生産　247, 248, 284, 286, 289, 292
大量販売　286, 289, 292
高砂会　172
髙島屋　124, 125, 127, 152, 153, 156-158, 234
高田商会　100, 129
田口参天堂　184
太政官札　75, 76, 90
立看板　183
建　値　292, 297
多店舗展開　251, 253, 257-259, 264, 290, 295
足　袋　163, 179, 180
玉川電鉄（玉電）　156
ターミナル・デパート　134, 153, 154, 157
樽廻船　17, 57
俵　物　19
単一制　150
単一派　150
単複問題　150
地域商業　280, 281
チェーンオペレーション　253, 257, 264
チェーン・ストア　133, 152
チェーン展開　262, 263
地下鉄　156
地　租　113, 115

事項索引　313

地租改正　92, 93	天満屋　173
地租改正条例　113	東海道線　109
地租増徴期成同盟　115	東京織物製品見本大会　186
地方出張販売　126	東京廻米問屋組合　106
中央卸売市場　2, 133, 134, 143, 144, 149, 150	東京家庭購買組合　174
中央卸売市場法　143, 145, 146, 149	東京靴合組　163
中央公会堂　188	同業組合（重要物産同業組合）　104, 163-165, 190
中央線　163	
中央大学　118	同業組合準則　103
中小小売業者　165, 168	同業組合法　104
中小小売商　171	東京工業学校　117
中小小売商業振興法　282	東京高商　118, 122
中将湯　183	東京高速鉄道　157
『帳合之法』　107	東京高等商業学校（東京高商）　107, 119, 122
調合米取引　28, 48	東京小売連合会　163
陳列場　125	東京実業組合連合会（実連）　164, 186
陳列販売方式　125	東京自動車工業　178
通商大元会社　85	東京商科大学　117
通商会社　56, 76, 77, 84, 85, 87, 98, 105	東京商業会議所　139, 186
通商司　40, 76, 84	東京商工会　103
通信販売　126, 186	東京商社　77, 85, 87
辻貼り　183	東京商品見本市　186, 187
津村敬天堂　183	東京商法会所　84
津村順天堂　183	東京醤油問屋組合　191
逓信省　149	東京地下鉄道　157
抵当増額令　92	東京中央卸売市場　150
低物価政策　209	東京帝国大学　117
ディーラー　178	東京文具共益会　187
定率手数料　150	東京米商会所　85, 87
手形　162	東京横浜電鉄（東横）　156, 157
手形取引　191	堂島米会所　13, 48, 86
手数料商人　104, 116	堂島米油相庭会所　87
鉄鋼統制　213	同種同量交換　73
鉄鋼配給規制規則　211	同伸会社　83, 100
鉄鋼販売統制株式会社　212	東武鉄道　157
丁稚　122	東横百貨店　156, 157
鉄道国有化論　110	特売合戦　184
鉄道国有法　110	都市間高速電気鉄道　147
デパートメントストア宣言　118, 123, 126	都市経営問題　145
デポ　158	都市計画調査委員会　149
電信　81, 90	ドッジ不況　204
天津条約　75	ドッジ・ライン　204, 233
「電鉄系」百貨店　154	豊田　178
デント商会　71	トヨタ金融　179
転廃業　194, 238	トヨタ自動車工業株式会社　179

豊田自動織機製作所　178
豊田紡織　178
虎印魔法瓶　182
虎印魔法瓶製造卸菊池製作所　181
取引商　129
取引所条例　87
問　屋　3, 104, 134, 143, 146, 148, 149, 153,
　　　162, 169, 177, 179, 182, 184, 190, 241
問屋業　116

▶ な 行

内国勧業博覧会　110
内務省　140, 146, 149
中井銀行　190
仲卸商（分荷卸売商）　150
仲　買　104, 144, 150
仲買業　114
長崎高商　118
中沢銀行　190
ナショナル・バンク制度　78
灘購買組合　174
納屋米　13
南海鉄道　133, 147, 155, 156, 182
荷受卸売商　150
荷受会社　201
荷受問屋　86, 106
西廻り航路　13, 57
日米修好通商条約　68, 73
日米和親条約　68
日用品　152, 153, 157, 174
日用品市場　138
日用品供給場　140
日用品小売商業　135
日魯（ニチロ）　120
日魯漁業　143
日露漁業協約　120
日計表　154
日産自動車　178
日進組　169
日清戦争　127
日中戦争　193, 195, 196
日朝貿易　11
日本水産（ニッスイ）　121
2・26事件　195
日本 GM（ゼネラルモーターズ）　178

日本 NCR　260
日本型流通システム　266, 274, 275
日本自動車配給株式会社（日配）　179
日本石炭株式会社　215
日本大学　118
日本足袋株式会社　180
日本鉄道会社　82, 109
日本ナショナル金銭登録機株式会社（現・日本
　　　NCR）　253
日本魔法瓶統制株式会社　183
日本綿花　129
日本郵船会社　108, 109
任意加入　165
任意団体　169
農商務省　103, 145, 146, 149, 150
農林省　149
ノリタケ　100

▶ は 行

配給統制　193, 242
買参人　144, 150
配炭公団　217
廃藩置県　75
買　弁　128
履き物預かり（下足預かり）　127
派遣店員　287, 288
箱館産物会所　19
八十四銀行　190
パナマ帽　158
林兼（マルハ）　120
原合名　129
パリ万国博覧会　94
ハロッズ　126
阪急沿線魚菜組合　148
阪急百貨店　153-155
藩　札　53
阪神急行電鉄（阪急）　133, 148, 153, 154-157
　　　——宝塚線　147
阪神電気鉄道（阪神）　133, 147, 155, 156
藩専売管轄部署　106
藩専売制　23, 54
反動恐慌　140, 174, 180
阪和電気鉄道　133, 155
菱垣廻船　17, 57
東廻り航路　60

引取商　　74, 130
ヒゲタ　　191
一橋大学　　107
日の出モータース　　178
日比谷市政会館　　187
百貨店　　1-3, 123, 134, 152, 154, 234, 236, 248-252, 260, 269-273, 277, 279, 286-289, 295, 297, 299
──「大衆化」　　153
百貨店委員会　　168
百貨店協会　　165
百貨店組合　　168
百貨店法　　134, 165, 168
百貨見本市　　188
兵庫商社　　55
標準化　　253-257, 263, 264, 279, 286, 297
廣海　　59
広口瓶　　182
フォード　　178
複数派　　150
福助足袋　　180
府県為替方　　92
物価統制令　　203
物産総会所　　76
物資総動員計画　　196
物品販売価格取締規則　　197
物品販売業　　114, 116
不買同盟　　163
プライベートブランド　　295, 296, 298
フランチャイズ　　178, 265, 298
ブリヂストン　　179
府立実業会館　　187
府立東京商工奨励館　　186, 187
府立貿易館　　188
古河商事　　129, 130
文具見本市　　187
文房具学用品見本市　　186
米国商法実習生　　83
米穀配給統制法　　224
併売制　　178
ペガサスクラブ　　261
別荘相場　　147
ヘルプ　　183
貿易商会　　99, 100
奉公人制度　　35

法人税　　114
紡績機械　　95
暴落新値大売出し　　153
暴利取締令　　196
戊辰戦争　　70
北海道炭礦鉄道　　109
北海道荷受問屋　　19
ほてい屋　　156, 158
ホームセンター　　263
ボランタリー・チェーン　　134, 169, 171

▶ ま　行

マーケット　　154, 155
マーケティング　　246, 282-285, 292
増田合名　　129
松方デフレ　　108, 113
松坂屋　　126, 127, 152, 153, 157-160, 162, 163
マツダランプ　　180
松前問屋　　15
松屋　　152, 157-160
マネキンガール　　159
魔法瓶　　181-183
丸越組　　100
丸善　　97
丸和フードセンター　　255
万延小判　　73
三池炭鉱　　93, 96
三笠屋　　155
三谷　　84
三井　　72, 74-76, 78, 84, 90-92, 96
三井銀行　　81, 92, 93, 95
三井組国産方　　92, 93, 96
三井鉱山　　96
三井呉服店　　125, 126
三井物産　　81, 93-96, 99, 100, 105, 117, 128-130, 229, 231-233
三井両替店　　46
三越　　97, 118, 121, 124, 127, 152-154, 156-158, 160-165, 182
三越呉服店　　96, 123, 124, 126
三越マーケット　　153
ミッドウェー海戦　　200
三菱　　234
三菱商事　　129, 131, 233
三菱争議団　　175

御堂筋　156
南満州鉄道　82
箕面有馬電気軌道　133, 153
見本市　3, 133, 134, 177, 185-188, 190
民鉄（民営鉄道）　154
無店舗販売　276
無料配達　158, 165
明治大学　118
名実会　172
メーカー　283
目薬　183
メッセンジャーボーイ　158
綿織物　72, 95
綿花　95
綿糸販売価格取締規則　196
綿糸紡績業　95
綿製品　72, 95
綿布　128
茂木商店（茂木合名）　129, 130
木綿デー　153
森村組　100
森村商事　100
モルフ商会　100
文部省　119
匁銭　54

▶ や 行

宿屋廻り　185
山口高商　118
ヤマサ　191
山田安民薬房　184
山富商店　181
山手線　163
ヤミ市　204, 242

ヤミ取引　198
湯浅商店　129
友愛会　175
優越的地位の濫用　272
有限責任制　81
郵便制度　81
郵便貯金（郵貯）　80
輸出入品等臨時措置法　218, 227
輸出入リンク制　228
横浜正金銀行　101

▶ ら 行

ライフスタイル　152
ラシャ見本市　187
琉球貿易　11
流通近代化　267-269, 271, 274, 281
流通系列化　274, 290-292, 294
流通構造　246, 274
流通システム　279
流通の近代化　289
領国大名　7
連合通帳制　173
連帯保証制　169
鹿鳴館　124
盧溝橋事件　195
ロッチデール消費組合　136, 174, 176
ロート製薬　183, 184
ロート目薬　183

▶ わ 行

わかもと　184
早稲田大学　118
ワナメーカー　124
割当証明書　211

事項索引　317

人名索引

▶ あ 行

青柿善一朗　175
阿部正蔵　20
新井白石　9, 27
新井領一郎　83, 100
アルウィン, R. W.　95
池田貫兵衛　100
池田清右衛門　100
池原鹿之助　174
石橋正二郎　179, 180
磯野小右衛門　86
伊藤忠兵衛　40
伊藤博文　78, 93
伊藤雅俊　252
稲西屋勝太郎　97
稲本利右衛門　97
井上馨　92, 93
井上治兵衛　119
岩崎弥太郎　90, 102, 108
上田源三郎　174
宇野理右衛門　138
近江屋惣兵衛　97
大隈重信　93, 101
大倉喜八郎　100, 102
大塚金之助　138
大村和吉郎　124
岡本藤次郎　178
荻原重秀　18
奥三郎兵衛　105
小田久太郎　162

▶ か 行

嘉悦孝子　121
賀川豊彦　175
金子直吉　130
兼松房次郎　100
神谷正太郎　178
カレン, M.　253
河津暹　139, 145
河村瑞賢　13, 57
菊池武範　180-182

久城茂太郎　171
久住五左衛門　105
グラバー, T.　71
桑谷定逸　123
鴻池善右衛門　16, 36
孝明天皇　69
五代友厚　40, 102
五島慶太　157
小林一三　153, 154
小林吟右衛門　40
小林徳蔵　174
小林八百吉　165

▶ さ 行

薩摩屋仁兵衛　11, 12
佐藤百太郎　83, 98
渋沢栄一　75, 92, 102, 115, 117
渋沢喜作　105, 106
渋谷利兵衛　173
島井宗室　39
清水正巳　137
鈴木岩治郎　130
鈴木敏文　279
鈴木馬左也　131
鈴木よね　130
住友吉左衛門　18
関一　157
添田寿一　138
蘇我理右衛門　42

▶ た 行

高田慎蔵　100
高野房太郎　136
高橋亀吉　209
高橋是清　195
高橋義雄　118, 124
高山圭三　138
武富辰吉　86
太宰春台　30
辰馬六郎　174
伊達忠七　83
津村岩吉　183

津村重舎　183
鄭芝龍　10
手塚吾平　98
徳川家康　8
戸田海市　138, 145
豊田喜一郎　178
豊田佐吉　128

▶ な 行

中井源左衛門　41
中内㓛　255-257, 259, 262, 294-296
中尾鹿太郎　173
中島久万吉　165
中村清蔵　105
那須善治　174
西端行雄　241
西村重兵衛　97

▶ は 行

パークス, H. S.　82, 83
服部文四郎　139
濱田篤三郎　99
林周二　274
早矢仕有的　97
ハリス, T　68, 69
日比翁助　118
平生釟三郎　174, 175
広瀬宰平　108
福沢諭吉　97, 101, 107
藤野嘉兵衛　97
藤野亀之助　122
藤村喜七　124
古河市兵衛　40
ペリー, M. C.　68
ポートマン, A. L. C.　82
堀義一　175

▶ ま 行

前島密　81
前野芳造　139, 140
益田孝　81, 93, 94, 102, 105, 106, 117
松尾儀助　100, 102, 111
松下幸之助　291, 293
丸屋善八　97
水野利八　173
三井高利　39
三井八郎右衛門　84
三越得右衛門　111
三野村利左衛門　93
武藤山治　108
森有礼　107
守岡多仲　122
森下博　184
森村豊　83, 100

▶ や 行

安井道頓　12
柳田富士松　130
矢野二郎　117
八尋利兵衛　171
山岡才次郎　124
山口昇　178
山田安二郎　183
山田安民　183
山本条太郎　122
山本富吉　181
由利公正　75
吉田日出男　254, 261
淀屋常安　13

▶ わ 行

和田源三郎　240

人名索引　319

日本商業史――商業・流通の発展プロセスをとらえる
History of Japanese Commerce

2017年 9 月10日 初版第 1 刷発行
2019年10月10日 初版第 3 刷発行

著 者	廣　田　　　誠 山　田　雄　久 木　山　　　実 長　廣　利　崇 藤　岡　里　圭

発行者　　　江　草　貞　治

　　　　　　　　　　郵便番号　101-0051
　　　　　　　　　　東京都千代田区神田神保町 2-17
発行所　　　株式会社　有　斐　閣
　　　　　　　　　電話　(03) 3264-1315〔編集〕
　　　　　　　　　　　　(03) 3265-6811〔営業〕
　　　　　　　　　　http://www.yuhikaku.co.jp/

印刷　株式会社理想社　製本　牧製本印刷株式会社
©2017, M. Hirota, T. Yamada, M. Kiyama, T. Nagahiro, R. Fujioka
Printed in Japan
落丁・乱丁本はお取替えいたします。

★定価はカバーに表示してあります。

ISBN978-4-641-16506-9

[JCOPY] 本書の無断複写(コピー)は、著作権法上での例外を除き、禁じられています。複写される場合は、そのつど事前に(一社)出版者著作権管理機構(電話03-5244-5088, FAX03-5244-5089, e-mail:info@jcopy.or.jp)の許諾を得てください。